"十四五"国家重点图书出版规划项目

国家出版基金项目

国家出版基金项目
NATIONAL PUBLICATION FOUNDATION

百年中国播音史

高国庆 主编

百年中国播音学术发展史

高国庆 著

九州出版社 全国百佳图书出版单位
JIUZHOUPRESS

图书在版编目（CIP）数据

百年中国播音学术发展史／高国庆著 . -- 北京：

九州出版社，2024.3

（百年中国播音史／高国庆主编）

ISBN 978-7-5225-2684-3

Ⅰ.①百… Ⅱ.①高… Ⅲ.①播音—学术思想—发展

史—中国 Ⅳ.①G229.296

中国国家版本馆 CIP 数据核字（2024）第 057923 号

百年中国播音学术发展史

作　　者	高国庆　著	
策划编辑	云岩涛	
责任编辑	云岩涛	
封面题字	程奎东	
封面设计	张万兴　李永刚	
篆　　刻	武生明	
出版发行	九州出版社	
地　　址	北京市西城区阜外大街甲 35 号（100037）	
发行电话	（010）68992190/3/5/6	
网　　址	www.jiuzhoupress.com	
印　　刷	鑫艺佳利（天津）印刷有限公司	
开　　本	710 毫米×1000 毫米　　　16 开	
印　　张	26.5	
字　　数	380 千字	
版　　次	2024 年 3 月第 1 版	
印　　次	2024 年 11 月第 1 次印刷	
书　　号	ISBN 978-7-5225-2684-3	
定　　价	128.00 元	

《百年中国播音史》编委会

学术顾问：杜晓红　曾　致

实践顾问：方　亮　蒋红梅

主　　编：高国庆

编委会成员：詹晨林　罗景昕　高国庆　马玉坤

　　　　　　曾　致　陈晓兵　秦　霄　张嘉宇

　　　　　　陈枒豪　宋雨潼　赵文丽　邱　蔚

　　　　　　王　贞　刘兴宇　张　伟　王一婷

　　　　　　周雯雯　史华平

作者简介

高国庆,湖州师范学院人文学院研究员。曾任职于北京人民广播电台、浙江传媒学院。

总　序

高国庆

自中国第一座广播电台于 1923 年 1 月开始播音，到 2023 年，中国播音走过整整 100 年的发展历程。播音是现代科技的产物，在近现代百年中国历史的巨变中，播音既是参与者、见证者，也是时代社会发展的推动因素。

"百年中国播音史"以中国近现代百年历史为研究背景，梳理、总结并研究了中国播音在风云激荡的一百年里发生、发展的自身逻辑、历史动力、社会动力、行业动力、技术动力，以及整个过程中代表性人物所发挥的作用等。"百年中国播音史"对我国播音百年历史进行了学理性的总结，展现了播音传播知识和信息、开展宣传、提供娱乐，以及规范语言文字、开展口语表达教育、提高全民族的语言表达能力，甚至建立现代国家声音形象、传播中华优秀传统文化、讲好中国故事等立体功能的全方位发展变化。

本项目包括《百年中国播音事业发展史》《百年中国播音创作发展史》《百年中国播音学术发展史》《百年中国播音教育发展史》《百年中国播音文献史料集成》(含《20 世纪中国播音学研究论著集成》《民国时期播音研究史料集》)，从五个各具特色的方向分别进行研究。本项目从通史的整体研究视域出发，以专题史的研究视角切入，以系列专题史的方式呈现，构建百年中国播音史。

2020 年，"百年中国播音史"选题由中国传媒大学播音主持艺术学院马玉坤教授与浙江传媒学院播音主持艺术学院高国庆研究员正式在九州出版社立项，同年入选国家社科基金重大项目招标选题，这是播音学术研究选题第一次被列为国家社科基金重大招标项目。2021 年,"百年中国播音史"入选"十四五"时期国家重点图书出版专项规划,这是播音类图书第一次入选国家出版专项规划。2023 年,"百年中国播音史"入选国家出版基金资助项目,这是播音类图书第一次受到国家出版基金资助。

"百年中国播音史"是对我国百年播音历史的总结,客观而言,难免挂一漏万,恳请方家指正,同时寄望更多志同道合的学人,在张颂先生构建的播音学学术框架下,相互扶助,共同完善对中国播音史的研究,推动中国播音学进一步繁荣发展。

目　录

综　述

本书以百年(1923—2023年)中国播音学术理论发展为核心研究内容，通过对学术理论史的梳理，归纳百年中国播音学术的得失，发现问题，进而总结理论与方法，并指导未来的研究方向。

一、研究的意义

由于播音是一个边缘的应用型交叉学科，因而播音学术理论的研究也具有与众不同的特殊性。首先，播音研究是实践研究。研究的对象是随口而出、随风飘散的声音，是用这种声音呈现出来的不同的内容。在无线电技术发明之前，人们已在某种程度上意识到口语表达的重要性，但由于无法保留，只能仰天长叹"声音之道，幽渺难知"。广播出现之后，口语表达的影响越来越大，人们才有条件地开始认真地研究口语表达与传播问题，但直到录音技术的普及，这一研究才较为广泛地开展起来。其次，播音研究是理论研究，也叫播音理论研究。经过实践总结的经验，只有上升到理性的认识，再经过概念化、逻辑化的过程形成理论，才能对实践做更高层次的指导，才能建立起具有普遍规律性的理论体系。再次，播音研究是学术研究，也叫播音学研究。播音理论已发展成多个系列，学界已经在不同的内容范围、不同的层次上来研究播音现象了，其已上升到学术层次。最后，播音研究是借鉴、交叉的融合性研究。现代社会的发展，很少有单纯的学科研究，绝大多数都属学科交叉研究,需要相互借鉴、相互学习。播音学从一开始就注定了是一门交叉学科。按照发展的顺序来讲,可以分为发声学、语音学、文本阅读和理解、口语表达艺术、新闻传播学、心理学、文学艺术学、美学哲学等。播音学术理论研究的独特性、丰富性、交叉性由此可见一斑。

二、主要问题

"凡一学科之成立,必先有事实,然后有学理。""凡事皆先有术而后有学。"中国播音的术与学的发展史就证明了这一点:中国的第一座广播电台于1923年1月开始播音,到2023年,中国播音走过整整100年的发展历程。在近一个世纪的岁月中,播音实现了从一项工作到一个职业,从一种理论到一个专业,进而发展成一个学科的历史性转变。作为职业,国家设定了三级播音员、二级播音员、一级播音员、主任播音员、播音指导的职称系列;作为专业,从职业培训、专科教育、本科设立、第二学位、硕士及博士培养到博士后流动站完整的培养与研究体系;作为学科,播音学(播音主持艺术)于2011年归属艺术门类戏剧与影视学下的二级学科。通过对中国播音百年学术发展历程的研究,以回望历史的维度观照当下的播音学术研究,以面向未来的视野展望播音学发展前景,以问题为纲,梳理百年中国播音学术发展脉络与走向,核心是提出和解决具有重大意义的播音学术理论问题。

在中国播音学术理论研究走过整整100年的发展历程中,无论从历史的角度还是从现实的需要看,当代播音学研究人员都有责任和担当来完成对这段历史的梳理、记录并给出历史的总结。100年的中国播音学术理论发展脉络如何演进,有什么特征与特质,在广播电视学体系中的定位如何,与社会发展的关系如何,代表人物学术思想的内涵有哪些,我们从中学习什么、铭记什么,又有哪些警示和借鉴,如何面对媒体融合发展等问题,都需在历史的坐标、启发、参考中寻找法则、定位和方向。以文献、史料、口述历史、史论等为依据,翔实地记录、梳理、反刍、总结与理析中国播音学术理论研究100年的发展历史,从历史的发展变化中寻找播音学术理论规律性的东西,为擘画播音学术理论的未来提供历史参考和现实服务。

问题一：如何升级中国播音学的学科体系。

学科既是指科学知识创造过程中某个专门的研究领域，同时也是一种学科规划，代表了知识的某个门类。一方面学科是科学研究发展成熟的产物，另一方面学科是教育的源头。通过对百年中国播音学术发展史的研究，可以明确播音学科的独立性，为播音与主持工作和广播电视事业的繁荣发展提供学理支撑。中国播音学一方面与传媒行业的具体实践活动相关，另一方面与国家意识形态密切相连，因此需要在国家层面和全球化的高度确定播音学的学科层次定位。在百年基础研究之上构建学科建设的理论框架，从基本内涵、研究范式、话语体系、研究对象、研究手段与研究路径、建设目标、学科特征等方面全面提升播音学学科层次，通过百年播音学术史的梳理与研究，努力使"中国播音学"成为一级学科，完成推进学科建设的研究使命。

问题二：如何完善中国播音学的学术体系。

学术体系研究范畴包括思想、理念、原理、观点、理论、学说、知识、学术、学者、著述、方法、规范、评价标准等要素。以学术史的视野对百年中国播音学研究进行全面总结、整体梳理和分析发现，中国播音学术史研究尚需深入，诸多空白点尚待完善，基本概念需要厘清，研究领域仍须拓展，研究视角尚需挖掘，研究目标是最大限度地发挥播音学术传承及现实启示价值，系统地完善中国播音学的学术体系。

问题三：如何构建中国播音学的话语体系。

话语体系是由术语、概念、范畴、命题、判断、语言等构成的学术表达，是学科体系构建的基础，是学术体系反映、表达、传播的方式。通过百年中国播音学术发展史的研究，可以用中国播音学理论阐释中国播音实践，用中国播音实践升华中国播音学理论。作为以语言表达为核心的播音学，其话语体系的构建，不但可以解读播音学自身的研究，而且可以为其他学科的话语诠释系统提供遵循，创新对外话语表达方式，提升国际学术话语权。

三、研究层次

播音学术理论研究的层次应包含以下几个重要的方面。

第一,从播音本身来说,经历了从低到高几个不同的发展阶段。在播音出现的最初阶段,人们根据自己的价值判断和本能感觉,对播音做出一些个人性的评价、评论、看法、议论等,这些都是散点式的、浅层次的,不具备科学的研究性质。

第二,随着播音事业的发展,播音队伍的扩大,播音影响的扩大,从社会到业内,人们开始对播音进行研究。针对"一次播音"进行具体的研究,事实上这属经验总结,不过这是走向理论研究的一个重要前提,亦是其准备阶段。

第三,播音理论研究。这是在经验总结的基础上,对提炼出来的一些术语、专门说法,进行概念化、逻辑化的提炼、加工、完善,也就是理论化的过程,使之形成结构完整的理论,进行系统化的研究。所谓学术交流就是在这个层面,通过概念、判断、逻辑、推理等进行的。

第四,播音学研究,这个阶段的研究就是体系化的理论研究了。播音理论由若干个系统组成了"学"的体系,如播音发声学、播音创作基础理论等。

第五,播音与其他学科交叉融合发展,形成新的交叉学科,如播音心理学、播音美学等。播音理论研究对语言学和社会语言应用都是一个极大的补充和扩展,播音研究的是"说"的口语表达的基本规律和方法。语言的"说"和"写",就像一枚硬币的两面,同等重要,不可偏废,但是,由于科学技术的制约和历史的"误会",导致了语言的"说"和"写"莫名其妙地分道扬镳,进而促使文字书写这一部分得到全面发展,而说的口语表达这一部分却逐渐萎缩,形成了所谓"重文轻语"的历史事实和当今的社会现实,语言教育成为书写的教育,无声的教育,进而形成今天会写不会说,能写不能说的尴尬局面,这不能不说是中国语言教育发展过程中的一大缺憾。现代广播的诞生、播音的出现,使人们再次认识到口语交流传播的重要价值,并对其产生了迫切的需求。播音理论的研究,探寻和总结了口语表达的基本方法和规律,把口语的表现形式和表达深度,从理论到实践提升到了前所未有的高度。播音教育的发展,又对口语表达的学习、训练和应用,做了体系性的教学实践并取得了成功的教学成果。播音学术理论研究的这些丰硕的成果,除了应用于专业之外,还能反哺社会,为非专业人士学习口语表达,提高口语表达能力发挥应有的作用,实现理论应用的社会价值最大化。

四、研究内容

百年中国播音的发展历程与国家民族的命运休戚相关,播音学是一个具有鲜明的时代性和强烈的社会功能的人文学科,播音学术理论的成果及其发展过程、播音学科发展和沿革的每一步都与中国社会发展相契合。在政治自觉和学术自觉的指导下,秉承责任感和使命感的学术担当,以"理论研究要言之有据,实践探索要行之有效"的学术宗旨,继承基础与创新并重,通过对播音学术理论史的研究与阐释,彰显中国播音学的中国特色、中国风格、中国气派。

百年中国播音学术发展史的研究立足于播音文献资料整理、播音作品的实证分析,并在关注现实需求的基础之上展开,以播音事业发展的历史维度,按照文献与史料提供的相关内容,聚焦播音学术理论萌生与初创、发展与停滞、恢复与建构、争鸣与提升、反思与转型不同时期的核心问题,重点从以下几个维度开展研究。

维度之一:研究中国播音学术理论形成、发展的社会机制以及学术理论认识赓续的社会纽带,不但探索播音学术理论最初产生的社会原因,而且研究播音学术理论发展各个时期学术潮流及理论观点产生的社会条件。

维度之二:研究中国播音学界代表性人物(包括有一定学术理论成果的业界代表人物)的学术活动、学术著述与学术思想。人物的活动牵连社会的各个层面,可以透视出播音创作和播音学术发展的社会条件、学术风气与学术流派的状况,可以理析有关学术理论著述的产生时间和经过,可以显示有关学术思想的前后变化和发展;学术理论著述是学术成果具备物化特征的载体,可以跨越时间与空间的限制发挥较大的影响,研究学术理论著述的内容、形式、撰写过程、流传状况,可以完整地厘清学者或学派的各方面主张,在一定程度上彰显学术理论成果的价值;学术思想的研究是学术史研究深化的表现。

维度三:研究播音学内各个分支学科产生、发展、演变的路径,既要充分反映出各个分支学科的特点,同时更要关注各个分支学科之间的相对共性,把个性张扬与共性提炼结合起来;研究播音学与新闻学与传播学、语言学与应用语言学、文学与艺术学、哲学与美学等学科门类的内在联系和相互影响,探讨由其内在联系促成中国播音学总体发展趋势。

维度四:研究播音学术理论发展,不仅跟中国文化社会而且跟世界相关学科的发展演变紧密联系,把中国播音学放在中国文化社会大背景下进行考察,同时必须具有全球学术史观,真正全面公正客观地评价中国播音学,揭示其独特的学术价值;研究播音学术理论发展对社会政治、经济,以及文化事业所起到的作用。

五、研究框架

第一部分研究内容为中国播音学术发展史研究前论。

站在历史的坐标中,从先秦开始,沿循纵向的视野,梳理中国有声语言表达研究学术发展脉络走向,延展播音学术起点,为构建完整播音学术体系奠定基础研究。

中国播音学的研究是以有声语言表达为核心的。考古研究发现,人类口头语出现在约5万年前,绘画出现在约4万年前,文字大约出现在约6000年前。有声语言作为人类基本和重要的交流、沟通工具以及传播手段,已经伴随我们有5万年左右的历史,因此,有声语言在人类历史的发展进程中有着极其重要的地位和不可替代的作用。有声语言表达在我国有着悠久的历史和传统,先秦时代的百家争鸣时期达到历史高峰。诸子百家周游列国,开坛讲学,他们是用有声语言表达、传播他们的思想。在其后的两千多年里,有声语言表达以讲学、说书、舞台艺术等不同的形式,既存在于丰富的具体实践中,也被记录保留在浩如烟海的历史典籍中。

对有声语言美学史料的发掘整理,就是对历代先哲们对有声语言所做的哲学式思考的归纳整理。在中国浩瀚的古代典籍文献中,先哲们为我们留下了极其丰富和宝贵的有声语言研究史料。如"大音希声""得意忘言""在心为志,发言为诗""言约义丰""言为心声""气者,音之帅也""感人心者,莫先乎情"等。这些论述既有基本的技术层面的总结,也有表现的内容与方法层面的诠释,更有精神与审美层面的生发。

中国古代典籍呈现范围非常广,魏晋以前,文论和哲学、历史著作之间没有明显界限,因此,资料文献搜集既包括诗话、曲论、语录、文赋、词话、序跋、批语、小说论、画论、乐论、舞论、戏曲论,又要兼顾古代经学、子学、史学、宗教、哲学等相关论著,而有声语言研究资料文献就以文字的形式固定在上述著作中,这些文字材料极丰富,又极端芜杂,为了全面发掘整理其中关于有声语言美学的资料文献,本书以先秦为起始点,到1923年广播播音诞生,纵跨近3000年,涉及著述及作者200多位。

因此,系统发掘整理中国古代典籍中有声语言研究史料,研究阐释古人有声语言表达的范畴与思想,激发有声语言的创新活力,拓展有声语言表达创作空间,从史学的角度大大扩展、延伸、丰富以有声语言表达为主的中国播音学理论历史纵深,为构建完整播音学术体系奠定基础研究。

第二部分研究内容为中国播音学术发展史研究本论。

经过百年的不断探索,"中国播音学"的概念逐渐明确化和科学化,中国播音学理论不断丰富,中国播音学科逐渐成熟和完善起来。回顾百年中国播音历史,可以发现中国播音事业(实践)和播音理论研究取得的成绩、中国播音学科的建立、形成和发展,都是以播音学文献的搜集、发掘、整理和研究工作为前提和基础的。将百年中国播音学术理论置于学术史观照下进行探究,对播音学文献资源的考察与梳理、继承与融合,探寻并厘清百年播音学学术理论的学理思路,在历史背景、文化背景、学术背景、政治背景下,阐释中国播音学理论萌芽与发轫、来源与创立、探索与发展、争鸣与完善的学术历程,依据历史纬度和横向学理结构实现中国播音学术体系的全面建构,为媒体融合时代播音学理论发展寻找学术原点和深化依据,实现播音学术资源价值致用,推动并促进播音学术理论的发展,有着极大的作用。

(一)民国时期中国播音学术发展(1923—1949 年)

1923 年中国境内第一座广播电台在上海开始播音,20 世纪 20 年代,无线电广播主要集中在上海,在这个繁华的现代都市里,广播节目内容充满了娱乐化和商业气息。按照史学界通用的观点,1928 年国民党中央广播电台在南京开始播音,标志着国家广播电台正式成立,新闻类节目逐渐成为官办电台播出的主要节目。同年,《中华民国无线广播电台条例》颁布后,大批官办、民营广播电台大量陆续出现。这一时期的播音学术理论研究主要从选拔播音员的标准、国家的政令、国语推广、从业人员的职业感悟、相关学者的专题研究、社会各界对播音的评论等范畴展开,勾勒出民国时期播音学术理论发展的基本脉络。

1. 播音员的选拔标准:当时民营电台和中央电台发布的选拔播音员公告标准的共同点是"口齿清朗,国语纯正,而报告时语气能抑扬疾徐",有的地方民营电台提出了要求能用"苏沪土白及普通英语"播音,中央电台明确提出要求"本党党员",而且需要通过文化考试。鉴此,政治身份、标准国语、文化素质成为当时播音员的基本要求。

2. 国家的政令与国语推广:《中华民国无线广播电台条例》(1928 年)、《指导全国广播电台播送节目办法》(1936 年)、《播音节目内容审查标准》(1937)《广播电台设置规则》(1946 年)等国家政令对广播播出节目、播音语言等从国家层面做了明确规定,确立播音用语的国家标准。从国家层面对播音开展研究是以国语运动为起点,在广播节目中,通过播音员发音来示范国语,形成中央标准化的国音,请专家学者在广播中举办国语教育节目来宣传和普及国语,无线电广播的播音实践为国语的构建和推广奠定了坚实基础。

3. 从业人员的职业感悟：随着民国广播事业飞速发展，播音成为民国时期新兴的职业，一些播音员在报纸和期刊上发表了自己工作的经验性总结，涉及如何报告新闻、如何编辑和播讲儿童节目、如何克服话筒前紧张状态、一个理想的播音员究竟应该具备哪些素质等内容。虽然只是经验之谈，但有些总结初见理论归纳的端倪，客观上为其他播音员从业提供了一定的理论指导与实践参考，规范了播音职业的基本内涵，起到培训与教育的基本作用。

4. 相关学者的专题研究：以赵元任为代表的学者不但通过广播推广国语，而且将无线电科学原理、语言学知识等与播音研究融合。为了让在电台话筒前的演讲者掌握现场播音的科学方法，赵元任受教育部的委托撰写了《广播须知》，对话筒使用、声音控制、语气与停顿、语速等播音学中的元问题进行了深刻的解读与阐释。电影理论家徐卓呆、中央广播事业管理处传音科科长徐学锴、翻译家赵演、社会教育家徐朗秋、金陵大学影音专业教师陈沅等学者对播音语言技巧与播音心理、播音表达的形式、播音语言基本要求、播音员基本素养等播音学基本学术理论问题做了专题的探讨与研究。

5. 社会各界对播音的评价：民国时期播音员受到听众的竞相追捧，成为娱乐和消费的对象。随着广播节目形式与内容日益丰富，收听人数也不断增加，播音员与广播节目成为当时的文化焦点，叶圣陶、鲁迅、茅盾、陶行知等学者及记者、听众等都在著作、报纸、杂志上发表文章，从播音员语言、节目内容、播音的作用等角度进行臧否，构建了播音评价学的雏形。

6. 行业组织、著述与刊发平台：为处理行业纠纷、维护同行利益、参与社会事务，广播同业公会于1934年在广播电台最多的城市——上海建立，《播音业公会注意播音节目》明确指出，"民营播音同业公会，为注意播音之词句材料，俾日臻完善，不致影响社会善良风化。"通过行业组织规范播音节目与内容，可以看作播音学术共同体的雏形；从20世纪30年代开始，《无线电播音》《广播常识》（编译）等播音研究著作出版；《广播周报》《申报》《电声》《音苑》《大声无线电半月刊》《青年生活》等报纸和期刊登载有关播音员生活、播音员感悟、播音语言和播音节目等研究文章，这些报刊成为当时播音学术理论发表与交流平台。

(二)人民广播创建时期中国播音学术发展(1940—1949年)

从1940年中国共产党创建的第一座广播电台开始播音到1949年中华人民共和国成立前,先后出现49座广播电台。人民广播创建的宗旨是发出党的声音,解放全中国,因此,人民广播播音发出的第一声就打上了革命的烙印。在这一阶段,无论是播音事业发展还是播音实践的理论总结,都以播音作为舆论宣传武器为核心,用声音传播革命消息,鼓舞革命斗志,实现播音的革命之道。人民广播创建的9年,播音学术理论的发展与研究主要集中在两个方面:党的指令与制度为播音节目和播音规范做了明确的规定;以齐越为代表的播音员将自己在播音实践中积累的经验进行总结、积累和提升,为播音研究向理论空间迈进奠定了基础。

1. 党的指令与制度推动播音理论建构:人民广播以播出新闻节目为主,为新闻播音语言规范提供了节目支撑,党的指令与政策聚焦如何通过新闻播音准确发出革命的声音。《中共中央宣传部关于广播电台的指示》《新华社语言广播暂行工作细则》《陕北台播音组关于播音训练和培养播音员的意见》《北平新华广播电台播音员训练的方法》《邯郸台播音技术的点滴经验》等指令和制度,使广播新闻播音语言规范系统初步形成,播音员培训逐渐形成制度化,由一项工作向职业化演进。

2. 播音员经验的总结提升播音理论的学术层次:以齐越为代表的第一批播音员,无论是徐瑞章、姚雯、肖岩、孙茜,还是王恂、孟启予、钱佳楣、杨慧琳,以及地方台的徐恒、柏立等,他们都满怀革命热情投身革命之中,因此能牢牢把握住政治立场。他们接受过良好的教育,可以深刻领会播音稿件内涵,能够把自己的播音经验进行理论的总结和提升。齐越的《十天播音总结》(1947年)是其中的代表,他从自己的播音实践中提炼新闻播音语言规范的具体纲目,涉及语气把握、备稿、心态调控等内容。天津台的徐恒为改变广播播音中的舞台腔、朗诵腔、演讲腔,改变那些不应该有的矫揉造作进行尝试和创新,树立起人民播音自己的风格。这些粗线条的经验总结,涉及了播音学本体研究领域。

（三）中华人民共和国成立以来中国播音学术发展（1949—2023年）

齐越、丁一岚以气势磅礴、热情洋溢的声音向全世界转播开国大典阅兵游行的盛况，开启了中国广播播音事业新纪元。1958年北京电视台开播，中国电视播音事业正式起航。中华人民共和国成立前，播音实践与播音理论研究聚焦的重心是播音作为夺取政权的思想和舆论工具，发挥播音的革命力量。革命成功后，播音实践与播音理论研究的重点是播音如何在巩固政权、治理国家中发挥声音传播的作用，发挥播音的治国力量。在国家治理中，播音实践与播音理论为经济建设、政治建设、执政党建设、经济建设、文化建设等服务，发挥播音的建设能力；在自我提升中，播音实践与播音理论关注传播正确的世界观、人生观、价值观，提升各方面素养，发挥播音的修身能力。播音理论从继承中得到发展，从国外借鉴中得到完善；播音学术在争鸣中得到提升，在教育中得到延续；播音学科在艺术门类中有了归属，在专业融合中逐步构建；播音学术交流在协会与学会中分享共识，在著作与论文中考镜源流，在省部级、国家级课题与出版基金项目申报与立项中得到肯定。

1. 中华人民共和国成立十七年中国播音学术发展（1949—1966年）

（1）播音学术理论在语言学家规范语言研究中实现自我提升：1955年召开的"全国文字改革工作会议"和"现代汉语规范化问题学术会议"提出汉语规范化的问题，广播播音员是语言规范的宣传家，叶圣陶、吕叔湘、王力、朱德熙、吴晓玲、周新武、王松茂、俞敏等语言学家从广播口语化、规范化等维度，运用语言学理论和现代汉语知识发表文章，密切关注广播语言，这一时期出现了一个广播语言研究高峰。王力撰写的论文《略论语言形式美》（1962年）回答了叶圣陶先生提出的广播稿"声音之美"的问题，为播音美学发轫之作。

（2）播音学术理论研究在播音实践积累中总结，在借鉴苏联的播音经验中得到完善:1951年3月1日左荧发表了新中国最早的研究播音理论的文章《从"编播合一"谈播音应当专业化》,提出播音专门化与风格化等问题。在召开的全国工作会议上,学习苏联播音的经验,研究"大文章的"播法,将逻辑思维能力融入新闻与评论播音表达中,播音理论端倪初现。《苏联播音经验汇编》《全国播音经验汇辑》《播音业务》这三本播音学史上统称的黄皮、白皮、蓝皮三本书,是播音学术理论成果的主要标志,虽然这些理论带有零星的经验色彩和斯坦尼斯拉夫斯基表演体系的印记,但其中的不少真知灼见是中国播音学术理论发展的重要来源。

(3)学术交流平台:召开五次全国广播工作会议和首次全国性的播音会议,广电管理者、播音员、相关学者通过会议交流播音实践经验;《广播业务》《广播爱好者》《新闻业务》《文字改革》等期刊刊发广播语言与播音理论研究文章,为播音学术理论研究构建交流空间。

2. "曲折"时期中国播音学术发展(1966—1976年)

(1)播音队伍被打散、播音业务和理论建设遭到破坏、播音传统被抛弃、播音风格遭到扭曲:这一特殊时期,广播作为阶级斗争的重要武器,老播音员和中华人民共和国成立后培养起来的优秀新播音员受到批判被调离播音岗位,播音学研究的实践来源缺失。《广播业务》等杂志停办,播音学术交流平台关闭。广播语言为突出"革命性",抛弃传统播音表达方式,以"高""平""空"的样式突出语言的战斗力。

(2)播音员培养教育中断后复课,播音学术研究基本停滞:由于各地电台急需播音员的呼声十分紧迫,北京广播学院于1963年在办了三个短期培训班后开始招收中文播音专业大专生,1966年停止招生,直到1974年播音专业复办,1977年升格为本科。1976年出版的《为革命播音》一书,为1974级工农兵学员班集体创作,抛开里面空洞的口号,事实上总结了一些较为实用的播音学理论,初步具备"播音创作基础"框架。

3. "恢复"时期播音学术发展(1977—1986年)

(1)以北京广播学院播音系为引领,播音理论研究向播音学术建构迈进:1982年张颂发表的论文《研究播音是一项紧迫的任务》,开始构建播音理论研究的框架,拉开播音学研究全面发展的序幕,开辟播音学研究从实践经验总结期过渡到学术理论研究新时代。1985 年《播音发声学》《播音基础》(后更名为《播音创作基础》)正式出版,为播音理论发展起到奠基石的作用。《主持人节目对播音员提出新课题》一文让主持艺术研究在广播电视界形成热潮。此后,无论是播音心理学、播音学、播音教学法等,还是主持人素养、播音员与主持人比较研究等,这些学术理论研究尽管有的不够广泛和深入,但这些成果,为中国播音学的建立与发展提供了宝贵的财富,更为播音学研究开拓了广阔的天地和良好的前景。

(2)广播电视语言宏观研究与播音理论逐步融合:从广播电视语言出发,《广播语言的运用》《广播语言与普通话》《口语广播三要素》等研究成果涵盖了播音语言研究并为播音语言理论研究提供了参考方向。

(3)主持人节目的出现促使主持人学术理论研究兴起:这一时期出现了主持人节目后,关于主持人和主持人的业务研究和理论探讨逐步展开并进一步推进。在播音与主持的对比研究中,引发播音如何提高、播音理论如何突破的思考。

(4)播音教育层次提升、播音学科归属初现、播音职称规范:1980 年开始在文学学科内招收播音发声学(导师齐越)与播音基础理论(导师徐恒)两个方向硕士研究生,播音学术人才培养层次提升,播音学科归属初现。国务院批准"播音职称系列"评定标准,参评条件鼓舞一线从业者对于播音理论研究的主动性,有力地推动了播音理论研究向更广泛、更深刻的方向发展。

(5)学术交流阵地重新建构:国家级学会的创立、各种播音经验与理论座谈会议定期召开,在实践、理论、学术等层面深入探讨、各抒己见。《北京广播学院学报》(后更名为《现代传播》)和《中国广播学刊》先后于 1979 年、1987 年创刊,《现代传播》开辟"播音主持艺术"和"播讲艺术"专栏为播音学术研究提供专业平台,齐越、张颂等很多重要的播音学术成果都是通过《现代传播》刊发后进而形成完整论著的。

(6)语言学对播音学的贡献,以周殿福为例:周殿福系当代著名语言学家、中国社会科学院语言研究所研究员。他熟悉近代实验语音学,掌握各种语音实验的技能,注重实用语音学的研究,强调语音学和其他学科的配合。他在矫正了各剧种演员不正确的发声方法、提高嗓音质量等方面都有自己独到的见解,播音专业语音发声的许多概念就是根据周殿福的讲课进行改造的。

4. 争鸣时期的播音学术发展(1987—1999 年)

在这一时期,中国播音学的理论框架基本构建,播音学独立地位凸显;播音学术不同的观点在争鸣中交锋,学术个性得到张扬,学术理论日臻完善;国家级播音学术组织建立,学术交流平台上升到国家层面;国家社科基金资助的播音学研究项目立项,播音学术研究彰显国家水准,播音导论、播音语音学、播音文体业务理论、口语与写作、节目主持人概说、文艺作品演播、电视播音理论、形体与化妆、受众心理与反馈、语言和副语言传播、播音员素养与修养等研究成果相继问世。

(1)中国播音学的确立与播音学科构建:《中国播音学》(1994)的出版,标志着这一个新学科的诞生,意味着播音学科建设向成熟迈进。它以新闻学与传播学、语言学及应用语言学、文学艺术学、哲学与美学这四个学科为支柱,既不与相关学科混淆,又不与相关学科割裂,更不是现代汉语加播音方面的语料。它有自己的学术历史和发展脉络,有自己独特的实践经验和理论基础。新闻性是其本源,艺术性是其特征。1999 年在广播电视艺术科下培养播音学方向博士生(导师张颂),昭示独立学科构建时代的到来。

(2)学术争鸣:学界与业界对张颂提出的"播音员应该涵盖主持人"(1988)的观点展开热烈讨论,由此为发端,播音学术界进入了学术争鸣时代。关于播音学术的争鸣,不管个人观点如何,核心是为了从理论上和实践上解决主持人的定位问题,真正体现了"百花齐放""百家争鸣",这是中国播音学术发展史上一段"阳光灿烂的日子"。在这种学术气氛的影响下,播音学术著作和论文大量问世,学术研究风气十分浓厚,学术活动日益频繁。

(3)广播电视学与语言学、修辞学相结合催生了广播语体、播音风格、播音心理研究:在语言学与修辞学的视野下拓展播音语言学术研究范畴,语言学和修辞学的理论与新闻广播播音实践相结合,建立了广播学与语体学相结合的学说体系;广播的表现风格以播音语言风格的形式表现出来;广播电视语言述评是对播音语言学术研究的一次历史总结。

(4)国家级科研项目:国家社科基金资助的学术研究项目是国家哲学社会科学科研项目的最高层级,"播音员、节目主持人语言不规范现象研究"(95BYY003)、"中国广播电视语言传播研究"(96BXW006)两项国家社科基金一般项目立项,播音学科研能力得到国家学术机构认可。

5. 21 世纪、新时代播音学术发展(2000—2023 年)

21 世纪的第一个十年,在广播电视事业空前繁荣、播音事业飞速发展、播音学术在多领域拓展研究的背景下,学界开始对播音事业、播音教育、播音学术现实与未来进行深度反思。正如一位播音界资深人士所说,这十年,播音主持的专著、文章虽浩如烟海,但仅是学术表面的繁荣,实际上真正有见地、有影响的研究凤毛麟角。当然,这一时期也出现了有真知灼见的高论和大作,但观点毕竟很新,还需要时间的检验。21 世纪的第二个十年,播音学术研究在媒体融合的背景下开展创新研究的同时,回望总结播音学术发展历程,从历史的维度寻找播音学术原点,不忘初心,开辟未来。

利用 CiteSpace 软件对播音主持领域的文献资料进行系统性的检索,能够有效地对海量文献进行聚类分析,呈现出学科发展的各个重点研究领域,如基础理论、学科建构、播音主体、播音教学论及教育,以及媒介技术与播音。尽管如此,播音主持学科在未来的研究进程中仍面临丰富而复杂的任务。首先,在新技术的应用领域,还有大量的空间需要探索,例如如何利用新媒体技术提升播音教育的效果,或者如何通过技术创新来增强广播传播的互动性和用户体验。此外,跨学科协作的必要性日益增强,播音主持学科的研究者需要与心理学家、社会学家、技术专家等多领域的专家通力合作,以解决更为复杂的理论和实践问题。历史研究不仅有助于理解播音主持学科的发展脉络,更能够寻得当前实践中可能遗漏的宝贵经验和智慧。

第三部分研究内容为中国香港、澳门、台湾播音事业和播音学术发展。

港、澳、台地区播音历史是百年中国播音史的组成部分,也是华语广播电视研究领域的重要内容。海峡两岸暨香港、澳门的播音事业一方面有着独特的发展轨迹,另一方面相互之间也存在着深远的影响和联系。从学术发展的维度对香港、澳门、台湾地区的播音事业做全面、系统、深入的论述,横向上拓展了中国播音主持研究的领域,用翔实的史料证明了中国播音理论在广泛地域范围内的影响力和生命力;纵向上深入剖析了新时代中国播音的历史意义和价值。本部分在梳理港澳台地区播音事业发展过程的同时,分别对香港、澳门、台湾地区的播音学术研究展开论述,以呈现港澳台地区播音的历史发展与特点。

第四部分研究内容为百年中国播音学术发展史的回望、展望与价值。

在百年播音学术发展史的基础上,回望过去的历程,结合当下的现实,构建具有媒体融合特质的中国播音学术体系、学科体系、话语体系。中国播音学是一个具有鲜明的时代性和强大的社会功能的人文学科,播音学科发展和沿革的每一步都与中国社会发展相契合。在政治自觉和学术自觉的指导下,秉承责任感和使命感的学术担当,以"理论研究要言之有据,实践探索要行之有效"为学术宗旨,继承与创新并重,通过对播音学科史的研究与阐释,彰显中国播音学的中国特色、中国风格、中国气派。

六、研究方法

1. 历史文献研究法:通过对历史文献、资料的分析、梳理,解读播音学者著述成果文本,分析和描述百年播音学术发展变化的轨迹及研究主体、研究内容、研究方法和研究效果的特征和变化。

2. 史述与史论相结合:在遵循规范的研究范式的基础上,既注重第一手学术史料的系统梳理,使学术研究具有史料至上的朴学风格,又重视对既有学术史料的诠释与解读,凸显学术研究理论思维的优势。

3. 比较研究与个案研究:播音学术理论发展的任何一个时期都是百年学术历史中的一个片段,只有把它放在整个历史时空去审视,才能更好地理解、把握它。此外,播音学术理论发展本身就是一个不断积累、递进的过程,只有在纵向的比较中才能发现其不断推进的过程及特征。播音学术理论体系是由一个个具体研究支撑起来的,深入分析有代表性的个案才能勾画百年学术发展的整体面貌。

4. 学科交融:撰写百年中国播音学术发展史,要求研究者通晓人文社会科学相关学科、相关领域,在文化整体演进和多学科视域之中,基于社会变迁的视角融贯现当代中国主要学科的知识,通过整体的学术构架和学科交融、学术联系、学理探析的研究范式,整体书写中国播音学术变迁的历史。

七、研究目标

本书以百年播音学术发展史为基本研究内容,通过对学术史的梳理,归纳百年播音学术的得失,发现问题,进而总结理论与方法,并指导未来的研究方向。勾画百年播音学术发展脉络,准确把握内在逻辑、探寻理论和实践效应、树立正确的价值取向、确立研究目的,从中找出中国播音学术发展的内在惯性和理念,为媒体融合视域下中国播音学科建设提供历史参照,树立播音学术典范,形成播音学术传统,构建中国播音学术气派。

第一章　中国播音学术发展史研究前论

中国有声语言表达史料延展了播音学术研究的起点。从历史的维度梳理中国有声语言表达研究学术发展脉络走向，延展播音学术起点，开拓中国播音学理论历史纵深，为构建完整播音学术体系奠定了研究基础。从先秦时期到1923年，这部分主要研究内容如下：1.中国有声语言表达的历史沿革与作用。以讲学、说书、舞台艺术等不同形式呈现的有声语言表达在我国有着悠久的历史和传统，在具体实践、交流、沟通和传播中加以实现。2.归纳整理重点典籍文献中有声语言表达史料。历代先哲们对有声语言所做的哲学式思考散落在中国浩瀚的古代典籍文献中，以先秦为起始点，检视以文字固定在著述中的有声语言史料。3.阐释古人有声语言表达的范畴与思想。中国古代典籍中的有声语言研究史料，既有基本的技术层面的描述，也有其所表现的内容的分析，更有精神与审美层面的思考。

第一节　古代口语表达方式及演变过程

考古研究发现，人类口头语出现在约5万年前，绘画出现在约4万年前，文字大约出现在6000年前。有声语言作为人类基本和重要的交流与沟通工具和传播手段，已经伴随我们有5万年左右的历史，因此，有声语言在人类历史的发展进程中有着极其重要的地位并发挥着不可替代的作用。在人类社会发展的不同阶段，口语以及口语表达以其不同的层次表现出语言的丰富性,其内涵和外延也有极大的不同。口语表达针对不同的需要,有说、念、诵、吟、读等不同的表现形态,针对不同的内容、对象、语境等,有不同的表达层次。

一、口语的发展历史

口语和书面语是现代汉语的两种不同形式。书面语是写(印)出来的语言,口语是说出来的语言;书面语的物质载体是文字,口语的物质载体是语音。从语言学的角度看口语和书面语的差别,主要体现在风格方面。口语的特点是亲切自然,句子简短,常有省略。书面语的特点是用词精审,结构谨严,逻辑性强。书面语是在口语的基础上形成并发展起来的。先有口语,后有书面语;至今还有许多民族只有口语而没有书面语。因此口语是第一性的,书面语是第二性的。

(一)一千多年的通语

《论语》有云:"子所雅言,诗、书、执礼,皆雅言也。"这是说孔子在诵读《诗经》《尚书》和主持典礼的时候,说的都是"雅言"。雅言,是中国有记载的第一种共同语,出现在春秋战国时期。"雅"是正的意思,"雅言"就是正确规范的语言。圣人孔子为什么对雅言情有独钟?首先,孔子有来自各诸侯国的弟子三千人,只有放弃方言,用大家都能听懂的共同语才能讲学;其次,他周游列国,宣传儒家学说,光靠一口家乡话"鲁国方言"是万万不行的。因此,孔子不但懂雅言,而且还必须把这种共同语使用得灵活自如。

春秋战国时期是中国历史上有名的"百家争鸣"的时期,诸子百家的代表人物无一不是口若悬河的演说家,他们别无选择,只能用雅言作为基本的交流工具。随着诸侯兼并战争的加剧,雅言的地位愈加重要,因为这是一个三寸不烂之舌强于百万雄师的时代。毛遂是赵国平原君的门客,公元前257年,秦军包围赵国都城邯郸,他毛遂自荐,与平原君一起前往楚国,说服了楚王联合抗秦。赵国位于中原地区,与南方的楚国方言不通,在这次外交活动中,雅言必然是两国君臣沟通的纽带。同样,纵横家苏秦、张仪奔走七国,游说各国国君参加合纵、连横,也是非精通雅言不可。

雅言是用于正式交际场合的共同语,其语音、词汇、语法标准由于历史久远已无从探知,但它应该是以一种具有权威性的方言作为基础的。在当时,只有作为全国政治中心的周王朝都城的方言才能具备这样的权威性。西周和东周先后以长安和洛阳为国都,因此,雅言的基础方言就是长安、洛阳一带中原地区的方言。到了汉代,文学家扬雄搜罗了全国各地的语言、方言编成《方言》一书,在书中,他提到了沟通和解释各地的共同语——“通语”“凡语”“通名”。《方言》全书第一条是“党、晓、哲,知也。”扬雄用“知”来解释楚国的“党、晓”和齐、宋的“哲”,说明“知”是足以让天下人都懂得的共同语中的词汇。从魏晋南北朝到宋元时期,涌现了一批通行范围较广的韵书,如隋代的《切韵》、唐代的《唐韵》以及宋代的《广韵》《集韵》等。韵书的作用是为诗文写作提供诗韵依据,可见当时的确有一种语音是通行范围很大的语言系统,很可能也就是当时共同语的语音了。

关于普通话的来源,何九盈先生将其概括为:“一源三京。所谓‘一源’,是指各个时期的普通话都有一个共同的历史来源。这个源就是古代形成于河洛地区的雅言,这是我们现在所能追溯的最早的普通话。‘三京’指洛京、南京、北京。南京、北京普通话是由两个南北朝时代(期)造成的。第一个南北朝时期由洛京向南派生出南京普通话,第二个南北朝时期(辽与北宋、金与南宋)由洛京向北派生出北京普通话。”①

(二) 官话的诞生

10世纪左右,中国北方有一座城市的地位急速上升,它就是战略位置极其重要的燕京(今北京)。我国著名语言学家林焘先生曾经指出北京地区语言历史上的语言情况:“从辽至金,北京的政治、经济地位迅速上升,大量的北方少数民族不断涌进现在的北京地区,原来居住在北京地区的汉族人民和北方少数民族杂居在一起,被迫或自愿加强了与我国东北地区的联系,和宋朝统治的中原地区广大汉族人民反而在政治上完全分离,交往也受到严

---

① 何九盈.汉语三论[M].北京:语文出版社,2007:150.

重阻碍。这种情况一直延续了达三百年之久。和外族语言长期密切接触，和广大中原地区的本民族语言反而关系疏远，北京话从一千年以前就开始处于这种和其他汉语方言完全不同的特殊语言背景中。这种语言背景对北京话的发展起了很大的推动作用，使得北京话在辽金时期就可能已经成为我国发展最快、结构最简单的方言。"①

在辽代，燕京成为五京之一，金代也于1153年定都于此。辽、金与南宋的长期对峙导致了中国政治中心的转移，长安和洛阳地区的方言从此不再具备独一无二的权威地位。元代统一中国后，在北京地区兴建了世界闻名的元大都，从此北京成为全国唯一的政治中心，历时800多年，于是北京地区的方言也就取代了长安、洛阳地区中原方言的权威性，成为今天普通话的最初源头。

"语言有自然死亡也有突然死亡，元朝统治初期对汉人的屠杀，定都北京后将汉人作为社会最下等阶层对待，并且明令以蒙语为国语，社会上通用的语言如果还是汉语，那是极不可思议的。同样，当时的汉语如果不受占统治地位的蒙语影响，同样也是不可思议的。何况宋代特别是南宋以后，由于汉政权中心的南迁，北京地区的汉族人口已在不断减少，至元时北京各族人口一共不足四十万。其中汉族人口已经为数不多。"②元代规定，学校教学必须采用以大都语音为标准的天下通语，而元代盛行的杂剧和散曲，也大大促进了大都话的普及。

明永乐十九年（1421），明朝的首都由南京迁往北京，大批汉族官吏、兵士、工商士民等也随之移居北京，在来自长江以南的战胜者的新移民占据多数且语言处于强势的状况下，原先的"番声"首都语发生变化以至被迅速取代，也是自然之事。明朝的首都语就是众所周知的官话。明洪武八年（1375）编纂的《洪武正韵》，还是以北京语音为官定标准语音，这就巩固了北京话作为共同语方言基础的地位。到了明朝中叶，天下共同语有了"官话"这个名称。官话即指官场上通行的话，最初是官员们的自发行为，因为明代

---

① 林焘.北京官话溯源[J].中国语文，1987（3）.

② 市川勘，小松岚.百年华语[M].上海：上海教育出版社，2008：54.

的官员在中央和地方做官,对千奇百怪的方言非常头疼,为了解决公务和应酬中的基本沟通问题,他们就开始使用一种互相能听懂和理解的共同语,并且以政治中心北京的方言为基础,同时也包括和北京话比较接近的其他方言。官话这个名称今天仍然沿用,但其意并非共同语,而是对北方言的统称。

官话当然也是一种方言,但却是能够普遍通行的方言,它在当时方言众多、口语很不一致的中国怎样得以流行呢?谙熟汉文并有很高汉语造诣的来华传教士利玛窦说:"除了不同省份的各种方言,也就是乡音之外,还有一整个帝国通用的口语,被称为官话,是民用和法庭用的官方语言。这种国语的产生可能是由于这一事实,即所有的行政长官都不是他们所管辖的那个省份的人,为了使他们不必学会那个省份的方言,就使用了这种通行的语言来处理政府事务。官话在受过教育的阶级当中很流行,并且在外省人和他们所要访问的那个省份的居民之间使用。懂得这种通用的语言,我们耶稣会的会友就的确没有必要再去学他们所在的那个省份的方言了。各省的方言在上流社会是不说的,虽然有教养的人在他的本乡可能说方言以示亲热,或者在外省也因乡土观念而说乡音。这种官方的国语用得很普遍,就连妇孺也都听得懂。"①

官话兴起于明代,可是一直到了清代,仍有官员只说家乡话,闹得"官民上下语言不通""百弊丛生"。清朝的雍正皇帝对此很不满意,于是专门下了一道训谕,要求各级官员在执行公务的场合必须使用官话,不许说家乡的方言。他还点了方言障碍特别严重的广东、福建两省的名,要求地方最高长官督促执行。雍正可以算是历代皇帝中推广共同语的第一人了。清代某些有进士、举人文化程度的闽广官员不能与大清皇帝对话,皇帝不知道他们说的是什么。"梁启超就因为'不会讲官话',口音差池,如读孝字为好,读高为古,于是君臣间相对,无法传达意思,光绪很失望,仅赐梁六品顶戴。"②

① 利玛窦.中国札记[M].何高济,等译.北京:中华书局,2010:30.
② 吴其昌.梁启超传[M].天津:百花文艺出版社,2004:164.

(三) 国语运动

明清时期的汉民族共同语叫作"官话",官话相当于现代汉语的普通话。官话音的基础是读书音,官话音系以读书音为基础,这种现象是汉语在其漫长的历史发展过程中逐渐形成的。官话虽然是官场上的共同语,但是并没有准确的界定,只是大家约定俗成以北京话为标准,类似的北方方言也有纳入官话范畴的可能。

中国现代的语言统一潮流,大致说应该是始于清朝末年。清末开始掀起科学强国、知识救国的思潮。1894 年甲午海战后,中国割地赔款,饱受丧权辱国之痛,让很多人,甚至包括袁世凯那样的封建士大夫都认为,唯有变法革新,普及教育,开启民智,才能救国图强。随着内忧外患的加剧,心忧天下的仁人志士开始发出了对"语同音"的强烈呼声。光绪二十八年(1902),京师大学堂总教习吴汝纶去日本考察学政,发现日本已在全国普及了以东京话为标准的国语,深受启发,回国后便提出以北京音统一全国语言,并定名为"国语"。1903 年清政府制定的《学堂章程》中的《新定学务纲要》规定:"各国言语,全国皆归一致,中国民间各操土音,致一省之人彼此不能通语,办事多扞格。兹拟以官音统一天下之语言,故自师范以及高等小学堂,均于中国文一科内,附人官话一门。"[①]

"就在清政府覆亡的前夕,1911 年的阴历六月,还有人向学部提出'统一国语办法案',建议由学部设立'国语调查总会',调查语词、语法、音韵。审音标准以京音为主。清末的国语统一运动,热闹了好一阵子,收效甚微。但标准语问题的提出,这本身就是一件具有重要意义的事情。"[②]

从 1892 年第一种拼音新字的提出到 1910 年辛亥革命发生前的近二十年内,提出的各种拼音方案大致有二十七种。由于现代中国的标准语是以北京这一方言的语音为标准音的,又由于自金代中期以来中国的首都大都

① 陈学恂.中国近代教育史教学参考资料:上册[M].北京:人民教育出版社,1986: 532.

② 何九盈.中国现代语言学史[M].北京:商务印书馆,2008:34.

建在北京,所以一提起北京话,人们总以为它有着悠久的历史和深厚的基础,其实北京话作为标准语的历史还不到一百年。

北京话作为现代标准语的确立经历了一个否定之否定的发展过程。清末以北京话为标准,民国之初采取了南北兼顾的双重标准,20世纪20年代以后又规定以北京音为标准。在以何种方言为标准音的问题上,反映了不同区域人群的复杂的文化心理和历史背景。标准语的提出是由"国语统一"运动引起的。"国语统一"运动的发生比白话文运动略微晚几年,它的正式提出是在20世纪初年,所以语言学家赵元任说:"上个世纪90年代我在中国上学的时候,还没有标准国语这个东西。"

而在这之前,清朝的国语一直是满语,所以阻力很大,直到1909年官话才正式改名为国语,但相关措施还没来得及实践,清帝就宣布逊位了。民国时期,为了统一国语的语音,还颇费了些周折。中华民国成立的第二年,政府召开了"读音统一会",准备确定国音的标准,没想到争论异常激烈,南方一些省份代表并不赞成以北京语音为标准音,最后不得不以投票的方式议定了国音以北京语音为基础,同时吸收其他方言的一些语音特点,这实际上就是一种南北方言混合的杂糅,这就是后来的老国音。这种人造的语音脱离了实际,根本就没有人这么说话,于是在实践中遭到强烈反对,五四运动后终于被以北京语音为标准的新国音取代。

起源于19世纪末的国语运动以"言文一致"和"国语统一"为口号,在五四运动前后得到了迅速发展。1918年,胡适发表了《建设的文学革命论》一文,指出:"有了国语的文学,方才可以有文学的国语。有了文学的国语,我们的国语方才算得是真正的国语。"正是借助席卷全国的白话文运动,国语的推广取得了历史性的成就,依托有典范的书面语言逐步成为全国通用的语言。后来的国语运动上升为政府行为,由政府聘请知名学者和语言学家专门负责国语规范标准的制定和国语的推行。到抗战爆发前,培养了大批国语教师,出版了国音字典、国语词典、国语唱片和大量宣传国语的书刊。

20世纪初,特别是五四运动以后,随着民主革命运动的高涨,上述两种趋势合而为一了,加速了现代汉民族共同语的形成。一方面掀起了白话文运动,动摇了文言文的统治地位,使白话文取得了文学语言的地位;另一方面,国语运动的开展促使北京语音成为民族共同语的标准音。这两个运动互相推动、互相影响,使书面语和口语进一步接近,并有了统一的规范,形成了言文一致的现代汉语普通话,并取得了共同语的地位。

二、口语表达的价值

以有声语言为核心的口语表达,作为人类基本和重要的交流沟通工具和传播手段,已经伴随我们有几万年的历史,而人类用来书写的语言——文字,则只有几千年的历史。因此,口语表达在人类历史的发展进程中有着极其重要的地位和不可替代的作用。口语表达一直是人类文明延续脉络和传播知识的重要手段。在中国,以孔子为代表,“述而不作”,周游列国,以面对面的陈述方式宣传自己的政治主张。在西方,以苏格拉底、柏拉图、亚里士多德等为代表,他们“说”的形式是“辩论”,以辩论来陈述和宣传自己的思想主张。

中国古代最早的阅读方式,即背诵,主要通过口语表达来实现。早期学术经典没有文字传世,仅靠口授背诵流传。① 可见,在未创造文字之前,以声音为核心要素的口耳相传成为延续文化的一种方式,中外文学史上的史诗能够完整流传下来就是见证。“始于唐代的‘说话’,是以故事讲述为主的讲唱伎艺。”②当时多数人(包括不识字的人)通过“听”来“阅读”话本的内容。到了宋代,“听”的阅读方式得到传承。“说话”这门伎艺得到空前的发展,人们在固定场所现场听书,获取知识且愉悦身心,阅读的理论认识得到加强。朱熹云:“凡读书,读之须要读得字字响亮,不可误一字,不可少一字,不可倒一字,不可牵强暗记,只是要多读遍数,自然上口,久远不忘。”③此“读”,即出声地阅读文字,是一种学习的方法和教学的手段。到了清代,曾国藩《谕

---

① 许欢.中国古代传统阅读模式研究[J].图书情报,2010(5).

② 李希凡.中华艺术通史隋唐:上卷[M].北京:北京师范大学出版社,2006:404-405.

③ 朱熹.朱子读书法[M].北京:中国致公出版社,2008:23.

纪泽》家书云:"李杜韩苏之诗、韩欧曾王之文,非高声朗读则不能得其雄伟之概,非密咏恬吟则不能探其深远之韵。"该文提出诵读古人作品有两种方法:一种是"高声朗读",一种是"密咏恬吟"。高声朗读是为了畅其气,就是把那种被动的精神提起来;密咏恬吟是小声的静静的吟诵,这是为了得其韵味。① 无论是高声朗读还是密咏恬吟,其目的都是加深自己对作品的理解和感受。

从历史的维度看,无论是文字诞生前,口耳相传的文化延续;还是文字诞生后,读书明理的习得,"朗"与"读"更多是指一种读书方法,这应是口语表达主要内涵和朴素目的的基本诠释。而在经历了先秦时期口语表达的辉煌之后的今天,我们要继承古代口语表达史料,进一步拓展口语表达研究的范畴,来接续这曾经的优良传统,使口语表达在新时代为提高全民族的语言表达能力、塑造现代国家声音形象的建立,再到向世界讲好中国故事、传播中华优秀传统文化等方面提供学术理论支撑。

第二节　古代典籍中口语表达研究概述

口语表达在我国有着悠久的历史和传统,先秦时代的百家争鸣让口语表达达到历史高峰,诸子百家周游列国,开坛讲学,靠的是用口表达,传播他们的思想,在其后的两千多年里,口语表达以讲学、说书、舞台艺术等不同的形式,既存在于丰富的具体实践中,也保留记录在浩如烟海的历史典籍里,这些珍贵的历史资料,成为口语表达研究的重要基础内容。

中国古代典籍中记载的关于古人口语表达的相关内容是人类语言文化的基因,是人文精神的延伸。我们对古代口语表达的了解和认识及其发展历史的探究,只能依据历朝历代积累下的珍贵文字,去描述、阐释、研究中国古人口语表达的来龙去脉、存在情况、历史变迁等。因而,整理、掌握、理解、利用这些文献,就成为学习、研究中国古代口语表达极为重要的手段和技

---

① 叶嘉莹.风景旧曾谙[Ｍ].南宁:广西师范大学出版社,2008:64.

能。依据从古代典籍中整理出来的记录口语表达的史料文献,梳理古人口语表达的路径与脉络,用口语表达文字史料去解读口语实际表达,对口语表达进行多层面和全方位的研究,是一个新的研究领域、一个新的理念,也是一个新的方法,具有很重要的学术意义和实用意义,是中国语言史研究的重要方向,能为中国播音学术理论研究提供更多的资料参考,延展中国播音学术的维度空间。

一、典籍中的口语表达

中国古代典籍呈现范围非常广,魏晋以前,文论和哲学、历史著作之间没有明显界限,口语表达资料既存在于诗话、曲论、语录、文赋、词话、序跋、批语、小说论、画论、乐论、舞论、戏曲论中,也存在于古代经学、子学、史学、宗教、哲学等相关论著中。这些材料虽丰富,但又极端芜杂。若要全面发掘整理其中关于口语表达的资料文献,就必须以先秦为起始点,截至辛亥革命。这些史料纵跨近 3000 年,涉及著述及作者 200 多位。

先秦:《周易》《尚书》《左传》《国语》《战国策》《论语》《墨子》《孟子》《老子》《庄子》《荀子》《鬼谷子》《考工记》《乐记》《韩非子》《吕氏春秋》《礼记》等。

两汉:刘安、董仲舒、司马迁、刘向、扬雄、桓谭、王充、班固、许慎、《毛诗序》、王逸、蔡邕等。

魏晋南北朝:曹丕、曹植、阮籍、嵇康、陆机、左思、卫夫人、王廙、郭璞、葛洪、王羲之、顾恺之、宗炳、王微、刘义庆、王僧虔、谢赫、沈约、刘勰、萧衍、钟嵘、萧统、姚最、颜之推、刘昼等。

隋唐五代:虞世南、王通、李世民、孙过庭、陈子昂、李嗣真、刘知几、张怀瓘、李阳冰、王维、李白、窦蒙、颜真卿、杜甫、张璪、皎然、朱景玄、符载、韩愈、柳宗元、白居易、黄埔湜、杜牧、张彦远、司空图、荆浩、欧阳炯等。

宋:黄休复、欧阳修、郭熙、邵雍、郭若虚、王安石、沈括、程颢、程颐、苏轼、黄庭坚、董逌、郑樵、张戒、朱熹、陆九渊、姜夔、严羽等。

元金明:王若虚、元好问、郝经、方回、王履、祝允明、王守仁、杨慎、谢榛、徐渭、王世贞、李贽、汤显祖、胡应麟、董其昌、袁宏道、王骥德、袁中道、徐上瀛、叶昼、计成、张岱等。

清:金圣叹、黄宗羲、毛宗岗、李渔、顾炎武、王夫之、贺贻孙、叶燮、石涛、廖燕、郑板桥、曹雪芹、袁枚、姚鼐、章学诚、黄越、但明伦、华琳、刘熙载、梁启超、王国维、蔡元培等。

通过对古代典籍中口语表达史料的收集整理,可以实现以下研究目标:

1.构建中国式话语学科体系。所谓话语体系即指思想理论体系和知识体系的表达形式,古代典籍中的口语表达史料,其理论体系和知识体系本身就是中国的,用中国的话语体系阐释中国学术,才能彰显中国气派。

2.构建中国口语传播学科体系。口语传播学通常以两千年前亚里士多德《修辞学》为起源,实际上,中国先秦的古代典籍中关于口语表达的记载,不论从沟通技巧即演讲、辩论、说服,还是从影响社会运作更深层次的修辞与思辨、语言与权力、语言与社会及语言与文化等方面分析,都蕴含着口语传播的核心知识与技能,这才是口语传播学的真正起源。

3.构建口语研究学科融合体系。在口语表达史料整理的基础上,从声音传播的角度,以跨学科、开放式的研究思路,将口语传播研究从个别走向集中,从分散走向系统,同时在研究过程中第一时间发掘整理出的第一手原始资料,使研究成果具有原创性、创新性、前沿性。一方面可以提升口语研究的高度和深度,将以文字形态存在于古代典籍中的口语表达史料,进行能动的选择和改造,重新构建新的口语表达文化传统;另一方面,口语表达史料研究将以有声语言表达为核心的播音学术理论研究提高到一个新的历史高度。

二、典籍中的有声语言美学

美学,是人类以美的方式去思维的艺术,是美的艺术的理论。如果说美学是一门艺术哲学的话,那么对以有声语言表达为核心的口语美学史料的发掘整理,就是对历代先哲们对有声语言所做的哲学式思考的归纳整理。在中国浩瀚的古代典籍中,先哲们为我们留下了极其丰富和宝贵的有声语言美学史料。如"大音希声""得意忘言""在心为志,发言为诗""言约义丰"等。这些论述既有基本的技术层面的,也有表现内容与生发层面的,更有精神与审美层面的。

从口语表达美学史料的专一角度全面搜集、整理、分类,汇总出先秦至清末历时近 3000 年的古代相关典籍中中国有声语言美学文献资料,在此基础上提炼出有关"情"与"理"、"形"与"神"、"虚"与"实"、"言"与"意"、"意"与"境"、"体"与"性"等六对中国美学范畴,并对其进行分析,阐释其美学范畴和审美内涵,以此来观照播音主持的美学理论与表达规律,并对播音主持实践起指导作用。

1.在播音主持表达准备阶段的美学研究包括:融"情"于"理"——播音主持准备期的感情酝酿,"形"亡"神"——播音主持准备期的神思演绎,避"实"写"虚"——播音主持准备期的心境营造,"言"约"意"——播音主持准备期的辞采揣度,"意"与"境"浑——播音主持准备期的气息分配,以"体"定"性"——播音主持准备期的分寸掌控。

2.在播音主持表达创作阶段的美学研究包括:以"情"驭"理"——播音主持表达期的情感控制,以"形"绘"神"——播音主持表达期的形象勾描,化"实"为"虚"——播音主持表达期的空间建构,"言"迟"意"遐——播音主持表达期的节奏调度,措"意"造"境"——播音主持表达期的层次铺陈,因"体"制"性"——播音主持表达期的风格锤炼。

3.在播音主持表达接受阶段的美学研究包括:披"情"入"理"——播音主持接受期的情愫体认,"形"肖"神"毕——播音主持接受期的形象审视,沿"实"务"虚"——播音主持接受期的审美感悟,得"意"忘"言"——播音主持接受期的基调整合,感"意"悟"境"——播音主持接受期的总体把握,辨"体"明"性"——播音主持接受期的韵味品鉴。

根植于中国古代典籍中的口语表达史料以文字记叙的形式呈现,可见其书面语的口头化,口头语与书面语共通化。整理中国古代典籍中的口语表达史料,总结口语表达在中国发生、发展、演变的历程,研究口语表达在中国历史发展进程中所发挥的巨大作用,有如下几点重要意义。

1.在学理上强调"中国话语""中国语境"和"中国表达",提出口语表达史料与中国现当代史融合研究的概念,注重口语表达与政治、经济、文化等多重因素的关系,与广播电视、语言文字、教育等相关学科的关系。从大历史的维度全面、深入、系统地研究口语表达史,进而构建中国口语表达史。

2.探寻和总结口语表达的基本方法和规律,把口语的表现形式和表达深度,从理论到实践两方面提高到前所未有的高度,进而用其反哺社会,为全社会学习口语表达,提高口语表达能力发挥应有的作用,最终实现理论和应用的社会价值最大化。

3.提升我国语言教育中口语表达的教育水平,提高全民口语表达能力。将口语表达提升到现代国家声音形象塑造,在国际上树立现代中国的形象,宣传中华优秀传统文化,讲好中国故事的学术理论高度。

第二章 中国播音学术发展史研究本论

1923 年中国境内第一座广播电台开始播音,因此,1923 年被视为中国播音学术理论发展的"元年"。播音创作实践基础、播音理论总结基础、播音职业化发展基础是中国播音学术得以萌生、发展、提升的基石。本书通过纵向搜集和罗列丰富的播音文献资料,并进一步与实践相结合,整体展现不同时期的播音学术发展风貌,对文献资料进行具体的述评。对播音学术理论的产生、播音学术理论的流传过程进行历时的论述,对播音教育理论、期刊文章、学术交流进行阐述,对播音学理热点进行理析,旨在展现中国播音学的学术风貌。具体包括如下内容:一是理论的萌芽、来源、诞生、发展、向其他学科学习借鉴、从经验总结到理论概括等;二是理论的研究,从语音、发声、基础、形象等多方面开掘;三是对现有研究的评述;四是对中国播音学术理论研究未来的展望。

第一节 民国时期中国播音学术发展
(1923—1949 年)

按照广播电视史学界公认的观点:1923 年 1 月 23 日晚,美国人 E.G.奥斯邦在上海创办的中国无线电广播公司与英文《大陆报》合作,租用上海外滩广东路大来洋行的屋顶,开办起《大陆报》—中国无线电公司广播电台,呼号为 XRO,发射功率为 50 瓦,这是中国境内出现的第一座广播无线电台。

这一时期的广播电台主要是以外国人创办为主,此外,零星出现了一些私营电台。1928年8月1日,国民党中央广播电台在南京开始播音,标志着国家广播电台正式成立。1928年12月13日国民党政府建设委员会颁布《中华民国广播无线电台条例》后,一批公营、民营广播电台开始陆续出现。

从1923年私营广播电台出现,到1949年中华人民共和国成立之前,这是中国历史上一个特殊的时期,也是中国的播音学术理论在经历了萌生之后,逐渐初创的一个时期,更是中国广播播音理论多元呈现、类型迭出、观点鲜明、进步明显的时期。这一部分的研究主要聚焦在如下几方面:1.播音员的选拔标准;2.国家的政令与国语推广;3.从业人员的职业感悟;4.相关学者的专题;5.社会各界对播音的评价:以叶圣陶、鲁迅、茅盾、陶行知等学者及记者、听众等,在著作、报纸、杂志上发表文章,对播音员语言、节目内容、播音的作用等角度进行臧否等方面,构建播音评价学的雏形;6.行业组织、著述与刊发平台。

本节主要研究民国时期的广播播音学术理论从萌生到发展的演进历程,时间跨度是从1923年1月23日至1949年10月1日,共26年的播音学术理论脉络梳理,通过对选拔播音员的标准、国家的政令颁布、从业人员的感悟、专家的学术观点、社会各界的评论及行业组织、著述及刊发平台等多个角度的分析、研究,全面、准确地勾画与论述这一时期播音学术理论的发展全貌。

一、播音员的选拔标准

"广播(Broadcast)一词的原意是新闻或消息的传播,自1920年后,才几乎专用于无线电方面了。最早的新闻广播员也许就是叫街人(Town Crier)和浪游的乐师(Wandering Minstrel)之类,不过那时还没有发明无线电广播,他们并没有什么广播设备的帮助,只凭口说而已。"①。

"无线电广播是第一次世界大战前夜在比利时首都附近的电根城试验

---

① 徐学铠.广播常识[M].南京:国民图书出版社,1947:1.

成功的,而广泛推行则在战事结束后。当时欧美各国称无线电播音人为'斯登托里爱恩'(Stentorian),这个词是由古希腊人斯登托尔(Stentor)之名演变而来(的)。据荷马史诗《伊里亚特》记载,斯登托尔为公元前1200年特罗亚战争时希腊军队统帅部的传令兵,能发巨声,可压倒50个壮士的同时呼喊,因而在荷马被称为'铜喉英雄'。当无线电广播开始出现时,人们便用这个名称来称呼播音人。"①1920年,作为领先的无线电制造商之一的美国西屋公司(Westinghouse)有一个销售更多收音机的想法,那就是播放节目。1920年11月2日,该公司的KDKA电台进行了全国第一次商业广播,这是世界范围内第一个拥有合法执照的电台正式诞生。

从以上的历史回顾可知,播音员是随着无线电广播的出现而出现的。自从1923年第一座广播电台在中国诞生,就有了播音人员,1928年国民党中央广播电台开始播音,标志着中国国营电台的出现。无论是国营电台还是私人、外国人创办的电台,都对播音员的选拔有一定的要求和标准。

(一)民国时期国民党中央广播电台播音员的选用标准

国民党中央广播电台于1928年创立,当时只是刚刚具有广播的基本雏形,开始每天只播音两个小时左右,后来陆续增加到五个半小时。"国民党中央广播电台草创伊始,很多工作远非筹划周全,如和听众直接发生关系的播音工作,迟迟未能步入正轨,除了一位男播音员黄天如先生外,几乎无固定的合格的国语播音人员,张三李四都可以去凑合一阵。于是,每日从那高耸云天的铁塔天线上播散四方的常常是'吴语普通话''江淮普通话'等等。而当时记录新闻占的比例很大,各地收音员不仅要听,而且要记。出于方言的阻隔,他们常常为之困惑,叫苦不迭,每每写信呼吁。有一次,竟由总务科长陆以灏播音,他说的是一口地道的江苏太仓话,还夹带一些方言俚语。听众哗然,批评的信函纷至沓来。显然,这对作为堂堂中华民国喉舌的中央广

---

① 许焕隆.中国现代新闻史简编[M].郑州:河南人民出版社,1988:356.

播电台,可谓大煞风景"。①

据中国广播电视社会组织联合会播音主持专业委员会原秘书长杨涛考证:黄天如,原是一名中学体育教员。1923 年 4 月 01 日的《申报》记录了黄天如参加丹徒、泰县、江都、如皋、南通五县省立学校第四区联合运动会的情况。1924 年《申报》也有类似的报道。黄天如热爱体育运动,在后来的回忆文章中也有相关记录。黄天如是国民党党员,根据 1929 年国民党中央广播电台大事记记录,黄天如是 1928 年 7 月调入电台的。这时电台筹备的工作已经由徐恩曾转给吴道一负责了(他俩是中央宣传部部长叶楚伧委任的)。1928 年 6 月徐恩曾任用刘振清、俞曰尹两人为正副技师,负责处理工程事宜,孙宝宜为管机员。7 月吴道一任用黄天如、杜文彬两人,分别管理发音及机务事宜。吴道一、刘振清、俞曰尹、孙宝宜、黄天如、杜文彬六人是国民党中央广播电台开播时的全部职员。其中,黄天如负责发音工作(报告员及播音员)。黄天如是 20 世纪 20 年代第一位有影响的真正意义上的新闻播音员。在国民党中央台成立之前的广播电台,基本上播放的是娱乐、商业性的节目,虽有一些少量的资讯报告,但并不是播出节目的主体。那时的报告员主要的岗位职责是串联广播电台播出的文艺娱乐节目,简单报告一些节目目录、气象报告和商业广告等,真正意义上新闻性的报告是从国民党中央广播电台开始的。黄天如则成了第一位真正意义上的新闻报告员。

1932 年 11 月 12 日,国民党中央广播电台 75 千瓦大功率中波发射机正式投入使用,这是当时亚洲发射功率最大的电台,具有非常大的影响力。1932 年以后,中央广播电台的节目日益丰富,自编节目日益增多,基于以上两个原因,"为了适应需要,民国二十二年(1933 年)由电台总工程师冯简赴北平(今北京)主持招考播音员工作"。②

招考消息是在报纸上公布的,当时不但有北平、天津的青年来报考,就

---

① 汪学起,是翰生.第四战线:国民党中央广播电台掇实[M].北京:中国文史出版社,1988:24.

② 江苏省地方志编撰委员会.江苏省志.广播电视志[M].南京:江苏古籍出版社,2000:345.

是全国其他各地的人也趋之如鹜。考场设在当时的长安街电信局,有大约两三千人参加考试,究其原因主要是"一者广播在当时属新文明的产物,二者有'中央'的来头,三者是明码标价的高额薪金,当然引起许多人的极大兴趣"。① 考试分笔试和口试两个部分,笔试包括历史、地理、语言、数学和用国语注音字母写一篇文章;口试由冯简主持,冯简毕业于南洋大学,获美国康奈尔大学硕士学位,又曾任东北大学教授,知识颇为渊博,所以他的提问涉及文、史、哲、天文、地理、科学各个领域。"经过严格的筛选,在二三千名考生中录取了刘俊英、张莲洁、吴祥祜3人"。②

这次录取的这三位都是女生。第一位,"刘俊英当时已25岁,河北沧县人,但久居北平。在北平,她度过了小学、中学时代,又进入北平女子师范大学,攻读教育学。她被中央电台录取后,便中途辍了学业。1933年10月1日,她来南京报到,当上了播音小姐,踏上了为当时无数青年所仰慕的其实于她是坎坷不平的道路";③第二位张莲洁,原本是哈尔滨人,东北沦陷后到北京逃难,恰逢电台招考;第三位吴祥祜,虽然祖籍江西,但是她出生在北京,在北平女师大附中读书,曾担任过播音股股长。中华人民共和国成立后在广西继续从事广播电视工作。

据了解,刘俊英、张莲洁、吴祥祜是国民党中央广播电台第一批女播音员,"这三播音员的共同特点是编播合一,能写稿、能播音、能歌咏、能演话剧"。④ 她们的加入,让当时的中央广播电台的节目耳目一新,节目形式也日趋多元化。"尤其是刘俊英,她才思敏捷,文笔流畅,嗓音圆润,多年的北平生活,为她的准确发音打下坚实的基础,良好的文化素质,使她恰到好处地

---

① 汪学起,是翰生.第四战线:国民党中央广播电台撷实[M].北京:中国文史出版社,1988:24.

② 江苏省地方志编撰委员会.江苏省志.广播电视志[M].南京:江苏古籍出版社,2000:345.

③ 汪学起,是翰生.第四战线:国民党中央广播电台撷实[M].北京:中国文史出版社,1988:25.

④ 江苏省地方志编撰委员会.江苏省志.广播电视志[M].南京:江苏古籍出版社,2000:345.

把握语言的抑扬分寸,特别是儿童节目,自编自播,那些趣味横生、知识丰富的文章,通过那娓娓动听、令人陶醉的声音表现出来,不但使少儿听众为之着迷,多少成年听众也深感兴趣。这档节目大多安排在晚饭后的'黄金时间'播出,听众几乎无所不知。每逢此时,早就有不少人静候恭听,几乎成为一种时尚。"①上文提到,当时的中央广播电台是亚洲发射功率最大的电台,辐射范围包括整个东亚和南亚,刘俊英的播音引起了日本听众的关注。"我国中央广播电台七十启罗的电波,不要说全中国都能收到,就是在日本也能很清晰的(地)听着清脆的国音。上月东京朝日新闻,有某语言学家,发表了一篇《美声的女播音员》,竭力赞美我国国语声调的美妙,引起全日本的注意。他说中央电台有一个不知道名的女播音员,操着纯粹流利的北平话,声音的清脆美妙,字字作金石声,像佐保姬振铃的声音,听了之后,令人生甜蜜的美感。从前在大阪用四灯机就可收得,在东京却非用六灯机不可,中国国语因为有四声八音的区别,所以音韵的优美,殊非日本语言所及。"②

图2-1　《申报》1935年5月20日刊发《全日闻名的"南京之莺"》

从当时国民党中央广播电台第一次公开招考播音员的过程中,我们可以得出如下结论。"国民党办中央广播电台播音员招聘考试正规,竞争激烈,几乎是千里挑一。招考有笔试和口试两个环节。笔试科目众多,口试涉及文、史、哲各个领域。对播音员能力素质要求全面,注重综合素质考评,对

①　汪学起,是翰生.第四战线:国民党中央广播电台掇实[M].北京:中国文史出版社,1988:25.
②　吉云.全日闻名的"南京之莺"[N].申报,1935-05-20.

播音员政治素养、语言能力、知识素养都有较高的要求。从三位女播音员的语音标准程度看,当时对播音员的国语水平要求较高,要求语音标准,表达规范。从三位女播音员嗓音基础看,当时对播音员的发声要求较高,要求嗓音圆润,声音纯净。从三位女播音员的文化素质、思想修养看,当时对播音员的文化程度要求较高,要求受过良好的教育,中学以上学历,具备一定文学修养。"[1]

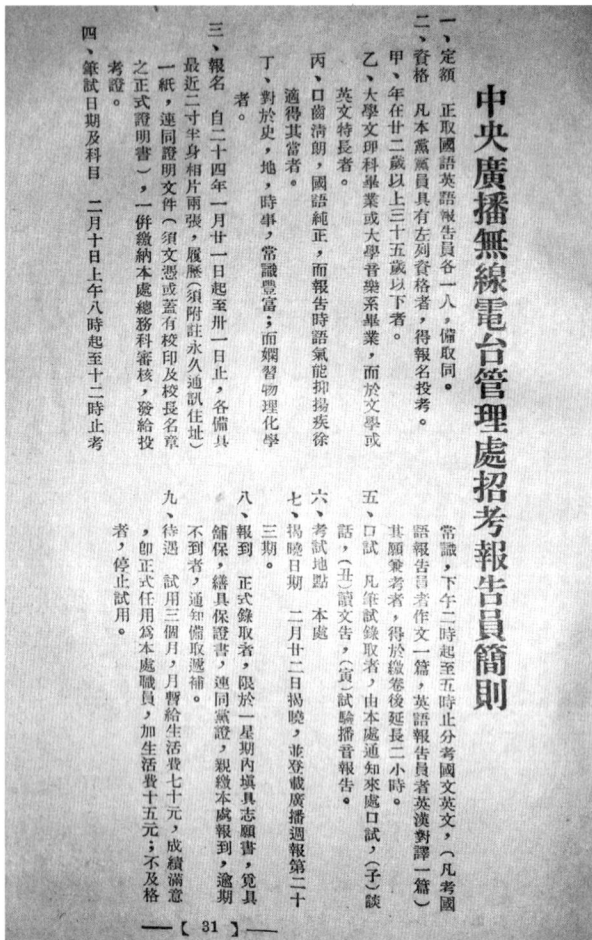

图 2-2 《广播周报》1935 年第十七期刊发《中央广播无线电台管理处招考报告员简则》

---

① 祝捷.中国播音主持评价体系发展研究[M].北京:中国广播电视出版社,2013:67.

1935 年国民党中央广播电台进行了第二次播音员招考,公告如下:

中央广播无线电台管理处招考报告员简则:

一、定额　正取国语英语报告员各一人,备取同。

二、资格　凡本党党员具有左列资格者,得报名投考。

甲、年在廿二岁以上三十五岁以下者。

乙、大学文理科毕业或大学音乐系毕业,而于文学或英文特长者。

丙、口齿清朗,国语纯正,而报告时语气能抑扬疾徐适得其当者。

丁、对于史、地、时事,常识丰富;而娴习物理化学者。

三、报名　自二十四年一月廿一日起至卅一日止,各备具最近二寸半身相片两张,履历(须附注永久通讯住址)一纸,连同证明文件(须文凭或盖有校印及校长名章之正式证明书),一并缴纳本处总务科审核,发给投考证。

四、笔试日期及科目　二月十日上午八时起至十二时止考常识,下午二时起至五时止分考国文英文,(凡考国语报告员者作文一篇,英语报告员者英汉对译一篇)其愿兼考者,得于缴(交)卷后延长二小时。

五、口试　凡笔试录取者,由本处通知来处口试,(子)谈话,(丑)读文告,(寅)试验播音报告。

六、考试地点　本处

七、揭晓日期　二月廿二日揭晓,并登载广播周报第二十三期。

八、报到　正式录取者,限于一星期内填具志愿书,觅具铺保,缮具保证书,连同党证,亲缴本处报到,逾期不到者,通知备取递补。

九、待遇　试用三个月,月暂给生活费七十元,成绩满意,即正式任用为本处职员,加生活费十五元;不及格者,停止试用。①

1936 年,国民党中央广播电台进行第三次公开考试,公告如下:

---

① 中央广播无线电台管理处招考报告员简则[J].广播周报,1935(17).

中央广播事业管理处招考播音技术补充人员简则：

一、定额 技术人员正备取各五名，播音人员正备取各五名（国语报告员四名，英语报告员一名，备取之名额与正取同）。

二、资格 凡本党党员，不论性别，年在年二十二岁以上，卅二岁以下，具有左列甲项（子或丑）兼乙项（或兼丙丁二项）资格者，得报名投考。

（甲）子，顾充技术人员者须国内外大学电信系毕业，饶有电机及无线电工程学识。丑，顾充播音人员者须于国内外大学文理工科毕业，国语或英语擅有特长（倘能兼通法、俄、德、意、日之一国语文者尤好）。

（乙）对于技术或播音各有相当之历练者。

（丙）国语或英语，口齿伶俐，发音纯正，报告之语调又能抑扬疾徐适得其当者。

（丁）娴习物理化学，并对于史地时事常识丰富者。

三、报名七月五日起至七月十五日止，各备具最近半身相片两张，履历（须附注永久通讯住址）一纸，连同毕业证书（或盖有校印及校长名章之正式证明书）并于可能范围附在校时各门成绩单亲自来处缴纳本处总务科登记，再经半小时之口试，核定后方发给投考证。

四、考试日期七月十七日十八日笔试，七月廿二日口试，并招待参观。

五、笔试之科目，时间列表于左，成绩依需要标准而规定其百分比。

七月十七日上午八时至十一时党义、国文（文言白话各作一篇）

下午二时至五时英文（英译汉汉译英各一篇）、史地（技术员免考）

七月十八日上午八时至十一时物理（技术员免考）、化学（技术员免考）、电学（此科系技术员特考之科目）

下午二时至五时常识（技术员免考）、无线电学（此科系技术员特考之科目）、数学（技术员免考）

附注

六、口试笔试已及格者由本处函知来处候试，除技术人员仅予以细密之口试外，国语报告员应于口试后，再个别各作国语演说二十分钟

（重要科目），英语报告员应于口试后，再个别各作英语演说二十五分钟（重要科目）。

七、考试地点南京鼓楼小学。

八、揭晓日期七月廿五日揭晓，并载广播周报第九十六期。

九、报到正取者限于揭晓后十日内填具志愿书，觅得本京殷实铺保填就保证书，连同党证，亲自来处报到逾期不到，即传补备取。

十、待遇各试用三月，术术员及国语报告员，试用时每月暂给六十元，正式任用加至七十或八十元，英语报告员试用时每月八十元至一百元，正式任用，加至一百元至一百四十元，以后按年考绩加升。①

通过对国民党中央广播电台三次招考播音员的公告及录取人员分析，我们可以得出这样的结论，当时国民党中央广播电台选拔播音员的基本标准是："政治方面，国民党党员，年龄二十二岁到三十五岁之间。语言方面，口齿清朗，国语纯正，报告之语调又能抑扬疾徐适得其当者。知识方面，大学文理科毕业或大学音乐系毕业，而且擅长国语、英语、文学或英文，娴习物理化学，史、地、时事、常识丰富。……根据以上史料还可以看到，国民党中央广播无线电台招考播音员的考试流程更加严谨：分笔试和口试两个环节，笔试科目有国文、英文、常识、党义、史地、物理、化学、数学等，口试有谈话、读文告、试验播音报告、演讲。从考试流程看，当时招考播音员的考试正规、公开；从考试科目看，当时对播音员知识能力要求较高，要求知识面广、擅长国文；从口试方式看，当时对播音员播报能力和口语表达能力两方面均有较高要求。"②

（二）民国时期各省、地方官办国营电台播音员选用标准

当时除中央广播电台外，各省的国营电台也公开招考播音员，比如当时

---

① 中央广播事业管理处招考播音技术补充人员简则[J].广播周报，1936(91).
② 祝捷.中国播音主持评价体系发展研究[M].北京：中国广播电视出版社，2013：67.

的北京电台和河南省的开封电台即如此。"民国十六年（1927）9 月北京创建首家广播电台后的头 10 年里，发展缓慢，规模很小。到民国二十一年（1932 年）2 月，北平无线广播电台人员为 11 人，其中报告员即播音员仅 1 人，后增至 2 人。同年 10 月台名改为交通部北平广播电台，延长播出时间，从每天 2 次播音改为每天 4 次，遇有夜戏转播则需延长至午夜。为此，该台向上级申请补充员工，报告称'原有报告员二人自晨至夜，担任报告时刻气象、商情行市、国内外新闻、古人箴言、名人故事、家庭常识暨各种商业广告与唱片名称，实觉不敷分配'。稍后，该台发出招考播音员广告，要求女生需在高中毕业，18 岁以上，25 岁以下；男生需大学或专科毕业，年龄在 20 岁至 30 岁之间，并以国语纯粹、学识优良、发音清晰、身体强健为合格。考试科目为国文、英文、史地常识。笔试合格后举行口试：读文告、讲故事、述新闻。录取后实习 1 月，期满分派工作。"①

"开封河南省政府，近建广播无线电台一座，规模尚称不小。电台主持者为提倡妇女职业起见，特决定报告员全以女性充任。于十二月十日，登报公开招考。凡是有中学毕业或相当程度，口吃（齿）伶俐，善讲国语者，概可报名投考。一时前任报名之女子，竟达一百三十四人之多。"②

(三)民国时期私营电台、外资电台播音员的选用标准

中国的广播电台诞生于上海，初期的广播电台都是由外国人创办，比如上海的开洛公司、新洋行孚、大来洋行等都创办过广播电台，这些电台主要播送娱乐节目、商业信息及少量的新闻。由于这些广播电台地处上海，所以大部分节目以上海话或租借地所在国的语言为主播音。"申报馆用上海土音报告汇兑市价船舶班期等，大晚报馆用英语报告汇兑及市场消息并演奏音乐，新孚洋行用英语报告新闻并演唱歌曲，申报馆用上海土语报告新闻并演唱歌乐，巴黎饭店用英语报告新闻并奏演歌曲，神户电气公司用日语报告

---

① 北京市地方志编纂委员会.北京志·新闻出版广播电视卷·广播电视志[M].北京:北京出版社出版,2006:445.

② 佚名.招考女报告员之趣闻[J].电声,1935(1).

新闻并奏唱日本音乐。"①

随着大量民营电台的出现,播音员队伍也迅速壮大。"从播音员所属的劳动关系来看,民国播音员至少可以分为专职播音员与客串播音员两类,……专职播音员由电台负责招聘,……客串播音员则多指那些并非以播音为主业,只是临时性地客串播音,比如传统游艺界的艺人,他们只是有人请做节目时,才临时去播音。"②但是随着广播电台节目的发展需要,许多艺人纷纷走入播音员的行列。"既然播音成了一种职业,又是无日无夜的(地)需要这方面的人才,则上海的游艺界、京剧界、话剧界、歌舞界、音乐界……是相当地有了出路了? 也许他们有他们本来的职业,干播音的事不过是想多抓几个钱添补添补;不过实在有许多人,根本就是闲空着;或虽有一点'玩意'想兜揽出去,但苦于领教的人不多,活不了命;一参加到播音事业里,当作副业也好,正业也好,多少是可以抓点钱的。"③

"本电台现需报告员五人,(资格)能说流利之国语、苏沪土白及普通英语而发音清朗者,年龄在二十至四十之间,不拘性别。(待遇)服务时间,每日午后二时至十时,月薪四十元,食宿自理,下月即可任事。凡有意者请备亲笔中英文履历如姓名、籍贯、年龄、性别、教育、宗教、住址等,四寸全身照片,寄上海四马路中西大药房转交鄙人,本月二十五日截止。"④。

"一天,在一个热门的宴会里,只有我一个人静静地坐在屋子的一隅收听着我每晚必听八二〇KC.金都、中华自由电台的西乐唱片节目。突然一句话抓住了我的心弦:'本台现欲招请女报告员三位,如有意者,请于明日下午二时驾临本台',这一句话对于素来醉心于播音生活的我,该是多么高兴的一件事? 当时我就决定明天一定去一试。……报名参加共有七十多人,第一次是试音,第四天复试,最后两个人被聘任。"⑤

①　曹仲渊.从上海播音说到国际纠纷[M].北京:档案出版社,1985:246.

②　龙伟.新的"明星":民国广播播音员职业生态与社会生活[J].新闻与传播研究,2013(4).

③　佩昔.播音者[N].申报增刊,1935-05-13.

④　征求电台报告员[N].申报,1935-05-16.

⑤　华薇.投考报告员的经过[J].大声无线电月刊,1947(8).

图 2-3 《大声无线电月刊》1947 年第 8 期刊发《投考报告员的经过》

"我每天看《新闻报》上招聘广告,有一天看到广告的招聘,比较适合我,说'招考女子一名,初中毕业,年龄 16—20 岁,要懂广东话,能抄写,工资面谈',报考地点在南京路哈同大楼 301—310 室,报考时间是上午九时。"①

此外,当时的宗教类电台,也对播音员的任用提出相关要求,《申报》1935 年 5 月 16 日刊发了相关消息:

征求电台报告员

本电台现需报告员五人(资格)能说流利之国语苏泸土白及普通英语而发音清朗者年龄在二十至四十之间不拘性别(待遇)服务时间每日午后二时至十时月薪四十元食宿自理下月即可任事凡有意者请备亲笔中英文履历如姓名籍贯年龄性别教育宗教住址等□四寸全身照片寄上海四马路中西大药房转交鄙人本月二十五日截止不合原件□□□□福音广播电台总经理□完白□师启

通过对上面史料的简单分析可以看出,当时外国人开办的电台和私人电台选拔播音员的基本要求:"年龄在 15—20 岁左右的年轻女性;根据节目需求,要求上海话、广东话或国语纯正流利,嗓音甜美,掌握一定播音技巧和节目主持能力;受过良好的教育,学历要求小学或初中即可。从当时民营广播电台的节目形式看,除了娱乐、新闻节目外,还有电台点播、听众来信等节目样式,当时播音员除了需要具有播报能力外,还需要具备主持能力。"②

当时私人电台优秀的播音员是什么样子呢?"刘素珍是'建国'广播电台的一个播音员。她的一口流利的国语,真像珠走玉盘般的圆润而动听极了。逢到她的播音,无论演说、报告、广告、宣传莫不悦耳,听来仿佛话剧里面的对白。因此无线电听众逢到她的报告,不但不将它关闭,独爱她的一口悦耳动听的说白,据说比收听名人演说还有意思,可以练习自己的国话,因

① 鸥守机.上海闺秀:一个妇人的人生自传[M].上海:上海文艺出版社,2003:50.
② 祝捷.中国播音主持评价体系发展研究[M].北京:中国广播电视出版社,2013:77.

報　告　小　姐

各方面為顏注意（一）

・周天籟著・

劉素珍是建國廣播電台的一個播音員。她的聲音珠走盤殺，算像珠走盤殺，實為播音界絕無僅有的圓潤而動聽極了。她的播音，無論演說，報告，廣告，宣傳無不娓娓動聽，彷彿話劇裏面的對白，據說此收聽名人演說竟成，中學演講她已經成為冠軍，料到自己不幸的命運，今生完結了「幸福」二個字根本就同她無緣了。

十四歲小學完畢，考進初中，她就埋頭努力，預期將來終身委託到社會上去，決不妨人，她認為對演說最可是我不便告訴你我的苦衷，最好請你寫封信寄給她，請她奉覆吧。」

她的來到建國電台當報告員，據說是考中的，根本就沒有人介紹，那時候還在上海讀書，見報聘請，她來應徵的，主持的人見了她嚇了一跳，認為此人患麻瘋症，臉上怕得叫人不論交情，乘公正錄去人才的，假定設非人才，決不會落選的。

過了三天電台上的信件來了，正式的聘請書也來了，月薪暫定一百五十萬元（合同定期一年，如果雙方滿意的話，決不會落選的。

她的容貌却醜惡到極點了。但遮飾不仁，因為自卑，認為上海所有的電台，許多人都說她是個滅才，因此她每次抄寫名列前茅，得來會有許多人都說她是個滅才，她米非北平人，生長浙江一個小城市，十八歲上海在一爿市書生，說劉小姐並非北平人，生長浙江一個小城市。

習自己的國話，因為她的咬字非常準確，含慷深長，音調甜美，得來會有一種玲瓏滿完全先失關係，是一種「夜牛歌聲」中的宋丹萍還可怕。據醫生說近一種唇搭搭完全先失關係，眼桑唇辱，可能變成不分，比「夜牛歌聲」中的宋丹萍還可怕。

梅毒，俗稱「吃園虎」的就是，不但變得面目全非，可能變盲失明，現在播音半部可以保持不致潰爛，但高價藥却無法復平，實為播音界，最不幸中大幸了。不料半歲那一年輕一口悅耳動聽的說白，抱定宗旨，盼咐電台員有關聽眾打電間，料到自己不幸的命運，今生完結了。

因此無線電聽眾近來不將它關閉，不但不將她的報告，宣傳說報，廣告，無論演說，報告，廣告，逃訪她的播音，無論演說，報告，廣告，她的叫潤而動聽極了。

這家建國電台自從劉素珍擔任播音以來，每天有人打電話來詢問這位播音小姐的姓名，纏繞不清，接電話的分外忙碌，因為劉素珍初來電台服務時分，料到自己不幸的命運，今生完結了。

你不當訴我名字，怎樣可寫給你接見。

有一天有一位新聞記者叫金子雲到電台上來訪問她，打算替他寫一篇女播音員的生活專訪，因為有關建國電台的女報告員各報皆有文字披露，終不知姓姓者是誰，所以各方面都涼羨不如深，因而頗為注意，這位金子雲却碰了一個釘子。（未完）

为她的咬字非常准确,含韵深长,音调甜美,得未曾有。假使说刘素珍到演讲会去演讲,听的人一定踊跃,这是毫无异议的。据说刘小姐并非北平人,生长(在)浙江一个小城市,十八岁来上海在一全市学生演讲中得第一名奖状。后有多次的演讲比赛,她每次都名列前茅,因此,许多人都说她是个天才。"①

"工作开始了,大家从收音机里听到了老马的滤过电波的声音:道地北平口音,经过琢练的调子,清晰,从容,带点感情,无论从那(哪)方面都还不怕挑剔,大家都点头,说:'不坏。'"②

二、国家的政令规范广播节目与播音语言

当时的国民政府出台了一系列规章制度,对广播电台设立、广播节目内容、播音语言等从国家层面进行规范。1920 年开始推广的国语运动,在广播节目中通过播音员发音来示范国语,形成中央标准化的国音,同时请专家学者在广播中举办国语教育节目来宣传和普及国语。无线电广播的播音实践为国语的构建和推广奠定了坚实基础。这些方式确立了播音用语的国家标准,为播音语言的规范化奠定了基础。

(一)国家的政令与制度规范广播电台设立、广播节目内容

1928 年以前,在中国境内开办的广播电台主要以外国人开办的电台和国内私人电台为主,当时的北洋政府也对广播电台进行了管理,取缔了一些不合时宜的私人电台。例如,1924 年 8 月颁布了《交通部公布装用广播无线电接收机暂行规则》,对装无线电接收机做了详细的规定。

依照国民政府颁布的电信条例,民营广播无线电台的设置,须经交通部或其委托机关核准,人民装用无线电收音机,须向交通部或其委托机关登记领照。关于这些,交通部均有征收执照费及制定取缔规则之权。所有交通

---

① 周天籁.报告小姐[J].大声无线电月刊,1947(2).
② 刘作楫.记老马[J].广播周报,1947(239).

部于民国二十年（1931）4 月
10 日公布的《装设广播无线电
收音机登记暂行办法》及民国
二十一年（1932）11 月 24 日公
布的《民营广播无线电台暂行
取缔规则》皆依据上述电信条
例赋予交通部的特权而产生。

从 1928 年 8 月 1 日国民
党中央广播电台开播，到 1949
年中华人民共和国成立，为规
范无线电广播电台，中华民国
政府颁布了五个主要的管理
规定①，其中的条例内容对广
播节目内容和广播语言都做
了明确的规定。

1928 年 12 月 13 日，建设
委员会颁布了《中华民国广播
无线电台条例》。该条例对广
播电台的播出内容做了限定：
"第十一条 广播电台之业务以
下列各项为限：一、公益演讲；
二、新闻、商情、气象等项之报
告；三、音乐、歌曲及其他娱乐
节目；四、商业广告，但不得逾
每日广播时间十分之一。"该
条例的第十二条还特别强调

图 2-5 《申报》1935 年 4 月 16 日刊发《交
通部对于广播无线电之政策》

---

① 江苏省地方志编撰委员会.江苏省志·广播电视志[M].南京:江苏古籍出版社,
2000:581.

“广播电台不得广播一切违背党义、危害治安、有伤风化之一切事项，违者送交法庭讯办”。

1936 年 10 月 28 日，中华民国交通部公布《指导全国广播电台播送节目办法》。该办法除明令规定各个广播电台必须转播中央广播电台节目外，对节目内容和使用语言做了明确规定：“1.播音节目之成分，关于教育演讲及新闻报告方面，公营广播电台应占多数，民营广播电台亦不得少于百分之四十，其娱乐节目至多不得超过百分之六十，广告节目应包括在娱乐节目内不得超过娱乐节目三分之一。2.各广播电台除娱乐节目外，对于宣传教育演讲

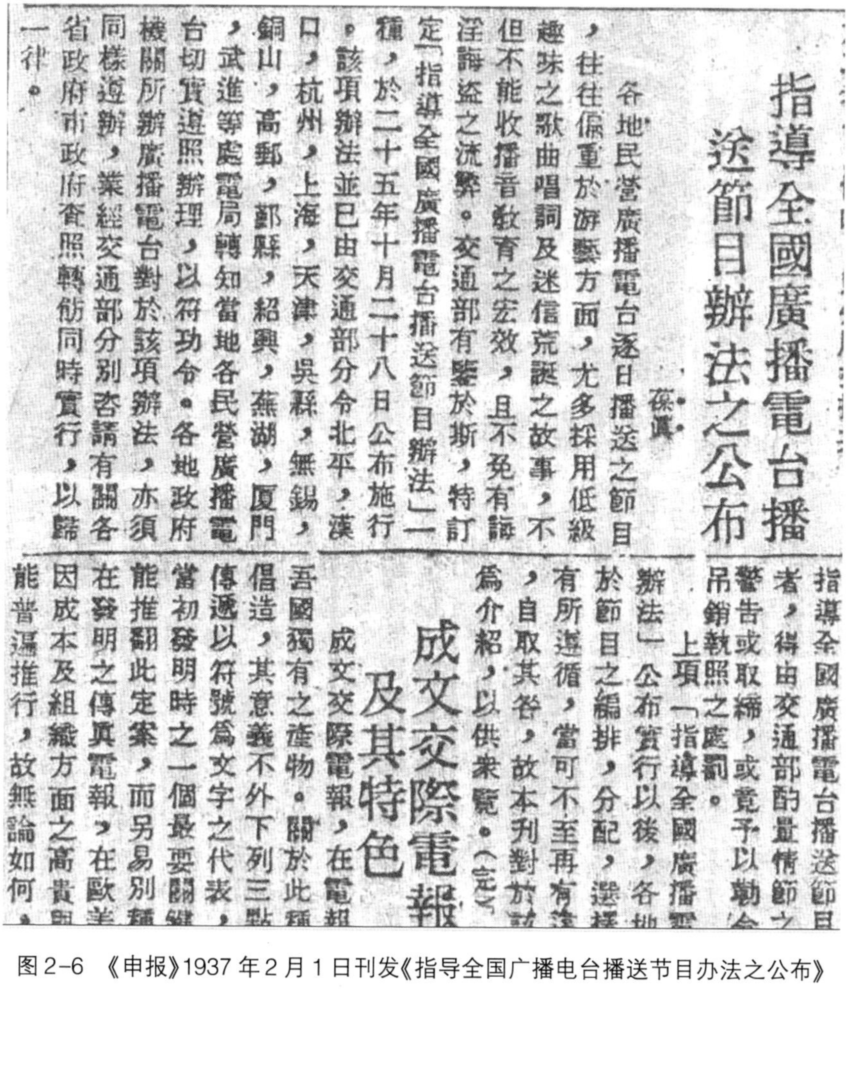
指導全國廣播電台播送節目辦法之公布

蓀

各地民營廣播電台逐日播送之節目，往往偏重於游藝方面，尤多採用低級趣味之歌曲唱詞及迷信荒誕之故事，不但不能收播音教育之宏效，且不免有誨淫誨盜之流弊。交通部有鑒於斯，特訂定「指導全國廣播電台播送節目辦法」一種，於二十五年十月二十八日公布施行。該項辦法並已由交通部分令北平，漢口，杭州，上海，天津，吳縣，無錫，銅山，高郵，鄞縣，紹興，蕪湖，厦門，武進等處電局轉知當地各民營廣播電台切實遵照辦理，以符功令。各地政府機關所辦廣播電台對於該項辦法，亦須同樣遵辦，業經交通部分別咨請有關各省政府市政府查照轉飭同時實行，以歸一律。

指導全國廣播電台播送節目……者，得由交通部酌量情節之警告或取締，或竟予以勒令吊銷執照之處罰。

上項「指導全國廣播電……辦法」公布實行以後，各地……於節目之編排，分配，選擇……有所遵循，當可不至再有……，自取其咎，故本刊對於……爲介紹，以供衆覽。（完）

成文交際電報及其特色

成文交際電報，在電報……吾國獨有之產物。關於此種……倡造，其意義不外下列三點……傳遞以符號爲文字之代表，……當初發明時之一個最要關鍵……能推翻此定案，而另易別種……在發明之傳真電報，在歐美……因成本及組織方面之高貴與……能普遍推行，故無論如何，……

图 2-6 《申报》1937 年 2 月 1 日刊发《指导全国广播电台播送节目办法之公布》

节目应以国语播送为原则,暂时兼用当地方言者应另加教授国语节目。3.各广播电台不得播送有干禁例或偏激之言论,诲淫诲盗、迷信荒诞之故事及歌曲唱词。"该办法第一次明确要求广播电台语言类节目应以国语播送为主。

该办法的出台,主要是针对当时广播电台节目不规范而制定的,因为当时"各地民营广播电逐日播送之节目,往往偏重于游艺方面,尤多采用低级趣味之歌曲唱词及迷信荒诞之故事,不但不能收播音教育之宏效,且不免有诲淫诲盗之流弊。交通部有鉴于斯,特订定《指导全国广播电台播送节目办法》一种,于二十五年十月二十八日公布施行"。[①] 办法出台后的反响如何呢?"上项《指导全国广播电台播音节目办法》公布实行以后,各地广播电台对于节目之编排、分配、选择等项,既已有所遵循,当可不至再有违犯章规情事,自取其咎,故本刊对于该项办法,乐为介绍,以供众览。"[②]

为了细化指导办法的实行,1937 年 4 月 12 日,中华民国交通部令公布实施民营广播电台违背《指导全国广播电台播送节目办法》之处分简则。如不遵守指导办法,处分分为三种:警告、停播、取消执照。比如,播出内容与审定的稿本不一致,就会受到警告处分;节目中播讲鬼神荒诞不经的故事或词语粗鲁不文明,就会受到停播处分;节目内容有妨害社会治安的语言,这个广播电台就会被取缔。

与处分简则同一天公布的还有《播音节目内容审查标准》,进一步明确了哪些节目内容必须修改或全部被禁止。"各广播电台节目其演说、歌曲、唱词、广告等,如有下列各项情形之一者,应予修正或全部禁止:一、违反本党主义者;二、危害本国安全者;三、妨害社会治安者;四、违反善良风俗者;五、侮辱他人或先哲者;六、宣传迷信者;七、词句猥亵者;八、违禁物品或违禁出版品之广告;九、危害身心之药物或场所之广告;十、其他违背政府令者。"审查标准进一步明确了播音节目的审查内容,着重强调了广播语言的纯洁性。

随着广播事业的发展,如何规范广播电台的设立成为当时管理部门的工作重点。1946 年 2 月 14 日,中华民国交通部公布施行《广播电台设置规

---

① 葆真.指导全国广播电台播送节目办法之公布[N].申报,1937-02-01.
② 葆真.指导全国广播电台播送节目办法之公布[N].申报,1937-02-01.

则》，第一次明确界定国营广播电台、公营广播电台和民营广播电台的概念，明确禁止外国人在中国境内设立广播电台。"第三条 广播电台除国营者分为两类：1.公营广播电台。凡中华民国政府机关所办广播电台除交通部所办者隶属国营广播电台外其余均称为公营广播电台。2.民营广播电台。凡中华民国公民或正式立案完全华人组织设立之公司厂商学校团体所设立广播电台均称为民营广播电台。第四条 凡外籍机关人民非完全华人组织设置之公司厂商学校团体一律不准在中国境内设立广播电台。"

当时无论公营还是民营广播电台，都播送一定数量的广告，严重影响了节目质量，同时播音语言也五花八门。除各地方言外，外语播音的电台也大量存在，同时广播电台从业人员来源复杂，没有统一的登记和管理。针对这种情况，《广播电台设置规则》做了详细的规定。"第二十三条 广播电台播音节目应以下列各项为限：4.商业报告（民营电台播送以上两项节目至多不得超过每日播音时间的80%，公营电台应不予播送商业广告）。"第一次明确了公营电台的公益属性，不能以营利为目的播出商业广告，保持了公营电台的独立性。"第二十四条 广播电台除经交通部核定有特种使命者外，其播音语言应以中国语言为主。"确定了中国语言在广播语言中的排他地位，净化了语言环境。"第三十五条 广播电台技术及播音人员，交通部得令其登记。"过去各广播电台的技术人员和播音员的管理处于一种松散的状态，该规则要求在广播电台承担最主要工作的技术人员和播音员进行统一登记和管理，这对规范广播电台节目有很重要的作用。

（二）民国时期广播节目的规定推动播音语言标准的确立

五四新文化运动的前奏是文学革命，文学革命的重要内容即提倡白话文。1912年8月，《采用注音字母案》通过，决定先从统一汉字读音着手，实施国语教育。1913年2月15日，读音统一会在北平召开。这次会议审定了6500个汉字的读音，用各省代表投票的方法确定了"标准国音"。拟定了一套注音字母，给汉字注音。1920年，全国各地陆续开办国语传习所和暑期国语讲习所，推广注音字母，全国小学的文言文课一律改为白话文课，小学教科书都对生字用注音字母注音。

"五四运动之后,革新思想成为社会的主要潮流,国语的推广更加顺利。二十年代,军阀混战、国家分裂,人们寄希望于通过语言的统一来加强国民精神,加强地方军阀对国家整体的认同,以实现全国政治上的统一,提出了'言文一致'和'国语统一'的口号,推动国语运动全面开展。高等小学国文科改国语科,中学也打破了文言文一统天下的局面。确立以北京语音作为汉民族共同语的语音标准,是国语运动最重要的学术成果,为后来国语推广运动以及新中国的推广普通话工作奠定了理论基础。"①新文化运动的伟大功绩在于使文言文在二三十年间很快就退出了历史舞台,白话文一统天下,书面语言与口头语言的差异荡然无存。

图2-7 《申报》1935年5月1日刊发《国语教育会呈准交部各电台报告改用国语》

"该会于三月二十五日呈请交通部通令全国无线电台应用国语报告,并采用该会灌制标准备国语留声机片、'注音符号''国语游艺会'两套,分日播送,以助推行国语教育。兹悉交通部已于四月二十五日批准,令饬各民营广播电台,并函请各省市政府转饬所属广播电台,于本年五月一日起,遵照办理云。"②

国语运动的核心是推广标准语音,而广播是推广国语的最佳传播手段,因此,客观上促进了播音员规范语音,而广播电台又明确将国语标准与否作

① 项开喜.中国共产党与百年语言文字事业[J].中国语文.2021(4):387.

② 国语教育会呈准交部各电台报告改用国语[N].申报,1935-05-01.

为播音员的重要选拔条件,主观上强化了播音员使用标准国语,推动了播音员语言规范化进程。

三、播音从业人员的职业感悟与基本职业素养

播音首先是一项工作,随着广播电台数量的增加,播音也从一项工作开始延展成为一种职业。在播音实践中,播音员从具体节目创作出发,加深对职业的认知,在自我播音实践总结中,归纳出播音员必须具有的基本素质,提升播音员职业认同感,从创作经验总结逐步向理论提升转向,在理论提升中构建播音员的职业素养,让公众认知到播音员在光鲜的外表后都有不为人知的努力和付出,尤其是专业的进步,是一点一滴的积累过程。播音员个人职业感悟的总结,催生了播音职业规范的形成。很多播音员都在当时的报纸和期刊上发表文章,从不同维度说明与阐释播音与播音职业的方方面面。随着民国广播事业飞速发展,播音员成为民国时期新兴的职业,一些播音员在报纸和期刊上发表自己工作的经验性总结,涉及如何报告新闻,如何编辑和播讲儿童节目,如何克服话筒前的紧张状态,理想的播音员究竟应该具备哪些素质等内容。虽然只是经验之谈,但有些总结初见理论归纳的端倪,客观上为其他播音员从业提供了一定的理论指导与实践参考,规范了播音职业的基本内涵,起到培训与教育的基本作用。

(一)播音员的职业感悟

1.播音工作的背后

江西台的黄锦云曾说:"没有实地考察我们生活内幕的人们,只凭表面的观感,的确容易把我们的生活,估计得太舒适,太清闲了。就拿江西广播电台来说吧,只要在台内外,稍一驻足,醉人的音乐,艺术化的布置,同事间民主化的作风,机器间霓虹般的灯影,不处处都予人以过度舒适的印象吗!"[1]

但实际上播音员的工作远非想象的那么简单。作为儿童节目的主持

---

① 黄锦云.广播生活内幕[J].广播周报,1947(217).

者,通常大家以为找本儿童类图书、杂志在话筒前播讲就可以了,实际情形并非如此。"一本杂志到了我的手里,首先必要作主观的分析,看看里面的材料,是不是吻合儿童的口味,是不是含有时代教育的意义,什么地方可以采用,什么地方要加以删改……有时材料缺乏的时候,必需自己绞尽脑汁来凑合一篇。工作紧张的情绪,简直无异于报馆里的编辑先生。"[1]稿件准备好了只是工作的开始,接下来要绘声绘色地通过广播播出。"我们还要站在麦克风前面播讲出去。播讲的时候,除了抑扬顿挫读音方面,不能有丝毫的错误,还要把每一句话的喜怒哀乐的情绪,由语气中吐露出来,所以我们虽然没有化装,然而这种语句上的表演,其费力之大,实比舞台上的角色还要吃力,因为我们无法运用手势,或表情来帮助吸引听众呀!"[2]

图 2-8 《广播周报》1947 年第 217 期刊发《广播生活内幕》

---

① 黄锦云.广播生活内幕[J].广播周报,1947(217).
② 黄锦云.广播生活内幕[J].广播周报,1947(217).

在回忆自己最初是如何进入播音行业的情形时,黄锦云是这样写的:
"在我们起初试验播音的时候,尽管稿子读得很熟,等到开始播讲的时候,心里就会莫明(名)其妙起来,明明认识的字,会读别音,明明读得通的句子,会上下句的(地)胡扯,连自己都不晓得读些什么。"①现在他已经习惯自己的工作,每天"虽然在小小的发音室内,除了我自己,只有一位管增音器的同事,但是轮到我播讲儿童教育的时候,往往会幻想到(每个播音员,都必然会幻想到)正有无数儿童教育的专家,及播音家,在本台电波所及的范围内,收听,批评,赞赏,讪笑……发于所谓播讲之斗室内,声达千里之外"。②

2.如何胜任播音工作

刚刚从事播音工作的播音员如何才能胜任这份工作呢？播音员朱华谈了自己的心得。

图2-9　《大声无线电半月刊》1947年第1期刊发《幼稚的见解和希望》

---

① 黄锦云.广播生活内幕[J].广播周报,1947(218).
② 黄锦云.广播生活内幕[J].广播周报,1947(218).

"觉得无论任何人,对于他所做的工作,如能产生一种兴趣的心理,于工作上必定有迅速的进步。反之,就是厌倦和迟钝,对于他所做的工作,必定毫无成就。"①当时很多人都以为播音是一件很简单的工作,其实不然。"报告虽没有歌唱难,但无论如何总不能讲过就算,使人无动于中(衷),犹如春风过耳一样的报告。总应该,如歌星的歌唱,使人能领略到这歌者的珠喉嘹亮,而感到悦耳一样的重要。最低限度,也要能得到听众这样的一句话——这样的报告才算清晰,流利,不刻板。"②

贵阳广元电台的播音员姜薇在自己的日记中曾这样反思过:"播音是传音科的一部门,播音员得坐办公室,作(做)选稿及播音工作,昼夜轮值,最初我是以一种游戏的态度来应付工作的,后来发觉自己是错误了,看轻了事业,失掉了意义!播音本来似乎很容易,只要坐在'麦克风'前接着当日的节目把选好的稿件照着朗诵一遍,不就完事了吗?但仔细想想,就会发出很多疑难来,比如报告一段战争新闻把人名地名没报清楚,一篇论时势的演讲,却像背书一样的(地)讲播出去!诸如此类则失掉宣传性质了,也根本无从吸引听众。当播音的时候,口头语的措辞,音调的高低,抑扬顿挫,分刻呼吸,换气等,这些都有研究价值的。工作中不会枯燥,因为有着很多东西值得学习的!"③

陕西电台的播音员张友岚这样写道:"三十六年四月十五日,是一个晴朗的好日子,我踏着轻快的步子,抱着愉快的心情,走向播音室,这是我首次接触社会的开始,战战栗栗的(地)埋头工作。起先,我以为播音是一桩容易的事情,只要会国语,具备普通的常识就够了,其实,事情却不是这么简单。当我第一次坐在麦克风的面前时,它好像是一个严的评论者,摆着冷肃的面目,监视着我的工作,事先我不论是把稿子看得多熟,读得多流利,但是一坐在它的面前,张开嘴,心里就不由自主的(地)扑通扑通的(地)跳,其不自然的状态可想而知了。除此而外,关于播讲的材料,还得自己寻找,譬如说我

① 朱华.幼稚的见解和希望[J].大声无线电半月刊,1947(1).
② 朱华.幼稚的见解和希望[J].大声无线电半月刊,1947(1).
③ 姜薇:一位播音员的日记[J].青年生活,1947(13-14).

担任的是妇女节目,在表面上看起来,只要看几本关于妇女的报章杂志,或者是参考书,坐在麦克风的面前照着播讲就是了,可是事实却又不然,凡我找着关于妇女材料时,首先要作(做)主观的分析,看看里面的材料,是不是合乎一般妇女的口胃(味),是不是含有时代教育的意义?什么地方应删改?怎样方为合用?然后再交给我们的科长审核,如有不适之处,即予以校正。在播讲的时候,对于抑扬顿挫的读音,是丝毫不能马虎,同时还要语气表露出喜怒哀乐的情绪来。当然,这一幕不化装而又看不见表情的扮戏,比起充任舞台上的角色,更要吃力的(得)多。光阴荏苒,岁月易逝,我在这块园地里,已经耕耘六个月了。在这个(此)期间,我们都是在工作中学习,从实际经验中获取进步。同时由于我对广播生活的感到兴趣,已奠定了我终身从事广播事业的基础。广播生活渐由陌生而熟悉,由兴趣而转为嗜好了。"①

3.如何演播话剧

"播送话剧,事前是需要排练过的,最低限度,剧情也得弄清楚明白,对白得十分的纯熟才行。于是排练就在午夜上,一时工作完毕后开始。等到一个个剧本弄清楚了,外面差不多已是三五点了,回到家睡上床,东方已现出鱼肚白了。一般人开始工作,世界又走入嘈杂的声浪中。我们的身体虽是困乏,但在这样的状况下,睡眠是免不了要打个折扣。

"工作每天不能减少,而睡觉又不能充足,精神当然是不够,所以,有时候就偷偷的(地)在电台的一角睡一会儿,可是在自己正'甜睡'的当儿,又给同事叫醒了。因此,常常会糊里胡(糊)涂的(地)把自己应该说的对白忘了,而抢了人家的对白。

"播送话剧,有一个比播任何游艺都难的事,就是话剧需要很多剧中人,我们却一共只有八个人,八个人要分扮若干剧中人,已经是难了,何况在电台上又没有化装让自己认清楚某人扮的何种角色,说的是那(哪)种角色的话。可能的只是利用自己的听觉,去辨别那发言人是那(哪)位,他在剧中是正派还是反派。自己呢,应该说的话都说完了时,还要'见机而行'的(地)加点趣话以引起听众的赞美使他们不会感到沉闷而致关收音机。

---

① 张友岚.半年来的播音生活[J].广播周报,1946(205).

图2-10 《妇女生活》1937年4卷5期刊发《一个播音从业员》

　　"一个人的记忆力是有限的,要把几个剧本,以及剧中人的剧情对白,全放在脑子里,有时不免要遗忘。假使真的忘了哩,事情可就糟极了,第三者就为了你忘记,影响到他接不下去了。这种事,万一发生在有很多听众来参观的时候,影响简直是要羞到无容身之地的! 晚上排戏的时候还要吃'排头',弄得不好,甚至会罚金若干的。"[①]

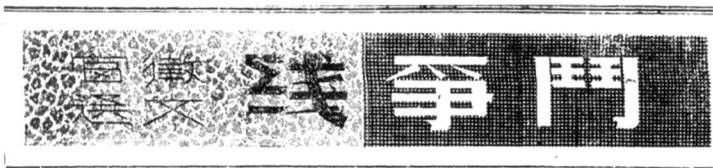

　　① 梨娜.一个播音从业员[J].妇女生活,1937(5).

4.女播音员的社会角色

民国时期的女性播音员占有很大的比重,作为当时最前沿的媒介的工作人员,其社会地位如何? 从女性播音员撰写的相关论述中可见一斑。

(1)电台为什么需要女报告员(播音员)

图2-11 《大声无线电半月刊》1947年第2期刊发《想到就写》

"关于'电台为什么要用女报告员'这个问题,简单的(地)说,因为女孩子的性情比较温和而有耐性,和医院用女看护的目的大同小异。她的生活该是严肃的,她的职务该是神圣的。坦白的(地)说:因为一般的人不彻底明了她们的职务和地位,往往会引起歧视,和'大文学家' 在小报上、刊物里不惜宝贵的节(篇)幅写些开玩笑和捕风捉影的文字,甚至有关名誉的大文章也会发表。不过话又得说回来了,那就是因为听众们固然有些不明了报告员的职务和地位而加以歧视。可是报告员可能也有许多自己对于自己的职务和地位不够明白的,我当也许是其中的一个罢!"①

(2)女性报告员(播音员)的社会地位

图 2-12 《大声无线电半月刊》1947 年第 2 期刊发《报告员的地位》

"女子的职业地位在诸位大人先生们高呼着'男女平权''男女平等'的口号下,终算在大都市里是相当普及并提高得多了!

---

① 邵玉华.想到就写[J].大声无线电半月刊,1947(2).

"但是一般的职业女子的地位,虽然在文化水准特别高而且还特别普遍的上海都市里,却还是免不了有所歧视的。有好多人士始终是认为职业女子是一般职业中的点缀品所谓聊备一格,以资装饰装饰而已! 有的甚至于绝对相反,看中女子并无家累(其实也并不全然)的弱点,把报酬竭力压低,但所负工作的责任,却并不亚于男子,形成了又一种的歧视。

"这一部份(分)固然由于女子的'自腐'而后为人所轻视,或是由于自我的懦弱所致,但一般人的歧视观念,还是应负一部份(分)责任的。

"即以我们报告员而论,在电台当局方面,固然未曾有任何异视,但在又一般的听众心目中,却似乎有些太……。我人时常能够接到一般'特种观众'的电话,约出去看电影,或是咖啡室,或是跳舞场等等,甚至于会一次二次三次来缠绕着你。如果这类电话落在自己手里,那至多费一些口舌罢了! 但一旦落入电台当局手里,则将引起一些反感了! 更有甚至于写信来要求,而且恐吓信等都有。在某一个时期里,我人往往会逼于威慑不得以应酬一次,诚非笔墨所可能形容的。

"诚希望社会上诸人士多多给予我们同情才好。"①

以上的文字都是刊载在当时公开出版的报纸与期刊之上的相关文章,主观上抒发和反映了当时播音员的职业背后的点点滴滴、对自己职业及职业环境的认知、相关职业要求等内容,客观上为研究中国早期播音员的职业发展路径与职业内涵积累了专业的史料。在缺少音频资料的推拟中,可以由此真切感知当时的播音员职业生涯状态。

(二)播音员的基本职业素养

什么是合格的播音员? 一个理想的播音员究竟应该具有哪些素质? 当时的播音员星芒结合自己的播音创作实践,做了较系统的归纳,可以看作是播音员职业素质研究的启蒙之说,具体内容如下。

"一、他应该是一个博学的人:广播的内容不能超越人生各种活动的范围,所以一个播音员所报告的一切,真是包罗万象,无论是自然科学,社会科

---

① 张梦琪.报告员的地位[J].大声无线电半月刊,1947(2).

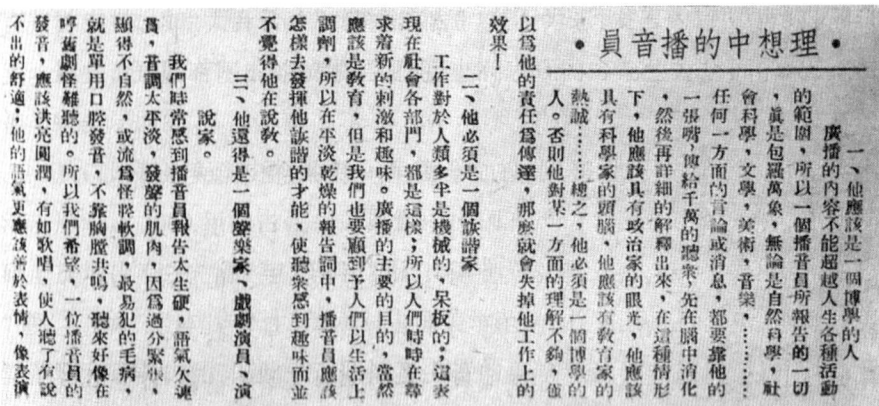

图 2-13 《广播周报》1946 年第 201 期刊发《理想中的播音员》

学,文学,美术,音乐,……任何一方面的言论或消息,都要靠他的一张嘴,传给千万的听众,先在脑中消化,然后再详细的(地)解释出来,在这种情形下,他应该具有政治家的眼光,他应该具有科学家的头脑,他应该有教育家的热诚……总之,他必须是一个博学的人。否则他对某一方面的理解不够,仅以为他的责任为传达,那么就会失掉他工作上的效果!

"二、他必须是一个诙谐家:工作对于人类多半是机械的,呆板的;这表现在社会各部门,都是这样;所以人们时时在寻求着新的刺激和趣味。广播的主要的目的,当然应该是教育,但是我们也要顾到予人们以生活上调剂,所以在平淡干燥的报告词中,播音员应该怎样去发挥他诙谐的才能,使听众感到趣味而并不觉得他在说教。

"三、他还得是一个声乐家、戏剧演员、演说家:我们时常感到播音员报告太生硬,语气欠连贯,音调太平淡,发声的肌肉,因为过分紧张,显得不自然,或流为怪腔软调,最易犯的毛病,就是单用口腔发音,不靠胸膛共鸣,听来好像在哼旧剧怪难听的。所以我们希望,一位播音员的发音,应该洪亮圆润,有如歌唱,使人听了有说不出的舒适;他的语气更应该善于表情,像表演话剧,使人听了有说不出的感动。他的口齿应该流畅爽利,像名演说家的演说,使人听了有一种深刻不磨的印象。记得有一个意大利广播公司的播音员,曾这样述说他的经验:当我进公司口试的时候,第一个问题便是:你学过唱歌吗?做过戏剧演员吗?那么就请你唱一支歌,读一段台词听听。我们从这一点可以看出,在欧美各国,播音员发声的优良,是一个先决的条件。

"四、他并且须是一个音乐欣赏家:音乐节目在广播上所占百分比,比任何节目都要多,这是不可否认的事实,可见它在节目中的地位重要,但无论是实演或录音的音乐,往往包括各个时代音乐大家的作品(内容自古典派、浪漫派、印象派,以至于表现派;也包括各种形式的歌或曲,各交响曲 Symphony、奏鸣曲 Sonata、协奏曲 Concerto、组曲 Suite,以及歌剧或教堂音乐等等)播音员不但要熟悉这些,而且要能欣赏它们,因为能欣赏,才能为正确清楚的(地)介绍和解释。我的理想似乎过高了一点,但是根据欧美各广播公司的要求,这已经是做一个播音员最起码的条件了。"①

星芒对一个合格播音员的概括,可归纳为播音员以自我提升为核心,要树立明确的职业目标,同时具有包括知识水平、幽默的语言能力、语言艺术的表现力和创作力、音乐素养与鉴赏力等能力。只有具备如上所有条件,才是一个合格的播音员。

(三)播音员如何通过广播传播知识、开启民智

广播作为当时的"文明利器",理应承担起传播知识、开启明智、教育民众的作用。播音员是如何认知这一问题的呢? 新运电台的播音员庄元庸从广播与教育的维度,阐明了自己的立场。

"广播事业在我国渐渐发达起来,而尤以沪上,这正是一个'普及教育'的大好利器,也是一个普及教育于千钧一发际的良好时机! 是万万不可错放过的!"②利用广播普及教育,电台可以承担起这个重任,这需要每个广播员都有责任感。庄元庸等组织的广播员联谊会就是要把所有的播音员组织起来,承担起广播教育的重任。"每一个广播员是该先从其本身检讨,俗语说得好,本身正经了,也不怕和尚尼姑合板凳。这不是在讲笑话,事实是如此! 能明己身的对与否,能补弥己身的缺憾,所谓过则不惮改是也! 只每一个广播员不看轻自己,不为虚荣所惑,不把你的工作认为是仅为糊口或赚得

---

① 星芒.理想中的播音员[J].广播周报,1946(201).
② 庄元庸.广播员联谊会组织的必要原因[J].大声无线电半月刊,1947(7).

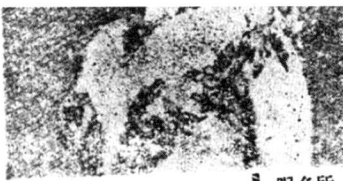

图 2-14 《大声无线电半月刊》1947 年第 2 期刊发《广播与教育》

一些够买化妆品的零用,甚至利用你工作的地位去争取出风头的时期,那就行了,也不可成为商家号召顾客的专用傀儡,每天,每时死板板地背着那俗不可耐的广告词句。我们该把他(它)认为是一种事业,既是你的事业,则该重视他(它),不要轻描淡写地忽视他(它),降低他(它)! 也不可仅仅认为是兴趣,因为兴趣是短时期的,而事业是该终身孜孜不倦地去干的! 我们该利用我们的地位去随时改良我们的'广播事业'去发展我们的广播事业!"①

这一时期欧美各国的广播电台节目内容是什么样的,他们又是怎样实现播音教育的呢? 大同电台的播音员邵玉华是这样介绍的:"在欧美各国都市和乡村里,所有的广播电台,他们的目的是'教育'与'娱乐'。这两个目的的成份(分)是平衡的,无论官办或民营,政府都给他们相当的帮助和指导。

① 庄元庸.广播员联谊会组织的必要原因[J].大声无线电半月刊,1947(7).

广播电台所负的使命就是宣扬政府命令,报导新闻,名人演讲等等。一切自然和社会科学的技能,无不尽量利用广播的力量。至于娱乐节目方面也很注重,音乐,歌咏,讲故事,说笑话,播话剧,都是富有教育性的。关于广播的广告,也都是些正正式式的,决(绝)不是虚伪号召,替商人做傀儡。故而他们的广告,使得听众不感到讨厌。"①

播音员佩昔 1935 年在《申报》上发文指出:"爱迪生说,今后的教育,应以电影为中心,我现在要指出,无线电播音事业,有比电影更高的效能。比电影简易;而听众,因地域的无限广大,可多至数千百倍。无疑的,无线电播音将是更有效的教育工具。"当时中国虽然有大量的广播电台,但是广播播音水平一般,"单拿教育节目来说,除了清晨有些教授国文、讲演节目之外,整天到晚都是娱乐节目。这样的广播,似乎是娱乐工具,而不是教育利器了。"②

当然,提倡广播教育,并不是不要其他节目,"我们做事须合乎中庸,希望广播界的兄弟姊妹们,都鉴于此,不必有过多的教育节目,致使枯乏无味,但也不能广播太自由而成放纵的卑劣声调,更不要让某些人们所利用变成了号召顾客的广告品。我们该团结起来,通力合作,把广播视为艺术,再从艺术化中去广播教育。我们也应广播不忘教育,教育不离广播才好。"③

四、相关学者及新闻播音专题研究

随着广播电台数量的增加,广播的覆盖面逐步扩大,广播节目的影响力也越来越大,一大批语言学家、教育家、科学家、出版家等从不同维度对广播播音展开研究。以赵元任为代表的学者不但通过广播推广国语,而且将无线电科学原理、语言学知识等与播音研究融合,为了让在电台话筒前的演讲者掌握现场播音的科学方法,受教育部的委托撰写了《广播须知》,对话筒使

---

① 邵玉华.提高播音水准[J].大声无线电半月刊,1947(6).
② 邵玉华.提高播音水准[J].大声无线电半月刊,1947(6).
③ 庄元庸.广播与教育[J].大声无线电半月刊,1947(2).

用、声音控制、语气与停顿、语速等播音学中的元问题进行了深刻的解读与阐释。电影理论家徐卓呆、中央广播事业管理处传音科科长徐学铠、翻译家赵演、社会教育家徐朗秋、金陵大学影音专业教师陈沆等学者对播音语言技巧与播音心理、播音表达的形式、播音语言基本要求、播音员基本素养等播音学基本学术理论问题做了专题的探讨与研究。

(一)赵元任

赵元任(1892—1982),字宣仲,江苏武进人,生于天津。1910年入美国康奈尔大学,1920年回清华任教,1921年入哈佛大学研习语音学,1925年任清华研究院导师,1938年起在美国任教。赵元任不仅是19世纪以来最杰出的语言学家、音乐家和翻译家,也是提倡注重"活用的国语"的代言人。赵元任在语言学科上的造诣,对边缘学科的贯通,是世无其俦的。他立志从事中国语言学的研究,正如他在24岁日记中写道:"我想我大概是生来的语言学家、数学家和音乐家。""我索性作(做)个语言学家比任何其他都好。"紧抓科研,力倡改革是他一生研究语言学的两条主线,他的写作不是"闭门造车",而总是切合时代的脉搏。从1915年在《科学》杂志发表《无线电》(译文)到1920年加入"国语统一筹备会",赵元任的有声语言传播活动离不开无线电技术的发展和国语的统一推广。他对无线电的兴趣及他的语言天赋和其后伴随终身的语言学研究,为其进行有声语言的传播活动奠定了坚实的基础。"赵元任被誉为'中国现代语言学之父',他不仅将科学原理和方法引入汉语言学研究,建立了科学的汉语言学,而且通过广播等先进技术手段在最大的范围内将自己所擅长的语言学知识和科学知识向民众普及,起到了重要的示范作用,有力地推动了国语统一运动,同时,也促进了民国时期播音教育的发展。他编撰的《广播须知》是民国时期教育播音的指导性用书,对中国早期播音教育和广播事业的发展产生了积极的影响。"①

因此,对赵元任有关广播与语言学研究相关经历、学术脉络进行梳理,

---

① 陈玳玮,冯立昇,李龙.赵元任与民国时期的播音教育[J].天津师范大学学报(社会科学版),2012(1).

不仅有助于我们了解赵元任运用有声语言进行传播活动的历史脉络,更有助于我们认识他在播音教育乃至播音学科的发展,民族共同语标准音的确立及推广。全民教育的普及及国家统一和汉语的世界传播等方面产生的重大影响。

1.广播播音研究的学术历程

纵观赵元任广播播音研究的学术及有声语言传播活动的轨迹,以 1938 年为界,可分为前后两个时期。前期的传播活动主要是在国外留学和国内教学研究时期,几乎与无线电技术的发展和国语运动的推广同步;后期主要在国外,主要从事汉语教学及相关汉语传播活动。

1915 年,23 岁的赵元任在美国康奈尔大学研究生院学习,撰写了《无线电》(译文),该文刊载于《科学》第一卷第五期,256—534 页;第一卷第六期,635—643 页。① 1920 年,赵元任"9 月 17 日接汪怡电话通知,入选教育部国语统一筹备会。9 月 18 日第一次到城内参加国语统一筹备会会议,黎锦熙、汪怡、钱玄同等先后到会,讨论语音标准、声调问题一整天,直到六点多钟才散(日记)"。② 1922 年,"商务印书馆正式出版了元任所编《国语留声片课本》与留声片。胡适作序"。③ 1924 年,赵元任"同时以北京音系为基础的'新国音'对《国语留声片新课本》进行修改。(3 月 24 日日记)。再到纽约哥伦比亚唱片公司,重新灌制以北京音系为基础的国语留声唱片。(5 月 26、27 日日记)。7 月 10 日—24 日,修改完成《国语留声片新课本》"。④ 1934 年,42 岁的赵元任全家迁址南京,"9 月 14 日,到中央电台讲《矫枉过正的国音》",⑤该文刊载于《广播周报》第一期(1934 年 9 月 17 日);《国语周刊》第 202、203 期(1935 年)。1935 年 2 月 8 日,赵元任到中央广播电台做《国语语调》演讲,该文刊载于《广播周报》第二十三期(1935 年 2 月 23 日);《国语周刊》第 214 期(1935 年)。1935 年,"11 月 13—29 日,为了推广国语,

① 苏金智.赵元任学术思想评传[M].北京:北京图书馆出版社,1999:290.
② 赵新娜,黄培云.赵元任年谱[M].北京:商务印书馆,2001:101.
③ 赵新娜,黄培云.赵元任年谱[M].北京:商务印书馆,2001:17.
④ 赵新娜,黄培云.赵元任年谱[M].北京:商务印书馆,2001:124.
⑤ 赵新娜,黄培云.赵元任年谱[M].北京:商务印书馆,2001:193.

在中央广播电台作(做)系列国语讲话(共 10)讲"。^① 这是赵元任第一次在中央广播电台做关于国语训练的系列广播讲座。1936 年,赵元任撰写《广播须知》,"'广播须知',南京:教育部,(小册子)1936。亦刊在《国语周刊》,第 291 期(1937)"。^② 该文同时刊载于《广播周报》第一百三十五期(1937 年 5 月 1 日);《播音教育月刊》第 1 卷第七期(1937 年)。1936 年,"6 月 10 日,在中央广播电台讲国语统一问题"。^③ 题目是《全国转播中央广播电台节目对于促进国语统一的影响》,该文刊载于《广播周报》第九十一期(1936 年 6 月 13 日)。1936 年,"7 月 15—31 日,在中央广播电台作(做)一系列国语训练演讲(共 10 次)"。^④ 这是赵元任第二次到中央广播电台做国语训练系列讲座,讲座以《国语训练大纲》为题目,刊载于《广播周报》第九十六(1936 年 7 月 25 日)、九十七期(1936 年 8 月 1 日)。1936 年,"8 月 7 日,到中央广播电台,参加对播音员的英文和中文口试"。^⑤ 1937 年,"2 月 2—23 日,在中央广播电台作(做)第三次系列国语广播演讲,共 10 讲,这次广播的《国语训练大纲》,整理后于 4 月在《播音教育月刊》上发表"。^⑥ 这些演讲文章分别刊载于《播音教育月刊》1937 年第一卷第六期,分别是 2、4、6、9、11、13、16、18、20、23 日。这个讲座被教育部社会教育司作为教育部教育播音小丛书于 1937 年出版。

2.具体研究成果与学术贡献

从 1915 年赵元任发表《无线电》一文开始到 1938 年他正式定居美国,他和中国早期广播播音以及国语统一运动紧密联系在一起,这一时期的很多论述都是他学术思想中重要的组成部分,这从实践与理论两个维度对中国广播播音语言规范,具体播音创作状态、表达等,进行了较深入的探讨与研究。

---

① 赵新娜,黄培云.赵元任年谱[M].北京:商务印书馆,2001:204.
② 赵新娜,黄培云.赵元任年谱[M].北京:商务印书馆,2001:212.
③ 赵新娜,黄培云.赵元任年谱[M].北京:商务印书馆,2001:208.
④ 赵新娜,黄培云.赵元任年谱[M].北京:商务印书馆,2001:208.
⑤ 赵新娜,黄培云.赵元任年谱[M].北京:商务印书馆,2001:209.
⑥ 赵新娜,黄培云.赵元任年谱[M].北京:商务印书馆,2001:216.

（1）研究成果

1910 年,18 岁的赵元任参加庚子赔款第二批公费赴美留学考试,被录取,并于同年 8 月到美国康奈尔大学学习,"修数学,并选修了不少物理课程与实验"。① 1911 年,赵元任在康奈尔大学学习期间对法语产生了兴趣,"参加宾州的国际法语函授学校法语学习,使用当时的录音设备录制自己的发音,寄回学校由教师纠正"。② 这是赵元任第一次接触录音设备,也是中国学人对录音设备的最早接触与认知,为他后来录制《国语留声片课本》打下基础,这应该是他关注广播播音研究的原始动因。1912 年,赵元任的学习兴趣日益广泛,"不但学习很多物理课程,还开始学习哲学以及语言学课程"。③ 1914 年,赵元任"选修物理、哲学、和声学、教育心理学、生物实验、音韵学等课程"。④ 无论是 1911 年参加法语函授学习,还是 1912 年选修语音学,抑或 1914 年选修音韵学,这为赵元任后来转向语言学研究奠定了良好的基础。赵元任利用自己掌握的物理学知识和对新事物的浓厚兴趣,翻译了 Robert W.King 著的《无线电》,为国内民众详细介绍了早期的无线电发明以及马克威尔、马可尼等人关于电磁研究的具体情况,译文刊载于赵元任等人创办的《科学》杂志上,该文成为最早介绍无线电的知识的文章,也是赵元任与广播的第一次接触。

（2）学术历程

取得博士学位的赵元任于 1920 年应清华大学的聘请,返回国内。"9 月 11 日到胡适家喝茶,第一次会见了'国语研究会'的汪怡、钱玄同、黎锦熙等人,一见如故。他们广泛讨论中国语言问题。"⑤参加了国语统一筹备会议,讨论语音标准和声调等问题。国语研究会的全称是中华民国国语研究会,成立于 1917 年 1 月,蔡元培任会长,会议的宗旨是"研究本国语言,选定标准,以备教育界采用"。赵元任作为留学欧美接受先进的现代语言学训练的

① 赵新娜,黄培云.赵元任年谱[M].北京:商务印书馆,2001:58.
② 赵新娜,黄培云.赵元任年谱[M].北京:商务印书馆,2001:66.
③ 赵新娜,黄培云.赵元任年谱[M].北京:商务印书馆,2001:68.
④ 赵新娜,黄培云.赵元任年谱[M].北京:商务印书馆,2001:71.
⑤ 赵新娜,黄培云.赵元任年谱[M].北京:商务印书馆,2001:100.

高级知识分子加入研究会,积极谋求国语统一,直到 1938 年定居美国之前,赵元任一直在为国语统一推广不遗余力地工作着。已经转向语言学研究的科学家赵元任,开始注重利用现代技术手段推广统一国语。1921 年 9 月 26 日,赵元任第二次来到美国,按照与商务印书馆的合同去纽约哥伦比亚唱片公司录制《国语留声片》。1922 年,商务印书馆正式出版了赵元任所编撰的《国语留声片课本》和他灌制的唱片。胡适在出版序言中写道:"我敢说:如果我们要用留声机片来教学国语,全中国没有一个人比赵元任更配做这件事情的了。他有几种特别天才:第一,他是天生的一个方言学者。他除了英、法、德三国语言之外还懂许多中国方言。他学方言的天才确实是很惊讶的。……第二,他又是个天生的音乐家。……我们知道他有两支特别精细的音乐耳朵能够辨别那极微细的,普通人多不注意的发音上的种种区别;他又有一副最会模仿的发声机(器)官,能够模仿那极其困难的,普通人多学不会的种种声音。第三,他又是个科学的语言学者。单靠天生的才能,是不够用的,至多不过学一个绝顶聪明的'口技家'罢了。但是赵先生依着他天才的引诱,用他的余力去研究法(发)音的学理;……赵先生有了这几种特别长处,所以最适宜做国音留声机片的编著和发音者。他这课本就可以证明我们对他的期望是不虚的。"①

3.留声片的灌制及同名著作的出版,推动国语标准音的应用

为促进国语语音的统一和推广,1921—1934 年,赵元任曾三次录制国语留声片,每次录音采用的标准语音都有所不同,从中可以看出国语标准音的逐步确立和推广。

(1)1921 年,赵元任受上海商务印书馆之邀在纽约哥伦比亚唱片公司录制《国语留声片》,1922 年出版《国语留声片课本》和留声片。之所以请赵元任来录制,胡适曾在《国语留声片》序言中说明原因,"他(赵元任)有几种天才,天生的方言学者、天生的音乐家和科学的语言学家,……他是用余力去研究发音的原理。"没有谁比他更适合当《国语留声片》的编著者和发音人了。赵元任自己也曾概括这本书的用处为"目见不如耳闻,耳闻不如口读",

---

① 赵新娜,黄培云.赵元任年谱[M].北京:商务印书馆,2001:117.

图 2-15　1922 年商务印书馆出版赵元任录制《国语留声片》

该留声片注重的是"活用的口语",而不是单用的字音。这一信条也贯穿了
赵元任整个有声语言的传播过程。1922 年出版的《国语留声片》是赵元任按
照国音统一会 1913 年通过的人工语音"老国音"录制的。这种"老国音"实
际是以北京语音为基础,兼顾南方官话的人工国音系统。按照胡适所说,赵
元任是唯一一个能读准人工语音"老国音"的人,但是由于这种语音系统是
一种科学但抽象的语音,也不是哪一个地方普通人的语音,所以这种"老国
音"完全没有推广的可能。尽管这种"老国音"没能推广开来,但是赵元任在
我国推广口头共同语的事业中,起了重要的推动作用。

　　(2)1924 年,赵元任根据以北京音系为基础的"新国音"对《国语留声片
课本》进行修改,完成《国语留声片新课本》,并到纽约哥伦比亚公司重新录
制以北京音系为基础的国语留声片,此次推广获得成功。"这次跟他学的人
很多。对北京音系的研究,是推行国语标准音的重要前提。他对北京音系
的研究,尤其是北京话语调的研究,轻声儿化以及变调的研究,音位理论的
研究,都为国语标准音的确定和推行作(做)出了重要贡献。"[1]此后,他在
1925 年出版了英文《国语留声机教程》。

　　(3)1934 年,赵元任重新编写《新国语留声片课本》并灌制了唱片,这次
编写和灌制结合了国语标准音的确立、国语教学经验和语言研究方面的进

---

[1]　苏金智.赵元任学术思想评传[M].北京:北京图书馆出版社,1999:202.

展,课本的内容完全被改编了。根据 1922 年以来十二年间中国语言研究、国语教学经验等各方面的进展,赵元任对课本进行修订,使口语共同语言工作继续推进。1935 年,《新国语留声片课本》出版,包括甲种(注音符号本)和乙种(国语罗马字本),发行留声机唱片 16 面。

从 1921—1934 年三次国语留声片的录制可以看出,以北京语音为标准音的国语标准音逐步确立起来,留声片和同名著作的出版,推动了国语的有声传播,但客观来讲,留声片和著作的传播受众范围较窄,传播范围受限。随着无线电技术的发展,广播逐步成为当时最先进的传播工具,传播范围广,受众普遍率高,这是不争的事实。

4.规范播音员语言,普及广播知识

作为谙熟物理科学知识与无线电技术的语言学家,赵元任总能通过最先进的科技手段把自己擅长的语言学知识传播给公众。"无线电广播是继留声机片之后更为有力的语言推广和普及教育的工具,20 世纪 30 年代是中国广播事业高速发展的时期,特定的历史背景也把赵元任与中国广播事业紧密地联系在一起。"①专业的广播讲座、通俗的广播演讲,连同留声片,都成为赵元任在国语统一推广和广播播音员语言研究等方面的重要贡献。他通过广播演讲的形式,选取精练的内容,运用科学的方法,列举深入浅出的例子,生动、幽默地传播语言学知识,收到了良好的广播效果。他的广播演讲,打破传统教科书式的沉闷,别有一番风味。

1934 年 9 月 14 日,赵元任第一次到中央广播电台演讲,题目是《矫枉过正的国音》。这里所说的"国音"实际上是"新国音","民初的'老国音'是传统的'读书音'的继承,而'新国音'则是'口语音'的体现"。② 为了通俗地讲解如何说好国音,赵元任在演讲开始时说:"今天所讲的是语言学里面的一个很小的问题。题目虽小,它也是科学方法——科学中的归纳方法,里头一个很明显的举例。所以诸位假如对于国语问题有异趣的,咱们可以谈谈国

① 陈玳玮,冯立昇,李龙.赵元任与民国时期的播音教育[J].天津师范大学学报(社会科学版),2012(1).

② 黄晓蕾.民国时期语言政策研究[M].北京:中国社会科学出版社,2013:147.

矯枉過正的國音

趙元任

，聽他選擇。結果隆居博物院還了十二幅，莫斯科方面則由人民教育委員會開會決定，送中國十三幅十九世紀以來俄國名畫。我亦捐贈莫斯科美術館現代名家陳樹人王一亭等作品十五幅。

我又想起一件最感動的事。就是俄國人屢次問貴國有多少美術館，如此有悠遠歷史之古國文明，設備定比我們無產階級國家好，當時使我非常痛苦，只得含糊敷衍，俄國美術院規模之宏大，設備之精美，實不亞於英法意德諸邦，面我們中國可憐，一個美術館都沒有。

我倘有鄭曼表白的，卽在蘇聯一切美術家，均願與中

國美術家提攜，莫斯科美術會，曾請我演講，其主席油服爾斯基先生，（爲世界著名木板鏤刻家，）彼致詞懸言，中國美術家示我等如此妙作品，奧我等以極上之快慰，顧先生傳致蘇聯藝術家眞摯之謝意於中國之藝術家。

鄙人此行之結果，乃世界文化中心之法國巴黎國立美術館內，有一專室陳列中國現代美術，渠西斯蒂之意大利無產階級之蘇聯，昔次第舉行，并得在蘇聯交換美術品，得各國贊與中國文化之印刷物報紙等兩萬數千萬張，皆中國史上所無者，可告慰于國人者也。

今天所講的是語言學裏的一個很小的問題。可是題目雖小，它也是科學方法。——科學中的歸納法，——裏頭的一個很明顯的例子。所以諸位假如是對於國語問題有興趣的，咱們可以談談國音中的這個問題。假如諸位當中的這一位，那一位的國語已經說得很準確了，那末咱們也不妨拿這個題目來常作討論科學方法的一個材料。

凡是一處地方的人學說另一處地方的話，學會了這個字以後，大概總有過這種經驗：就是某種音要改成某種音。比方南京人學國音，先知道了南

京大小的大(dàh)國音是大小的大(dàh)，發財的發等，這期的字學多了之後，他再遇見北方怕向來沒有聽見過國音的字，就是他拿茶杯家，也會同樣照如如成如如，換言之，凡是國音都變成了大，a音韻母的字是南京a等於國音a。這個從歸納決得出來的公式就是：南京a等於國音a。

現在再來兩個例。比方上海人先知道了上海東南西北的西(si)，依照民國二十一年教育部公布的俗國音是東南西北西的西(si)，將來個將(tziang)在國音是青天白日的將(jiang)，青天白日個青(tsing)在國音是青天白日的青(ching)

【 15 】

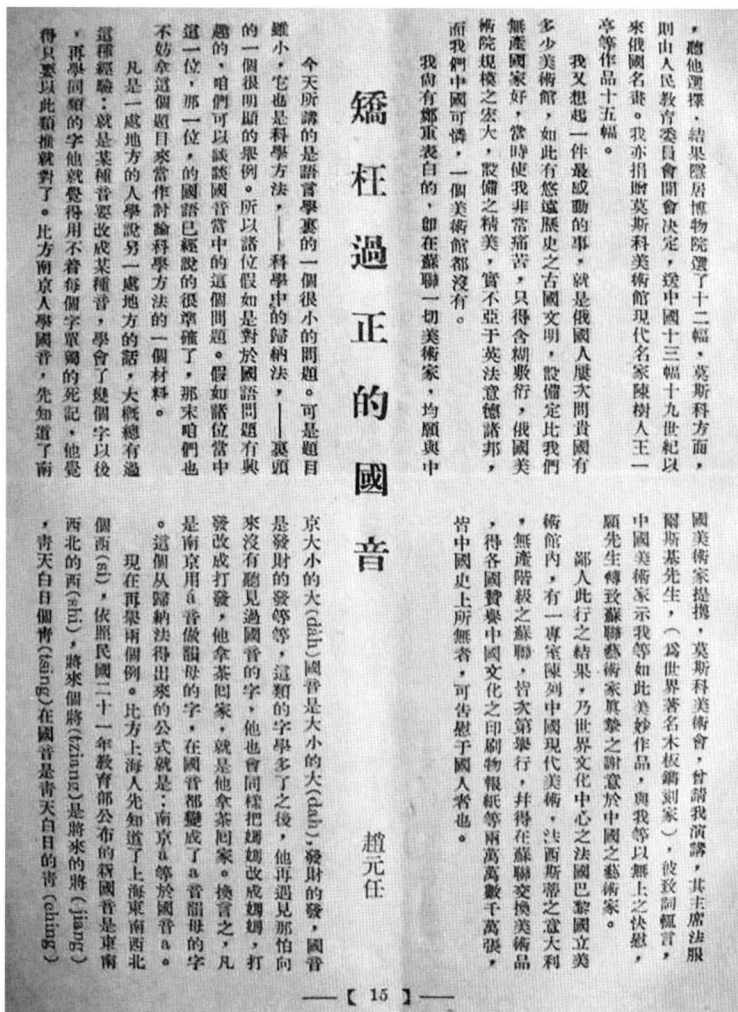

图 2-16　《广播周报》1934 年第 1 期刊发《矫枉过正的国音》

音当中的这个问题。假如诸位当中这一位、那一位的国语已经说得很准确了，那末(么)咱们也不妨拿这个题目当作讨论科学方法的一个材料。"①由于当时很多人在说国音时，机械、简单地将自己的方言音归纳转化为国音，由于是机械照搬的做法，不但不科学，还会存在矫枉过正的现象。"凡是什末(么)事情，总得能够所谓'举一反三'了，学了这几个字的土音怎末(么)

① 赵元任.矫枉过正的国音[J].广播周报,1934(1).

变成国音,就得推求它变化的原则或是定律;从这原则,又应用到新的例子上,而得到新的结果,这就是科学方法当中所讲的'归纳演绎,互相为用'的意思。"①赵元任在演讲中科学地阐述了方言与国音的关系,并通过列举实际的范例,归纳总结方言转变到国音时候读音变与不变的四种情况,有效地避免了为说国音而出现矫枉过正的现象。

1935年2月8日,赵元任到中央广播电台做《国语语调》演讲。"在这国语运动闹得正热闹的时候,我打算讲两句关于国语方面的叶枝的问题。枝叶是与根本对峙的观念。关于国语的根本方面,大家都知道的,就是国音,国语的词类跟国语的语法。关于这几个重要的题目,别的各位讲演的当然另外有详细精专的讨论了。但是一个生物,除掉根本之外,它的枝叶也是生命的一个重要的部分,有了枝叶才能够呼吸新鲜的空气,才能够成一个活的生物。那末(么)国语的枝叶是什么呐? 国语的枝叶就是国语的语调,就是平常所谓说话的腔调。国语是咱们本国通用的语言。写在纸上的字或是拼出来的音不过是这个语言的符号。真正的语言有语言的抑扬顿挫的神气,这就是语调;有了语调,方才成功(为)一种活的语言。"②赵元任在演讲中首先肯定了国音、词类、语法是一种语言的根本,但语言的精气神要靠"语调"来体现,他将国语的语调分为"字调、中性语调、表情语调"三个方面。在讲到"字调"时,他说:"国语里的字调或是声调是什么呐? 就是每一个字有一个字的特殊的高低的性质。一个'妈'字必定是高而平的调方才成个'妈'字;一个'麻'字必定是由半高往上升到高的一个变调,方才成个'麻'字;一个'马'字必定是由半低降到极低然后望(往)上升的一个转调;一个'骂'字必定是由高降到低的一个变调方才成个'骂'字。"③在讲到"中性调"时,他说:"中性语调里有两种变化:一种是字与字相连所发生的变化,一种是因字音的轻重而发生的声调上的变化。"④在讲到"表情调"时,他说:"这个现象

① 赵元任.矫枉过正的国音[J].广播周报,1934(1).
② 赵元任.国语语调[J].广播周报,1935(23).
③ 赵元任.国语语调[J].广播周报,1935(23).
④ 赵元任.国语语调[J].广播周报,1935(23).

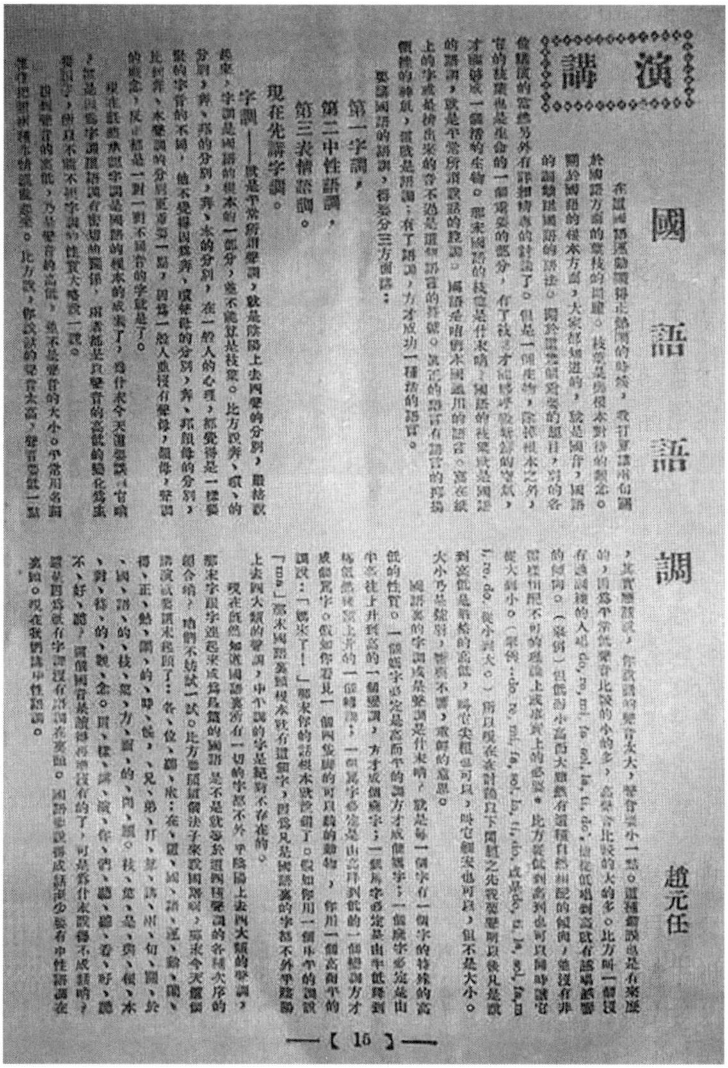

演講

國語語調

趙元任

第一字調，

第二中性語調，

第三表情語調。

現在先講字調。

【 15 】

图 2-17 《广播周报》1935 年第 23 期刊发赵元任 2 月 8 日在中央广播电台做《国语语调》的演讲稿

比字调跟中性语调复杂得多。里头除掉严格的语调只讲声高低之外，连轻重快慢还有喉音的音程也都是表情法的成素，就比方音乐所谓乐调除 do，re，mi，fa 等等之外还有拍子的节奏都算乐曲的一部分。”①赵元任关于语调的讲

① 赵元任.国语语调[J].广播周报，1935(23).

解具有开创性的奠基作用。这是在读准语音的基础上,向内容表达精准的过度,为口语表达指明了方向,为以后电台播音表达起到提纲挈领的作用。

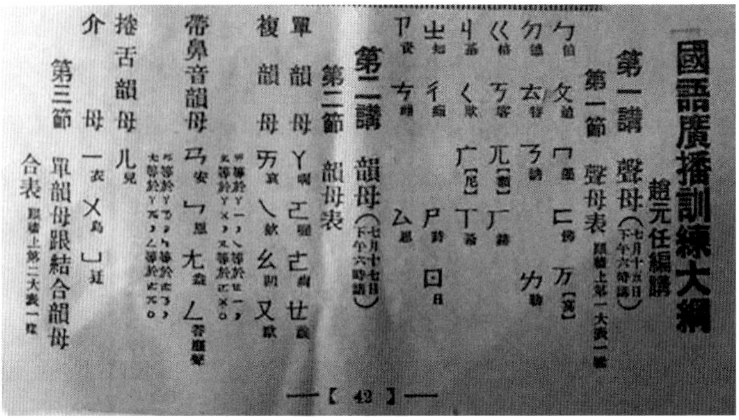

图2-18 《播音教育月刊》1397 第一卷第6期刊发《国语训练》中的全部内容

　　为了推广国语,赵元任分别于 1935 年 11 月 13—19 日、1936 年 7 月 15—31 日、1937 年 2 月 2—23 日到中央广播电台做关于《国语训练》的广播讲座,每次 10 讲。这些演讲主要包括以下内容:一、引子和声母;二、韵母;三、声调;四、拼音;五、极常用字读音;六、声调变化;七、矫正方言(上);八、矫正方言(下);九、练习;十、温理和答复疑问。最后列有练习国音的参考书目,内容相当全面。在《矫正方言》中,赵元任利用其通晓多种方言的优势,列举南京音、上海音、广州音、福州音、西南官话等重点地区方言如何转化为国音的要点。为了让讲座活泼新颖,1935 年"11 月 27 日,如兰(赵元任的女儿,著者注)扮演听众,参加了第 9 讲的广播。11 月 29 日最后一讲,女儿和朋友的孩子一起参加广播演唱《注音符号歌》"。① 可见赵元任用心良苦。《国语训练》的广播讲座,使语音有了标准,广播播音语言有了依据。

　　5.全国转播中央广播电台节目的意义及《广播须知》的实践与学术价值

　　由于广播传播不受时间和空间的限制,广播成为当时的中国传播知识、推广语言的最好工具。"自各国推行播音教育以来,人类传播知识之方法,

---

① 赵新娜,黄培云.赵元任年谱[M].北京:商务印书馆,2001:204.

遂开一新纪元。我国文化落后,民智未开,文盲既极多,交通尤甚阻滞,故借印刷品传播知识之缺点在我国尤为显明,播音教育之推行在我国尤感需要。"①"播音在新教育上已经成为一种重要的利器,普遍力再没有其他工具比它更广大更迅速,这是它的特性,也是它的价值所在。"②为此,赵元任紧紧抓住广播这一传播工具,推进民众教育,普及国语。

1936 年,他在中央广播电台做了题为《全国转播中央广播电台节目对于促进祖国统一的影响》的演讲。他说:"在现时代要建设一个统一而立得住的国家,统一的国语也是一个极要紧的条件,在各种促进统一国语的工具当中以无线电广播的影响为最广,再加上了现在各地转播中央电台的帮助,这个影响当然一定是很大的。"③由于当时中国交通、教育落后,推广统一国语难度很大,而收听中央广播电台的广播节目,就成为当时推广统一国语的最好办法,因为中央广播电台播音员的国语是当时最标准的。1936 年 8 月 7 日,赵元任作为考官参加了中央广播电台对播音员进行的英文和中文的口试。

随着无线电广播的发展和收音机数量的增多,当时的教育部借助广播电台开始大力推广播音教育,包括中央广播电台在内的所有电台,以普及教育、传播知识的专题演讲、讲座成为当时广播节目的主要内容。当时的教育部聘请许多知名学者和社会名流到中央广播电台去做广播演讲。由于广播演讲是新生事物,许多大家在公众面前口若悬河的演讲,能深深打动人心,但是到了播音室,只是面对话筒,有的人就词不达意,演讲效果大打折扣,这都与演讲者缺少播音技巧和撰写广播稿件的方法有关。为了让演讲者能掌握广播播音的科学方法,教育部请赵元任撰写《广播须知》。赵元任不但是语言学家,而且谙熟广播演讲技巧,他的广播演讲不但生动而且幽默,深受听众喜欢,因此赵元任就成为《广播须知》不二的撰稿人选。教育部于 1936

① 詹行煦.一年来我国之播音教育[J].播音教育月刊,1936(1).

② 陈礼江.播音教育的本质及其使命[J].播音教育月刊,1936(1).

③ 赵元任.全国转播中央广播电台节目对于促进祖国统一的影响[J].广播周报,1936(91).

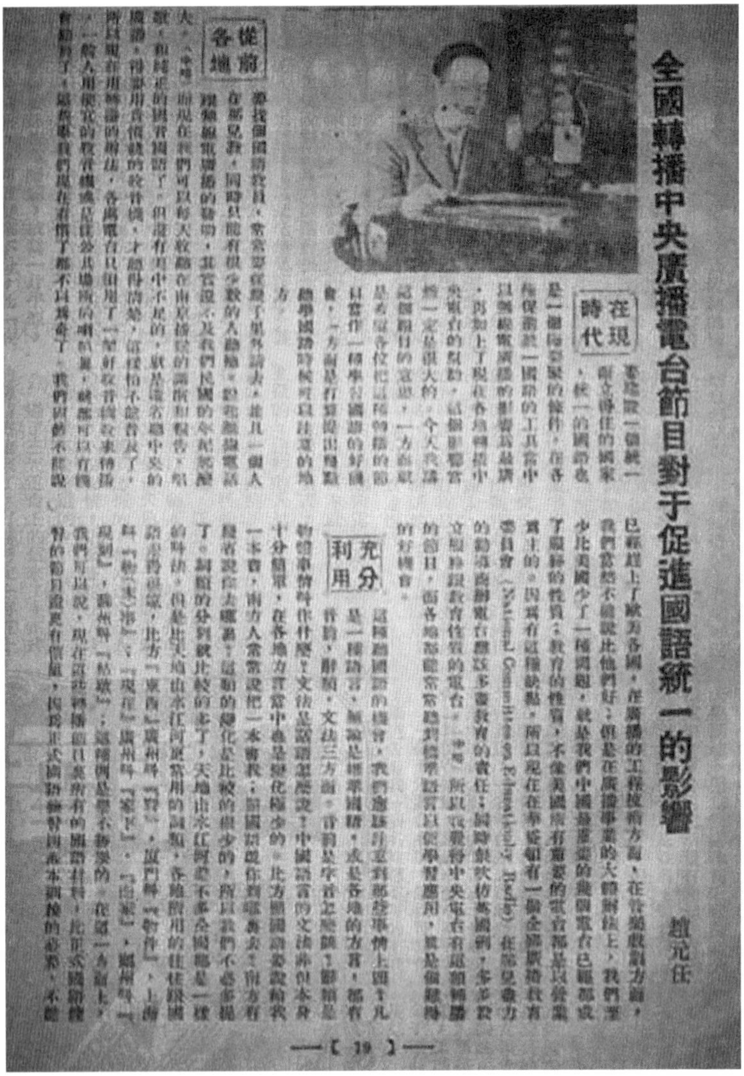

全國轉播中央廣播電台節目對于促進國語統一的影響

趙元任

在現時代

充分利用

【 19 】

图 2-19 《广播周报》1936 年第 91 期刊发《全国转播中央广播电台节目对于促进祖国统一的影响》演讲稿

年出版了这本小册子。《广播须知》作为国民政府教育部指定的播音指导性文件,在具备权威专业性的同时,对于播音要点的讲解通俗易懂,具有很强的可操作性。《广播须知》是赵元任在广播播音领域最具开创性的论述,对今天的播音主持工作仍有非常重要的借鉴价值。

《广播须知》包括六个部分:机械、声音、语言、讲稿、材料、礼貌。为了便

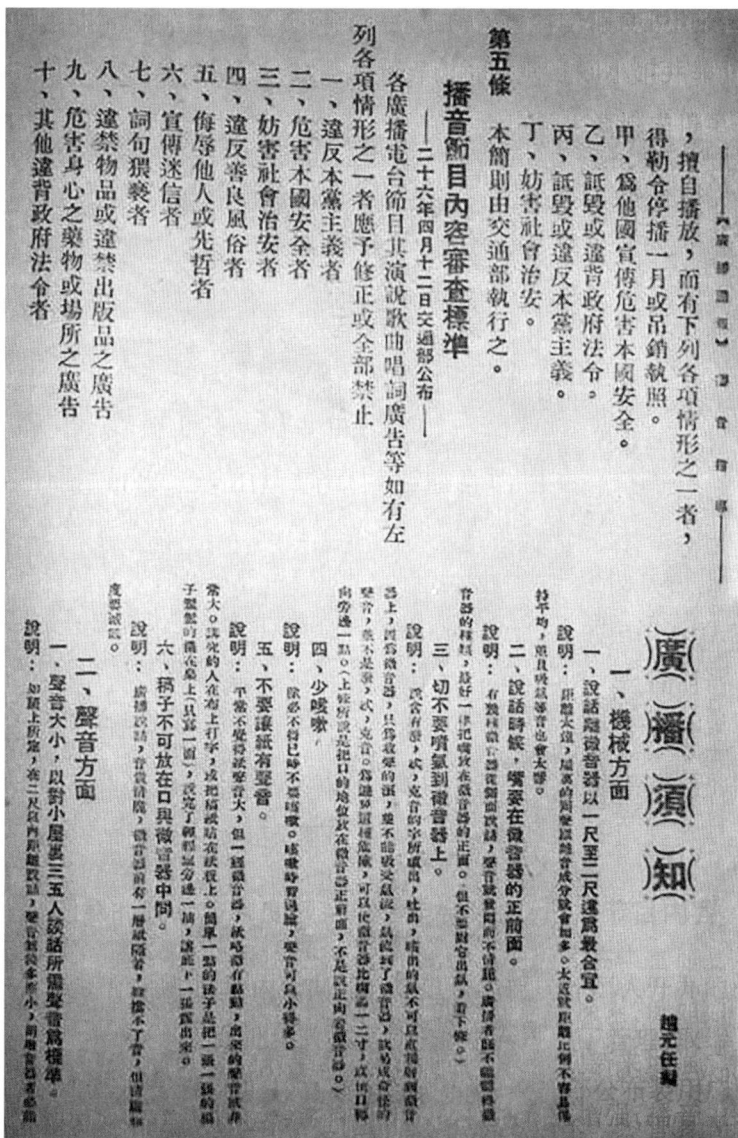

图2-20　《播音教育月刊》1937年第一卷第7期刊发《广播须知》

于读者阅读和理解,赵元任将1937年5月1日发表在《播音教育月刊》第1卷第七期的《广播须知》改写成三十条。每条须知后面都有详细的说明,有的还列举了形象的例子供读者深刻理解。

"(A)机械方面:(一)说话离微音器以一尺至二尺远为最合宜。(二)说话时候,嘴要在微音器的正前面。(三)切不要喷气到微音器上。(四)少咳嗽。(五)不要让纸有声音。(六)稿子不可放在口与微音器之间。

"(B)声音方面:(七)声音大小,以对小屋里三五人谈话所需的声音为标准。(八)说话里着重的字眼,可以在措词(辞)上或在声调上表示它,不宜在单个字上特别捶打。(九)声音平均高低,以用本人的低音部为宜。(一〇)声音高低的平均虽要低,但必须常有变动,全部的音程范围要大。(一一)说什么声音做什么样脸。(一二)平均速度要比平常说话慢一点。(一三)平均速度虽要慢,但句中各个字句务求其长短快慢不齐。

"(C)语言方面:(一四)字音以能多分辨为原则。(一五)在广播以前把讲稿中对于国音没有把握的字都注起国音来练习。(一六)注音国音轻声字。(一七)极常用易错字表。

"(D)讲稿方面:(一八)用白话。(一九)用声音饱满响亮而同音字不多的词字。(二〇)第一次用冷词先略微停一停。说时要说得慢,咬得清。最好重复说。如说明字的写法,要用最明白的说法,不要求雅。(二一)写讲稿须写得照字读即成自然讲话用的句子。(二二)讲稿的分量以十分钟(实际说)一五〇〇至二〇〇〇字为最适当。

"(E)材料方面:(二三)题目不要太大。(二四)注重各段和全体结束部分。(二五)介绍读物。(二六)找点事给听众做。

"(F)礼貌方面:(二七)守时间。(二八)对听众应该以诚恳坦白的态度说话,不要打官话。(二九)事先排演。(三〇)不要做教训人的样子。"

《广播须知》对于第一次做广播演讲的人有很大帮助,比如在强调离话筒的距离时,他写道:"说话离微音器以一尺至二尺远为最合宜。说明:距离太远,屋里的回声跟杂音成分就会加多。太近则距离比例不容易保持平均,并且吸气等音也会太响。"在如何避免翻纸的声音时,赵元任建议:"不要让纸有声音。说明:平常不觉得纸声音大,但一经微音器,纸略微有点动,出来的声音就非常大。讲究的人在布上打字,或把稿纸贴在纸版(板)上。简单一点的法子是把一张一张的稿子松松的(地)摆在桌上(只写一面)说完了轻轻望(往)旁边一抽,让底下一张露出来。"这个简单的说明,就让演讲者轻松解决了翻纸的杂音问题。

在声音方面,赵元任提出:"说什么声音做什么样脸。语言本是行为的一种,所以语言中各种表情的声音与全身的动作特别是与面部的状态有分不开的密切关系。广播者固然不必对听众指手画脚或屈指数一、二、三、四(好些人这样打电话)但是不要以为听众看不见就可以从头至尾板着脸说话,因为脸面肌肉的状态对于所发的声音有极大的影响的。如果因手闲着不动,说话觉着拘束得慌,那就尽管动也不要紧。但是不可太摇头摆尾,因为嘴跟微音器的距离不宜变动得太多。"无论是现代生理语言学还是播音发声学,都认同面部表情与声音之间的辩证关系,愁眉苦脸的表情是发不出真正喜悦的声音的,《中国播音学》在播音创作时,强调要"言为心声",声音表达不但要心口一致,而且要表情与口一致,这样的声音才能打动人。

论述如何让讲稿吸引人的问题时,赵元任指出:"理想的讲稿是仿话剧对话写法,把所有应重复处,应踌躇处,应忽然想起来处等等,都写全了。如只写大纲临时讲说,到时候往往不能选到最恰当的措词(辞),并且时间也不容易算准。"广播稿件是用来读的,和书面语是有一定区别的,赵元任关于讲稿的须知,为后来广播语体的形成奠定了一定的基础。

在论述如何处理和听众的关系时,赵元任说:"对听众应该以诚恳坦白的态度说话,不要打官话。无论所讲是小题目或是国家大事,不宜用大声疾呼,自己发热,而对听者反形成疏远无关的态度。即使要劝人当天就奔赴前线,亦应该作父兄或朋友老实劝导的口气,切忌使听众感到你在那打官话(按罗斯福在 1933 年经济恐慌时作安定人心的广播时,他演说的态度,使人人在家里收音机前觉得他专只对他一个人或专对他们一家子几个人说话似的)。"我们知道,现场演讲是一对多人,演讲人可以利用各种手段,调动现场气氛,而广播演讲则是一人在播音室面对话筒,为了拉近与听众的距离,就应该设想成一对一的对话,真诚面对听众,这才能收到良好的效果。赵元任关于与听众关系的论述完全符合《播音心理学》的内容。同时,他列举罗斯福总统的《炉边讲话》的例子,证明"诚恳坦白,不打官话"的演说态度最能拉近与听众的距离,达到传播目的。

由于赵元任曾留学欧美,由理工转向语言,因此他《广播须知》中对关于广播播音时应该注意的方方面面都有比较详尽科学的论述,不但有细微之处的提醒,也有对广播播音宏观的掌控,看似简单的三十条须知却能展现赵元任在教育播音和广播播音实践方面的超前意识。"广播不能用很多时间,听众在收音的短时期内不能学到多少东西,广播的价值在能启发问题和引起继续研究的兴趣,所以最好按所对讲听众的程度,选些适当的参考读物,能指明章数页数更好,因为整个的书名也许使人害怕。""针对广播的局限性对广播的价值提出较有远见性的指导,并意识到应该引导听众通过扩展学习来获取更多的知识。在'找点事给听众来做'中,他提倡播音人应该和听众互动,讲完了之后,要提些事情让听众自己去做去。例如对学生讲完'习惯'问题之后,就可让各人自己买一个小册子,把应改的习惯分轻重缓急定出个'五月计划'之类;作(做)完动植物讲演之后,'让听众在各人自己乡间或园子里找所讲的东西或现象'。尽管当时的互动还处于初级阶段,但这对于教育播音由单向灌输到双向互动的发展有重要的推动作用。针对广播转瞬即逝的缺点,赵元任主张将每次演讲稿集中在一起,以便随时回看。这一做法即使放在今天也是有指导意义的。"①

综观赵元任1938年前有关广播的论述,我们发现,"这些内容涉及了播音的发音和发声部分,对字音的准确性和清晰性提出了要求和训练的方法。同时还涉及了在语言流动过程中的语流音变和轻声的运用问题。这些问题的提出虽然是以广播时语音的标准和便于信息的传递的良好效果为出发点,但是从一定程度上使语言学的一些理念和知识开始运用到播音领域里,给这个新生的事业很好的养分,这是非常可贵的。"②

(二)徐卓呆

徐卓呆生于1881年,卒于1958年,名傅霖,以字行,号筑岩,别署半梅、阿呆、李阿毛、徐梦岩等。江苏吴县人。他是电影理论家、剧作家、小说家。擅写短篇,被誉为"文坛笑匠"和"东方卓别林",早年曾去日本留学。"他当

---

① 陈玳玮,冯立昇,李龙.赵元任与民国时期的播音教育[J].天津师范大学学报(社会科学版),2012(1).

② 韩静.建国前中国播音研究史论[D].郑州:河南大学,2009.

时是体育专业,因为他认为中国落后的一个重要原因是国人体质的羸弱,精力不济,以至无法与列强抗衡。当时他钟情于体操,回国后他曾创办过体操学校,自任校长,培养了不少人才。在中国,徐卓呆是引进学校体操的第一人,成为中国现代体育的创始人之一。"①

1.研究转向的动因

从 1911 年开始,徐卓呆走上了戏剧创作和表演的道路,他是因何由钟情于体操的体育工作者转变成一个文艺工作者呢?"忽幡然有动于中,以为能开通社会者,莫新剧若耳,当一提倡之。"(赵苕狂《徐卓呆传》)。"遂于《时报》开辟专栏,专谈新剧(早期话剧)。创作、翻译话剧剧本多种,并向日人学习化妆和武术,为舞台演出作(做)准备。"②或许"能开通社会者"是徐卓呆转向戏剧创作的最好解释。

作为中国现代体育的创始人之一,作为中国卓有成绩的戏剧家,徐卓呆为什么会撰写《无线电播音》这本看似与体育和戏剧毫无关系的书呢? 从1911 年辛亥革命到 1937 年 7 月抗日战争爆发,徐卓呆生活在资本主义在中国发展最快的地区——上海,"1927 年至 1937 年是上海作为国际性都市取得重大进展的年代,也是民族主义空前高涨的年代。"③彼时的上海逐渐形成了都市大众文化,都市大众文化的形成是建立在大众传播媒介即出版(图书、报纸、杂志)、电影、无线电广播等高度发达的基础上的。恰恰在这一时期,"全国出版新书共计 4278 种,而商务印书馆一家即占 48%";"1933 年上海出版的杂志有两百多种,几乎相当于全中国杂志的总和";④"到了 1937

---

①　田炳锡.徐卓呆与中国现代文化[D].北京:北京大学,2000.

②　谭正璧.中国文学家大辞典[M].北京:中华书局,2006:24.

③　[法]白吉尔.上海史[M].王菊,赵念国,译.上海:上海社会科学院出版社,2014:184.

④　[法]白吉尔.上海史[M].王菊,赵念国,译.上海:上海社会科学院出版社,2014:185.

年,上海共有 36 家电影院",①"当时上海有 30 多家官办或私营的广播电台"。② 在几十家广播电台,上百家影院、剧院,大量图书、杂志等构成的文化海洋中,徐卓呆的戏剧创作也必须融入其中。无论他开始撰写剧本,还是开办电影公司,都离不开大众传播媒介。"我们在分析《怪播音台》③时,看到徐卓呆运用'无线电'广播电台的形式进一步开拓'看不见的摄影机'的技巧。而这手法是无线电广播电台的大众传媒形式和小说侦探形式结合出来的技巧。"④徐卓呆的许多戏剧作品都是通过大众传媒尤其是广播电台传播出去的,为了更好地使用广播电台这一大众传播手段,无线电播音顺理成章地成为他研究的对象,《无线电播音》一书就在这样的背景下诞生了。

民国二十六年(1937年)六月,成立于1897年的商务印书馆出版发行了徐卓呆著的《无线电播音》一书,"是迄今为止发现的最早论述播音理论的代表性著作"。⑤《无线电播音》是民国社会教育小丛书之一,全书虽然只有17129个字,却涵盖了丰富的内容,全书分十个章节:"无线电播音之特长、无线电播音之利用、现在无线电播音之状态、听众心理、何者为不良材料、如何淘汰不良播音、无线电播音之检查方法、娱乐材料改善之大难题、我们需要的游艺播音、无线电播音之教育的活用。"⑥而广播电台比中国诞生早 3 年的美国,相关的播音论著却出版于1946年,"1946年,《广播播音》正式出版,这是目前所能见到的最早播音专著。"⑦这比中国出版的《无线电播音》一书晚了 9 年。因此《无线电播音》一书的出版,无论是对民国时期广播播音的

① [法]白吉尔.上海史[M].王菊,赵念国,译.上海:上海社会科学院出版社,2014:187.

② [法]白吉尔.上海史[M].王菊,赵念国,译.上海:上海社会科学院出版社,2014:182.

③ 《怪播音台》是徐卓呆于1935年创作的小说,这个小说的主人公叫李阿毛,该小说通过广播电台播出后收到良好效果,后来李阿毛又走上了荧幕,成为上海妇孺皆知的人物。——作者注

④ 田炳锡.徐卓呆与中国现代文化[D].北京:北京大学,2000.

⑤ 王文利.中国广播电视学术研究史稿[M].北京:新华出版社,2013:33.

⑥ 徐卓呆.无线电播音[M].上海:商务印书馆,1937:6.

⑦ 徐树华.美国早期广播播音研究概述[J].中国广播,2011(9).

研究,还是对中国播音学的出版传承,乃至对世界范围的无线电播音研究,都具有重大参考价值。

图 2-21 上海商务印书馆 1937 出版《无线电播音》

2.解读《无线电播音》

从中国播音学术的研究维度去诠释《无线电播音》的内容,可以发现,作者谈到了播音的基本功能问题,谈到了播音的审美问题、规范问题、自律问题,谈到了受众心理问题,谈到了播音的社会功能问题,谈到了播音的技巧方法,等等。这些问题基本都成为后来中国播音学理论研究的重要命题、重要的研究方向,有的甚至发展成为新兴的交叉学科。

(1)听众心理研究

在现代传媒研究中,人们通常把听众、观众等信息接收者通称为受众,随着受众在大众传播过程中起到的作用越来越大,媒体研究者开始进一步关注受众在节目传播过程中所扮演的重要角色,"90 年代末,自主意识增强的人们逐渐意识到,节目获得肯定的主要因素是让观众对节目感兴趣,让观众动起来。"①

20 世纪 90 年代播音主持心理学关注的受众心理研究在《无线电播音》一书的第四章《听众心理》中已经有了成熟的论述:"我们要在无线电播音上注意社会教育,研究被教育者的心理当然非常要紧的。大概普通的人家,能够买一架无线电收音机的,多少是有闲阶级;不愁吃着的人。普通人家装一架无线电收音机,目的不过是消遣;……或是主人白天在外面劳动了一天,晚上回来,就拿收音机来娱乐;或是主人白天不在家,主妇一个人嫌寂寞,也拿这收音机来,伴伴热闹。……还有主人在外面做做投机生意的,每天在家里,可以听听交易所市价的报告,……在活用无线电播音上,除了娱乐外,要算是最有实用的了。……倘使要在无线电播音中,除了娱乐游艺外,播些有意思的材料,第一要紧,是先要得着妇女们的欢迎。……假使把日常可以应用的技术,教授她们,一定可以得到她们的好感。……譬如用《七岁左右的女孩洋服,如何制法?》,又《在六元以内宴客八人的菜肴,如何烹调?》。这两个题目,一定能够受妇女欢迎的,最要紧是万万不可只有空议论,必须要详详细细的(地)教授实际方法,任凭如何琐屑的地方,也都要教的(得)很有条理。这一类的东西,必定能够吸引一般的妇女听众。"②

徐卓呆在《无线电播音》中用一整章的篇幅,来论述听众心理,可见他对广播受众的重视程度。他开宗明义地提出:"我们要研究一般听众的心理了。一般的听众,是为什么备这无线电收音机的?他们爱听些什么东西?"从购买收音机的心理动机来研究受众心理,进而分析受众欢迎什么样的节目。"现在犯的毛病,是讲的人只管讲,听的人只管不听,结果毫无益处。"当时的广播经常请一些专家学者和社会名流到电台做演讲,内容丰富多彩,但由于演讲者不了解广播特点,演讲常常不能取得预期的效果。究其原因,就是因为没有很好地把握受众心理,没有从听众的角度出发使表达生动活泼、雅俗共赏。徐卓呆总结归纳了四个原因:一是语音不够标准,方言土语影响了听众的收听;二是内容枯燥无味,不能吸引受众收听;三是欠缺语言表达

---

① 马玉坤,高峰强.播音主持心理学教程[M].北京:北京大学出版社,2008:214.
② 徐卓呆.无线电播音[M].上海:商务印书馆 1937:13-16.

能力,照本宣科;四是议论多实际少,空洞浮泛。正是基于徐卓呆的分析,赵元任先生亲自撰写了《广播须知》一文,结合自己的亲身体会,向大家讲解在电台播音室播音、演讲的注意事项和基本方法。广播不同于现场演讲,眼前没有听众,演讲者在演讲过程中不知道听众的反映如何,因此,深入、具体地了解听众心理,了解听众的需要才能做好听众喜欢的节目。

徐卓呆首先分析了谁是收音的购买者,得出"有闲阶级"是听众主体,而妇女则是主体中的重点。除了"娱乐游艺"节目外,什么样的节目最受欢迎呢?"假使把日常可以应用的技术,教授她们,一定可以得到她们的好感。"这一系列的分析,与现代传媒受众研究的轨迹是吻合的,体现了一个戏剧家对广播听众心理研究的预见性。

(2)关于新闻播音

《无线电播音》一书明确指出,广播的主要功能"便是传递消息",也就是我们常说的新闻播音。"例如中央的播音台,每天应当播送一国的大事,以及世界大事。各地的播音台,应当播送本地的大事,再把中央所播的国内大事和世界大事,及其他各地的大事,拣比较重要一点的,拿来转播。选择新闻的标准,应当把注意这件事的人的多少,来定去取。譬如某校学生毕业的新闻,听的人一定不及某校学生比球的新闻来得多,所以选新闻材料,第一要选足以集中听众的注意的。"如何让听众有兴趣收听节目呢?"还有新闻的稿子,和播音人的技术,也大有关系。新闻,除了社会新闻有什么奸盗邪淫,足以引起一般听众注意外,其他政治新闻、国际新闻、经济新闻等,往往都很没有趣味。这种乏味之物,要在播音台播音,假使稿子很平淡,而播送的人,又是老老实实,不过照看稿子上念念,那是无有不失败的。人家听得毫无兴趣,就此把收音机关了。而且从此以后,每天在这时候,不愿再听了。所以越是乏味的新闻,稿子越要写得活泼,那播送之人,更应当讲得神气活现,才可以吸引听众的注意。因为选定的消息,当然很重要,不能不播,欲免听众乏味,只有在播送的时候,十二分的(地)把(给)它添加兴味。"①

---

① 徐卓呆.无线电播音[M].上海:商务印书馆,1937:6.

（3）关于广告播音与广告经营

在今天这个全媒体时代，几乎所有的媒体都要依靠广告收入来生存，徐卓呆通过浅显的语言，将广告的重要作用和经营技巧表达得清清楚楚的。"所以广告费是播音台的生命线，播音台不得不看重广告。但广告是干燥无味的东西，单单叫人家听无线电收音机中的广告，那是要厌倦的。而且广告这件东西，要不知不觉的（地）印入人们脑中，效力才来得大，假使向人家声明了是广告，人家也未必愿意听。所以无线电播音台已经想出一个补救的方法来。凡是有什么营业的广告，都把一时间做单位，要登广告的人，先向播音台定了某一小时，作为该一家公司或商店的广告时间；但这一小时内，只能费二三分钟宣传广告，其余的五十几分钟，必需（须）要由登这广告的公司商店，把相当的娱乐，拿来加入。只能在这一小时中，选一适当时刻，突然在中间，或在头尾，插入几句宣传商品的话，时间最多二三分钟。这样，宣传广告，竟以娱乐为主，广告仅二三十分之一，自然听众不会厌倦了。要听娱乐节目的人，只好为着这娱乐节目，勉强尽个义务，听几句商品的介绍了。"①在节目中插播广告这基本的广告营销模式发展到今天，有些广播电视台竟然成为大家口中笑谈的"在广告中插播电视剧"的笑柄，显然收不到好的宣传效果。节目中插播广告的数量和频次，今天依然是广告学家研究的课题，而徐卓呆的论述，早为这方面的研究提供了直白的研究建议。

（4）播音语言、技巧研究

在谈到节目不受欢迎的原因时，《无线电播音》中指出："言语的关系。演讲人的土音，往往一般听众不能够明白的（地）了解，所以凭他讲得怎样天花乱坠，也已经把原意打了折扣了。"②大众传播媒介要求使用通用语，对广播电视来说尤其重要，方言、土语只能被一部分人接受，会影响传播效果，广播电台以普通话为基本播音用语已经写进国家法律，徐卓呆应该是第一个提出"土音"在广播中影响传播效果的人。

"还有新闻的稿子，和播音人的技术，也大有关系。……要在播音台播

---

① 徐卓呆.无线电播音[M].上海：商务印书馆,1937：10.

② 徐卓呆.无线电播音[M].上海：商务印书馆,1937：15.

音,假使稿子很平淡,而播送的人,又是老老实实,不过照看稿子上念念,……人家听得毫无兴趣,就此把收音机关了。而且从此以后,每天在这时候,不愿再听了。所以越是乏味的新闻,稿子越要写得活泼,那播送之人,更应当讲得神气活现,才可以吸引听众的注意。因为选定的消息,当然很重要,不能不播,欲免听众乏味,只有在播送的时候,十二分的(地)把(给)它添加兴味。"①此处论述的就是20世纪80年代中国播音学中提出的播音创作技巧,如果播音者技巧娴熟,也会给枯燥的稿件增色不少,这就是播音专业经常说的"有稿播音,锦上添花"。徐卓呆的这些论述是中国播音学中播音创作基础理论的肇始。

(5)无线电播音的作用研究

"用无线电播音的范围,本来是极广的,现在大约可以分它为四大纲:第一,便是传递消息。第二,便是宣传。第三,是娱乐。第四,是办空中学校。"②

这四种功能是现代广播电视媒体的基本功能,在广播电台诞生的初期,徐卓呆能归纳出广播这四大功能,表明他对广播电台的深入研究以及他独具的前瞻性的研究目光,尤其是宣传作用的论述,他还提出:"中央方面的电台,可以把行政上建设上等计划,宣传给国民知道,使人民可以知道些政府在那里做什么。……政府有什么主张,可以用无线电播音,去报告大众,假使人民有什么意见,也可以请人在无线电中播音,请求政府参考,这是极好的一个方法。至于各地的播音台呢,一面把中央政府的有什么主张,转播给当地的人民知道,一面关于本地的行政,也可以用同样的方法来,在无线电台上播音。"③

徐卓呆从上层建筑的角度阐明了广播电台在国家政治生活中的重要作用,中央台和地方台的作用,是与我们当下分级办台的做法相一致的,他的这点论述已经超越了他所处的时代。

---

① 徐卓呆.无线电播音[M].上海:商务印书馆,1937:6.

② 徐卓呆.无线电播音[M].上海:商务印书馆,1937:5-8.

③ 徐卓呆.无线电播音[M].上海:商务印书馆,1937:7.

（6）把握正确舆论导向研究

广播电台即使是在初创时期，它的影响力也是很大的，什么样的人播音，播出什么内容，直接影响传播效果。民国时期，对这两方面也是有严格限定的，广播电台如何"把握正确舆论导向"，徐卓呆在《无线电播音》第六节和第八节中做了详细的论述。

当时在广播电台播音的人多是"吃开口饭"的艺人，他们并没有受过过高的教育，"所以要把社会教育的重任，托付给他们，实在是笑话"。那么，这个问题该如何解决呢？"播音的人，种类很复杂，……先叫他们知道自己地位的重要，不良材料影响的恶劣，然后叫他们自己努力设法去淘汰不良材料，采用合乎现代的新材料。……播音台必须完全负责。这样一来，他们当然认真办去，断不会放任一班播音的人了。"①为了保证广播播出的内容具有正能量，"只有由教育行政机关和社会教育团体，共同向文艺界征求脚本。……或是命令他们购买，或是由教育行政机关，或社会教育团体，购买下来，赠给游艺界采用。这样的办法，方使有新的材料产生，新的材料产生的（得）多，……游艺一定有相当多的进步。"②

如何检查播音内容呢？"假使无线电播音中，仅仅在游艺的节目内，有腐败的意想，猥亵的词语，那末（么），或者用劝告式，用取缔式，多少可以得到若干效力；但是所谓不良播音，还不止此，更有严重的问题，更有不容易处置的内容。我们只晓得无线电播音，可以号召多数听众，所以若是拿他（它）来利用，便能够做成一种社会教育的利器；但是无论何事，总有一表一里，一正一反，我们没有想到：竟有抱偏（片）面思想的人，正想宣传他那种思想，要散布到民间去，苦于没有适当的方法，现在看见无线电播音很能吸引大众，于是也拿去做利器了。"③"设立一所监察所；监察所中，备有收音机，自朝至暮，派人听着。"④这完全符合现在广播电视节目收听收看监管规定。此外，

---

① 徐卓呆.无线电播音［M］.上海：商务印书馆,1937：21.

② 徐卓呆.无线电播音［M］.上海：商务印书馆,1937：32.

③ 徐卓呆.无线电播音［M］.上海：商务印书馆,1937：25.

④ 徐卓呆.无线电播音［M］.上海：商务印书馆,1937：26.

徐卓呆在《无线电播音》中还对娱乐节目的分类及如何发挥广播的教育功能等也做了较深入的研究和论述。

1923 年到 1937 年是中国广播电台从萌芽到大发展的时期,从王文利撰写的《中国广播电视学术研究史稿》一书中可知,这一时期出版了许多与广播电台有关的著作,比如王崇植、恽震的《无线电与中国》(1931 年 9 月文瑞印书馆出版),俞雍衡、钟伯庸翻译的《广播无线电话与成人教育》(1933 年浙江省立民众教育馆出版),金溟若翻译的《学校播音的理论与实际》(1936 年商务印书馆出版),曾觉之翻译的《无线电广播的文化教育作用》(中华书局 1936 年出版)等著作。虽然这些著作也涉及了无线电播音的部分内容,但从系统性和完整性来说,与《无线电播音》一书相比还是有较大差距的。

(三)徐学铠

徐学铠(1906—1955),字明庸,1924 年毕业于宁波效实中学毕业,后赴青岛大学读书,大学毕业后作为招聘练习生进入中央广播电台,20 世纪 30 年代任中央广播事业管理处传音科科长。据其子安徽省政协委员徐思汶介绍,徐学铠热爱读书,经常手不释卷,英文非常好,1943 年赴哥伦比亚大学做访问学者,同年陪同国民党中央广播事业管理处副处长吴道一考察欧美广播事业。1945 年抗战胜利后,返回南京,内战爆发后,他看到国民党的腐败,认为没有前途,拒绝去台湾的要求,从中央广播事业管理处辞职,到当时的国立中央大学附属中学(后改为南京师范大学附属中学)执教,任外语老师。他不但精通英文,而且迅速掌握了俄文。

1.与广播播音的相关研究

从 1939 年开始,徐学铠在《广播周报》上陆续发表了与广播播音相关的论述。《广播周报》于 1934 年 9 月 17 日创办,《广播周报》发刊词中就明确提出了办刊宗旨及目的:"本处中央大电台自建立以来屡加改进,目前已成为东亚唯一之广播电台,其对于政令之广布,主义之宣传,或文化艺术之教导,实负有重大之使命,而近年来国内收音者之日益增多,益发加重本处之任务,兹为适应一般听众与社会之需要,故特发行本刊。"虽然关于徐学铠的研究资料很少,但他对广播播音研究方面的贡献依然闪烁着光芒。他先后在《广播周报》上发表了下列文章:《播音节目之建立》(1939年11月25日第一百八十八期)、《播音节目之建立(续)》(1940年5月10日第一百八十九期)、《播音节目之建立(再续)》(1940年5月22日第一百九十期)、《论广播演说》(1940年11月20日第一百九十二期)、《播音讲话的形式问题》(1941年2月1日第一百九十三期)、《播音讲话应注意之点》(1941年2月20日第一百九十四期)和《我国广播事业的展望》(1947年《电影与播音》第七卷第3期)。

经相关史料考证可知,《播音节目之建立》《论广播演说》《播音讲话的形式问题》《播音讲话应注意之点》等文章均译自美国的 Waldo Mark Abbot 的《广播手册》(*Handbook of Broadcasting*)一书。徐学铠以该书核心内容为蓝本,结合自己在广播电台工作的经验而编译成书,于1947年6月以《广播常识》为书名由国民图书出版社出版发行。

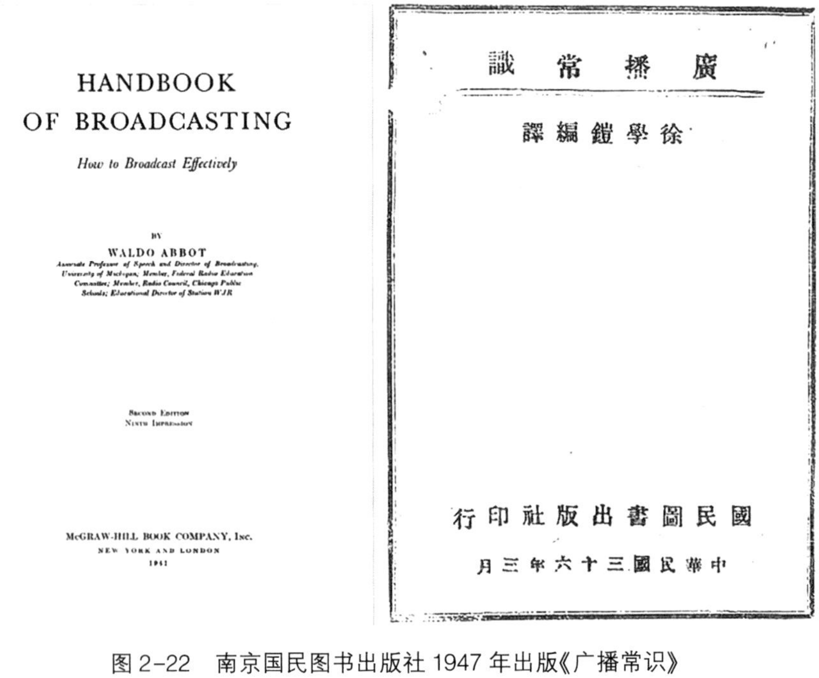

图 2-22　南京国民图书出版社 1947 年出版《广播常识》

Waldo Mark Abbot,1888 年 9 月 13 日出生于美国堪萨斯城,1911 年获得密歇根大学新闻学学士学位,1913 年从密歇根大学法学院毕业,并成为华郡检察官助理。一战期间,他入伍成为汽车运输团中尉,接着在纽约做物业主任,1921年回到密歇根安阿伯之后,成为修辞学讲师。之后先后担任了广播播音主任、英语教授助理、演说学教授助理和演说学副教授。他还是联邦广播教育委员会、芝加哥学校广播理事会咨询委员会、国家联合大学无线电委员会、美国大学教授联盟成员,他的作品《广播手册》(*Handbook of Broadcasting*)如今仍被51所大学或学院当作教材使用,并且已经四度再版。他后来被大学评议会任命为演说学名誉副教授和广播服务电台名誉主任。徐学凯在书的自序中写道:"广播已成为今日世界人类传达思想与感情之重要工具,而此重要工具之被利用在先进各国已有二十余年历史,机械配置日有改进,播音技巧精益求精,我国创办广播事业亦不下十五年,社会人士颇加注目,时予责勉,惟(唯)因对于广播缺乏了解,所言多非肯要,每难据为改进之准绳,而电台播音人员,除凭其经验努力工作而外,亦向(将)有关广播理论之书籍作为增进其播音知识改良其播音技巧之参考,本人有鉴于此,特以美国 Abott 所著之 *Handbook of Broadcasting* 为蓝本,参照自己实际经验译编成书,改名为《广播常识》。"①作为当时的中央广播电台的传音科科长,徐学铠认识到了"播音技巧"的重要性。

2.解读《广播常识》的播音研究内涵

《广播常识》,涉及广播电台、广播网、电录音、广播收音、波长与周率、播音演讲、怎样写广播剧本、广播剧之演播、广播乐、儿童节目、学校广播、节目的编排、转载赵元任的广播须知等内容。该书内容涉猎非常广泛,其中第六章题目以播音演讲为核心,涉及播音基本问题、播音讲话的形式问题、播音讲话应注意之点三个与播音实践与理论研究密切相关的方面。

(1)播音演讲的基本问题

由于当时到广播电台进行演讲的社会名流和学者非常多,所以研究演讲类的书也很多,但现场演讲和播音演讲有很大不同。"播音演讲者有二件事是最感觉困难的,第一就是看不到听众,第二就是无法用手势来帮助情意的表达。看不到听众于广播演讲者的心理上有着什么影响呢? 第一演讲者

---

① 　徐学凯.广播常识[M].南京:国民图书出版社,1946:序言.

觉得自己与听众之间缺乏一种交互的反应。任何演说教科书里都有关于听众所给予演说者的刺激的讨论。公开演说有一种循环性的刺激,起初是演说者刺激听众,接着听众回给演说者以刺激。但后者往往为我们所忽视。这种循环作用是帮助演说成功的重要因素。凡是作(做)过多次演说的人一定会感到听众所给予他那种微妙而有效的刺激的。最高明演说家通常都是对于那种刺激非常敏感的人,他有着听众的情绪,而使自己在举措上和演说的内容竭力求与这种情绪相协调。当然,广播演讲里这种循环作用的连锁是完全没有了,常在舞台上演剧和讲坛上演说的人一旦播起音来,首先就会感到这种困难。"①

作为播音员,如何克服这种困难呢? 演讲类的教科书通常认为演讲包括辩论性演说、滑稽性演谈话和解释性讨论,这三种形式在播音节目中都会存在。"一个播音员同时要会作(做)各种方式的讲述,而且要讲得一样好,确是一件不容易的事。平常播音报告员在同一天之内必须准备作各种方式的说话,比如播送户外节目时的兴奋喊呐,举行高等娱乐节目时的乐曲报告,大学教授或部长演讲时的介绍等等。现在还有一种趋向,就是播音节目设计者对于报告一事实行避免直说,而以逗人兴趣的谈话,与听众相见。他们往往用对话的方式来吸引听众的注意。有时他们跟少数专家举行座谈会,使参加播音的人不感到拘束。此外还有什么辩论会,滑稽谈话等等,都是播音节目中饶有兴味的变化,而担任这些节目的播音员需要特殊的训练和普通演说家所受的训练不同。"②

广播播音只能通过语言与听众交流,所以"我们似乎从播音演讲里,比从讲坛演说里容易测出说话者不诚意的成分。这可以说是对于不谨慎的播音员的一个警告,因为播音员往往会因对他所报告的材料并不感觉兴趣,而把这种心情在语气里流露出来"。③ 因此播音员必须真诚面对听众,"我们不但要会掌握听众的心理,而且还要会运用自己的心理。会运用自己心理的

---

①　徐学凯.广播常识[M].南京:国民图书出版社,1946:53.

②　徐学凯.广播常识[M].南京:国民图书出版社,1946:53.

③　徐学凯.广播常识[M].南京:国民图书出版社,1946:53.

播音员是有成功希望的。美国密尔顿, 克劳斯(Milton Cross)说得好:'播音员的声音必须是健康,美丽而愉快。'所以我们应当向这个目标作继续不断的努力。"①

（2）播音讲话的形式问题

采用什么样的语调和方式与听众交流,一直是播音学研究的内容,20世纪六七十年代的广播播音,由于受政治空气的影响,出现了高、平、空的教训式的播音交流方式,到80年代,理论界提出了播音降调问题。其实,广播的最原始目的是让听众能耐心收听,而不是"买"一个教训自己的老师。

为了达到最佳的传播效果,仔细分析听众一般在什么样的状态和情境下收听广播,这是一个播音员必须要做的工作。"优良的播音讲话大都采用直接与听众谈话的语调,因为播讲人与听众之间有了亲切直接的接触,谈话方能收效,我们知道这正是播音者所切望达成的目的。不少的人当他初次播音,似乎都只想到不可见的听众的众多,而忘却了他们是分散在各处的,其实平均每个收音机旁边不过三四人而已。播音人必须考虑到自己的声音在听众听来是带着那一种的情调;他必须幻觉地看到一个小家庭家人们散布在厅堂里做事或消遣。他们在这种情况下当然不爱听雄辩似的粗糙语调;他们希望有人和他们谈话,而不愿意有人对他们呼喊,所以播讲者应当以听众客人的身分(份)说话,而不应该以冒失鬼的态度乱嚷。"②

平时谈话的方式是播音表达的基本语式,这种方式能实现传播接受的最大化,同时亲切随和的语气也是必不可少的条件之一。"播音讲话需要亲切而随便的语调,和平时谈话一样,对听众必须温存同情和真诚不要有一点虚夸的痕迹。他毋须特别提高声音——这种直觉的动作是绝对要不得的,因为传话器的灵敏性会使它缺乏亲切的成分显露无遗。我们所需要的是一种安闲平和的声音。不过,要造成一种当面谈话的语气,就需要正常的心境,必须对其讲材和听众发生真切的兴趣。还有当他继续不断地讲读文稿的时候,很容易会在语气里洩(泄)露虚伪厌倦轻视傲慢等等的神态,这一点

---

① 徐学凯.广播常识[M].南京:国民图书出版社,1946:53.

② 徐学凯.广播常识[M].南京:国民图书出版社,1946:56.

尤应特别注意。"①因为虚情假意的声音是传递不了真实情感的,这在播音学中就是要求播音员要"言为心声"。"如果有口无心随便念念,那当然是容易的。但是播讲者自己精神上睡了觉,不可见的听众自然也要睡觉。读稿所以难,就难在不免为讲稿所拘束,一被拘束就显得不自然了。还有,播音员天天继续不断的(地)播讲各种节目,好多地方还得重复他以前所讲读过的东西,自然极容易发生厌倦,这又是一种困难。要免除这种缺憾,我们在播讲时必须集中心力于讲稿内容的语气和意义。只有这样,才能做到顿挫适宜,抑扬有致音调中节的程度。"②要想"有稿播音,锦上添花",是要考验播音员驾驭语言和稿件的能力了。

能够较好地表达稿件内容,只是具备了一名合格播音员的基本条件之一,自己独特的感受和个性,是播音员业务水平的更高层次要求。"播音员最要紧的是悦人的风度,要能够把他的风度透过空间传达到听众;要能够把他眼前的景色经过脑际表达于语言;要能够记住听众是在热心地听他的说话而把他自己的热诚射到空间,要能够从他所拘摹的眼前景色之中找出趣味的所在,并且把他当时情绪传给听众。"③

播音究竟是照本宣科的复读机,还是二度创作的艺术工作,直到现在仍有一些人在徒劳地探讨,当时是如何看待播音创作的?"莎氏(士)比亚虽然不曾见到无线广播,但他有一次对演剧者所说的话却可移作对播音者极好的劝告。他说:'你们念剧词,要跟我对你们所说的一样,轻快地应用舌头,因为如果你们和一般的剧人一样一味狂喊乱叫,那末(么),我不宵(屑)如请叫街的人来念我的词儿了,……演剧的目的在表露自然的真相。好像拿镜子去照大自然一样,过去是如此,现在还是如此'。"④

既然播音是一门语言艺术,那么播音员该如何训练、提高自己的艺术创造力呢?"播音员要练习播音,最好是高声讲读各种讲稿。预备入发音室之

①　徐学凯.广播常识[M].南京:国民图书出版社,1946:56.

②　徐学凯.广播常识[M].南京:国民图书出版社,1946:57.

③　徐学凯.广播常识[M].南京:国民图书出版社,1946:61.

④　徐学凯.广播常识[M].南京:国民图书出版社,1946:61.

前,应当和他的朋友谈一会儿,将自己要说的意思叙述一遍,然后读一段他所预备好的讲稿。他的朋友一定会告诉他刚才他谈话时的语调,和读稿时的语调是有着怎样不同的地方。他的朋友听他读讲的时候,最好把眼睛闭上或者把身子转向一边,面背着他,因为这样才能辨别出细微不同的地方来。我们平常谈话的时候,用字,读音,句法都不免有错,这些错误在播音里应该避免。报告员在报告时语句停滞颠蹶是一种极大的过失,如果他在某种地方略加顿挫,以加重其所慎重选择字句的语气,那当然未始不可,但播讲者对其所播之讲稿必须十分纯熟,要纯熟到几乎可以把它看作大纲的程度,要照着它讲,却用不着求其措词(辞)的尽同。"①

　　播读稿件时,要想表达清楚准确,就要对从稿件到眼睛到口这一系列的过程有一个科学的认知。"心理测验证明一个人在说话时,其体内筋肉之张弛完全和语调之强弱相吻合。如果我们将说话者的声音和他们因说话而起的身体上某一部分(例如手臂)的下意识动作在一条(张)纸片上画成曲线,我们可以发现声音和动作的两种线完全相同。身体上的动作与思想上的运用是有着密切关系的。我们看二人摔角不是往往不知不觉的(地)也握拳鼓筋模仿他们的动作吗?我们平时说话因受思想运用的控制,所以就自然而然(地)获得了适当的措词(辞)和重读。但读稿就不然了,我们在那时的言语器官颇受制于眼睛的机械动作。因为眼睛必须按着字句看下去,这两种动作的牵制关系就在说话当中反应(映)了出来。这个困难是可以克服的,我们只要在讲读的时候同时思索讲稿里面字句的意思就行了。因为这样我们可以藉(借)着思想运动控制言语器官的力量,以遏止眼睛动作所能产生的影响。不少的人怀疑运用的思维可以很容易的(地)解除读稿的困难,其实只要略试一下,就知道了。倘用这种方法读稿,就能集字句为思想单位而安排重读和顿挫等问题也可迎刃而解。我们所用的最好选最简单的常用字,因为有的字句在电话或广播里是难以听懂的。比如单音字、齿音字、同音字、饶舌字都是应该尽量避免。优良的播音者必须使其声音抑扬有致,因为抑扬可以使它所说的话愈加逼真生动而有力。所谓'有致'就是不可让声

---

① 　徐学凯.广播常识[M].南京:国民图书出版社,1946:60.

音作呆板的起伏,好像海浪一样,而要顺乎自然。声音扬时较抑时更为有效,因为前者可以表示说话者'正在前进'的意味,而后者只有在幽默的场合里才用得着。"①

（3）播音讲话应注意的问题

对坐在话筒前播音的人员来说,需要注意二点:一是呼吸,在播音学中称为气息;二是语速问题。

"我们在播音讲话的时候,应该多用语句,少用单字。听众对于组成思想的短句简语一听就会明白,播音讲话者,不必依照平常的句读标点硬念,只要就每组字的大意来说就行,语句应该有长有短,以免单调,可是长的也不要太长,以我们平常呼吸的力量所及为度,所谓正常的呼吸,就是一种自然的呼吸,不受体力的拘束和意志的控制。假如演讲者用口来一次深深的呼吸,那末（么）,这呼吸的声音就可以在收音机里听得很清楚。所以他必须很小心的（地）作恬静而自然的呼吸,不应把一口气逼得太久。讲话的人往往因为领扣太紧的缘故,受到一种阻碍,所以他应该把领扣放松,使呼吸自由。不要使传话器直接受到呼吸的影响,否则收音机里就会发出一种类似刮大风的声音,还有姿势也很要紧,要坐得端正,头微仰,以免喉间受到压迫,两足着地。"②

播音时的语速直接影响听众的收听效果,过快或过慢都会让收听者感到厌烦,作为一位播音演讲者,把握合理的语速至关重要。"讲话的速度各人不同,有的特别快,说话一快,自然就减少了诚挚的成分。说话快慢和节目性质也大有关系,比如报告新闻述评往往可以报到二百二十五字之多,播音讲话最适宜的平均速度是:外国语每分钟一百四十字;中国语每分钟一百六十字。据测验结果,蒋委员长播音的速度在一百五十字至一百七十字之间,美国罗斯福总统在一百十字与一百三十字之间。有时,紧张的情绪往往会影响讲话者原有的速度,速度一变,就不能在预定的时限内播讲完毕了。播音时,报告地名,尤其不可太速,快报容易读破句,太慢了也容易使听众着

① 徐学凯.广播常识[M].南京:国民图书出版社,1946:59.
② 徐学凯.广播常识[M].南京:国民图书出版社,1946:58.

急。播音首重时间,不容有一秒之差,所以最好的办法是把每分讲稿预习一遍,以测定其应有之速度,正式播音的时候,其速度必须和预习时一样。十五分钟节目的实际的时间是十四分三十秒,因为从甲节目过渡到乙节目,在机件接转时需要相当的时间,其余的三十秒钟就是作了那种用处了。报告员介绍节目和声明结束约需一分钟,所以十五分钟节目的实际讲话时间是十三分钟半。"[1]

除上述几点外,书中还谈到了呼吸、语音和台词训练的问题,播音再创作的问题,停连、节奏等表达技巧问题,这些问题后来都成为播音学研究的重要问题或重要方面,成为播音基础理论的重要组成部分。徐学铠编译的《广播常识》是在美国著作的基础上结合自己的实践完成的,事实证明早在20世纪30年代美国就有这样详细的科学的关于播音学的论述,这是对"播音无学"和"外国没有播音专业"的无知论调的最好回应。我们细读该书时发现,许多关于播音研究的论述,完全能弥补今天播音学术理论研究的不足。

3.广播事业的展望

1947年徐学铠作为影音专家做了题为《我国广播事业的展望》的专题讲座,全文刊载于《电影与播音》1947年第七卷第3期上,虽然该讲座没有涉及播音研究,但对广播的未来发展及节目设置、受众重点做了相关阐释。

(1)广播的历史分期:我国大规模办理广播事业的机构是中央广播事业管理处,所以中央广播事业管理处发展的历史,可以说是中国广播事业发展的历史。中国广播事业的历史简单来说,可分为三个时期:草创时期、抗战时期、成长的开始。

(2)扩大农村广播覆盖面的意义:我们中国大约有3000多个县,如果每县都有一座三百或四百瓦特的小型广播机,向各该县的各乡村播音,而各乡村的多数人民都装有矿石收音机可以经常收听到本县的广播,这将是一个多么伟大的场面。这是一个"广播下乡"的问题,这个问题如果能够处理得好,对于整个中国的各方面影响都会是极大的,它可以影响整个中国的政治

---

[1]　徐学凯.广播常识[M].南京:国民图书出版社,1946:58.

经济军事和文化。

(3)农民收听广播的重要性:农民的欲望是很容易满足的,他们对于播音技术的要求不会太高,西洋音乐听不懂,梅兰芳京剧用不到,他们只要求听几支山歌小调、一两个笑话以及简单的新闻就很满意了。我们中国也有许多农业研究机关,譬如金大农学院就是其中一个,还有中央农业实验所全国农具改进所等,他们出的刊物农民是看不懂的。如果我们能够利用广播,把新的实际的知识通过收音机送到农民的耳朵里去,那是一件多么有意义的事情。

(4)广播在社会效益与经济效益之间如何平衡:在一个广播事业不是十分发达的国家,能够有不少有见识有热诚的人士来出资创办广播电台,不论是营业的也好,不是营业的也好,这不能不说是一个极好的现象。徐学铠对民营电台,尤其是上海的民营电台提出了希望:就是除了营业之外,能够多多和国营电台合作,分担一些教育和社会服务方面的工作,提高节目的水准,水准太低的,不予播送,宁使牺牲一点广告的收入。

(四)赵 演

"赵演,1906 年生,云南昆明人,曾任广西教育厅编译处主任、上海商务印书馆编辑、国民政府编译馆人文组编译。译有《弗洛特心理分析》《天才心理与教育》《社会心理学》等。"[1]他从播音教育的视角出发研究播音演讲,虽然目的是实现播音教育的最大化,但是播音教育是要通过播音与演讲来实现的,因此,研究播音与演讲成为研究的重要维度之一。

1.从提高播音教育的维度研究播音创作方法

作为一名翻译家和教育家,赵演了解到了当时国际上最先进的学说和教育手段。播音教育作为世界先进国家采取的一种教育手段已经引起赵演的足够重视,《播音演讲人应当注意的问题》[2]一文就发表于《播音教育月刊》上。

---

① 周家珍.20 世纪中华人物名字号辞典[M].北京:法律出版社,2000:230.

② 赵演.播音演讲人应注意的问题[J].播音教育月刊,1937(1-7).

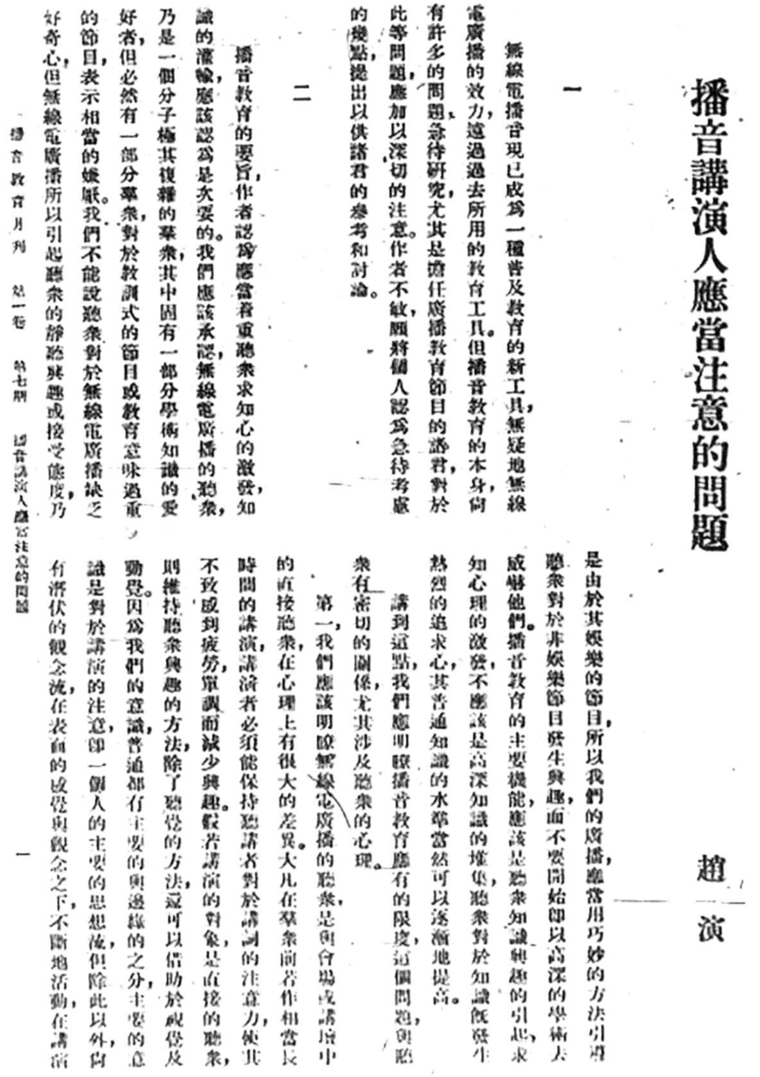

播音講演人應當注意的問題

趙　演

一

無線電播音現已成爲一種普及教育的新工具，無疑地無線電廣播的效力，遠過過去所用的教育工具。但播音教育的本身，尙有許多的問題急待研究，尤其是擔任廣播教育節目的諸君，對於此等問題，應加以深切的注意。作者不敏，願將個人認爲急待考慮的幾點，提出以供諸君的參考和討論。

二

播音教育的要旨，作者認爲應當着重聽衆求知心的激發，知識的灌輸，應該認爲是次要的。我們應該承認無線電廣播的聽衆，乃是一個分子極其複雜的羣衆，其中固有一部分學術知識的愛好者，但必然有一部分羣衆，對於教訓式的節目或教育意味過重的節目，表示相當的嫌厭。我們不能說聽衆對於無線電廣播缺乏好奇心，但無線電廣播所以引起聽衆的靜聽興趣或接受態度，乃是由於其娛樂的節目，所以我們的廣播，應當用巧妙的方法引導聽衆對於非娛樂節目發生興趣，而不要開始即以高深的學術去威嚇他們。播音教育的主要機能，應該是聽衆知識興趣的引起，求知心理的激發，不應該是高深知識的堆集，聽衆對於知識既發生熱烈的追求心，其普通知識的水準當然可以逐漸地提高。

講到這點，我們應明瞭播音教育應有的限度，這個問題，與聽衆有密切的關係，尤其涉及聽衆的心理。

第一，我們應該明瞭無線電廣播的聽衆，是與會場或講壇中的直接聽衆，在心理上有很大的差異。大凡在羣衆前若作相當長時間的講演，講演者必須能保持聽講者對於講詞的注意力，使其不致感到疲勞，單調而減少興趣。假若講演的對象，是直接的聽衆，則維持聽衆興趣的方法，除了聽覺的方法，還可以借助於視覺及動覺。因爲我們的意識，普通都有主要的與邊緣的之分，主要的意識是對於講演的注意，即一個人的主要的思想流，但除此以外，尙有潛伏的觀念流，在表面的感覺與觀念之下，不斷地活動，在講演

播音教育月刊　第一卷　第七期　播音講演人應當注意的問題

一

图 2-23　《播音教育月刊》1937 年第 1 期刊发《播音演讲人应注意的问题》

虽然文章是以播音教育为出发点，但在论述如何更好地实现广播传播播音教育知识时，明确提出播音演讲人应该怎样播音，才能达到最佳传播效果。

教育的目的是传播知识，在教育的实现过程中，激发求知的欲望是第一位的。人们收听广播，更大的兴趣在于收听娱乐节目，而播音教育的内容恰

恰是非娱乐内容,该如何吸引听众呢?"应当用巧妙的方法引导听众对于非娱乐节目发生兴趣,而不要开始即以高深的学术去威嚇(吓)他们。播音教育的主要机能,应该是听众知识兴趣的引起,求知心理的激发,不应该是高深知识的堆集(积),听众对于知识既发生热烈的追求心,其普通知识的水准当然可以逐渐地提高。"①当播音教育节目足以激发听众兴趣后,播音演讲者在播音演讲过程中,听众的情趣会不会长久地维持呢?"讲演者维持听众的兴趣及注意,只有他的声音和腔调。一般人总以为声音的刺激可以使注意集中至相当程度,但事实上不尽然。就声音本身而论,确是一种强有力的刺激,但因为无线电的听众,是在他自己的家庭内,他四围的环境刺激必然使他的潜意识不惟不与主要思想流一致进行,且往往成为一种障碍,因为他的注意力,常受不相干的刺激所牵制,不易集中于收音机中所发出的讲词。他的意识生活,不断地发生变化,无数的知觉,常常闯入他的意识域中。"②

2.借鉴丹麦广播电台十条的启示,为播音演讲人提供实践参考

由于广播播音演讲与现场演讲有着天壤之别,且无线电广播也有其特殊的要求,丹麦国营广播电台的十条规定在赵演看来,是非常有借鉴意义的,这十条是:

第一,讲述不可太快,亦不可太慢,太快易使听众不能获得深切的印象,太慢易使讲演单调,或使听众觉得讲演者有炫博的倾向。

第二,讲述应该非常自然,好像对至亲密友或在小茶会中谈话一般。所以应该避免声调之过高,声音应极其自然。最应该注意的,就是不要直接念读讲稿。

第三,口齿应该清楚动听,尽力避免一切长冗的词句。

第四,讲述应该明白浅显,开端的一段,应简短而生动,以便抓住听者的注意。

第五,请不要多用外国文,应避冗长的句子,亦不要使用下列一类的句子,例如"如为我现有的时间很短"再者,"太太们先生们"……"诸位"等类

---

① 赵演.播音演讲人应注意的问题[J].播音教育月刊,1937(1-7).
② 赵演.播音演讲人应注意的问题[J].播音教育月刊,1937(1-7).

句子亦须力避重复,因为这些语句,不惟(唯)耗费时间,而且易使听众感觉不耐烦。

第六,讲述应该不为任何事任何人做宣传,也更不能替自己的作品做宣传。反之,对于个人或团体的恶意的批评或攻击,也应避免。遇有疑难时,应即询问广播处的负责人,请求解答。

第七,讲演者不应超过他个人讲演规定的时间,但也不应未达规定的时间,即将他的讲演结束。再则,讲演的内容,应该严格遵照自己的原稿,不要相差过甚。

第八,讲演人翻阅原稿时,最好避免纸张的沙沙声。

第九,国立广播电台规定,凡待讲述的文字,在未广播前,无论全部或一部,均不能在日报或广播刊物中登载。因为登载以后,极易减少听众对于讲演的兴趣。但报章杂志,亦不妨将讲演的要点,预先简单报告。

第十,讲演完毕以后,讲演者对于他的原稿得有处置的自由。①

虽然这十条是丹麦电台的规定,但对中国的播音演讲人也具有一定的参考价值。

"就第一条论,讲词太快或太慢,对于听众都容易给与(予)不良的印象,假若讲演一引起听众的厌恶心理,他竟可以自由地将收音机关住不听,不像在直接的听众群中,他因为受讲演者的注意及团体的无形的压迫,不能随意离开。所以讲演者应时时刻刻抓住听众的兴趣,不要使他发生嫌厌的态度。其次第二条,须注意声调的自然,第三条须注意声调的清晰,第四条须注意讲述的简单明了,第五条须注意避免冗长的句子。以上都是关于声音语调态度方面的。第六条最为重要,现在丹麦的国营广播电台,一切广播节目中,都没有广告的宣传,攻击个人或批评团体的避免,也为广播者所共同遵守。

"至若第七条,恐怕是多数讲演人容易犯的毛病,同时也是不容易办到的一件事,但无论过时或不及,都是广播程序的大忌,应该设法避免,超过预定时间,下一节的广播便不易支配。感觉时间之不足,未能达到预定时间,

---

① 赵演.播音演讲人应注意的问题[J].播音教育月刊,1937(1-7).

节目间的衔接也发生困难,至若第八条的用意,则在减少广播中无益的刺激,藉(借)使听众的注意更加集中。第九条的意义是很显明的,无(毋)庸赘述。"①

播音演讲人以此十条为借鉴,在广播播音演讲时,心中有对象感,选择适当的词语与表达方式,则他的播音与讲演,一定会获得听众的欢迎。

(五)徐朗秋

徐爽,字朗秋,后以字行,1897年生,江苏萧县(今属安徽宿州)东马道人,社会教育家。1912年,他考入徐州新设的江苏省立第七师范学校。1928年春,徐朗秋被录取为中央大学民众教育学校首届生。1930年4月,徐朗秋赴镇江参与江苏省立民众教育馆筹备。1931年7月,徐朗秋任首都实验民众教育馆馆长,抗战西迁,徐朗秋先后任国立社会教育学院总务主任、教育部川康公路线社会教育工作队队长等职。1944年,为西北大学文学院教育系副教授,并兼校教务长。1949年后,徐朗秋在上海复旦大学附设工农速成中学任教。

作为一个播音教育人,他认为播音教育、讲演和广播教学是民众教育最为有效而经济的一种教育方式,因此,为了提升各界学者、专家在话筒前的播音演讲能力,他用心研究播音演讲技巧。他指出,一个教员能在教室里对学生讲演,不见得能在广场之上对群众讲演;能在广场上对群众讲演,不见得能在一间小闷屋里对着看不见的群众讲演。

1.播音教育管理者的播音实践经验总结

据了解,徐朗秋任首都实验民众教育馆馆长后,中央无线电台设立了民众教育节目,徐朗秋担任该节目的演播人。1934年第6期《广播周报》记载:"每期朗秋先生在演讲故事及杂谈之余,常与听众诸君说迷征联,以助余兴,郎秋先生精于此道,兴味深浓,而听众诸君对此亦似感兴趣,故每次应征者颇多,佳构亦不少,除以播音报告外,拟每期择其优者,在本刊发表。"徐朗秋不但担任广播电台的演播人,而且作为国语教育会的驻会干事,积极推进国

---

① 赵演.播音演讲人应注意的问题[J].播音教育月刊,1937(1-7).

语播音。"电台改用国语报告,该会于三月二十五日呈请交通部通令全国无线电台应用国语报告,并采用该会灌制标准备国语留声机片、注音符号、国语游艺会两套,分日播送,以助推行国语教育。兹悉交通部已于四月二十五日批准、令饬各民营广播电台,并函请各省市政府转饬所属广播电台,于本年五月一日起,遵照办理云。"①

徐朗秋根据自己担任播音教育演讲人五年的播音经历和推进国语播音的经验,撰写了《电播讲演的技巧》②一文。该文主要针对当时有的专家学者在当众演说、讲课时能够娓娓道来、口若悬河,而在播音室的话筒前看着稿子都念不成句子,甚至在大冷天被逼出汗的现象写作。"因为电播讲演完全是一个人只对着话筒讲说,要有一定的位置、高低适度的声音,外面千千万万的人在听也说不定,没有一个人听也说不定,不管听不听,只问讲不讲,比不得当众讲演,能用表情去吸引听众。更有一个显然的区别,就是当听众讲演,有时会越讲话越多,环境会刺激讲演人临时找着很多话去说,电播讲演感(受)不到环境的刺激,反而受心理上的压迫,唯恐讲得不贯串,越逼不出话说,看着稿子念不成句。"③1936年教育部出版了赵元任的《广播须知》,徐朗秋的《电台演讲的技巧》参考了《广播须知》,"最近赵元任先生为教育部写了一篇《广播须知》,分列三十条注意点,业经印出单行本。本文所写,是他所没提及到或是他叙述不详我再举例详述的。最好请读者把这两篇文字参照着看一看。"④

2.播音演讲技巧的三个范畴

徐朗秋从播音稿件、播音语言、播音实际操作三个方面提出自己对播音演讲技巧的理解与把握,具体包括如下内容。

(1)关于播音演讲稿件的11项要求:①要用纯粹的国语口语文;②要从广泛的素材里摘出最精彩的一段;③要按讲演时间定讲稿的长短;④要开首

① 国语教育会呈准交部各电台报告改用国语已通令全国今日起开始实行[N].申报,1935-05-01.

② 徐朗秋.电播演讲的技巧[J].教育与民众,1937(8-9).

③ 徐朗秋.电播演讲的技巧[J].教育与民众,1937(8-9).

④ 徐朗秋.电播演讲的技巧[J].教育与民众,1937(8-9).

電播講演的技巧

徐朗秋

電播講演的技巧·一

本刊拟做電化教育專號，想一般學者、專家和對於電化教育有興趣的先生們當有不少的鴻文發表。我用本文來淡熱鬧，也許能邀若讀者說一章：「這倒是實際問題」。

我想，電播教育——包括擴音教學、講演和廣播教學、講演——已是我民衆教育界將爲有效面經濟的一種教育方式，各民教機關多在那兒加緊的去做，設有廣播電台的地方，少不了民衆教樓閒去担任一兩節的教育節目。如此說來，我們民教同志們都有機會去做這種電播教育的工作。卻是別界的學者、專家，也免不了有時被邀請到做擴器前講演一段。既是這樣，大家對於電播講演的技巧方面，就不能不研究一下，至少也要留意一下。因爲電播講演完全是一個人只對着微音器講說，要有一定的位置，高低適度的聲

音，外面千千萬萬的人在聽也說不定，沒有一個人聽也說不定，不管聽不聽，只悶頭不講，比不得當衆講演，能用表情去吸引聽衆，能若聽衆的鐘情定講演的態度。更有一個困難的比較，就是當聽衆講演，有時會越清話越多，還境剔激講演人际時找着許多的話說，肇恐講得不貫串，越逼不出話說，看若椅子冷不成句，在大冶天逼出滿頭大汗的，是常見的事實。據個人的經驗同觀察，確乎這裏邊有許多技巧問思。一個教員能在教室裏對學生講演，不見得能在廣場之上對羣衆講演；能在廣場上對羣衆講演，不見得能在一間小閒屋裏對看不見的羣衆講演。這是最嚴格的說法

图2-24 《教育与民众》1937年第八卷第9期刊发《电播演讲的技巧》

提示纲要;⑤要多举例证和比喻;⑥要多穿插趣语;⑦多给听众想象的机会;⑧忌用冷字冷词跟外国语句;⑨忌用文艺化的语句;⑩忌长句跟倒装句法;⑪忌废话跟客气话。

由于当时的国语正处在推广阶段,很多学者在演讲时还在使用所谓的

白话文,有些白话文着实让听众很难理解,"护士事业,依据改证所得,殆起始于埃及国,可惜当时工作的情形,没有确切的记载,可以考核"。这样的话语在广播中出现,普通的听众是没办法听懂的,只有改成国语,才能收到良好的沟通效果,徐朗秋建议改为"看护病人的人,叫做(作)护士。护士也是一种职业。据我查改起初有这一种事业的,是在一千多年以前的埃及国。可惜当时没有把她们所做的事情,详详细细记载下来给我们看。"这样一改,无论文化水平高低,都听得明白了。

(2)关于播音演讲语言的6条建议:①要用国语话;②要预先把讲稿练习到上口儿很流利;③要高低适中,快慢合度;④说话要有情感;⑤忌在群众面前讲演的那种盛气;⑥忌语病。

关于播音语速,赵元任在《广播须知》第二十二条中指出,十分钟的稿件,以1500到2000字为最适当。徐朗秋根据自己的经验提出:"据我个人的阅历,每十分钟只能讲一千三百字左右,没有赵先生所估计的那么多——一千五百字到两千字,因为从今是顶白的白话,实际讲起来,难免不有要重读或略加解释的词句,或为语气的停顿,在这十分钟里边,至少要有半分钟到一分钟的伸缩余地。普通写的白话文,以十分钟一千字,上口讲起来比较适当。"[1]播音演讲的语速决定了节目时间,速度太快,听众来不及理解,语速太慢又显得拖沓,恰当的语速是播音演讲成功的必备条件之一。

我们按照正常标准准备稿件,但在实际播音演讲中,如何把握语速仍是个问题,"快了,听讲人的理解力跟不上;慢了,听讲人会代你发急,更使人生厌,甚而至于不听"。那么一个不经常从事播音演讲的人该如何把握语速和语态呢?"比方我们常态的情形之下,不慌不忙对三五个朋友述说一桩有趣的事情,或是对几个学生讲一段书那么样的自然、高低、快慢、丝毫没有故意造作的样子。"[2]

播音演讲的目的是传播知识和思想,除内容决定语言是否打动人外,语言本身要充满情感,虚情假意是得不到认可和接受的,这一点对广播播音演

---

[1]　徐朗秋.电播演讲的技巧[J].教育与民众,1937(8-9).
[2]　徐朗秋.电播演讲的技巧[J].教育与民众,1937(8-9).

讲来说尤为重要,因为声音是广播的唯一创作手段。"如果能把话说得更婉转、更爱听、更美妙一点儿,使听的人更欢喜听、更想听,那就需要一种说的艺术了。所谓说话的艺术,不是花言巧语,而是除去字音纯正,语调优美,高低宽窄顿挫疾徐恰到好处而外,再加上一种情感进去,叫它成一种充满了生命的语言。说欢喜能叫人发笑,说悲痛能引人掉泪,这就是用说话人的情感,去拨动听话人的情感。说评词的需要这种艺术,我们讲演的人也需要这种艺术。说评词有动作表情来帮助说话的情感,电播讲演只凭一张嘴,这种艺术比较说评词更难。如果你看看稿子死读,或是把句法照着词类一个一个断断续续的(地)说下去,甚而至于像小学生唱不是唱,说不是说的念白话文那一套去读讲稿子,简直个儿是不叫人听讲演,是叫人肉麻到浑身起鸡皮疙瘩,遮掩的(地)说话,一言以蔽之:'没有情感。'这是讲演的大忌,尤其是播音讲演。"①

(3)播音演讲实际操作7条建议:①要沉心静气;②要注意时间;③要知道传音开关;④要注意提示灯号;⑤忌弄杂音;⑥忌头部多摆动;⑦忌咳嗽、喷嚏、响鼻或喘粗气。

(六)陈　沅

关于陈沅的身份资料目前只掌握两点:其一,"金大影音专科还聘请外校的教师为系里开课,如聘请金陵女子大学音乐系的教师为专科开设'影音音乐',培养学生音乐方面的素养。此外,专科学校还约请当时电影制片厂的厂长罗静予讲授'动片摄制',中央广播电台传音科科长陈源(应该为'沅',笔者注)讲授'播音技术',该台工程师雷永球先生讲授'录音概要',农业教育影片公司工程师胡福源讲授'影片洗印'等课程。"②其二,"《广播周报》,国民党中央广播事业管理处编印的刊物。1934年9月在南京创刊。设有言论、演讲、电学无线电常识、广播节目预告等栏目。宣传国民政府的

---

① 徐朗秋.电播演讲的技巧[J].教育与民众,1937(8-9).

② 李金萍,辛显铭.我国综合性大学早期培养电化教育专业人才的先例和经验(下):金陵大学推行电化教育30年系列述评之一[J].电化教育研究,2005(8).

各项重大政策和活动,预告全国各广播电台的节目,传播无线电知识,反映了国民党广播事业的概貌。1937 年 8 月中旬出至第 150 期后休刊。1939 年 1 月 1 日,在重庆复刊出版第 151 期。通讯地址上清寺聚兴村 6 号。陈果夫题写刊名。编辑人范本中、刘汉臣、陈沅、吴祥佑。内容有中央广播电台播音节目预告、特约讲座、教育、音乐、话剧、京剧、小品等。同年 2 月 18 日出版的第 158 期载有郭沫若的《世界新秩序的建设》一文。1941 年 4 月出版第 196 期后再次休刊。1946 年 9 月在南京复刊,期数另起。1948 年 12 月出至第 116 期后终刊,先后共出 312 期。"①

从上面的材料中,我们可以了解到,陈沅是中央广播电台传音科科长、金陵大学影音专业的外聘老师、《广播周报》的编辑,这三个身份表明他与广播有着密切的关系。1947 年,他在《电影与播音》杂志发表了《漫谈广播》《播音员应具备的基本条件》《编排播音节目之延请》《播音剧与舞台剧》等四篇与广播播音息息相关的文章。《电影与播音》杂志由金陵大学的孙明经于 1942 年创办,办刊宗旨是"电影与播音之技术施教方法;各种传播文化之有效工具;各省及国外电化教育实施近况"。该刊的创办人孙明经也曾撰文说:"电影之主为影,播音之主为音。"因此可以说《电影与播音》是"民国时期较为翔实地介绍广播、电视、电影等媒介的重要学术刊物之一"。②

1.《漫谈广播》中关于播音人才培训的内容

在《漫谈广播》一文中,陈沅开宗明义地提出:"一般人都认为播音,是很简单的,只要纯正的国语,清楚的口齿,认识几个字,就可以担任播音工作了,殊不知,播音是有技巧的,唯其有技巧,所以才要谈一谈播音技术。不过播音技术,看起来,好像是很狭窄的,而是没有什么可以说的。其实,关于播音技术这个问题,是很值得研究和讨论的。在中国广播事业,还是一个萌芽的时代,除了工程人员,在学校里有专门的课程,可以研习外,关于播音人员

① 邱沛篁,吴信训,向纯武等.新闻传播百科全书[M].成都:四川人民出版社,1998:2069.

② 周娟娟.民国时期电影与播音杂志研究[D].长沙:湖南师范大学,2014.

图 2-25 《电影与播音》于 1942 由金陵大学的孙明经创办

的技术训练,或是专门来研究和讨论,却是罕有的。"①

那么,民国时中央电台的播音员是怎么培训的呢?"就是民国十七年八月中央广播电台的五百瓦特电力电台播音以后,播音人员,也没有经过充分训练的,更不是有什么研究的,也没有学习过播音的。在当时,也不过是选择国语纯正,常识较丰富的人员,以创作的天才,来担任播音工作罢了。所以,在中国广播事业里的播音人员,从来没有读过什么播音课程,或是研究过播音技术的。一直到现在,中央广播电台的播音人员都是凭着经验,凭着理想来办理播音节目的。"②

---

① 陈沅.漫谈广播[J].电影与播音,1947(1-2).
② 陈沅.漫谈广播[J].电影与播音,1947(1-2).

图 2-26 《电影与播音》1947 年第 1 期刊发《漫谈广播》

为了培养影音专业人才，金陵大学于 1938 年创办了影音专修科，1947年改名为电影播音专修科。"金陵大学影音课程里，有'播音技术'一课，这是学校当局，对于播音事业的重视。的确，播音技术问题，是很值得研究和讨论的。因为播音技术的好坏，节目的编排，新闻的报导（道），音乐戏剧的播出，都关系着电台的声誉的。所以，一个有充分训练和富有技术经验的播音员,它(他)的声调,语气,表情,读字,都与寻常没有训练过的,迥然不同的。"①

2.《播音员应具备的基本条件》中关于播音员职业要求的内容

一个合格的播音员应该具有什么样的素质呢? 陈沅在《播音员应具备的基本条件》一文中给出了明确的回答。"一个全才的播音人员,不但是可以担任播音工作,而且是可以担任戏剧工作,一个全才的播音员,不但是评论撰述员,而且是一个采访员。换句话来说,一个播音员应具备的基本条件,至少能够有下面的几个条件:①国语要纯正;②常识要丰富;③思想要正确;④行动要敏捷;⑤对于时事有认识;⑥要有随机应变智能;⑦编撰讲材要迅速;⑧对于音乐戏剧有修养;⑨有播放音盘的技巧;⑩要有刻苦耐劳的精神。"②

这10项基本要求在播音实践中如何理解与实现,陈沅做了详细的解读。

(1)国语要纯正。中国方言众多,十里不同音,广播作为大众媒介,在传播中必须使用大部分人都能听懂的语言。"所以在中国的播音方面,一定要用国语,因为国语比较清晰、易懂、读音、吐字都是比较任何语言较强,所以,要用国语。"会说国语,只是作为播音员的一个最基本的条件,因为"语言说得好坏,本来不是一件简单的事,如果用在播音上,更是一件难事,有的人,国语是说得很流利,可是,它(他)的音质,音色欠佳,甚至于不会运用讲话的技巧,也就不合乎播音的需要。"③国语标准、音色纯正,只是作为播音员的基本条件之一。

(2)常识要丰富。"一个良好的播音员,它(他)要上知天文,下知地理,要博古通今。换一句话说就是要无所不知,无所不晓,所以,不论是有关政治、经济、财政、金融、教育、文化,以至于军事、科学、都应该是无所不知,无所不晓的。一个播音员,假使不具备这些条件,遇到了有关军事,或是科学的讲材,自己还看不懂,自己还没有了解其内容,其意义,又怎能够讲得明

---

① 陈沅.漫谈广播[J].电影与播音,1947(1-2).
② 陈沅.播音员应具备的基本条件[J].电影与播音,1947(1-2).
③ 陈沅.播音员应具备的基本条件[J].电影与播音,1947(1-2).

白,自己讲不明白,又怎能够使听众了解呢?"①

（3）思想要正确。广播播音,表面上看是播放节目,实际上是在播放节目的过程中传递一种思想。"播音工作,具有领导性,具有教育性,同时,也具有宣传性,所以在播音人员基本条件上,关于思想问题,确是一个重要的问题之一。"②"思想要正确"是陈沅列出的播音员应具备基本条件中重点强调的,"我们知道,思想是一种力量,任何事情的开端,必先从思想着手。"因为思想决定内容,内容又在传递着思想。"思想是关系着播音工作者的一个前提,尤其是一件播音讲材,它的内容丰富,思想正确,足以影响人心,使之向上;如果一篇讲材,或是一个戏剧,它的内容无中心思想,而且是低级的,那就有影响于人们的身心的。本来,思想是空洞的,令人莫测的,可是,思想,就是意见的代表,也就是行动的表现,尤其是担任播音工作的人员,思想必定要正确;意志必定要坚定。如果思想和意志稍动摇,那么,它（他）就对于时事的认识,就发生另一种见解了。所以,正确的思想,却也是一个播音员应具备的条件之一,而且不可忽视的。"③

（4）行动要敏捷。播音员在播音台上直播时,不但要保持清醒的头脑,还要"行动敏捷"。"为什么播音人员要行动敏捷呢？理由很简单的,就是播音工作者,至少对于时间的准确,要有所习惯,认清了时间对于播音的重要,对于工作的推动,自然要求敏捷而迅速。"④当时的广播节目,尤其是新闻节目,都是在直播过程中完成的,"当你在发音室里正在播讲的时候,忽然送给你一件要紧的新闻,或是件插播的资料,在当时的播音者,自然没有功（工）夫去看上一遍,而你必定要播出去。假如你的头脑迟钝,思想不迅速,行动不敏捷,你就没有方法把它播出去。所以,一个播音员,至少有一种锻炼,就是一面在播讲着,一面在圈点讲稿,一面在准备下面应进行的节目,才能胜任播音工作中的一个行动敏捷的要务。"⑤

---

①　陈沅.播音员应具备的基本条件[J].电影与播音,1947(1-2).

②　陈沅.播音员应具备的基本条件[J].电影与播音,1947(1-2).

③　陈沅.播音员应具备的基本条件[J].电影与播音,1947(1-2).

④　陈沅.播音员应具备的基本条件[J].电影与播音,1947(1-2).

⑤　陈沅.播音员应具备的基本条件[J].电影与播音,1947(1-2).

（5）对于时事有认识。新闻是播音员播报内容中的重中之重，"一个播音工作者，固然，要有其学识和才能的修养。可是，对于时事的认识，就其必备的条件，尤其是新闻广播员，评论员和采访，必定要头脑清楚，认识正确，考虑周密，处理得宜的才具，否则，就会出问题。"①因为陈沅撰写该文是在1947年，当时正处于内战时期，真假新闻充斥在各大媒体上。"再以报纸来说，中国的中央日报，就是政府的报纸，新华日报和新华社，那就是共产党所主办的，其他如大公报、申报、新闻报、文汇报都各有其立场，各有其背景。所以，对于时事的认识，应该知道消息的来源和报纸的背景，才能辨别是非曲折（直），才能够知道时事的动态，国际的情势。像一个播音员，至少应该对于新闻的来源，时局的情况，国际的知识，要有深切的认识，才不至于报导（道）失实，才不致观察错误，也可以说是一个播音工作者的最起码的条件。"②

（6）要有随机应变智能。播音员在直播过程中，会发生许多意料之外的事情，这就要求播音员要有"随机应变的智能"。"比如在播音的时候，忽然遇到排片的工作者，疏忽了将某节应用的音盘排入，到了要用的时候，忽然发觉没有某种音盘，于是必定要临时设法补充，断不可使之停播。还有在播讲一篇文稿的时候，或是在播演话剧的时候，如果你说错了一句话，或是把本意改动了，无论如何，应不使停顿，在顷刻之间，应该以其他方法或语句来弥补，使听众不知有漏隙，这就完全在灵活的（地）运用了。还有在活用节目里面，往往请了名票播音，在播音的时候，每有脱节的情况，当时也须要随机应变，使能配合。还有，被延请来作（做）学术讲演的，临时不来了，在这时候，必定要设法弥补，自然，在事先有准备较为上乘了，如果没有准备稿，那就得要临时设法补充了。"

（7）编撰讲材要迅速。一个全才的播音员，不仅要头脑清楚，思想正确，而且要有文学的修养。"因为从微音器前播出去，已经是最后的阶段了，在播音之先，必定先要从搜集资料上着手，有了参考资料，才可以着手编稿。

① 陈沅.播音员应具备的基本条件[J].电影与播音,1947(1-2).

② 陈沅.播音员应具备的基本条件[J].电影与播音,1947(1-2).

所以,如报社之有采访,由采访而后编辑一样。播音资料搜集完全之后,即着手编撰。在编撰的时候,一定要迅速敏捷,否则赶不上用。"①

"比如,写评论,代表政府电台的评论,是很难撰写的,因为要认识国策与环境,不是轻易值(执)笔的。因此,在没有编撰之先,就先得将当日消息看清楚,何者值得评述,何者不必要评述,何者关系到国策问题,何者关系到外交问题,把各种问题看清楚了,然后才能开始撰写;同时,还要知道播讲的时间,在播讲之先撰写完毕,以便播讲者预习。故不论一篇讲稿,是自编自播,或是交播,一定要在预期的时间内完成任务。否则,到了应用的时间,没有讲材,那就贻误了播音工作了。所以,一定要运用头脑,迅捷的(地)编就各种节目里所需要的讲材。编撰讲材的技巧,容后再谈。"②以上,是在说明编撰讲材要迅速敏捷的一个简单理由,也就是全才播音员应具备的条件之一。

(8)对于音乐戏剧的修养。为什么播音员要有音乐戏剧的修养呢? 理由很简单,因为播音节目里,音乐和戏剧占播音节目中最多的时间,讲话的时间实占很少的时间。"以音乐来说,大别之,就有国乐、西乐两大类。国乐之中又有古乐、粤乐;西乐之中又有舞乐、弦乐、交响乐、声乐等等。而各种音乐中又各有其特点。一个全才的播音员,虽然不须(需)要完全懂得乐理,或是辨别是那(哪)种音乐,但是最低限度要知道音乐作曲者是谁? 是什么乐队演奏的? 乐曲的内容、情绪是什么? 如果没有粗浅的认识,又怎能够于播音的时候来介绍呢? 又怎样能够欣赏音乐戏剧? 又怎样能够延请名音乐家来演奏呢? 以戏剧来说,有京剧、话剧、川剧、滇剧、粤剧、湘剧、越剧等等。播音人员除了对于各种戏剧应该有所认识外,最好还擅长京剧,或是话剧。

"我们普通听众,以爱好京剧和话剧的较多。播音人员除了能够编撰话剧,演播话剧之外,还要能够演唱京剧,庶几对于播音节目上有所供(贡)献,而在电台方面来说,这种多才多艺的人才,是每一个广播电台所必需的,因此,我认为广播电台里的播音员,一定要造成明星式的,而不要只做无名英

---

① 陈沅.播音员应具备的基本条件[J].电影与播音,1947(1-2).
② 陈沅.播音员应具备的基本条件[J].电影与播音,1947(1-2).

雄,埋头苦干。本来做无名英雄,乃是一种美德,可是做一个明星式的播音员,也并不是不可以的。但要看,播音员的才具,是不是全才？是不是堪称播音明星而已!?"①

(9)播放音盘的技巧。说起播送音盘,似乎是一件极简单的工作,可是也有一种技巧的,而且占播音时间较长。"电台里所用的音盘,经常有两种,一种是硬片,一种是软片,一种是十二英寸的,一种是十六英寸的。经常用以硬片为多。播放唱片,不论是放送硬片,或是软片,都应该运用它的技巧。比如,放全本《四郎探母》或是全本《法门寺》。在这两出戏,有的是全套制成的,有的是零片配成的。我们不论它是整套制成也好,或是零片配成也好,在播的时候,最低的要求是要免除音盘上的报头,其次要次序不可混乱或颠倒最要紧的,能够把板眼,胡琴都要接得上,才能够迎合听众的心理,也才是工作的态度。

"我们知道,经常发音室的工作台上的配备,至少有两个音盘转盘,在放第一段的时候,就要把第二段准备好了,当第一段快要放完之先,就得把第二段开动,使得转盘在旋转着,听到第一段快完毕,正在锣鼓场面上,或是正在胡琴上,就得推动开关接上第二段去,务必使得板眼胡琴配合,才能合乎要求。所以在播放音盘之先,也要预习一次,否则,不知道何处该接换,何处该停顿。这也是播音人员应具备的一点常识和条件。"②

(10)刻苦耐劳的精神。关于刻苦耐劳的精神问题,不是播音技术问题,而是普通播音员应具备的一个基本条件问题。"比如,以播音值班的人员来说,播音值班者,不论寒暑、冷热,只要上了班,就要聚精会神的(地)工作,尤其是正在播讲稿件,或是播放音盘的时候,断不容许你分神。否则,不出大错误,就有小缺点。一个播音员,走进了发音室里去,就要清楚了自己的责任。因为你的一举一动,不仅是十目所视,十手所指。而是千千万万人在听你的播音,和欣赏高尚的音乐。认识了自己责任的重大,自然就对于所担任的工作,其责任非常艰巨。

① 陈沅.播音员应具备的基本条件[J].电影与播音,1947(1-2).
② 陈沅.播音员应具备的基本条件[J].电影与播音,1947(1-2).

"其次,播音值班者,如果是值夜班的,必定视其所排定的节目时间而进退的。假使,播音到深夜零时止,只好工作到零时止。不论寒暑、冷热,都要这样去服务。所以,我说播音者,犹之乎报社里的编辑人员,大多是度着夜生活的。假如值早班的,排定他的播音时间是在上午二时,或是三时起,工作者就要在播音时间之前起身。否则,赶不上播音时间,就是一个大错误。因此,做一个值班播音员,一定要有刻苦耐劳的精神和坚定的意志,才能够担任这一种艰难的工作。"①

陈沅所列举的播音员应具备的十个基本条件,应该是他在中央广播电台当传音科科长时的经验总结,具有很强的实操性,但从某种角度讲,还是属于职业经验总结,正如他自己所说:"我们为了提倡广播事业,为了使大家了解播音人才不易造就,为了大家认识播音工作者,没有一定的路线可资遵循。因此,以管见所及说明播音乃是一种技术,并且也约略的(地)说明了播音人员应具备之起码条件,以供提倡与爱好广播事业者之参考与讨论。"②

3.《编排播音节目之延请》实现受众接受最大化

有了合格的播音员只是广播节目的一个必要条件之一,节目的内容更为关键。陈沅在《编排播音节目与节目之延情》中指出:"播音人员,即(既)然是电台的灵魂,而灵魂的运用,就在运用灵魂者的善于安排了。以前曾说过,播音人员,犹之乎人体的神经系,而神经系是代表电台的声誉的。因此,运用电台的初步工作,是先要有全才的播音员,有了全才的播音员,就要来研究播音节目,如何的安排,把节目编排就绪,才能按照播音节目时间,来向听众广播,我认为编排播音节目,应该以迎合听众的心理为原则,而不是迎合自己之所好,而来安排的。其次,就应该注意播音节目的对象,语言,时间等等。"③

(1)从听众心理需求出发。播音节目的对象实际上就是听众,研究听众心理,是播音节目成功的关键。"怎样能够迎合听众的心理呢? 这一问题,

---

① 陈沅.播音员应具备的基本条件[J].电影与播音,1947(1—2).

② 陈沅.播音员应具备的基本条件[J].电影与播音,1947(1—2).

③ 陈沅.编排播音节目与节目之延请[J].电影与播音,1947(3—4).

是相当的困难,因为无线电听众的智识水准不同,爱好不同,生活习惯不同,那么,在编排播音节目的时候,必须要注意到。因此,以(从)音乐方面来说,高尚的音乐固然需要,而其他较为轻松的音乐也需要,所以,要把它配合起来。以讲话节目来说,比较庄严的口吻的讲材,固然需要,而轻松,活泼戏剧化的讲材也需要。所以撰写播音讲材,与编排播音节目表,是有互相关联的。"①

（2）受众范围决定播音语言。播音员用哪种语言播音,主要取决于播音对象。"播音节目,不论是中国的广播事业,或是国外的广播事业,在其播音节目上,有其一定的目标和对象的,一种是 Home Service 对国内的,一种是 Over-Sea Service 对海外的,一种是 General Service 对一般的几种。"②由于播音对象和播音目的不同,播音员采用的语言也不同,陈沅根据自己当时所处的时代环境,列举了播音员所需要的播音语言。"普通一个广播电台,至少有两种语言,一种是国语,一种是英语,但是以京沪区来说,一个广播电台,至少有三种以上的语言,比如,在上海的电台,有沪语,国语,英语,粤语等等。我们往往可以在上海各种商业广播电台里听到这几种语言。因为上海是商业中心,各方人士皆有,所以它需要不同的语言。以中央广播电台而论,在其播音节目上,因有其对象,所用的语言,也就有多种了。比如在战时的首都重庆,在那个时期里的播音节目,所有国内海外,一般的几种节目,所以所用的语言,有国语,回语,藏语,蒙语,粤语,闽语,客家语,马来语,暹罗语,英语,法语,德语,俄语,日语,荷兰语等等,这许多语言,都是各有其对象的。把以上所说的这许多语言来分别的(地)说,用英,法,德,俄,荷各种语就是对欧美的。用马来语,闽,粤,客语,就是对海外侨胞的。日语及其他就是对日本,及本国听众的。因此,在订定播音节目时间时,应顾及听众的时间,方为适合。"③

4.《播音剧与舞台剧》中声音形象塑造

播音剧也就是后来的广播剧是在抗日烽火中诞生的。"1933 年 1 月 20

---

① 陈沅.编排播音节目与节目之延请[J].电影与播音,1947(3-4).

② 陈沅.编排播音节目与节目之延请[J].电影与播音,1947(3-4).

③ 陈沅.编排播音节目与节目之延请[J].电影与播音,1947(3-4).

日,苏祖圭为纪念'一·二八'事变而创作的《恐怖的回忆》,是至今我们发现的最早的广播剧作品。"①经过 10 多年的发展,播音剧成为当时广播节目中的重要内容,由于当时在电台从事播音工作的人员比较复杂,许多播音员不但播报新闻,而且也参加播音剧的演播。在当时,一个合格的播音员也应具备演播播音剧的能力,陈沅在《播音剧与舞台剧》一文中对播音剧演员的基本要求做了论述。

(1)播音剧与舞台剧的区别

陈沅文中所说的播音剧,就是早期广播剧的雏形。关于播音剧与舞台剧的区别,陈沅从实操层面做了详细的解读。

"播音剧是着重在声音表情,语气语调的配合以及和谐音乐的陪衬,清楚口齿的对白,来把整个剧情表现出来。但是播音剧所应特别注意的,就是剧中人不宜太多,最好是五个人,尤其应该注意演员的声调,使听众易于辨别剧中的人物,同时广播的剧情也不宜太复杂,因为过于太复杂的剧情,使听众多费心思,是不相宜的。

"至于舞台剧是着重在姿态,化装,布景,动作表情。最近的舞台剧里,也有音乐的陪衬,以帮助观众了解剧情,所以舞台剧的演员,是比较播音剧的演员容易担任。假使舞台剧的演员,口齿不甚清晰,但是能够从化装上,衣服上,动作上,台步上来表现它(他)的身份。可是播音剧则不然,播音剧的演员,它(他)的一切都是要用对白的清晰词句里,和语气中来表现一个剧中人的身份,所以剧中人仅在报幕的时候介绍给听众之外,再没有机会来介绍你的身份了。所以说,饰演播音剧中的演员,却是不容易的。

"播音剧是用听觉的,而舞台剧是用视觉和听觉。由于舞台剧使观众多一层了解,所以在演员方面,造就一个播音剧的演员,也不是一件容易的事。

"播音话剧演员,不但须(需)要有戏剧的天才,编导的技能,而且要口齿流利,读字正确,尤其是要会利用传话器。"②

(2)播音剧演员的基本条件

---

① 刘家思.论抗战初期的广播剧理论建设[J].绍兴文理学院学报,2011(3).

② 陈沅.播音剧与舞台剧[J].影音月刊,1947(5-6).

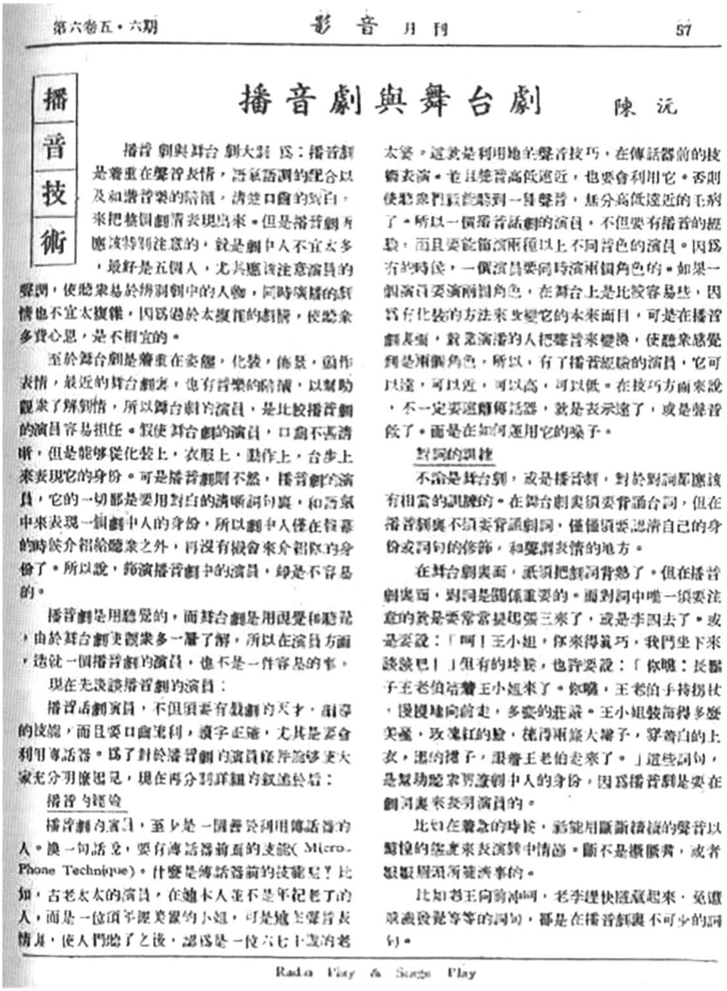
第六卷五·六期　影音月刊　57

播音技術

播音劇與舞台劇

陳沅

播音劇與舞台劇大體說來：播音劇是着重在聲音表情，語氣語調的配合以及和諧音樂的陪襯，清楚口齒的對白，來把整個劇情表現出來。但是播音劇所應該特別注意的，就是劇中人不宜太多，最好是五個人，尤其應該注意演員的聲調，使聽眾易於辨別劇中的人物，同時演播的劇情也不宜太複雜，因為過於太複雜的劇情，使聽眾多費心思，是不相宜的。

至於舞台劇是着重在姿態，化裝，佈景，動作表情，最近的舞台劇裏，也有音樂的陪襯，以幫助觀眾了解劇情，所以舞台劇的演員，是比較播音劇的演員容易担任。假使舞台劇的演員，口齒不甚清晰，但是能够從化裝上，衣服上，動作上，台步上來表現它的身份。可是播音劇則不然，播音劇的演員，它的一切都是要用對白的清晰詞句裏，和語氣中來表現一個劇中人的身份，所以劇中人僅在報幕的時候介紹給聽眾之外，再沒有機會來介紹他的身份了。所以說，飾演播音劇中的演員，却是不容易的。

播音劇是用聽覺的，而舞台劇是用視覺和聽覺，由於舞台劇使觀眾多一層了解，所以在演員方面，造就一個播音劇的演員，也不是一件容易的事。

現在先談談播音劇的演員：

播音話劇演員，不但須要有戲劇的天才，訓練的技能，而且要口齒伶俐，讀字正確，尤其是要會利用傳話器。為了對於播音劇的演員條件能够使大家充分明瞭起見，現在再分別詳細的叙述於後：

播音的經驗

播音劇的演員，至少是一個善於利用傳話器的人。換一句話說，要有傳話器前面的技能(Micro-Phone Technique)。什麼是傳話器前的技能呢？比如，古老太太的演員，在她本人並不是年紀老了的人，而是一位頂年輕美麗的小姐，可是她在聲音表情裏，使人們聽了之後，認為是一位六七十歲的老太婆。這就是利用她的聲音技巧，在傳話器前的技術表演。並且聲音高低遠近，也要會利用它。否則使聽眾們祇能聽到一種聲音，無分高低遠近的毛病了。所以一個播音話劇的演員，不但要有播音的經驗，而且要能飾演兩種以上不同音色的演員。因為有的時候，一個演員要同時演兩個角色的。如果一個演員要演兩個角色，在舞台上是比較容易些，因為有化裝的方法來改變它的本來面目，可是在播音劇裏面，就靠演播的人把聲音來變換，使聽眾感覺到是兩個角色。所以，有了播音經驗的演員，它可以遠，可以近，可以高，可以低。在技巧方面來說，不一定要遠離傳話器，就是表示遠了，或是聲音低了。而是在如何運用它的嗓子。

對詞的訓練

不論是舞台劇，或是播音劇，對於對詞都應該有相當的訓練的。在舞台劇裏須要背誦台詞，但在播音劇裏不須要背誦劇詞，僅僅須要認清自己的身份或詞句的修飾，和變調表情的地方。

在舞台劇裏面，祇須把劇詞背熟了。但在播音劇裏面，對詞是關係重要的。而對詞中唯一須要注意的就是要常常提起張三來了，或是李四去了。或是要說：「呵！王小姐，你來得真巧，我們坐下來談談吧！」但有的時候，也許要說：「你瞧：長鬍子王老伯陪着王小姐來了。你瞧，王老伯手持拐杖，慢慢地向前走，多麼的莊嚴。王小姐裝飾得多麼美麗，玫瑰紅的臉，梳得兩條大辮子，穿着白的上衣，黑的裙子，跟着王老伯走來了。」這些詞句，是幫助聽眾明瞭劇中人的身份，因為播音劇是要在劇詞裏來表明演員的。

比如在着急的時候，能用斷斷續續的聲音以驚惶的態度來表演劇中情節。斷不是[illegible]，或者[illegible]的。

比如老王向前沖呵，老李趕快躲藏起來，免遭意外發覺等等的詞句，都是在播音劇裏不可少的詞句。

Radio Play & Stage Play

图 2-27 《影音月刊》1947 年第六卷 5—6 期刊发《播音剧与舞台剧》

一个播音剧演员应该具备什么样的基本条件？“播音剧的演员，至少是一个善于利用传话器的人。换一句话说，要有传话器前面的技能（Micro-Phone Technique）。什么是传话器前的技能呢？比如，古老太太的演员，在她本人并不是年纪老了的人，而是一位顶年青（轻）美丽的小姐，可是她在声音表情里，使人们听了之后认为是一位六七十岁的老太婆。这就是利用她的声音技巧，在传话器前的技术表演，并且声音高低远近，也要会利用它。否则使听众们只能听到一种声音，无分高低远近的毛病了。所以一个播音话剧的演员,不但要有播音的经验,而且要能饰演两种以上不同音色的演员。因为有的时候,一个演员要同时演两个角色的。如果一个演员要演两个角色,在舞台上是比较容易些,因为有化装的方法来改变它(他)的本来面目,可是在播音剧里面,就靠演播的人把声音来变换,使听众感觉到是两个角色,所以,有了播音经验的演员,它(他)可以远,可以近,可以高,可以低。在技巧方面来说,不一定要远离传话器,就是表示远了,或是声音低了。而是在如何运用它的嗓子。

"至于演员方面,固然需要戏剧艺术的天才,同时还更须要高度的情绪,才能够在没有观众,仅有听众的发音室里,把剧情播演出来,所以排练的准备工作,在广播电台的播音剧里,是关系重要的。因此,我们必须明瞭(了)的,在广播电台里播讲一篇讲稿或是新闻,尚须经过严格的预习的准备,又何况广播剧。除了对词之外,尚须与音响效果配合。所以,一面对词的时候,还要一面顾及配音片的适合,换一句话说,务使剧词中所需要的声音动作,与所说的剧词对白恰到好处。这一个问题,固然是导演的责任,但是播音剧的演员却不能不注意及之。"①

(七)萧孝嵘

萧孝嵘(1897—1963),系湖南衡阳人,先后在湖南省衡阳县广化学校、凤池学校及长沙雅礼大学肄业,后至上海继续求学。1919 年,毕业于上海圣约翰大学。1926 年后,入美国哥伦比亚大学、加利福尼亚大学和德国柏林大学深造,获加利福尼亚大学哲学博士学位。1932 年回国,先后任南京中央大学心理学教授、心理系主任、心理研究所所长,以及复旦大学心理系教授兼教育系主任。抗日战争时期,在长沙县立师范学校任教育学、心理学教员。中华人民共和国成立后,任华东师范大学心理学教授、上海心理学会副理事长。著有《格式塔心理学原理》《儿童心理学》《教育心理学》等。

《播音教育月刊》1937 年第一卷第 5 期刊发了萧孝嵘《广播讲演中的几个主要因素》一文。"《播音教育月刊》于 1936 年 11 月 1 日创刊于上海,

---

① 陈沅.播音剧与舞台剧[J].影音月刊,1947(5-6).

1937年10月停刊。教育部社会教育司编辑,出版者不详,月刊。该刊以传播播音教育为使命。辟有《民众教育栏》《中等教育栏》《播教消息栏》等栏目。以发表广播讲稿为主,内容涉及地理、历史、农业、生物、文学、艺术、社会、经济、民族、教育、国际时事等各方面。"①

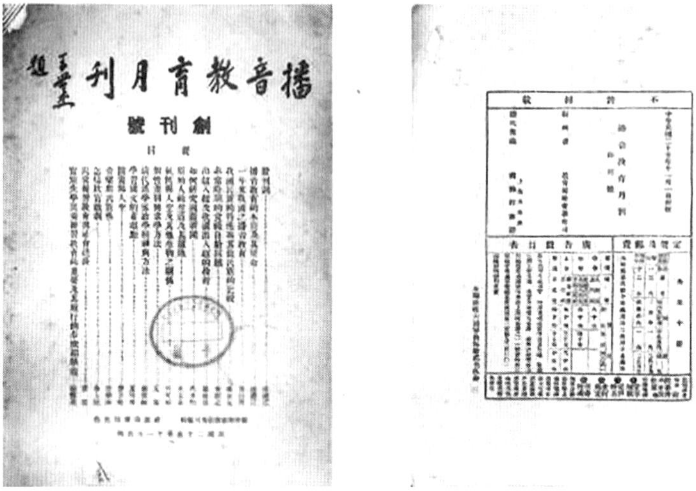

图 2-28 《播音教育月刊》创刊号

《广播讲演中的几个主要因素》指出,广播演说较之平常的演说为难,应注意以下几点。

"1.在开始演讲时必须激动听者的动机——所谓动机系指听者的兴趣而言。兴趣是看需要的性质而定,而需要又往往因听者的教育、社会及经济的情形而异。因此是以激动一种听众的动机的语词往往不能激动另外一类听众的动机。预备广播讲词者必须注意于听众的特殊情形;俾使开始的词语可以引起他们的兴趣。听着在有了相当的兴趣以后愿意继续听下去。

2.广播讲词必须言之有物——空洞的或平凡的讲词决不能维持听者的注意。不过所谓空洞或平凡亦视听者的教育程度而定。

---

① 宁夏回族自治区图书馆.民国时期创刊号图录[M].北京:国家图书馆出版社,2022:361.

3.讲词的内容必须顾到听者的知识程度——语言的了解为支配兴趣的一种因素。如果一个人对于一篇讲词不能了解或只了解它的一小部分,则他对此篇讲词不能感兴趣。

4.讲词的组织必须紧密——广播的讲词必须时常能维持听者的注意。组织紧密大有助于此种进程。

5.语句不可过长——一般听者的听觉范围,极有限制。他们在一刹那间所注意和了解的字句是有限的;所以语句越长则了解越不易。

6.多用具体的例子——抽象的词语不但使人难于了解,而且往往难于维持注意。具体的例子可以解决这两层困难的一部分。

7.播音的轻重缓急应得其宜——纯粹朗诵者的讲词不能产生充分的效果。播音者必须按语调的性质以支配其发音的轻重和缓急。

8.播音者必须注意于音调的训练——音调和播音的效力亦往往有关。不过在其他各种条件皆能满足时,音调还不至于发生严重的影响。如果有优美的音调,而不能满足其他各种条件,则讲词的效力便是一个疑问。"[1]

萧孝嵘从演讲动机、内容、用词、表达方式、语气、语调等多个维度,为播音演讲人提供了操作性很强的实践经验与理论引领。

(八)新闻播音研究

自从广播电台诞生以来,除娱乐节目外,报告新闻就成为一个电台节目的重要组成部分,普通百姓大都通过广播获得外界消息,由于当时中国文盲数量众多,广播就成为传递消息最快捷的媒介方式。"盖以文字与人民相见,不如以语言与民相交通也,且中国人识字者不多,交通不便利,藉(借)报纸传播一种意见及命令,不能立刻达到全中国各隅,无线电不受时间及空间之限制,一语既发,举国可闻,喜怒悲欢,均可以因演说者之作用,而引起听者之直接反应。"[2]可见当时广播报告新闻的作用之大。当时广播电台都报告哪些新闻,怎样报告新闻才能更好地表达新闻内容,成为当时从业人员研

---

[1]　萧孝嵘.广播讲演中的几个主要因素[J].播音教育月刊,1937(5).

[2]　星.转载广播事业与中国统一[J].广播周报,1936(68).

究的对象。

1.广播电台新闻节目设置及播出语言

中央广播电台的传音科负责电台的播音工作,为了让听众全面了解中央广播电台的新闻播音工作,他们以传音科的名义在《广播周报上》刊载文章,介绍广播新闻播音。

(1)新闻栏目

"本台节目栏内,分简明新闻与新闻两种,简明新闻,每逢星期一二三四五晚八时起报告十分钟,以当天简要新闻快报一遍,为普通听众所设,使其能略知一日间中外大事。……至晚间二十一点四十分一节之新闻,系用中央社第一二两次稿中,择具重要者报之,其播告方式乃用复句慢报,使各地报馆收音员得以记录无误。"[1]

除时政类新闻外,中央广播电台还播报科学新闻、时事述评、商业新闻等。科学新闻"旨在灌输科学上之具体事实,而引起听众对于科学之兴趣"。时事述评于每星期一至五下午八时十分播讲。"意在对国内外重要事件,予以客观而正确之论评,以引起听众之注意与认识。往者仅及国际事件,近顷已兼及国内,且加以更具体之区分焉。如星期一则专事提倡国货之宣传,促起国人服用国货之爱好心,而遏止利权之外溢。星期二则论列国内事件,就一周内或最近期间发生之重要问题,详施分析,加以评断,期予听众以正确之观念,而免致误信谣诼,思想入于背(悖)谬。星期三原为国府赈灾委员会赈灾节目,近则由本台赓续宣传。盖以国内灾情之重,固尚未能恢复;且民间疾苦,在在令人怵目,岂独水灾为然?故推而广之,以引起听众胞与之怀,谋博施济众之举。星期四则就国际事件为论述,以引起听众对于世界形势之认识。星期五则评述各种社会问题:何者为是,从而褒扬之,使听者知所崇向。"[2]

(2)新闻播出语言

当时的中央广播电台,不但采用国语报告新闻,而且为了扩大中国广播

---

① 传音科.播音节目[J].广播周报,1935(65).

② 传音科.播音节目[J].广播周报,1935(67).

影响力,还采用英语和广州话、厦门话报告新闻。"英语报告新闻节目于每星期二,四,六下午九时后与行。其目的在宣传国内消息,使旅居中土之西侨,南洋各地谙英语之华侨及海外国家之人民明了吾国实际情形。广州语厦门语报告一周新闻,使闽粤听众,及海外侨胞,能略知一周间中外大事。"①

对于中央广播电台使用广州话、厦门话播报新闻,当时也有人认为"于一隅之方言报告,未免近于削足适履,且迩者推行国语,更不宜有此迁就者"。②传音科的播音员是这样解释的:"推行国语,固属当务之急。其如尚有未谙国语;而地处偏僻,消息之传递又复迟滞者,其于国内外事势,不亦太隔阂耶?故本台此项报告不以逐日,而以一周,且同于一小时内举行者,即兼筹并顾之意耳。"③采用广州话和福建话主要是根据当时的实际情况,因为闽粤两地的海外移民众多,而且这两地国语普及程度不高,为了让他们了解国内大事,所以使用广州话和福建话播报新闻。

2.如何报告新闻

面对电台的新闻节目种类如此之多,所占分量如此之大,播出语言之多,作为播音从业者,怎样报告新闻呢?

(1)新闻稿件编辑要适合新闻播音

新闻播音是以新闻稿件为基础的,播音员的创作技巧与情感的表达都要以稿件为基础,因此,在编辑新闻稿件时应注意以下几点:"(一)先按新闻的地理性质分类,大别之,不外国内和国际两大类,如果是对国内播音,我们对于国内新闻自然可以分得较为详细一点,如政治军事经济等等次类,每次类里面再看新闻的地理关系的远近和重要程度之高下定其先后的程序。至于那(哪)一类新闻应当放在最前面,那倒不必拘泥,当天的消息那(哪)一类占最重要地位,就把那一类放在最前面。(二)重新组织,将条举式改为综合叙述式。(三)删去琐碎不重要的新闻和语句。(四)把发电地点通讯社以及日期编入新闻本身之内,来源相同的新闻可以合并时,则以上发电地点等三

①　传音科.播音节目[J].广播周报,1935(66).

②　传音科.播音节目[J].广播周报,1935(66).

③　传音科.播音节目[J].广播周报,1935(66).

项不必重复。(五)关于地点及日期应以此地此时为标准。(六)第一次遇到的人名地名都应该说出全名,即使是很有名的也应该如此(如果是元首和领袖则仅说他们的姓及其官衔就可以),如果是比较不甚著名的地名,则更应以其附近的大城市为根据,说明它的方位和距离该大城市的约略里数。(七)外国电讯因为是译文的关系,往往语句冗长而累坠(赘),我们应当设法把它改造成短句。"①

(2)新闻播音员要提升自身文字素养

新闻内容五花八门,除掌握播音技巧外,还要提高识字的能力,新闻节目绝不应该读错字音。

图2-29 《大声无线电月刊》1947年第7期刊发《提供几个普通的错误》

"担任电台报告员之职,决(绝)非一般人的理想是一件轻而易举的工作,只要一开话筒就负起重大的责任来,别说一个字,一句话成千成万的人能听得到,就是连你的轻微的呼吸声也会传播到每个听众的耳朵里。……报告新闻和宣读文稿本不是一件容易事,尤其是新闻报告,是最困难,最重要的工作,因为这一类的报告,不容易允许你事先有机会看一遍,……一个字也不能马虎,读别字更不可能,……斡旋的'斡'字读作去声,和'卧'音同,'旋'阳平,和'玄'音同。'斡旋'意义:是把没有办法的事挽回过来,人把'斡'当作'斡'字读,要知道'斡'字从'斗','斡'字从'干'是决(绝)对不能

① 佚名.广播新闻的编辑和报告[J].广播周报,1946(198).

相混的。潮汛的'潮'字读阳平,泛读去声,海水因为日月吸力而起一种定时的涨落,叫做(作)'潮汛',如'秋汛'说法,单讲一个'汛',是'水盛'的意思,所以我们防止江河的水泛滥,我们叫做(作)'防汛',还有妇女的月经,也叫做(作)'经汛','汛'字和'泛'字相混,仅仅是一直一横和一撇的分别。'泛'字读作去声,作'水上漂浮'讲,和泛舟之'泛'通用,也作'宽博'的意思。"①

（3）新闻播音应有的表达气势(语气)

"播音员报告新闻,不消说和报告其他东西一样,需要丰富的常识,正确的字音,清晰的口齿,流利而稳定的神韵,而最要紧的还是气势,这种气势却和演讲的气势不同,演讲的气势往往是主观的,如果是宣传演讲,则主观的成分更为浓厚,我们所报告的如果不是根据新闻编写的时论而是纯粹新闻的话,喜(嬉)笑怒骂在新闻里是用不着的;不要因为想增高气势插入批评似的浅薄语句,听众所急于知道的是新闻的本身,而不是个人对于新闻的意见,然而气势却不能没有,因为它会增加听众收听的热诚,没有气势的新闻报告,好像和尚念经,会使人感觉疲倦而打盹。这种毛病最容易犯,我们应当力予防止的。"②

（4）新闻播音的真实性

新闻播音不是在讲道理,也不是在讲故事,而要把近一段时间或刚刚发生的或听众关心的事情及时、准确地告诉听众。真实是新闻的生命,播音员在报告新闻时,只有依据新闻稿件内容,通过创作技巧,把不是自己亲身经历的事件用语言加工成似乎是自己亲自采访、亲自经历的事件一样,告诉听众。"新闻报告所需要的气势是一种富于真切感的气势。何谓真切感呢?就是把新闻里的事情当作目击或亲历的一样,比如我们在街上看见大火或有人被汽车辗死,回家诉述的时候,一定是说得非常真切,决不会有气无力地报告的,那么,我们广播新闻为什么就不容易这样真切呢? 原因大概是因为广播新闻有稿子,易为稿子的文字所拘束。要克服这个困难,就得讲求稿

---

① 周汝杰.提供几个普通的错误[J].大声无线电月刊,1947(7).
② 佚名.广播新闻的编辑和报告[J].广播周报,1946(198).

子的编辑,务使达到内容有条理而字句也非常说得上口的程度,省得播讲的时候,临时分心,变换句法。"①

(5)新闻播音的口语化

新闻稿件是让听众听,播音员对新闻稿件的把握,直接影响收听效果。"现在回头来研究报告,我们知道文字究竟是文字,无论编得怎样周到,多少总会有不合口语的地方,那就要靠我们播音员的技术了。当然,播音员在拿到新闻稿之后,应当熟读,简直要把它看成歌词曲谱,练得非常纯熟了以后,才可以进发音室报告,其练得(的)程度要和唱歌一样。标准不高的播音员,只知道照着新闻稿子逐字的(地)念,仿佛听众手里也有一份同样的稿子看着听似的,结果当然不会很好。我们应该十二分体念到听众所依赖的只有听觉,我们决不可把需要视觉帮助才能明了的字句向传话器吐露。换句话说,我们要完全口语化,只有完全口语化才能使听众不费脑筋在舒适的心境下听取消息,否则听众会感觉'满耳'荆棘,终于把收音机一关了。"②

新闻语言是为了让播音员用"口"去读,让听众用"耳"去听的,正如叶圣陶所说,上口与入耳是广播语言的根本特点。"所谓口语化,不是绝对的,也要看情形。比如,我们看到'物价可望平抑',可以改作'物价可以希望平下去';'结果不详'可以改为'结果不知道';看见'祝捷'可以改为'庆祝胜利'。还有电报用字很简略,往往把地名人名缩成两字或一字,例如'波境','华府','马司'等等,我们更要说出他(它)的全名。否则听众会不得要领的。但是有的语句表面看去是道地的文言,而实则已口语化,如'随机应变','花天酒地','岂有此理'等等,这类语句还是不去改它的好,如果勉强翻成白话,说的(得)不上口,听的(得)也不顺耳,反而失去了原来的目的。经验告诉我们,国语报告比外国语报告要难,听的方面更难,因为国语多单音字同音字,我们如果不把单音字改成两个字以上的口语,简直会使听众不知所云,所以我们一定要把'敌'、'实'、'国'等字改为'敌人','实在','国家'。还有文言的虚字往往和口语的虚字不同,我们也应当用相当的口语虚

---

① 佚名.广播新闻的编辑和报告[J].广播周报,1946(198).

② 佚名.广播新闻的编辑和报告[J].广播周报,1946(198).

字来代替文言虚字。例如以'因为'或'用'来代表'以';以'在'来代替'于';以'他的'来代替'其'等等。"①

五、社会各界对播音的评价

随着广播电台数量的增多,广播节目的日益丰富,收听广播的人数也不断增加,当时的文化名人、广播从业者、各界听众对广播节目与播音提出了批评和建议。文化名人作为社会影响较大的群体,他们的批评与建议比较深刻,能够促使播音员提升自身播音质量,其中带有学理性的批评和建议是播音学术理论发展的学术动力,这些批评与建议提升了播音质量,并为播音学术构建提供理论思路。

(一)文化名人对广播播音的评价

1.叶圣陶

"叶圣陶于1932年12月23日的《申报·自由谈》上发表的《文明利器》一文,较为集中地论述了当时广播的传播状况,提出应正确利用现代广播'团结大众'、'传授知识'、'报告消息'。以发展其正面价值,认为'一切所谓文明利器,其价值都不存在于本身,而存在于对社会的影响。这可以从两个方面看:一、它被操持在谁的手里;二、它被怎样的(地)利用着',这些看法讲的是媒体的存在价值和社会影响的问题,虽然没有直接谈及播音,却对播音的性质和任务有宏观的指导意义。"②

2.鲁　迅

20世纪30年代,上海很多民营商业电台为了追求经济效益而播出大量庸俗的节目,引起社会公众的极大不满,以鲁迅为代表的文化名人纷纷发表文章,对这一现象进行抨击和批评。"鲁迅曾于1934年发表了多篇杂文,如《偶感》、《知了世界》、《儒术》和《奇怪》等,评述了当年上海民营广播电台的

①　佚名.广播新闻的编辑和报告[J].广播周报,1946(198).

②　张颂.中国播音发展简史[J].媒介研究,2007(2).

节目,这些评论揭示了国民党统治下广播为剥削阶级服务的本质,批判了广播迎合低级趣味的现状,播音应也在其中。"①具体内容如下。

《偶感》:而且科学不但更加证明了中国文化的高深,还帮助了中国文化的光大。马(麻)将桌边,电灯替代了蜡烛,法会坛上,镁光照出了喇嘛,无线电播音所日日传播的,不往往是《狸猫换太子》,《玉堂春》,《谢谢毛毛雨》吗?老子曰:"为之斗斛以量之,则并与斗斛而窃之。"罗兰夫人曰:"自由自由,多少罪恶,假汝之名以行!"每一新制度,新学术,新名词,传入中国,便如落在黑色染缸,立刻乌黑一团,化为济私助焰之具,科学,亦不过其一而已。此弊不去,中国是无药可救的。

《知了世界》:况且,"出诸动物之口"的智识,在我们中国,也常常不是真智识。天气热得要命,窗门都打开了,装着无线电播音机的人家,便都把音波放到街头,"与民同乐"。咿咿唉唉,唱呀唱呀。外国我不知道,中国的播音,竟是从早到夜,都有戏唱的,它一会儿尖,一会儿沙,只要你愿意,简直能够使你耳根没有一刻清净。同时开了风扇,吃着冰淇淋,不但和"水位大涨""旱象已成"之处毫不相干,就是和窗外流着油汗,整天在挣扎过活的人们的地方,也完全是两个世界。

《儒术》:中华民国二十三年五月二十日及次日,上海无线电播音由冯明权先生讲给我们一种奇书:《抱经堂勉学家训》(据《大美晚报》)。这是从前未闻的书,但看见下署"颜子推",便可以悟出是颜之推《家训》中的《勉学篇》了。曰"抱经堂"者,当是因为曾被卢文弨印入《抱经堂丛书》中的缘故。所讲有这样的一段——"有学艺者,触地而安。自荒乱已(以)来,诸见俘虏,虽百世小人,知读《论语》《孝经》者,尚为人师;虽千载冠冕,不晓书记者,莫不耕田养马。以此观之,汝可不自勉耶?若能常保数百卷书,千载终不为小人也。……谚曰,'积财千万,不如薄伎在身。'伎之易习而可贵者,无过读书也。"

《奇怪》:我想,这只好用"西法"了。西法虽非国粹,有时却能够帮助国粹的。例如无线电播音,是摩登的东西,但早晨有和尚念经,却不坏;汽车固

---

① 张颂.语言传播文论:第三集[M].北京:中国传媒大学出版社,2006:176.

然是洋货,坐着去打麻将,却总比坐绿呢大轿,好半天才到的打得多几圈。以此类推,防止男女同吸空气就可以用防毒面具,各背一个箱,将养(氧)气由管子通到自己的鼻孔里,既免抛头露面,又兼防空演习,也就是"中学为体,西学为用"。凯末尔将军治国以前的土耳其女人的面目,这回可也万万比不上了。

3.陶行知

陶行知是中国教育现代化的开拓者、奠基人,从 1931 年开始,他在上海创办了"空中学校",利用无线电台向大众传播知识。"播音在新教育上,已成为一种重要的利器。在以后教育的动向上,播音教育的地位将一天天的(地)增高,也可说是一种必然的趋势……他的那种普遍力,再没有其他的工具比他更广大,更迅速。"①1935 年,"陶行知租上海中西药大药房无线电台播放教育节目,从 4 月 10 日开始,每天中午 12 时 30 分播放,每次半小时,其中《老小通千字课》国语 15 分钟,唱歌 6 分钟,自然科学 5 分钟,世界大事4 分钟,用北平话播放。"②这里所说的"北平话",就是今天普通话的前身,因为在当时的情形下,利用播音教育,只有"北平话"具有一定的通用性,也只有"北平话"才能达到陶行知追求的"再办电播大学,广播教育范围广。太太和老妈,在家里也能听讲"③的目的。

4.茅　盾

茅盾于 1937 年 8 月 28 日在《救亡日报》上发表《对于时事播音的一点意见》一文,他对当时的时事播音进行了评述,并提出了自己的意见。

"最受听众注意的自然是时事消息,这些消息的来源大都是当日的早报和晚报,除将文言翻成半文半白而外,别无贡献。这对于有中央电台和交通部上海电台在负责报告也就够了,上海其他的民营电台很可以不必死板板地讲读报纸,很应该把作风变换一变换。

①　陈礼江.播音教育的本质及其使命[J].播音教育月刊,1936(1).

②　陈玳玮,杜鹏.陶行知与民国时期的播音教育[J].三门峡职业技术学院学报,2012(3).

③　陈玳玮,杜鹏.陶行知与民国时期的播音教育[J].三门峡职业技术学院学报,2012(3).

"我们的战士在前线浴血奋斗,不是每天都有空前的壮烈的记录么？各报所载,或详或略,但综合以观,则一场血战时我军的英武实已跃然纸上,倘如演述,便是最感人的故事。我有一次曾经听到有将报纸上一段记载(述士兵的英勇的)用说书的方式在 retold,觉得既能通俗,又热情横溢,比之死板板的逐句讲读实在好多了。我以为每天的重要战事新闻也可以用这方法。"①

茅盾认为,播报时事新闻时尤其是播送抗击日本侵略者的英勇新闻时,不应该也不必要都是死板地读报纸,应该转变播报方式,用生动通俗的自己的语言将战士的英雄事迹鲜活地讲述出去,达到鼓舞士气的作用。"提出了抗战文艺深入民间和文艺的通俗化、大众化问题,已经涉及播音再创造和播报样态的问题。"②

叶圣陶、鲁迅等文化名人主要是针对当时民营商业电台庸俗节目进行批评和抨击。"这个时期对广播作用的研究大都停留在感性认知层次,缺乏深入的学理层面的思考和论证。"③

(二)广播从业者的思考

随着广播事业的发展,以广播为工作的各个工种逐渐丰富,播音员、记者、编辑、技术等从业人员为了更好地推动广播事业的发展,都从广播出发,以自身的工作为聚焦点,对广播工作提出有针对性的建设意见。

1.播音者的职业道德问题

私人设立广播电台的最根本目的是赚钱,哪个台的听众多,广告收入就多。随着私人电台数量的增多,竞争日益激烈,有些电台的播音者为了迎合某些听众的低级趣味,放弃应有的道德,"但是有几个播音者实在缺乏道德,于播送节目时间,往往加入几张粗俗而肉麻的唱片与不堪入耳的污秽言词,或者竟肆口谩骂。还有几个播音者时常唤街头卖唱之流来唱一曲小调,歌

---

① 茅盾.对时事播音的一点意见[N].救亡日报,1937-08-28.

② 张颂.中国播音发展简史[J].媒介研究,2007(2).

③ 王文利.民国时期广播研究的历史演变及特点[J].中国科技信息,2009(1).

一段情词,算是播送特别节目。请问这一种不良好的现象,如何能够得到听众的同情与好感呢。"①

由于播音者的不道德行为,直接对收听广播节目的儿童产生了不良影响,当时很多家庭教育孩子,禁止孩子到上海十里洋场的游戏场去玩耍,因为儿童最容易受到不良习惯的熏染。许多装上收音机的家庭原本以为广播会传播高尚的知识和有益的儿童节目,实际却并非如此。"不料除几个识见远大、智识高超的播音者播送优美的学术节目与儿童节目外,余者的播送常有骂爹骂娘、哭爹哭娘以及我爱你爱等污俗难闻有伤风化的腔调。本来是禁止儿童上游戏场者,现在却索性将一个大游戏场搬进家里来了,这是使人多么的失望啊。"②

真实性是新闻的生命,当时最快捷获得新闻的方式是收听广播,但有些播音者为了引起听众的注意,竟然杜撰新闻。"住居内地的听众,因交通上关系得不到当日沪上新闻纸,有几处即使当日能够阅看,然而时间上已在午后或晚上,那就靠无线电播送来的消息为最快捷而最信任。但是有时候仍有几条不翔实的新闻夹杂其中,有时候还加上一二则带些吓人口气新闻,这是极易引起听众的疑虑而恐慌的。"③

上面提及的问题,是当时一些播音者真实的写照,该如何解决呢？吴侍中提出了中肯的建议:"极希望各播音者多多播送有益的节目与确实的消息,免去几种无谓而易生恶习的节目。这虽是鄙人希望,恐怕亦就是多数听众所希望的吧。总之,还望播音者常常存着道德心,用娱乐的机会来养成一班(帮)对于国家有益的青年。"④

---

①　吴侍中.广播无线电播音者与收音者应有之道德[J].无线电问管汇刊,1932(19).

②　吴侍中.广播无线电播音者与收音者应有之道德[J].无线电问管汇刊,1932(19).

③　吴侍中.广播无线电播音者与收音者应有之道德[J].无线电问管汇刊,1932(19).

④　吴侍中.广播无线电播音者与收音者应有之道德[J].无线电问管汇刊,1932(19).

2.播音的广告问题

1934 年 10 月 1 日,中央广播电台开始播放广告,社会各界对这一现象众说纷纭,《对于广告播音之我见》一文对各种看法做了详细的归纳。"有以牟利为懔促变更者,有以宣传为重请取消者,有以措辞宜慎须改善者,有以对象较狭可抉择者,有以提倡国货当先审核者,有以发展工商应有标准者,有以步武欧美不妨扩充者,有以裨益公私自宜推广者。"

作为当时的中央广播电台,是否应该播放广告?文章做了进一步分析。"中央电台之使命,自以宣传党义政策为首要,而发展学术文化,沟通中外消息,亦为比较重要而应行注重者,故支配节目,恒估最适宜之时间,不过连续播送,易使听众深感枯寂而厌倦,不得不间以娱乐节目,以引其兴趣,现在广播事业,尚未充分发达,每日播音时间,仅十小时左右,半应普遍之需要,半应个别之需要,听众本各依其所好而收听,今于娱乐之中,间以广告,与宣传之效率,自无影响。"陆以振认为,在完成中央广播电台主要任务的前提下,在娱乐节目中播放广告应该没有什么坏处,"则广告之增加,适足以扩大播音之功效,而裨益宣传,自无取消之必要"。

通过中央广播电台播放广告,影响不可谓不大,因此无论是广告内容还是播送语言,都要慎重处理,认真审核后再行播出。"播音广告,传达既远,辞意自宜慎重,惟创办之初,应予顾客以便利,推敲更改,易遭反感,且商业术语或亦市场之习惯,广告法例,应由委托者负责,揆以报纸及其他各种广告之性质,则社会自有抉择,不过有关国际听闻,事涉民族习尚,亦当于事先详细审核,明定标准,对于粗俗鄙陋之稿件,概令修改更易,一面解释取缔之理由,当不难获得相当之谅解也。"①

3.广播娱乐节目的问题

自从广播电台诞生开始,除新闻广告外,就是各种节目,"但播音之最重要者为节目,节目之臧否,实电台生命之所系"。广播节目主要有哪些作用呢?陆伯英在文章中指出,"考播音之作用,不外宣传,教育,与娱乐,三者而已"。这三者有哪些具体的作用呢?"宣传教育,为推进国民理智之事;娱乐

---

① 陆以振.对于广告播音之我见[J].广播周报,1934(9).

为调和国民情感之事,此三者于节目之分配,当以如何为适宜？实播音之一大问题。"

当时日本人在东北建立了伪满洲国,国难当头,许多人对电台播放娱乐节目表示不认同,陆伯英提出了自己的看法:"以宣传教育为重要欤？抑以娱乐为重要欤？则说者谓当此国难严重时期,创巨痛深,国民皆当尝胆卧薪枕戈以待,又何娱乐之足云,是当舍娱乐而专重宣传教育矣。惟娱乐为人生活动之源泉,音乐播音,足以陶冶性情,使身心得安慰调畅,而为种种活动之根基。故,总理诏示吾人以人生六大需要,于衣食住行外,不废娱乐也。苟人人知国之存亡,与自身关系之密切,于娱乐之时,不忘救国之大义,或因之感触兴奋,则适足以相成。否则虽终日痛哭流涕,张脉偾兴,于事庸有何济,且正当娱乐,如节目中之高尚音乐,实足以振民心励民志,使于国难方殷之际,发扬蹈厉,以尽其国民应尽之职责,则于救亡图存,正见事半而功倍,此播音节目,不当轻视娱乐,而偏重于宣传教育也。惟(唯)以吾国现状论,交通犹多阻滞,失学者之众,民智之未开,则利用播音教育,诚为推进理智无上之工具,自亦不容稍缓,而偏重于娱乐,故必于二者之间,悉心规画(划),酌盈剂虚,使各得其均衡,庶人民以最小之负担,而获最大之效用。如是则无线电播音,诚为空间之大讲堂,大剧场,于国于民其利益之溥,有未可尽述者矣。"①

在当时的国情下,究竟该如何看待电台中的娱乐节目？教育家俞子夷发表了自己的看法:"播送娱乐节目本来无可非议,因为无线电原来是公余休闲用的,一定要勉强人家在休闲时收听严正的演讲,或者似乎有些不近人情。寓教育于休闲娱乐,本来是民众教育的妙法,借播送娱乐而施民众教育,的确是将来值得研究的问题。就上海而论,电台要靠商店广告来维持,当然不能拿民众教育作唯一的目标。我们唯一的希望,在文学家艺术家多创作些新作品,如新弹词,新评话等等,把封建思想渐渐淘汰,因此使大众欣赏的趣味换换方向。"②

---

① 陆伯英.关于广播娱乐节目之见解[J].广播周报,1934(9).
② 俞子夷.谈广播节目[J].中国无线电杂志,1934(9).

在谈及电台播音演讲人应该如何演讲才会收到良好效果时,他结合当时上海台的播音演讲节目的不足,提出了科学的建议:"讲演问答所以不受人欢迎,一来是方言问题,二来是题材问题,三来是技术问题。纯粹用土白,别地方人听不懂。夹土话的国语,尤其使人难懂。题材没有特别剪裁过,拿洋洋大篇的文章讲个不歇,怎叫人不把度盘转到别处去。向话筒说话,另外要一种技术,没有训练的人,不是低到收不到,便是响得使发声振(震)耳,更有的忽响忽轻,过度的抑扬,弄得听者神经疲乏。这三方面是值得努力研究的。"①

4.播音员的职业形象问题

上海是中国广播电台的发源地,大量民营电台的出现,虽然丰富了广播节目,但电台的经营者是以营利为目的,而且播音人员为谋生存,也良莠不齐。针对上海广播节目及播音员的现实状况,浦菱修撰写了多篇文章表达自己的观点。

面对上海广播电台的大发展,浦菱修指出:"上海之广播电台,在近半年来乃如雨后春笋,蓬勃兴起;凡能唱几句不入流品之曲词,居然播滑稽节目矣;能哼几支新歌,备一架音乐器具,居然播歌唱节目矣;能讲一段齐东野人之语,遂以故事家自命;能说几句国语,遂以话剧家自号。牛溲马渤,充溢于播音机中,虽属洋洋大观,但可以取乐一时者,则殊不多观。"②当时的播音员为了赚钱去拉广告,而且各个广播电台同业竞争很激烈,"于是投机商人乃即利用此负担极轻获效极广之机会,乘时令之需要,粗制滥造一种出品,拟就耸动听闻之播音底稿,交播音者从事宣传。播音者更为见好于委托客家,画蛇添足,予以渲染,因此一般盲于目而不盲于耳之听众,均不免于受欺。"③鉴于这种情况,他认为必须对播音广告进行整顿。"播音广告如不再整饬,必致殷实工厂商号相局不敢尝试,投机者之伎俩亦为听众所看破,而无人问津;循至广播电台因电费无着而闭歇,播音人员因客家减少而失业;除非若

① 俞子夷.谈广播节目[J].中国无线电杂志,1934(9).
② 浦菱修.播音台与播音者之自觉[J].上海无线电,1938(18).
③ 浦菱修.播音台与播音者之自觉[J].上海无线电,1938(18).

干家公司作为宣传机关者尚能维持外,余则皆日趋淘汰。"①

　　针对广播电台女播音员嗲声嗲气的现象,浦婓修指出:"其实滴滴娇与娇滴滴的声音,在话剧中需要外,报告广告还是以少用这种声浪播出为妙;因为滴滴娇娇滴滴的声音过于柔顺,有时候需要惊人的语句,如其用滴滴娇的音调,缺乏刚性难以引人入胜。"②在当时人们心中,播音员只要口齿伶俐,就能胜任,根本没有考虑到声调和语气,"因为声调过于尖锐,必致刺耳难闻,沙毛令人厌恶,洪钟大吕,又刮(聒)燥不堪,所以播音者的声调,须要圆润、清晰,并忌拖泥带水。"③

　　滑稽节目是当时上海各个广播电台的必备节目,因为这种节目通俗易懂,拥有大量的听众,但滑稽艺人大多来自社会底层,为了吸引听众,时常说些不文明的词语,"滑稽艺人的最大坏处,就是粗俗的口头语,滚那娘格蛋一类卑鄙说白几乎成为每一挡(档)滑稽节目的药料甘草。因此高尚一些的家庭,每每禁止儿童收听是项滑稽节目,于是滑稽只普遍于中下层社会,而不能深入高等的家庭中,尤其是一般智识分子对此更为厌恶。"④一个优秀的滑稽家,应该注意语言修养,"以为滑稽家的对白,应当注意到幽默两字,意思要深远,讥讽时事不宜十分露骨,而使听众有如食青果,回味无穷之概。同时,粗鄙的说白应竭力避免,要知道引人发笑,绝不是说骂所能奏效的。"⑤

　　此外,浦婓修对当时广播中盛行的播音剧也提出自己的看法,"第一,对于话剧人员,应予严格训练,声调,化音,措辞,都要经过相当的指导,毫不客气地纠正已发生的疵点,共同商讨改进的方法;第二,要使每一个话剧演员明了剧本的全部内容,指出他的个性,使播音者就各个人的个性,加以描摹,使其措辞,恰合剧中人的身份;第三,剧本不宜敷衍,特为将故事穿插不合情节之若干段,而延长其播送之时期,这容易使听众感到厌倦;所以编剧方面,力求紧凑,使听众方面,感到每一幕有每一幕的兴味,而不愿放过;第四,话

　　①　浦婓修.播音台与播音者之自觉[J].上海无线电,1938(18).
　　②　浦婓修.滴滴娇与娇滴滴[J].上海无线电,1938(24).
　　③　浦婓修.滴滴娇与娇滴滴[J].上海无线电,1938(24).
　　④　浦婓修.滑稽节目应速猛醒[J].上海无线电,1938(26).
　　⑤　浦婓修.滑稽节目应速猛醒[J].上海无线电,1938(26).

剧中每一个人兼饰数角,所以化音和措辞应特别注意,但是每个话剧播音员,往往只知道化音而疏于措词(辞),须知二十岁与四十岁人的见解有不同,经历有不同,性情有不同,便应当就各个不同的事实而措词(辞),方能不背理知;第五,措词(辞)要求简洁,在几句不重要的词句中,至少要有一二句精警动人的措词(辞),否则,容易使人感到索然乏味;如其小丑一类的角色,不宜过火的(地)描摹,只要博得一二句彩声,就能使听众如食青菜,有无穷的回味。"①

5.播音的作用

为了让当时的民众进一步认识播音的重要作用,民国时期曾任福建广播电台台长的钟震之在《广播周报》上连续两期以《编者的话》的形式论述播音与人类、播音与国民生活、播音与政治、播音与文化、播音与中国的关系,虽然这里的播音作为一个大概念出现,但其中的论述,对单纯的播音节目创作有一定的理论指导意义,作为播音学术发展的前期理论,为中国播音学术研究提供了一定的可遵循的规则。

(1)播音之于人类

"言语和文字,为人类生活表现之工具,亦为吾人日常生活中之最切要者。言语和文字比较起来,言语是一种原始之表现,因此言语与吾人之生活,尤其感到有一种不能分离之关系。播音之生命为言语,换言之,播音就是以言语或声音为表现之工具,因此播音便自然的(地)与吾人日常生活感到密切了。所谓新闻与杂志等,皆以文字作为表现之工具,自十五世纪印刷术发明以来,期(其)间经过数百年之长久时日,始有今日之发达,然现今之广播事业,则自马可尼试验成功后,迄今不过数十年,而其发达之程度,几驾新闻杂志而上之,且一跃而成为吾人实际生活之一个重心,此种原因,完全为播音系利用人类原始之表现工具为工具,亦即是播音与吾人生活发生形式的关系之要因。"②

(2)播音之于国民生活

"广播事业之所以有今日之发达,有种种原因:播音收音技术上之进步,

---

① 浦婺修.话剧播音应予改造[J].上海无线电·播音节目周刊,1938(20).
② 钟震之.编者的话[J].广播周报 1934(5).

收音机价值之日贱,播音台之增加,使收音者收音范围之扩大,皆足以促成今日广播事业之发达,然其中最大的原因,尚在播音之节目,对于人类生活上发生了重要的文化意义,关于这点,美前总统胡佛氏曾有这么一句话,他说:'数年前仅系一科学玩具的播音台,至今日已被认为人类生活上不可缺乏之工具了。'这里所谓广播系人类生活上不可缺乏者。其意义系多方面的,如政治,经济,社会等类之国家重要问题,我们可迅速的(地)由收音机听到,而且在播音的内容方面,有娱乐、报告、教育等节目,在听众方面,虽有职业、年龄、性别之差异,但皆可择取其需要者而收听之,故无论老人、青年、学生、工人,皆可感到播音的兴味了。我们且举一件小事来说,天气之阴晴对于旅行人的关系很大,假使我们早晨出门时,听到关于天气之预报,则我们可毫不游移(犹疑)的(地)决定我们是不是需要携带雨具的问题;尤其是在农村中之养蚕期或农忙时期,天气预报,对于他们有更大的关系;他如商情之报告,对于商人营业上之便利;民众识字之教学,对于失学平民之帮助,凡此种种不同的播音,使人类之一切阶级中人,一切职业中人,皆与发生好感。此播音之与国民生活有密切关系者。"①

（3）播音之于政治

关于播音的利用,最令人注目的,便是各政府利用其来做政治之宣传及国民意志之统一。

"我们知道,德国希特拉自组阁以来,对于其政治工作,加以急激(积极)的改变。对于文化方面,复加以强力的统制(治),并利用广播事业,以为鼓吹政府政策及国社党主义之利器,希特拉暨各要人,屡做各种广播演讲,唤起全国国民,在希特拉铁腕之下一致对外,应付当前的国难。不仅德国政府是这样,英美等国亦莫不如此,如美总统自去年四月就任后,据报载,曾作播音演讲二十余次,其他阁员之广播演讲亦达百数十回。于此可知广播之于政治,关系殊为重要。最近欧美各国,不但用为政治之宣传,且进而作(做)国际的宣传了,故无论英德美法或其他之任何国家,虽值此世界不景气之秋,而关于大电力播音台之创设,仍不息的(地)竞争,故美有五百启罗瓦特

---

① 钟震之.编者的话[J].广播周报 1934(5).

电力电台之进行,而苏俄有一千二百启罗瓦特电力电台之设计,即日本亦有在我东北长春建设一百五十启罗瓦特电力电台之传闻,他们之重视广播事业从可知矣。"①

(4)播音之于文化

"广播既于一国文化之发达上占有重要的地位,同时播音的普及亦是该国文化之测量器,据统计,在丹麦及美国,每两家中有一家以上装置收音机,英德两国普及率为二分之一,日本为八分之一。观此则可以比较各国文化程度之高低。无论何国,农村文化程度都较都市为低下,故播音在农村中的普及情形,亦远不及都市,美国之都市与农村约为二与一之比。德国为三与二,日本为六与一,但农村中之需要播音应较都市为急切,盖都市中常有其他文化机关之帮助,无论新闻,娱乐或教育,皆较农村为便利。若以社会的广义来说,播音系都市与农村结合的绝好桥梁,故各国莫不努力于农村之播音普及,在英德有所谓'每家必装收音机'之口号,如此可知他们对普及播音,具有很大的决心。换言之,就是他们欲求文化之发达,故利用播音台为其工具,先求播音之普及,则文化亦随之而普及矣。"②

(5)播音之于中国

"反观我国之播音事业,近数年来,以中央之积极提倡,与夫环境之迫切需要,虽以成(呈)突飞猛进之形势,然果以全国人民之数目为之比例,则我国文化程度之贫弱,实不堪闻问了。且我国广播发达之路线,大部偏重于都市,尤其是在上海一区,播音台多至五十余家,如此畸形的发展,实有更改之必要。"③

(三)听众的意见

收听广播除了能获得新闻和知识外,消遣娱乐也是一个主要目的,但有些电台的广播非但不能实现上述目的,而且还徒增烦恼。

---

① 钟震之.编者的话[J].广播周报,1934(6).
② 钟震之.编者的话[J].广播周报,1934(6).
③ 钟震之.编者的话[J].广播周报,1934(6).

"播音本来是新兴事业之一,但从欧美传到中国来之后,立刻便走了样,什么俚词小调都会毫无选择地随意播送出来。这些老气横秋的播音家,似乎多半是痰迷专家,终年患着伤风咳嗽,时常把咳声和吐痰声播送出来,让听惯咳嗽吐痰声的本国听众随时可以听见。幸而播音机决不会播送微生虫和病菌到听众家里去,这是可以放心的。然而老牌播音家中似乎还有不少是黑籍同志,他们在饱餐福寿膏之后,走到播音机前,吐了几口痰之后,便张开尊口,从宽驰(弛)的喉咙里发生一种低调的龙钟之声,或是外加沙音,听众恭聆之下无需利用电视,便可以领会到又是一位瘾君子在提腔发话了,比较敏感的时代听众,至少会发(产)生厌恶的感觉,因为这种播出的声音是代表一种不健全的声音,病态的、不合卫生的。"①

听众柳絮讽刺的是这些四处上节目而且没有经过专业训练的客串播音员,由于他们原来经常活跃于游艺场所,平时生活中沾染的恶习没有改掉就来电台播音,在话筒前露了"马脚"。

广播电台播放广告本无可厚非,但听众有两点不能接受:其一,广播广告数量太多,"可是恐怕没有一个国度的广告播音会象(像)上海若干国货播音台那么多而且滥。每只唱片播送之后,便有大批商品的广告开始播送,连篇累牍地口诵着,过了半刻钟或一刻钟之后口诵完毕,方才把无辜的听众从压迫中解放出来,让他们再听一只唱片,或是一个歌曲,几分钟播送完毕,又是一大篇商品广告的口诵。当我们听了一出《四郎探母》的名曲后,我们的广告播音员便急促地发出沙音的警告,叫听众要赶紧到××路××号××针织厂去买丝袜,要买的原因是该厂丝袜特别便宜,不买的便须记好该厂的电话号码;接着又叫你去买酱鸭和肉骨头;又叫你去买祖传的人参补药。把你麻烦一阵子之后,方才肯给你再听《贵妃醉酒》的名歌。"②其二,有些播音员为了多播广告,加快语速,听众根本听不清楚播报内容,"他会用极度急促的声音,把无数广告一气念完,口若悬河,滔滔不绝,流而不利,绝无喘息的余暇,热心贤劳实在可嘉,怎奈听众并不个个是速记学的专科生,要想把这一大半

---

① 柳絮.无线电听众的烦恼[N].申报,1938-12-15.

② 柳絮.无线电听众的烦恼[N].申报,1938-12-15.

的广告都听进耳朵那是绝难之事。神经衰弱的听众也许要听出毛病来,只累了那些商店,白赔了广告费而绝不收效。"①

那么,听众到底需要什么样的节目呢?"机件是电台的生命,而节目便是电台的灵魂,一个电台的播音节目,如果不能在听众的心坎中起同情的感动,仍然算不得有了灵魂。这好比一篇文章或一篇演词的空泛不切实际,算不得有意义一样。要表现一个电台的灵魂,惟(唯)一的原则是适合现实。"②

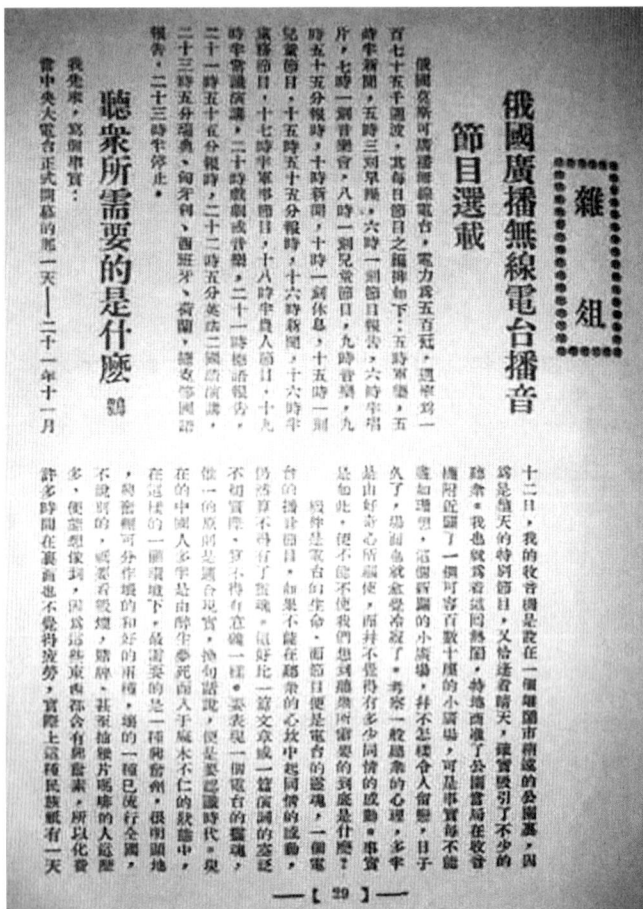

图 2-30 《广播周报》1934 年第 6 期刊发《听众所需要的是什么》

① 柳絮.无线电听众的烦恼[N].申报,1938-12-15.
② 鹗.听众所需要的是什么[J].广播周报,1934(6).

六、行业组织、著述与刊发平台

电台组成行业公会，从业者组成联谊会，可以看作早期广播学术共同体，公开出版的各种报纸期刊登载播音员生活、播音员感悟、播音语言和播音节目研究，成为当时播音员业务交流和经验理论总结和发布的平台。

1.行业组织

为处理行业纠纷、维护同行利益、参与社会事务，广播同业公会于1934年在广播电台最多的城市上海建立，《播音业公会注意播音节目》明确指出，"民营播音同业公会，为注意播音之词句材料，俾日臻完善，不致影响社会善良风化"。通过行业组织规范播音节目与内容，可以看作播音学术共同体的雏形。

此外，还有播音从业者组织成立广播员联谊会。庄元庸在《大声无线电月刊》1947年第7期刊发《广播员联谊会组织的必要原因》，呼吁尽快成立广播员联谊会，并进一步论述广播员联谊会的作用等。据相关资料考证，庄元庸于1929年出生，从事过演艺职业，参演过多部电影。

"一年余了，想发起筹备的'广播员联谊会'事，迄今未克实行；面对着事实，不允许我再因于艰困而拖延下去，于是积极邀同播音圈内的姐妹们，共同进行组织事宜，但为了避免种种的误解和不明，特志'广播员联谊会'组织的必要原因于后：

"在《大声无线电半月刊》的第二期上，我曾经写过《广播与教育》一稿，其间关系的重要，在这里，我再稍事略提数句。

"摆在眼前的事实，中国自胜利以还，二年有余，不独不能统一健强，而更负重了荆棘祸灾，致使满目疮痍而狼狈不堪，究其根源，不外科学教育不振，不克普及之故。纯以'东方巴黎'著称，且为我国最繁荣之大都市'上海'而言，也不能达到'教育普及'的最低阶层，这实为每一个血气方刚的青年无不言及痛心之事！而今，广播事业在我国渐渐发达起来，而尤以沪上，这正是一个'普及教育'的大好利器，也是一个'普及教育'于千钧一发际的良好时机！是万万不可错放过的！

廣播員聯誼會組織的必要原因

·莊元庸·

本刊廣告刊例				
小文條下	¼文內	半文內	全文內	全封裏
念五萬元	卅五萬元	六拾萬元	壹百萬元	壹百念萬元

參讀院

图2-31 《大声无线电月刊》1947年第7期刊发《广播员联谊会组织的必要原因》

"要达到利用'广播事业'来'普及教育',挽救危难的祖国,就该重视'广播事业'。而这是在乎'广播'底(的)效能的,再进一步透澈(彻)地说;是在乎每一个'广播从业者'从业的真正目标,和指导每一个'广播员'的工作,就是要切实的(地)认明'广播'真正的目标绝不是太多无谓的低级杂要儿,而来赚钱,也不是利用'广播员'来招揽客商,通俗认为'广播员'是一个很低鄙的职位,而我相信大半的'广播员'都认为这是绝大错误的偏见,是无知的见解!我更认为这还是'旧礼教'的遗毒,女子职业女子自由,尚未完全从'封建'的桎梏中解放出来!'广播员'是'广播'的喉舌;电台的设立;国

家当局是寄寓无限期望的,所以电台广播是负有重大使命的,而'广播员'的
职责也更形重大!

　　"话得说回来了,每一个'广播员'是该先从其本身检讨,俗语说得好'本
身正经了,也不怕和尚尼姑合板凳'。这不是在讲笑话,事实是如此!能明
白己身的对与否,能补弥己身的缺憾,所谓'过则不惮改'是也!只每一个
'广播员'不看轻自己,不为虚荣所惑,不把你的工作认为是仅为糊口或赚得
一些够买化妆品的零用,甚至利用你工作的地位去争取出风头的时期,那就
行了,也不可成为商家号召顾客的专用傀偏,每天,每时死板板地背着那俗
不可耐的广告词句。我们该把他(它)认为是一种事业,既是你的事业,则该
重视他(它),不要轻描淡写地忽视他(它),降低他(它)!也不可仅仅认为
是兴趣,因为兴趣是短时期的,而事业是该终身孜孜不倦地去干的!我们该
利用我们的地位去随时改良我们的'广播事业'去发展我们的'广播事业'!
这也就是我们组织'联谊会'后值得研讨的。且瞧!二十世纪的新潮流;'男
女平等'的呼声更响亮了,而真正的'男女平等'又从何有之?就以妇女的地
位问题来讲,也不允许我们播音圈中的姐妹们再要迤(懈)怠了。

　　"我们肯埋头苦干,组织一个坚强的单位,则在个人,可以增长互相交换
的学识,学识本是博渊似海,一生也探究不尽的,多得一分也好一分,何况不
去研考?在整个妇女论坛上说,是妇女能办事业的铁证,也免净了那'只听
扶梯响'的耻笑!在更大的范围上说,这是为社会服务的一种,是尽了一个
国民应尽的天职,因为这不是光说'国家兴亡,匹夫有责'的时候,而是'国家
兴亡,匹妇有责'的时代了!

　　"然而;这不是空口说白话的时候,我们绝对要免去那些'言行不一''高
呼口号'的通俗大弊病;说过了也就算了!在我们三思之后,认明这件事的
对否?对的;立刻全力去若干,不对的;就立刻崖边勒马。既认清了目标,是
'正义所在'的,便再也不怕那中途的障碍,是绝不肯中止的。

　　"但是,我们还该想到;个人的力量是渺小的,群众的力量是庞大的,要
'群策群力'才能干得出伟大的事业?我们不该再让国父的幽灵叹息:'中国
像一盘散沙!'连小小的广播界也像一盘散沙?所以;每一位播音圈内的姐
妹,在我们之间是不允许有一粒沙尘的夹杂,我们彼此之间,没有妒恨,没有

疑忌,我们该'忘去了小我,成全大我'! 我们该团结一致,互相砥砺,互相切磋(磋),研究我们的知识,改良我们的工作,建造我们的事业! 为女界争光! 为社会服务! 为国家效劳!"①

2.著述与刊发平台

从 20 世纪 30 年代开始,先后有《无线电播音》《广播常识》(编译)等播音研究著作出版;《广播周报》《申报》《电声》《音苑》《大声无线电半月刊》《青年生活》等报纸和期刊登载有关播音员生活、播音员感悟、播音语言和播音节目等研究文章,这些期刊成为当时播音学术理论发表与交流平台。

(1)图　书

民国时期,出版了大量与演讲有关的著作,比如:杨炳乾编《演说学大纲》,民国二十二年(1933 年)由上海商务印书馆出版,共 4 编。讲述语言的起源、进化及演说的概念、理论、修辞、姿态等;裴小楚著《说话的艺术》,民国三十二年(1943 年)由广西世界书局出版,讲述说话要有艺术的必要性和基本条件、各种艺术语言的定义和用法等,指出说话要注意的若干实际问题;任毕明著《演讲术》,民国三十二年(1943 年)由广西桂林的实学书局出版,内容包括基本条件、发展进程、场合和方式、组织和讲练等 6 部分;曾金编《怎样演讲》,民国三十三年(1944 年)由上海经纬书局出版,共分 6 章,讲述演说的定义、题材、方法、注意事项及演说者的修养等。虽然这些著作没有直接研究播音语言和方法,但为有声语言表达提供了很好的实践经验和研究史料。

(2)期刊与报纸

据中国新闻史学会荣誉会长、中国传媒大学教授赵玉明先生与其博士生李明远汇辑《民国时期广播期刊简目》可知,民国时期共出版发行了 74 种广播无线电类期刊。这些广播无线电期刊,不但传播了广播无线电专业知识,还记录了中国无线电广播事业的发展,其中重要的内容就是记录了广播播音的发展、播音员的选拔与培养、播音经验的总结与理论的提升等与中国播音史密切相关的史料与文献。以《申报》为代表的报纸媒体,也更为详细

---

① 庄元庸.广播员联谊会组织的必要原因[J].大声无线电月刊,1947(7).

地报道了广播电台发展、壮大、与听众的交流、播音员的日常生活与职业追
求等重要内容。

（3）以《广播周报》为例①

①《广播周报》办刊背景

1928 年 8 月 1 日，国民党中央广播电台在南京开始播音，标志着国家广
播电台正式成立。1928 年 12 月，国民政府建设委员会颁布《中华民国广播
无线电台管理条例》，此后，公营、民营广播电台开始大量出现。到 1934 年，
全国"合中央电台在内，共计七十八座"。从 1923 年开始经过 10 多年的发
展，广播技术在不断改进，广播电台数量在大量增加，广播节目的内容日益
丰富，广播的社会影响力越来越大，受众对广播的需要也日益增加。与此同
时，广播所暴露出来的问题也越来越引起社会的关注。一方面，一些有识之
士已经清楚地认识到广播的社会价值，把广播看作文明的利器，认为广播应
该充分体现和实现它的文化价值、教育价值，广播从业者应该有文化自觉和
职业自律；另一方面，广大听众也对广播中的庸俗和低俗等不良现象提出尖
锐的批评。因此就有了如下的需求：加强对广播的引导和管理，进一步扩大
主流广播媒体的影响力，把要播出的节目提前预告出来，以方便受众收听；
把播出的优质节目的文字稿刊播出来，方便受众更好地学习；加强对广播以
及编辑、播音等的研究，以进一步提高播出质量。由政府相关管理机构编辑
出版相关刊物就成为当务之急。《广播周报》的创刊发行就成为顺理成章的
事了。

②《广播周报》办刊原则

创办《广播周报》是对广播社会价值认识的进一步深化。1928 年参加筹
建国民党中央广播电台，后任该台主任、台长的吴道一在《广播周报》发刊词
中就明确提出了办刊宗旨及目的："本处中央大电台，自建立以来，屡加改
进，目前已成为东亚唯一之广播电台，其对于政令之广布、主义之宣传，或文
化艺术之教导，实负有重大之使命，而近年来国内收音者之日益增多，益发

---

① 　以下内容引自著者于 2018 年刊发在《中国出版》第 19 期的文章《民国时期第一
本广播期刊》，收入本书时略有改动，原注释未录入。

加重本处之任务,兹为适应一般听众与社会之需要,故特发行本刊。""预布节目,录载讲稿,以辅助播音工作之不逮。"《广播周报》由此开始了它14年艰难的征程。

③《广播周报》刊发内容

从《广播周报》312期的内容分析可知,名人演讲、儿童节目、广播播音这三方面内容,一直是刊发的重点。

A.异彩纷呈的名人演讲

广播作为"文明的利器"(叶圣陶语),作为20世纪二三十年代最先进的、影响最大、最直接的大众传播工具,它的传播价值和教育价值最先被充分认识。于是,聘请社会各界名流贤达、知识精英走进广播室,开展科学知识的宣传普及工作,成为这一时期广播的一项重要工作。但是广播有声语言传播稍纵即逝,又不能反复收听,给深入理解带来困难,加之演讲者因为方言等语音问题给受众带来的收听困难等,都成为广播传播美中不足的缺憾。《广播周报》的创刊使这一问题迎刃而解,它让飘浮在空中稍纵即逝的声音,白纸黑字地落实在刊物上,使听众变成了读者,不仅延伸了广播的传播时效,扩大和深化了广播传播的效果,更使广播的优质内容成功地实现了二次传播。

《广播周报》刊发演讲稿主要有两类:一类是文化界名人以开启民智、传播知识为目的演说;一类是政治人物宣传政治观点和政治主张的演说。文化名人的演讲一直是《广播周报》刊发的重要内容,从一个个闪耀着智慧光芒的大师的名字中,就可以感受到那一期一期的《广播周报》带给读者的精神享受和文化盛宴的震撼力量:谈艺术的有徐悲鸿、齐如山、张道藩、丰子恺等;谈经济的有马寅初、费孝通等;谈教育的有赵元任、冯友兰、叶圣陶、俞平伯、顾颉刚等;谈科学的有叶楚伧、竺可桢等;谈社会研究的有梁漱溟、郭沫若、老舍、胡适等。这些大师的演讲对广播早期的蓬勃发展,对广播作为主流传播媒体在推动社会进步方面的作用是无可比拟的。

B.寓教于乐的儿童节目

儿童类节目受到极大重视,不仅实现了教育价值,更重要的是对国家和社会未来的把握。对于少年儿童的教育,任何时候都不能有丝毫的松懈。

这一点,在民国时期的广播中也有鲜明的体现。《广播周报》创刊的第1期就刊登了《小学生的快乐生活》和《快乐从哪里来》两个节目的内容。据著者粗略统计,在《广播周报》全部312期中,共有约650篇与儿童节目相关的文章,平均每一期就有2篇。这样的刊发密度,说明办刊者对儿童教育极为重视。

当时的儿童节目,内容丰富、形式多样。不但有最新科学知识普及的内容如《防毒面具》《蝴蝶和蜜蜂》等,更有多种形式的传统文化教育节目,通过旅游了解祖国的大好河山,通过古今中外的历史故事扩展知识、促进成长。这些儿童节目寓教于乐,深受儿童喜爱。"其中'儿童节目'的系列讲座尤其值得称道,该节目有(由)刘俊英、张洁莲、吴祥怙撰稿并播讲,她们以小朋友的身份出现:一个是博览群书,通晓历史;一个有缘游历中外山川名胜,见识多广;一个兼而有之,热衷结交小朋友,不断进行广播通信。'他们'交错进行,说古道今,天南海北,颂扬祖国大好河山,并借着数千年来中外各国兴衰变革故事,激发听众爱国主义思想。这种节目主持人形式,以至使人们对'他们'身份以假当真,既赢得了小听众,也赢得了大听众,各种来信纷至沓来。"

C.业务研究贯穿始终

广播是以声音、以有声语言为基本工具对外传播的,声音的质量,诸如语音是否准确、发音是否清晰、语言表达是否准确决定着广播传播是否有效。对于播音的研究从广播诞生的那一刻就开始了,一方面是播音员的职业自觉和追求,另一方面是社会各界的要求,促使广播从业者不断提高播音水平和质量。《广播周报》在促进和发展播音研究,提高播音质量方面也做出了巨大的努力。1934年,在第5期刊文明确指出:"播音之生命为言语,换言之,播音就是以言语或声音为表现之工具,因此播音便自然的(地)与吾人日常生活感到密切了。"直指广播的生命就在于播音的质量这一核心问题。此后,刊发关于播音员选拔标准、话筒前语言表达技巧、新闻播音的方法等与广播播音相关的研究文章就一直没有中断过,说明提高播音质量一直是播音从业者和全社会共同关注的问题。

④《广播周报》的学术价值

《广播周报》是在广播发展到一定阶段,为深化广播传播,为受众提供服务而创办的广播刊物。作为历史的产物,它为我们历时地保留了一个历史阶段的广播发展史料,立体地保留了那个时代广播从业者的艰辛探索和苦苦追求的历程,原汁原味地保留了那个年代的社会生活风貌,诸如此类,不胜枚举。因此,《广播周报》对于我们今天研究广播史,研究播音史,研究广播节目的演变发展史,甚至通过《广播周报》定价的变化,研究民国时期的经济状况,都是不可多得的、丰富而又鲜活的历史资料。

第二节　人民广播创建时期中国播音学术发展
(1940—1949 年)

中国共产党诞生初期就认识到发展人民广播事业的重要性。早在 1937 年抗日战争爆发前夕,毛泽东就提出要在延安建立无线电广播电台,并通过在国统区工作的同志设法从香港买到了一部广播发射机,但在辗转运往延安途中,被国民党无理扣留,因此,这次创建广播电台的计划没有实现。

经过多方努力,1940 年 12 月 30 日,中国共产党建立的我国第一座广播电台——延安新华广播电台开始播音。在此期间,我国广播电台遇到多次技术及设备障碍,但都被一一克服,为抗日战争的胜利做出了巨大的贡献,得到了毛泽东主席的肯定与赞许。1947 年 3 月 14 日,延安新华广播电台第一次转移到瓦窑堡播音,之后又分别转移到太行山区的涉县、西柏坡的张胡庄,最后迁入北平,改名为北平新华广播电台,后又改名为中央人民广播电台。1948 年 11 月 20 日,中共中央宣传部确定了新中国广播事业由国家经营的原则。1949 年 10 月 1 日,人民广播第一次实况转播了开国盛典。

按照温济泽的观点:"延安新华广播电台的历史可以分作两个阶段。第一阶段是从 1940 年春天开始筹建到 1943 年春天,后来由于技术设备的原因暂停播音。这个时期,广播宣传对象主要是敌后根据地军民,也包括对国民党统治区人民和日本侵略军的宣传。第二阶段,是从 1945 年八月恢复广播,1947 年三月中旬延安台改名为陕北台,一直到 1949 年三月二十五日迁进北平,改称北平新华广播电台为止,这个时期,广播的对象主要是国民党统治区人民,还有国民党军队。"①温济泽从 1946 年 6 月担任新华社语言广播部主任起,一直在广播战线工作了 30 多年,曾任中央广播事业局副局长,他是人民广播发展的主要见证人。因此按照他的观点,把人民广播播音研究分成两个阶段:第一个是人民广播初创期,第二个是人民广播恢复期,这是比较合理的。

诞生在解放区的人民广播是有力的宣传武器,播音作为广播重要的一环,受到党的高度重视,从一些专门论述和所存文献中可以梳理出这一时期播音理论从萌生到初创的基本脉络。当时新华社语言广播工作中关于播音时的注意事项、对播音工作进行鼓励或批评、播音语言规范、播读正确、立场鲜明、工作性质、编播兼顾、工作态度等内容体现了播音理论重要命题的雏形;陕北新华广播电台及其他电台制定的相关制度让播音工作更加具体化、责任化、规范化,播音理论在播音创作实践和经验总结中萌生与初创。

这部分主要研究具体包括:1.新闻播音从规范化向理论化迈进的内部动力,如这一时期的播音员主要由受过良好教育和语音基本标准的革命青年来担任,在大量新闻播音创作实践个人经验的总结过程中萌生了播音基础理论,新闻播音基本理论框架初显。《十天播音工作个人总结》是真实反映当时播音员实现新闻播音规范代表的理论成果。2.新闻播音理论形成的外部动力:党的指令与宣传要求从政治高度完善新闻播音规范化,一系列纲领性制度对新闻播音规范和播音员规范提出了明确要求,同时播音员培训逐渐制度化,加快播音工作向职业化迈进。3.播音创作过程中形成人民播音风格意识,从政治的高度指出声音是播音的起点,在播音创作中用革命斗争精神、坚强意志唤起播音员的风格意识,形成人民广播的播音风格,凝练成人民广播创建时期的播音风格特点。

---

① 温济泽.回顾人民广播的战斗历程 发扬延安时代的革命精神:纪念人民广播创建四十周年座谈会[M]//北京广播学院新闻系.人民广播回忆录.北京:北京广播学院出版社,1983:9.

一、党的指令与制度推动播音理论建构

(一)人民广播初创期

延安新华广播电台是我党创办的第一座广播电台,发出中国共产党的声音是广播电台的应有之义。当时的广播内容主要有:党的重要文件、国际国内重要新闻、《新中华报》社论、《解放》周刊重要论文等。除此之外,还有名人讲演、自编自演的革命故事、军队宣传队演唱的歌曲、每星期三用日语播送对日军广播节目。当时的广播稿件主要由新华社广播科提供,每天平均发稿约 20 篇 8000 多字,既供口语广播,又供文字广播。1941 年 1 月皖南事变后,延安新华广播电台播出了毛泽东亲自撰写的《中国共产党中央革命军事委员会发言人对新华社记者的谈话》,播音员通过铿锵有力的播音,用事实揭露和声讨了国民党反动派反共卖国的滔天罪行,发出播音员的正义之声,彰显人民播音员的战斗气派。

作为党的主要喉舌,中共中央极为关心和重视延安台的工作,试播刚一开始,中央就派出一个排的部队,负责广播电台的警卫工作。为了让延安新华广播电台及时、准确地发出党的声音,中国共产党对播音工作做了很多明确的指令,使播音工作有了正确的方向。

中国共产党在 1941 年 5 月 25 日发布的《中共中央宣传部关于广播电台的指示》明确指出,广播电台是各抗日根据地目前对外宣传的最有力的工具。对如何搞好广播播音,提出四点建议:"一、广播内容应以当地战争及政治、军事、经济、文化教育等各方面的具体活动为中心,并以具体事实来宣传根据地的意义与作用。二、广播材料应力求短小精彩,生动具体,切忌长篇大论,令人生厌的空谈。三、广播均应采取短小的电讯,平常以三百至五百字为适当,至多不得超过一千字;当地负责同志的讲演与论文,如有特别重要意义的,应摘要广播,至多亦不得超过一千字。四、每节电讯应一次广播

完结,不得拖延时日,至多不得超过两天广播的时间。"①这个指示第一次明确了新闻稿件的基本字数,突出播报广播新闻的实效性,是对新闻播音的规范要求,同时要求要把握好播音语言的分寸,即"生动具体,切忌长篇大论,令人生厌的空谈"。

1941 年 5 月 25 日,中共中央在《关于统一各根据地内对外宣传的指示》中要求:"各地应经常接收延安新华社的广播,没有收音机的应不惜代价设立之。"②同年 6 月 20 日,中宣部又在《关于党的宣传鼓动工作提纲》中强调了发展广播事业的重要性,指出:"在现代无线电业发展的情形下,以及在中国交通工具困难的情形下,发展通讯社事业、无线电广播事业是非常重要的。应当在党的统一的宣传政策之下,改进现有通讯社及广播事业的工作。"③党中央还通报各地,要及时将收听延安台广播的情况做出汇报。这一提纲对播音工作提出了明确的指导要求:"他们的情绪怎么样,要预先弄清;宣传内容必须是真实的,而不是空洞的;语句应当是简单、明了、清楚透彻;事实应当是真实的、生动的、恳切而带有说服性的;抓住为广大群众所熟悉的事实,抓住群众最切身、最迫切、最易感动的事实;讲话要生动,富于感情,富于煽动性。"④

这几个简单的纲领性指令,明确了延安新华广播电台的办台宗旨和播音原则,提出要掌握播出背景,了解收听对象心理,稿件语句要简单、明了、透彻,播音语言要生动、富于情感和煽动性等最基本的播音语言规范,同时为播音员的实际工作指明了坚定的政治方向。

(二) 人民广播恢复期

延安新华广播电台恢复播音后,每天中午、下午各播出 1 次,共计两小

① 中央人民广播电台研究室,北京广播学院新闻系.解放区广播历史资料选编[M].北京:中国广播电视出版社,1985:9.

② 中央人民广播电台研究室,北京广播学院新闻系.解放区广播历史资料选编[M].北京:中国广播电视出版社,1985:7.

③ 中央人民广播电台研究室,北京广播学院新闻系.解放区广播历史资料选编[M].北京:中国广播电视出版社,1985:10.

④ 姚喜双.中国解放区新闻播音语言规范[M].北京:语文出版社,2007:141.

时。播送的节目以时事新闻、解放区消息、解放区政策和建设介绍、言论、记录新闻为主。这一时期,正处于日本投降,人民军队从敌伪手里恢复了许多城镇和交通要道,而蒋介石国民党却对中国共产党及其领导的人民军队肆意污蔑,积极准备内战的阶段。延安台天天报道我军胜利进军和受降的消息,并揭露蒋介石内战的阴谋,号召"反对内战,制止内战",同国民党展开了针锋相对的斗争。从1946年9月5日起,延安电台把下午播音时间延长到一个半小时,增加了广播评价、名人演讲、人民呼声等节目,先后请了朱德、林伯渠、王震、廖承志、邓颖超、李鼎铭、申伯纯、杨拯民、冯文彬等人来电台发表演讲。

解放战争开始后,延安电台开办了"对国民党军广播"节目,以国民党军的军官为主要对象,宣传我党政策,报道战争情况,揭露敌人的欺骗宣传。1947年1月20日,这个节目又增加了介绍战俘情况的新内容,分别介绍整个解放区战场上放下武器脱离内战的国民党将校尉级军官的姓名、部别、职务、简历、在何地放下武器及现在生活情况等。1948年后,主要播出人民解放军在解放全中国的道路上的凯旋消息,以及全国人民欢欣鼓舞的热情,为新中国的成立营造良好氛围。

1.制度与文件对新闻稿件与播音的纲领性指引

中国共产党在第一阶段积累了宝贵的播音指导经验,在延安新华广播电台恢复播音后,对播音工作提出更明确、更具体的要求,出台了一系列的指导办法和指导原则,主要有:《新华总社语言广播部暂行工作细则》(1946年6月)、新华总社语言广播部《XNCR陕北阶段工作的简单总结》(1947年6月10日)、新华总社语言广播部《对目前改进语言广播的几点意见》(1947年6月10日)、《从文播稿改写成口播稿的几个原则》(1948年3—4月)、《陕北新华广播电台编播往来书信选》(1948年5—9月)、《播音手续》(1948年7—8月)、《编稿发稿工作细则》(1948年10月)、《口播清样送审办法》(1948年12月)、《关于组织播音剧团的几个初步意见》(1948年10月以后)、《陕北台播音组关于训练和培养播音员的意见》(1948年10月7日)、《北平新华广播电台训练播音员的方法》(1949年8月)及《邯郸台口播编辑技术初步经验》《邯郸台播音技术的点滴经验》(1947年4月21日)等。"①

　　延安新华广播电台的广播稿件主要是由新华社编辑科提供,编辑科下设口头广播组。1946年6月,口头广播组扩大成语言广播部,温济泽担任语言广播部主任,延安电台完全成为新华总社的一个部门。当时制定的《新华社语言广播部暂行工作细则》是我国人民广播有关编播业务方面的第一个文字材料,确定了语言广播部的任务:"宣传党的政策和主张,报道国内外时局的动向,有计划与有系统地宣扬我党我军与解放区的事业和功绩,揭发国民党的腐败黑暗统治,并宣传与鼓励其统治区广大人民的民主运动。"②《新华社语言广播部暂行工作细则》第四部分关于广播稿件的编写要求是:"c.要用普通话的口语,句子要短,用字用词要力求念起来一听就懂,并要注意音韵优美与响亮。d.要生动、有趣味。e.电文中有文言或难懂字名,应加注必要的通俗的口语翻译。f.记录新闻更要讲求适合于进步的及中间的报纸采用。"③细则不但对广播语言的编写做了明确的规定,比如报刊中的书面语要加注必要的改进使语言通俗易懂,而且根据广播语言要"入耳"的特点,强调了使用普通话,而且句子要短,同时要注意播音声音表达的美感和清晰度。

　　1946年6月10日,新华总社语言广播部发布了《XNCR陕北阶段工作的简单总结》,对广播中的播音语言的词语、句式做了明确的规定:"尽量用简单句,文字广播稿中复杂句要改成两句或两句以上的简单句。句子构造要中国化,倒装句和长句不但不易听懂,而且易把意思听错。用容易听懂而且念出来响亮的词,避免用听起来容易混淆的词。如'指斥'易与'支持'混淆。简语只能适当地用,如'阎军''歼敌'等用在某些地方会听不清。避免用单字作词,如'但''曾''仅''片''虽'应作'但是''曾经''仅仅''虽然'

　　① 中央人民广播电台研究室,北京广播学院新闻系.解放区广播历史资料选编[M].北京:中国广播电视出版社,1985:263.

　　② 中央人民广播电台研究室,北京广播学院新闻系.解放区广播历史资料选编[M].北京:中国广播电视出版社,1985:263.

　　③ 中央人民广播电台研究室,北京广播学院新闻系.解放区广播历史资料选编[M].北京:中国广播电视出版社,1985:263.

等。一般听众易懂的成语口语可以用。"①这是对新闻稿件的规范要求,使新闻播音在用事实说话的基础上,播音语言表达更准确与规范。

2.《邯郸台口播编辑技术初步经验》和《邯郸台播音技术的点滴经验》的实践与理论价值

1946年9月1日下午六点,邯郸新华广播电台开始正式播音。1947年3月14日的晋冀鲁豫《人民日报》发表了《邯郸广播电台深受全国赞扬的消息》:"在万难中诞生,成为全国人民号角之一的邯郸广播电台,已获得全国人士的好评。平、津、京、沪、昆明等地的听众,纷纷致函赞扬:'邯郸广播电台很好,声音很清晰。'现该台人员为了更提高一步,经过深入讨论,已定出上半年的奋斗目标,首先要争取宣传上的主动,有计划有组织的(地)报道,达到这一目标的步骤是充实人力,健全组织,使通联、编辑、资料、图书、文艺等各部门迅速建立起来。要作(做)到节目多样丰富,新闻及时,词句要尽量口语化,简短明快,播音时咬字清楚,口齿流利,抑扬顿挫,充满感情。并播送戏剧、故事、歌曲等小型节目,该台'三八'妇女节的广播,开始作(做)到了更加充实、生动和活泼。在各机关衷心关怀与多方帮助之下,全台人员正为提早完成并超过他们的奋斗目标而努力。"②

邯郸电台之所以受到全国人士的好评,是因为邯郸台的播音做到了词句口语化、简短明快,播音时咬字清楚、口齿流利、抑扬顿挫,充满感情。1947年4月21日邯郸台发布了《邯郸台口播编辑技术初步经验》(以下简称《编辑技术》)和《邯郸台播音技术的点滴经验》(以下简称《播音技术》)。《编辑技术》一文从文字稿件编辑的角度,对广播稿件提出明确具体的编辑

---

① 中央人民广播电台研究室,北京广播学院新闻系.解放区广播历史资料选编[M].北京:中国广播电视出版社,1985:263.

② 中央人民广播电台研究室,北京广播学院新闻系.解放区广播历史资料选编[M].北京:中国广播电视出版社,1985:263.

要求①;《播音技术》一文则是对播音工作的总结和播音技巧的简单阐释②。这两份文件"对人民广播播音理论的形成具有重要的奠基作用,其中对播音的总结和提出的要求,细化了新闻播音语言的规范要素,对于解放区新闻播音语言规范系统的建立具有重要作用"。③

①《编辑技术》

《编辑技术》包括两部分内容:其一是口语化,其二是简练。口语化主要从字词方面、句子方面、文法方面、文言译口语、注释、内容等五个方面进行归纳和总结。

在总结字词方面如何做到口语化时,《编辑技术》列了五方面值得注意的内容:(1)不要用不容易听懂的、晦涩的,要用响亮而双声叠韵的。(2)注意同音异义的字与词,如"副业""复业""保卫""包围",尽量用得具体与明确。(3)动词、数词可以用在前面,战报中的缴获物品的数目字可以用在后面。(4)少用代名词与转折语,如"他""他们",可以多用原名,如"而""则""并",尽量少用甚至不用。(5)"该"字可以改用"这个"。在谈论稿件口语化与播音口语化的关系如何理解的问题时,《编辑技术》指出:"口语化要使播音时充满感情而表达出来,还须注意内容的生动具体。如果内容生动具体了,播音时即(既)能显得更口语化,同时也就可能充满感情了。"④如何评价这一点呢?"这是当下播音教学当中'以情带声,以声传情'的最早写照。由此可以看出,在那个战火纷飞、条件艰苦的年代,早期的广播人已经在实践当中认识到,对于稿件的播读绝不仅仅限于见字出声,而应当是通过文字表达一种感情,一种信念,这样才能更好地传达本方的利益诉求和价值判

①　中央人民广播电台研究室,北京广播学院新闻系.解放区广播历史资料选编[M].北京:中国广播电视出版社,1985:281.

②　中央人民广播电台研究室,北京广播学院新闻系.解放区广播历史资料选编[M].北京:中国广播电视出版社,1985:284.

③　姚喜双.新闻播音语言规范的奠基性文献[J].现代传播,2006(4).

④　中央人民广播电台研究室,北京广播学院新闻系.解放区广播历史资料选编[M].北京:中国广播电视出版社,1985:281.

断,才能有效地加强传播效果。"①

在涉及如何"简练"文稿内容时,《编辑技术》指出:"须突出一个中心,即突出一点、一事,因此,必须在看稿时注意:全篇大意,中心重点,材料取舍,结构次序,宣传效果等各方面,然后修改或改写。如果一稿中偶尔有两件事,两个中心,可以分开编写,或者注意内容的次序和对比,编在一个稿件中。事件的发展,有两事可以顺次序写,事件的正反可以作对比写。"②在追求内容"简练"的过程中,如何把握稿件字数,《编辑技术》给出了具体的回答:"新闻稿件平均二百字左右为最好,必要时五至六百字,一般在六百字以上的可以改写成综合报道或通讯。"③

在人民广播初创时期,徐瑞章、姚雯成为播音员的主要条件是因为她们政治上绝对可靠,都是奔赴延安的革命青年,而且是延安抗大的学生,知识丰富。姚雯因为口音的关系离开了播音岗位,肖岩主要因为普通话比较标准而成为当时延安台的第三位播音员。

②《播音技术》

人民广播初创时期对播音员的声音和语言没有一个特别明确的具体技术要求,经过经验的积累与总结,《播音技术》对播音做了较为详细科学的界定:"播音技术,在总的要求上,咬字清楚,口齿流利,抑扬顿挫,充满感情,快慢适当。流利、自然、充满感情。在播音工作时熟练、稳当、感情,抑扬顿挫,快慢适当,有声有色,气魄大,使听众易于感动而提出了赞扬。"④这段话涵盖了对播音技术的基本要求:咬字清楚、口齿流利——口腔控制;抑扬顿挫——停练、重音;充满感情、快慢适当——语气、节奏;流利、自然、充满感情是指播音创作态度正确;熟练、稳当、感情、抑扬顿挫是指播音情感的正确

① 郑伟.中国播音学学术发展研究[D].北京:中国传媒大学,2012.
② 中央人民广播电台研究室,北京广播学院新闻系.解放区广播历史资料选编[M].北京:中国广播电视出版社,1985:281.
③ 中央人民广播电台研究室,北京广播学院新闻系.解放区广播历史资料选编[M].北京:中国广播电视出版社,1985:281.
④ 中央人民广播电台研究室,北京广播学院新闻系.解放区广播历史资料选编[M].北京:中国广播电视出版社,1985:284.

表达方式;有声有色、气魄大是指准确把握播音基调。

《播音技术》最大的亮点是第一次对播音角色进行科学的定位。思想上,"播音员是主角,如演剧,要有两重人格,一面是自己,一面是剧中人。播送新闻、故事、通讯等是'讲'而不是'念',所以要熟悉稿件,想象内容,从自己的口中'讲出来'。播音员无论是在播送新闻还是播送通讯或是播讲故事,这些内容虽说不是播音员亲身经历的,播音员只是以转述的身份告诉听众这个内容,就好比是'一面是自己,一面是剧中人'①,科学地界定了播音员转述的角色定位。由于播送内容不是播音员亲身经历的事,要想达到良好的播讲效果,就要熟悉稿件,想象内容,从自己的口中'讲出来'"。② 这里说的想象,就是播音学中提出的"情景再现",通过情景再现的播音技巧,把稿件中描写人、事、物的文字通过想象,再现出当时的情景画面,用生动的语言"讲"出去。

"通过对《邯郸台口播编辑技术初步经验》和《邯郸台播音技术的点滴经验》两篇《经验》解读,当下常用的播音表达规律与理论在早期播音员的经验当中基本都能找到雏形,早期的播音工作者用朴实的语言将这些点滴经验忠实地记录了下来,成为了'中国播音学'的'奠基性文章'"。③ 此外,《陕北台播音组关于训练和培养播音员的意见》和《北平新华广播电台训练播音员的方法》都对播音员的选拔标准和选拔办法做了明确的规定,进一步明确了播音员的培养方向。

二、播音员经验的总结提升播音理论的学术层次

(一)人民广播初创期

根据广播史料可知,人民广播初创阶段延安新华广播电台先后有四位

①　中央人民广播电台研究室,北京广播学院新闻系.解放区广播历史资料选编[M].北京:中国广播电视出版社,1985:284.

②　中央人民广播电台研究室,北京广播学院新闻系.解放区广播历史资料选编[M].北京:中国广播电视出版社,1985:284.

③　郑伟.中国播音学学术发展研究[D].北京:中国传媒大学,2012.

播音员,即徐瑞章(麦风)、姚雯、肖岩、孙茜,都是女同志。此外还有一位对日军广播日语节目的中国籍的日本女同志原清子。根据史料记载,"人民广播首次播音是徐瑞章和姚雯两位女同志,第一声台号是徐瑞章呼出的,而且还反复呼出了几遍,开始播音的内容是新闻,采用是两个人轮流播送。"①

1.徐瑞章与姚雯的播音职业经历

徐瑞章和姚雯都是江苏人,当时她们和许多青年一样奔赴革命圣地延安,在延安抗大毕业后,按照党的指示,留在延安做播音员。

(1)徐瑞章播音名"麦风"的由来

徐瑞章"1938年参加革命的,1939年夏天在重庆进入了抗敌演剧第三队,赴西北前线途中,经关中大平原,正值麦收时节大片麦田被风吹拂,金浪滚滚。生平第一次见到如此美景,我惊喜不已。同行的诗人遂为我起了'麦风'这个化名,而后,也就使用了。1940年2月到达延安,在中国女子大学毕业后,与同学姚雯一起被分配到延安新华广播电台任播音员。我叫'麦风',万万没有想到我走上的第一个工作岗位就是每天面对麦克风,这种巧合,使我与同志们都感到惊奇和喜悦,从此,同志们都开玩笑,叫我'麦克风',还说我是'延安第一个麦克风'"②。

(2)开启播音之路的原因

徐瑞章和姚雯"知道这是革命工作的需要,很愉快地接受了。而且觉得,凭着自己的革命热情和清楚流利的口语,也一定能够在人民广播事业中做出一番成绩来。她们在试播工作中是那么认真,一篇稿子播送前总要经过反复的揣摩和预播,生怕表达不出原稿的感情。在业余时间,除了参加种地、纺线等劳动以外,一有空就钻研业务;为了矫正某些汉字的发音,电台上仅有的那本小字典快要被她们翻烂了"③。

不认识的字可以查字典,播音时怎样吐字发音,怎样掌握播音语速呢?

① 姚喜双.中国解放区新闻播音语言规范[M].北京:语文出版社,2007:132.

② 徐瑞章.50年前的红色电波:忆延安新华广播电台[J].党史纵横,1991(04).

③ 傅英豪.第一座红色广播电台[M]//北京广播学院新闻系.人民广播回忆录第三集.北京:北京广播学院出版社,1990:2.

"我和姚雯同志都没有播过音。九分队的'秀才'汤翰璋同志耐心地教我们怎样吐字发音,怎样掌握速度,遇到不认识的字,我们就查字典。我们两人每天用《新中华报》练习播音,相互切磋,很快就掌握了播音的基本要领。我们广播的稿件,每天由通讯员从设在清凉山的新华社广播科送来。播音效果由报务组向各根据地搜集。我印象最深的是关于皖南事变的宣传。1941年1月下旬的一天下午,通讯员马来到电台,送来了当天的广播稿——毛主席亲自撰写的《中国共产党中央革命军事委员会发言人对新华社记者的谈话》。我们知道,皖南事变发生后,国民党当局开动宣传机器,造了很多谣言,还加强了对我们的封锁,我早就憋了一肚子的气。接到稿件,我们连晚饭都不想吃了,早早地入播音室,点上小油灯,一遍又一遍地备稿。播音时间一到,我先播了一遍,小姚又重播了一遍。我们几乎拼了全身的力气,想使每句话、每小字都像子弹一样,射进国民党顽固派的胸膛!冬夜的窑洞是寒冷的,可是我们播完音的时候,却已经满头大汗了。"[1]

从以上两段回忆可知,当时播音员第一要做好的是把字读准,解决办法是求助于字典;吐字发声和语速把握主要向相关人士请教;在准备稿件时,"白天她们把当夜要播的内容作了多次练习,并在重要的字句旁画上表示抑扬顿挫的各种符号"[2];坚定的政治信念和对敌人的憎恨,是播音情感表达的原动力。

2.肖岩的播音之路

延安新华广播电台第三位播音员是肖岩。肖岩,本名常丽华,河北丰润县人,生于1919年4月,曾就读于通州女子师范学校,1938年10月参加革命,1939年4月加入中国共产党。抗日战争时期,曾先后在延安抗日军政大学、八路军总政治部宣传队、中国女子大学、广播电台、解放日报社、延安中学任学员、播音员、资料员、政治教员。解放战争时期,任新华总社广播部

---

① 徐瑞章.重返延安忆当年[M]//北京广播学院新闻系.人民广播回忆录第三集.北京:北京广播学院出版社,1990:34.

② 丁戈.听到我们自己的广播了[M]//中国广播电视学会史学研究委员会,北京广播学院新闻传播学院新闻系.延安(陕北)新华广播电台回忆录新编.北京:中国广播电视出版社,2000:100.

编辑。

(1)"普通话"标准是播音员基本素养,高度的政治责任感是使命

肖岩是从 1941 年夏天开始从事播音工作的,"延安台当时每天晚上八点起播出一个小时,大约七、八千(七八千)字。下午四点左右,稿件到手,我们开始准备。我小的时候,在北平读过书,会讲普通话,参加革命以后又当过文艺宣传队的歌咏队员。但是要做好播音工作,并不是轻而易举的。在'老'播音员的帮助下,我们一起摸索出了一套工作规律:先把每天的稿件通读一遍,然后再分段复读几遍,遇有读不准的字词,就翻字典,心里总是想着千万不能念错一个字。其次,还要反复默读几遍,仔细体会稿件的中心思想,以便把党的精神准确无误地传达给听众。那时候,电台没有什么录音设备,只能是对着话筒直接播出。虽然隔壁有调配员在监听,但是一旦有了差错也是无法挽回的。从工作实践中,我体会到做好播音工作最重要的是要有高度的政治责任感。有了这一条,就能激励自己排除困难做好播音工作。就这样,我严肃认真地对待播音工作,两年的播音生活中,从来没有读错过字。"①

肖岩的回忆告诉我们,她在北平读过书,会讲普通话,另一位播音员姚雯是江苏人,由于口音的关系,离开了播音队伍。人民广播诞生虽然只有短短半年,对播音员普通话的标准就提出了较高的要求,因为语音标准是播音员的基本素养。肖岩的体会告诉我们,播音工作最重要的是要有高度的政治责任感,人民广播必须传递中国共产党的声音。"播音工作紧张地进行着。当时的播音员叫肖岩,她的音质很好,吐字清楚,发音准确,善于把思想感情贯穿到播音之中。特别是对工作非常认真,每接到稿件,都要仔细阅读,认真练习之后,才正式播出。她的声音时而慷慨激昂,时而悲愤填膺,有力地传达了我党的声音,鼓舞人们奋勇前进,我自己从中深深地体会到语言

① 肖岩.延安播音生活回忆[M]//北京广播学院新闻系.人民广播回忆.北京:北京广播学院出版社,1983:41.

广播的魅力,十分热爱这一工作。"①肖岩在传达党的声音时,吐字清楚,发音准确,慷慨激昂,义愤填膺,为人民广播播音风格的形成奠定了基础。

(2)播音员应有驾驭多种节目的表达能力

当时的广播电台十分简陋,除了一部留声机和毛主席送来的二十几张唱片外,几乎没有其他设备,每天播音三次。为了丰富广播内容,除主要播出新闻节目外,文艺节目也必不可少。"那个时候,一个播音员不但要会播送新闻稿件,还要学着唱歌,学着演戏,根据宣传的需要配合着演播一些文艺节目。记得我们曾经在延安台演唱不少反映抗日斗争、歌颂解放区进步的歌曲,如《五月的鲜花》、《游击队歌》、《黄河大合唱》、《大刀进行曲》花》、《游击队歌》、《黄河大合唱》、《大刀进行曲》(延安颂》等等。这些从国民党广播电台中听不到的雄壮歌声,却从延安传向了祖国的大地。在三局的一些文艺爱好者的帮助下,我们还在广播中播送过郭沫若写的话剧《屈原》、《棠棣之花》的片断(段)。除此之外,在文艺节目中还广播过梅兰芳、马连良演唱的京剧唱片。"②当时的播音员不但要报告好新闻,还要演播文艺节目,这是那个年代对播音员的全面要求,使其得到了锻炼。

"一九四三年的春天,由于广播发射机发生了重大故障,党中央决定暂时停播,我也随即离开了播音岗位,投身到其他的战斗行列中去。"③第一阶段人民广播初创期的播音结束了,虽然只有短暂的两年时间,但为人民播音工作积累了一定经验,摸索出播音的一些基本规律,为下一阶段的播音工作奠定了实践基础与理论准备。

(二)人民广播恢复期

整合相关资料可见,1945 年 9 月 11 日,延安新华广播电台恢复播音,李

---

① 赵戈.我们的广播电台诞生了[M]//北京广播学院新闻系.人民广播回忆录第三集.北京:北京广播学院出版社,1990:23.

② 肖岩.延安播音生活回忆[M]//北京广播学院新闻系.人民广播回忆录.北京:北京广播学院出版社,1983:41.

③ 肖岩.延安播音生活回忆[M]//北京广播学院新闻系.人民广播回忆录.北京:北京广播学院出版社,1983:41.

慕琳、孟启予参加播音工作。1946年1月,王恂成为延安台第一位男播音员。1946年6月,于一、钱家楣参加播音工作;12月,杨慧琳参加播音工作。在当时的战争环境中,延安台进行了三次战争转移。1947年3月,延安新华广播电台改名为陕北新华广播电台。随即,晋察冀鲁解放区接到中央指示,立即着手筹建新的广播电台,以便在必要时接替陕北台的播音。经过紧张的准备工作,陕北台新址与邯郸新华广播电台一起设在太行山麓的沙河村。3月底,这里接替了陕北台的播音,柏立、于韵琴、兰林、胡迦陵加入播音队伍。4月底,陕北台的同志东渡黄河,来到太行,到达涉县的沙河村。这时的播音员,除孟启予、钱家楣等人外,又增加了齐越、夏沙。5月的一天,毛泽东、周恩来、陆定一在王家湾听到了陕北新华广播电台正在广播蟠龙大捷和真武洞祝捷大会的消息和评论。播音员钱家楣播到国民党反动派背信弃义发动内战时,言辞痛斥,慷慨激昂。毛泽东称赞:"这个女同志好厉害,骂起敌人来,义正词严!讲到我们的胜利也很能鼓舞人心,真是憎爱分明,这样的播音员要多培养几个!"①9月,电台开办英语节目,魏琳担任播音员。1948年3月下旬,中共中央离开陕北,东渡黄河,于5月下旬到达河北平山县西柏坡村,陕北台跟随新华总社一起来到平山。在这里,播音队伍逐渐壮大,晋察冀台播音员并入了陕北台,孟启予任播音组组长,丁一岚任副组长,播音员有齐越、钱家楣、李惠一、柏立、邱源、杨洁、智世民、郑宁、柏思培等。1949年3月25日,陕北新华广播电台迁往北平,齐越、刘涵、吴影、姚琪、康普、刘淮、韩皓等播音员由徐迈进带队,接管了西长安街的国民党北平广播电台,改名为北平新华广播电台。播音队伍新增加了陈真、王艾英、刘涵。1949年12月5日,更名为中央人民广播电台。

通过对历史资料及个人回忆的梳理与总结,发现每位播音员都在自己的播音实践中探寻播音规律性的东西,为中国播音学术理论大厦的构建夯实了基础。

---

① 杨兆麟,赵玉明.人民大众的号角:延安(陕北)广播史话[M].北京:中国广播电视出版社,2000:56.

1. "中央台"播音员个人的回忆总结

（1）孟启予

孟启予,1919年11月出生于浙江杭州,原名陈元,福建长乐人。1945年10月在延安新华广播电台任播音员,到1949年,孟启予一直领导播音组工作,为播音组的建设,以及对新播音员的培养付出心血。王恂、钱家楣、杨慧琳、齐越等都是在孟启予的指导下逐步走上播音岗位的,孟启予与当时的一批播音员对播音事业的建设和人民广播播音风格的形成,起了开创和奠基的作用。孟启予的播音独树一帜,她播的五评白皮书语言犀利,分寸恰当,"有理、有利、有节"地表达出中国共产党人的气魄而又保持了女声的特色。一位当年的听众在回忆录中写道:"……特别是陕北新华广播电台的一位女同志,听她的广播使人深思,催人奋发……"

孟启予在回忆中写道:"讲到我的播音吧,开头也是挺可笑的。我是个南方人,在小学校念书的时候学过普通话,平常还凑合,当个播音员就得口齿流利、声音准确,这头一着就使我为难了。加上刚播音,沉不住气,在播音前把字音纠正了,念得好好的,一坐到话筒前面,心里一发慌,就忘得精光了。什么语气啦,情感啦,根本就谈不上了。播完音下来,面孔发烧,手脚冰冷,自己觉得对不起听众,心里很难受。虽然如此,同志们却总是安慰我,鼓励我,耐心地帮助我。除了慕琳同志以外,发报的、搞机务的同志都热心地帮助我克服困难,帮我准备稿子,纠正字音,查字典,仔仔细细地收听我们的播音。哪儿语气不合适啦,情感不够啦,速度快啦,或者重点不明显啦……都记下来和我研究。编辑部的同志们也来信鼓励我们,经常寄来各种参考材料,帮助我们分析政治形势,加强我们对党的政策的理解和政治理论的修养。"①

（2）王恂

王恂,1928年6月出生于北京,1944年奔赴延安,1946年1月调到延安新华广播电台任播音员,成为延安台的第一个男播音员。同年3月到刚解放

---

① 孟启予.我在延安新华广播电台播音的时候[M]//北京广播学院新闻系.人民广播回忆录.北京:北京广播学院出版社,1983:51.

的张家口继续读书。虽然王恂从事播音工作时间很短,但是作为人民广播的第一位男播音员,他的播音经历及对播音的理解,是中国播音史学研究的重要内容之一。

"当我第一次对着话筒,播发这庄严的呼号的时刻,心情格外激动,甚至紧张得连气也喘不上来了。这是一九四六年一月初的一天。头一天调来,第二天就开始播音,成为延安台的第一个男播音员。我播过几次音以后,当时带病坚持播音的孟启予同志,就象(像)姐姐对弟弟讲话那样,耐心、亲切地对我说:'不要慌,慢慢就熟悉了。你播音清楚,发音也准确。只是有时候念错字,有的地方不该停顿的停顿了,比如,你把 XNCR 播成 X - N - C -R……'她还把同志们听我播音以后的意见转告给我:'你播时事新闻和记录新闻,比较清楚。播通讯,还不够生动,缺乏丰富的感情,以后要多多练习。'"[1]1946 年 1 月,共产党和各民主党派参加的政治协商会议,以及于 1 月 10 日发布的停战令,都是由王恂播音的。这对于王恂这个初上岗位、初学播音的新兵来说,犹如千斤重担。正是在孟启予的耐心帮助和指导下,王恂很快就可以满怀信心地走进播音室,用清楚、流利的声音向全国人民播报消息了。

(3)钱家楣

钱家楣,1927 出生,北京人,1942 年在延安参加革命,后在延安大学社会科学院、行政学院学习。1946 年 6 月开始担任延安新华广播电台播音员。1947 年 3 月随延安台撤到瓦窑堡,在炮火中坚持播音。1949 年春进入北平后,在北平(北京)新华广播电台、中央人民广播电台先后任播音员、编辑、少年儿童广播部政治组组长。

"我是在一九四六年六月初,调到延安新华广播电台做播音工作的。当时,播音室和发射台分别在延安城西北二十几里远的裴庄和盐店子。播音员有孟启予、于一同志和我。我调到广播电台不久,蒋介石发动的反革命全面内战就爆发,广播电台担负着向国民党统治区人民和国民党军队的宣传

---

① 王恂.XNCR 罗,我想念你[M]//北京广播学院新闻系.人民广播回忆录.北京:北京广播学院出版社,1983:53.

任务,工作紧张、繁重。"①1947 年 5 月的一天,陕北新华广播电台正在播送蟠龙大捷和真武洞祝捷大会的消息和评论,钱家楣在播到国民党反动派背信弃义,发动内战时严词痛斥、慷慨激昂;讲到真武洞欢庆胜利的时候热情奔放、鼓舞人心。毛泽东听后称赞说:"这个女同志好厉害,骂起敌人来义正词严! 讲到我们的胜利也很能鼓舞人心,真是憎爱分明。这样的播音员要多培养几个!"②钱家楣播音水平的提高,离不开孟启予的帮助和指导,这种老带新的传统,为培养新播音员的实践能力确立了良好的范式。

(4)杨慧琳

杨慧琳,生于 1919 年,16 岁成为党的地下工作通讯员。全面抗战爆发后,杨慧琳到八路军南京办事处参与筹办《新华日报》,后在重庆担任《新华日报》编辑、记者,主编《妇女之声》副刊。1941 年奔赴延安,先在《解放日报》工作,1946 年 12 月担任延安新华广播电台播音员。

在新华社社长廖承志的指派下,于 1946 年底参加播音工作。"在播音组组长孟启予同志的热情帮助下,我开始熟悉稿件,试着播音。第一次正式播音的内容是什么,我已经记不清了。但是第一次播音的感觉,至今仍然记忆犹新。当我坐在那小小的话筒前面时,感到有成千上万的群众都在倾听着中国共产党的声音。这时候,我的勇气一下子就上来了,好象(像)什么也不怕了。我高声地把党的召唤向全国人民宣告,忘记了是在广播,倒真象(像)是面对着许多群众在讲话一样。广播完了,大家都很高兴,鼓励我说:'很好,很好。'"③

通过杨慧琳的第一次播音经历回忆可以看出,心中有听众,是播音成功的关键,这是播音心理学中对象感的研究范畴,杨慧琳的第一次播音经历回忆是对对象感的最好注释。

---

① 钱家楣.陕北战争期间播音工作的片断回忆[M]//北京广播学院新闻系.人民广播回忆录.北京:北京广播学院出版社,1983:66.

② 杨兆麟,赵玉明.人民大众的号角:延安(陕北)广播史话[M].北京:中国广播电视出版社,2000:56.

③ 杨慧琳.在战斗的岗位上[M]//北京广播学院新闻系.人民广播回忆录.北京:北京广播学院出版社,1983:75.

（5）齐　越

齐越,生于 1922 年,原名齐斌濡,生于黑龙江满洲里,河北高阳人,毕业于西北大学外文系。1946 年参加革命,先后在晋冀鲁豫《人民日报》和新华总、分社担任编辑。1947 年 8 月,齐越任陕北新华广播电台播音员,从此开始了播音生涯。

①孟启予的播音经验对齐越播音创作的启发

齐越的播音工作是从 1947 年 8 月 16 日开始的,第一次播音结束后,他的感受是"播完出来,满头大汗,手脚有点发凉,看看表,才不过十来分钟,却觉得好象(像)几个钟头似的"。① 齐越在 1948 年 5 月 31 日的日记中写道:"组长孟启予同志的发言给我很大的启发,她也说:播音第一位的是准确,理解要准确,表达要准确。因此,就要深刻理解稿件的内容,掌握它的精神和实质,准备得很纯熟,到话筒前思想高度集中于内容,能够如此,播起来才能自如,语气才能自然。在播的时候,越是专心一意想着稿件内容,播音的感情、语气也会表达得越好。否则,片面注意技巧,只动嘴、不动脑,顺口溜,反而要出毛病。正因为如此,平时就要加强政策和时事政治学习,注意语言的锻炼,这些方面学习得好,播音水平才能真正提高。"②

孟启予的发言进一步明确了理解是播音创作表达的基础,播音技巧是建立在播音内容基础上的,播音创作时不只是用口,更要用脑。在孟启予的领导下,播音工作得到了肯定,在 1947 年 4 月 21 日,召开了陕北台和邯郸台两个编辑室的会议,肖风首先表扬了陕北台的广播工作:"一、播音有感情;二、口语化好;三、播音速度合适;四、编写简要。"③

②解读齐越《播音日记》

经过齐越自身的努力,他的播音业务水平和理论水平不断提高。"1948 年 5 月,陕北台播音组开会总结工作,每位播音员都写了'十天播音工作总

---

① 齐越.播音员日记[J].新闻战线,1981(4).
② 齐越.播音员日记[J].新闻战线,1981(4).
③ 肖风.保证真理的声音不中断:回忆接替陕北广播电台的经过[M]//北京广播学院新闻系.人民广播回忆录.北京:北京广播学院出版社,1983:94.

结'。其中保存下来的时任陕北新华广播电台播音员齐越的《十天播音工作个人总结》具有代表性,它直接从新闻播音实践中来真实地反映了当时播音员实现新闻播音语言规范的具体情况,是研究人民广播新闻播音语言规范系统和其要素形成的十分珍贵的文献。"①

A.剖析自我:齐越在总结近一段的播音工作时,非常坦诚,不否定进步,不掩错误,《十天播音工作个人总结》中有这样的记述:一般说来,播音已较前有进步,固定的调子基本上已克服,错误、结巴亦较前减少,速度基本已适当掌握。播得较好的有下列几篇,速度稳,没有播错一字,没有结巴重复,语气表达适当:(一)社论说明;(二)中央指示;(三)苏联领导人士驳斥美国国务院之声明;(四)对东北国民党军奖惩办法;(五)于泽霖谈话。播音的缺点与错误:(一)有个别语句不自然。(二)有一些语句过于分断。(三)有某些字的四声不准(地方音)。(四)播通讯放不开,呆板、生硬。(五)所播大错误有三:a.中央指示中"农民"播"人民"。b.《人民公敌蒋介石》的预告中"中华民族"播成了"中国人民"。c.呼号"XNCR"播成"XNMR"。

B.突破自我:《十天播音工作个人总结》中"固定的调子基本上已克服"说明,包括播音在内任何艺术创作经过一定阶段实践后都会固定在一个表达模式上,需要突破,克服固定的腔调已经成为齐越关注的重点。在人民广播播音历史短暂的创作经验中,齐越敏锐地看到了播音固有腔调在创作中的危害,必须寻找克服的办法。在通讯播音创作中,他认识到放不开、呆板、生硬的缺点,这些问题产生的主要原因是播音员缺少真实的感受,缺少融入作品的真情实感。齐越就是在这点滴的积累中克服缺点,这才使他创作的通讯播音作品,深深感染了当时的每个听众。

C.完善自我:齐越在分析产生差错的原因后,做了深刻的反思。首先他从政治的高度重新理解了人民广播的政治属性,凝结成播音员在正确进行播音创作时强调的党性、党的立场的基本理论。"这次的教训,使我更深深地认识到我们的广播电台是和一般电台根本不同的,我们的电台是我党的喉舌,是服务于人民革命事业,代表党中央发言的。一个播音员应当时时刻

---

① 姚喜双.新闻播音语言规范研究的奠基之作[J].现代传播,2007(3).

刻小心谨慎,认真负责,不容许有丝毫错误发生,即便是一字之错,也是全党和人民的损失,影响我党的威信,对不起人民的。"①在树立了坚定的政治方向后,在播音创作中就要有一丝不苟的认真精神。"今后,首先应当时时刻刻坚持认真负责的精神,并将此精神贯穿到播音的每一个字,每一句,每一呼号中。"②

其次,"我们在播音技术上所要求的自然,是在严肃负责基础之上的自然,而非任意放开,随随便便顺口溜的自然,否则,我们就要发生错误。"③艺术创作的最高境界是达到自然天成,作为有声语言艺术的一种——播音创作也要遵循艺术创作的基本原则,播音语言的自然,是在艺术创作基础上的自然,不是无约束的自然,更不是放任自流。我们常说,细节决定成败,播音工作更是如此。在话筒前,声音一出,是没办法收回的,而且影响范围之广是难以想象的,因此从小事入手,在细微处见功夫,"我们的播音,首先要稳重沉着,不出错误,在这样的基础上进一步提高。今后为避免发生类似错误,要加强自己认真负责的工作态度,并将容易顺口溜播错的一些名词上,在准备稿子时作提醒注意的记号。另外,每个节目前的呼号一定写在稿子前面,看着呼口叫。"④

齐越《十天播音工作个人总结》"总结了播音的缺点和错误,分析了出现错误的原因,提出了改进办法。涉及字音错误、语句错漏、语气把握等方面,认识到了责任承担、认真备稿、心态调控的重要性。这些个人总结是最早涉及播音研究,虽然以个人经验总结的形式出现,但鉴于其一方面具有普遍性,另一方面以传授的方式对年轻的播音员产生的普遍影响,仍然具有理论研究的意义"。⑤

2.地方台播音员个人的回忆总结

当时除了延安电台外,各个地方也陆续建立了广播电台。"据统计,

① 齐越.播音员日记:解放战争年代的播音工作[J].新闻资料研究,1980(4).
② 齐越.播音员日记:解放战争年代的播音工作[J].新闻资料研究,1980(4).
③ 齐越.播音员日记(续):战争年代的播音工作[J].新闻战线,1981(9).
④ 齐越.播音员日记(续):战争年代的播音工作[J].新闻战线,1981(9).
⑤ 韩静.建国前中国播音研究史论[D].郑州:河南大学,2009.

1940 年,中国共产党只有延安台 1 座带试验性的广播电台;1945 年年底,已经拥有延安、哈尔滨、长春、张家口、通化、吉林等 6 座电台;1946 年发展到 11 座;1947 年达 12 座;1948 年达 19 座;1949 年 9 月已达到 39 座,共使用 61 部广播机和 61 个波段,这年年底又达 43 座。初步形成了一个全国性的广播网。"①因此,各地方台播音员对播音工作的体会和感悟,更进一步丰富了人民广播播音实践与理论研究的内容。

(6)纪　清

纪清是邯郸台的播音员。其为北京人,能讲一口比较纯熟的北京话,在走上播音道路前曾参加演剧队,有一定的台词基础,因此,播音时在掌握语音、语调和感情方面不是太困难,能较快地承担播音工作。

①播音技巧必须以表达内容为核心。"我逐渐发现,要把播音工作做好是很不容易的。这里,播音的技巧固然重要,但更重要的是政治热情和思想水平。技巧只有和文章的思想内容有机地、恰当地结合好,才能收到应有的效果。这一认识是当我听说陕北台的女播音员受到毛主席和周副主席的称赞后逐步明确起来的。陕北台在播送蟠龙大捷和真武洞祝捷会的消息和评论时,毛主席和周副主席在靖边县王家湾收听后称赞说,这个女同志好厉害! 骂起敌人来真是义正词严,讲到我们的胜利也很能鼓舞人心,真是爱憎分明。这样的播音员要多培养几个! 从毛主席和周副主席表扬播音员这件事上,我懂得了提高政治思想觉悟对于搞好播音工作的重要性。以后,我的学习愿望更加迫切了,每播一篇稿子,都注意对内容的深入分析和理解。"②

②充分备稿是播音准确的前提与保证。"邯郸台的领导对播音工作的要求是很严格的,重要文献或社论、重要新闻等,播出时都要求一字不错。那时候,不象(像)现在有录音机,可以事先录好,播错了还可以重录,我们哪有这个条件啊。何况每天的稿件往往很晚才从编辑部传到播音组,手抄的字迹有时还比较潦草,因此,播音时稍一不慎,就会出错。根据这种情况,在

① 许焕隆.中国现代新闻史简编[M].郑州:河南人民出版社,1988:408.

② 纪清.邯郸播音工作散记[M]//北京广播学院新闻系.人民广播回忆录.北京:北京广播学院出版社,1983:150.

播音前,我们总是利用短促的时间,集中全力做好准备,在原稿上打上不少只有自己才能识别的符号,以便在播音时做到从容不迫。我们播音组还规定了相互收听广播、相互检查交流经验的制度,力求保证播音质量,不断改进工作。为了提高政策水平,我们每周安排一次学习讨论会。陕北台的播音员和我们编在一个组里,共十人左右,仅有齐越同志一个男播音员。我们在一起曾就战局发展、土改及党的各项政策问题进行研究和讨论。同事们的学习态度都很认真,从小组讨论的发言可以看出,事先大家都是下过一番功夫、做过一番准备的。"①

（7）柏　立

柏立,邯郸台播音员。他是1946年7月到邯郸台当播音员的。

①互学与借鉴中提升自我播音的能力与水平。"我刚到邯郸台时,领导对播音工作的要求是,第一不出错,第二播得清楚。那时候,谁也没有经过什么专门培训,怎样才能达到这些要求,把音播好,没有现成的一套,全靠在实践中边干边摸索。每逢转播延安台节目时,我和余铭久就集中精神收听,从延安台的播音中找差距,取长补短。邯郸台迁到沙河村,特别是和陕北台会合后,播音组人数增加了许多。这时,如果时间充裕,各人备好稿后读给组长听,组长也读给全组听,大家互相挑毛病,商量纠正办法,业务提高较快。"②

②调整心态稳定播音创作状态。"拿到稿件以后,专心准备,反反复复地念得滚瓜烂熟。怎样才能不播错呢?起初,话筒前一坐,心里提醒自己'别错,别错',可事实上偏偏出错。后来慢慢地学会掌握自己的情绪,精神集中,但不紧张,多想一想不出错的有利条件,例如:我对这播音室、话筒已经很熟悉了,稿件也准备得充分,为什么还要出错呢? 这样一想,便觉得很

①　纪清.邯郸播音工作散记[M]//北京广播学院新闻系.人民广播回忆录.北京:北京广播学院出版社,1983:150.

②　柏立.播音工作的片段回忆[M]//北京广播学院新闻系.中国人民广播回忆录续集.北京:中国广播电视出版社,1986:207.

有信心,播时神态从容,头脑冷静,经过一段时间锻炼,就基本上做到不出差错了。"①

③从生活中寻找表达不同作品的情感。"我的播音原来有偏'硬'的毛病,在一段时间里,总没有找到克服的办法。有一天,两个老乡在吵架,余铭久定神地听着。然后她很有感触地告诉我:人在气愤时,说话的节奏是又短又重的。听她一说,我也受到启发,两人一起捉摸,既然愤怒时的语气又短又重,那么,人不愤怒时的语气应该是它的反面,即舒展、缓和。这样,我们在以后广播揭露敌军罪行的稿件与广播敌军亲属给敌军官兵的家信时,语气表达便有所区别了。"②

④老带新的播音员培养模式。"为了适应工作需要,上级不断给播音队伍增添新生力量。培养新播音员的任务,也同时落在我们几个从事播音工作较早的同志身上。当时,我们没有一套重音、断句等理论知识,带新播音员用的也是'土'办法,就是一句一句地示范,新播音员在开始阶段也是一句句地模仿,可是学得非常认真、刻苦。例如来自江苏、广东等地的南方同志,光是为读准普通话字音,就费了很大的劲。可是谁也没有叫一个'难'字,总是一个劲地苦练。不管什么时间、场合,他们只要一见到我们,就会问一大串字,这个怎么读,那个怎么念。有的同志甚至在睡梦中还在 zh、ch、sh 地念着。安排新播音员在话筒前播出(直播)时,稿件由少到多,开始播一篇,相继播两篇,逐渐增加。如果广播中出错就暂停,再练一段时间才上。"③

(8)刘　竞

刘竞,延吉新华广播电台播音员。1947 年 5 月开始播音,1949 年 3 月被派往吉林新华广播电台工作。

①练好基本功适应直播工作。"当时,播音都是直播,一次节目常达二

①　柏立.播音工作的片段回忆[M]//北京广播学院新闻系.中国人民广播回忆录续集.北京:中国广播电视出版社,1986:207.

②　柏立.播音工作的片段回忆[M]//北京广播学院新闻系.中国人民广播回忆录续集.北京:中国广播电视出版社,1986:207.

③　柏立.播音工作的片段回忆[M]//北京广播学院新闻系.中国人民广播回忆录续集.北京:中国广播电视出版社,1986:207.

十到三十分钟,要求极为严格。因此,要做好播音工作,必须大练基本功。我们首先从学查字典、掌握语音开始,整天学认字,纠正自己不正确的读音,学习陕北台孟启予、齐越等同志的播音。为了口齿流利,我们就大练绕口令,有时还比赛一番,看谁说得快、说得准。"①

②理解稿件内涵是表达准确的前提。"一有空就拿稿件或报纸练习,先默读,注意理解稿件内容,有时为了弄懂稿件中的问题,竟展开一番大讨论。如播有关土改划成分的稿件时,有些内容我们不懂,通过讨论和老同志的解释,明白了是怎么回事,播时也就心中有数了。理解内容后,还要象(像)正式播音一样朗读,然后互相矫正,指出毛病。"②

③如何把握播音语速。"为了掌握好播音速度,我们掐着表一遍又一遍地练,一遍又一遍地查字数。转播陕北台节目时,注意学习他们的播音速度。间奏乐和音乐、京剧等节目,都是由播音员放唱片。放唱片要求快,不许切头切尾,中间不许卡壳,更不许放错。我们就大练放唱片的基本功。练在马达飞转的情况下取、放唱片,练翻片,练换唱针。经过认真的练,技能终于熟练,达到手急(疾)眼快,动作轻而稳,保证了唱片的播放质量。"③

④如何正确面对播音差错。"在播音中一旦出了差错,思想压力是很大的。记得一次,我在播稿中,把杜撰的'撰'错读成'选'的音,事后有位同志告诉我,我感到非常不好意思,认为读白字给电台丢了脸,影响了电台威信,是不应该的,晚上连觉都没睡好。后来,在每周一次的生活会上我做了检讨,并找出了教训,表示今后要努力提高文化水平,不认识的字一定认真查字典,不能看它象(像)什么就读什么。"④

① 刘竞.难忘的岁月:记在延吉新华广播电台工作片断[M]//北京广播学院新闻系.人民广播回忆录.北京:北京广播学院出版社,1983:197.

② 刘竞.难忘的岁月:记在延吉新华广播电台工作片断[M]//北京广播学院新闻系.人民广播回忆录.北京:北京广播学院出版社,1983:197.

③ 刘竞.难忘的岁月:记在延吉新华广播电台工作片断[M]//北京广播学院新闻系.人民广播回忆录.北京:北京广播学院出版社,1983:197.

④ 刘竞.难忘的岁月:记在延吉新华广播电台工作片断[M]//北京广播学院新闻系.人民广播回忆录.北京:北京广播学院出版社,1983:197.

（9）薛　冰

薛冰,济南广播电台播音员。1948 年 11 月 8 日开始播音。

从节目出发,在多种艺术形式中探寻声音表达手段,提升自身播音能力和水平。"从建台开始播音的第一天起就有了《革命故事》这一节目,到现在已经两年了。为了更好地演播这一节目,我去听本市艺人的评书打(大)鼓,学习那种语调,请他们教给我打板,学习'合辙押韵',我又采用了话剧的对白,和诗歌朗诵等形式充实到'故事演播'里来。一个故事里,演播各种不同类型的人物(男、女、老、幼等),这就要求很好地熟悉他们的生活和性格,分析他们的思想感情。这是一个难题,到今天还掌握不住这一点。有时,把这些方言、口语、结巴嘴和特殊的嗓音等充实到故事演播里去,以刻划(画)人物的形象。但这是非常不够的。渐渐地,我们体会到这决(绝)不是一个简单的问题,只有提高了自己的阶级觉悟,提高了自己的政策理论水平,掌握了正确的思想方法,才能够清楚地去观察、去分析,才能逐步地弥补这一缺点。后来,我们又大胆地采用了'广播故事剧'的演播形式,就是从个人担任演播,改为多人演播,里面有主叙,有男音,男女合音……在音响效果方面,也更细致了一些。如一个故事是发生在火车上,我们就从开始到结束一直隐约配着火车前进和鸣叫的效果。"①

（10）天津台播音员徐恒、林青、高心一、陈冰

①天津台播音队伍与播音业务。第一任台长鲁获在回忆文章中是这样描述播音工作的:"播音员每天练习读稿到深夜,经常请领导和熟识的同学、朋友听他们的试播,广泛地征求意见。他们为了学习播音技巧,用一架破旧的收音机收听陕北新华广播电台的广播,也借鉴国民党电台外国电台的华语广播。几乎每篇稿子都要读几十遍,不达到令人满意的程度,不肯罢休。四个播音员全是大学生,他们有舞台表演经验和朗诵的经验。"②

---

①　薛冰.济南新华广播电台简忆[M]//北京广播学院新闻系.人民广播回忆录第三集.北京:北京广播学院出版社,1990:171.

②　鲁获.起步前后:回忆 1949 年进城前后的天津新华广播电[M]//北京广播学院新闻系.人民广播回忆录第三集.北京:北京广播学院出版社,1990:327.

②四位播音员的播音特色。"徐恒在南开大学的朗诵是很有名的,在每次学生运动的集会上,她就是一名热情奔放的革命行动的鼓动者;林青是燕京大学舞台上经常出现的话剧演员,他的播音有着强烈的节奏感;高心一是南大中文系的学生,她对广播稿的内涵有着深刻的理解,语音安排不单凭着热情;陈冰是南大哲教系的学生,热情而奔放,在试播过程中,在一些感人之处会激动得流下泪来。"①

③徐恒推动播音风格论的形成。"众所周知,广播既不同于舞台,也不同于讲堂,而是一门独特的语言艺术,这就要求他们有较高的思想和文化素质。为改变广播中的舞台腔、朗诵腔、讲演腔,改变那些不应有的矫揉造作,在徐恒的领导下,在短暂的时间内,树立起一种不同于国民党电台和外国电台的播音风格。他们为此真是下了一番苦功夫。那时,从领导到播音员,对播音的质量要求都十分严格。记得在一次试播中,有的同志因受到批评而痛哭起来。当你看到她熬夜而红肿了的眼睛流下热泪的时候,你会感到这不是一种委屈情绪,而是出自一种强烈的革命责任感所使然。我称颂天津电台的第一代播音员,在没有范本可循的情况下,克服困难,艰苦奋斗,在短暂的时间里,不仅胜任了这项工作,而且形成了自己的风格。这种为开拓人民广播事业的奋发、创新精神,是难能可贵的,值得称颂的。"②

新中国成立前的人民广播虽然只有 19 年的短暂历史,但新中国的播音理论是在人民广播的播音经验总结的基础上逐渐发展、丰富起来的,当播音作为一门独立的学科被世人承认的时候,回望人民广播播音 19 年来走过的历程,无论是党的指令还是播音员的心得体会,在播音学研究的历史上始终闪耀着光芒,因为她确立了人民广播播音的独特创作手段并树立了人民广播播音的风格,为新中国播音学术的发展,奠定了坚实的基础。

① 鲁获.起步前后:回忆 1949 年进城前后的天津新华广播电 [M]//北京广播学院新闻系.人民广播回忆录第三集.北京:北京广播学院出版社,1990:327.

② 鲁获.起步前后:回忆 1949 年进城前后的天津新华广播电 [M]//北京广播学院新闻系.人民广播回忆录第三集.北京:北京广播学院出版社,1990:327.

第三节　新中国成立以来中国播音学术发展
(1949—2023 年)

　　齐越、丁一岚以气势磅礴、热情洋溢的声音向全世界转播开国大典阅兵游行的盛况,开启了中国广播播音事业新纪元,而 1958 年北京电视台开播,宣告中国电视播音事业正式起航。新中国成立前,播音实践与播音理论研究聚焦的重心是播音作为夺取政权的思想和舆论工具,发挥播音的革命力量;新中国成立后,播音实践与播音理论研究的重点是播音如何在巩固政权、治理国家中发挥声音传播的作用,发挥播音的治国力量;国家治理中,播音实践与播音理论为经济建设、政治建设、执政党建设、经济建设、文化建设等服务,发挥播音的建设能力;自我提升中,播音实践与播音理论关注传播正确的世界观、人生观、价值观,提升人们的素养,发挥播音的修身作用。播音理论从继承中得到发展,从国外借鉴中得到完善;播音学术在争鸣中得到提升,在教育中得到延续;播音学科在艺术门类中找到归属,在专业融合中逐步构建;播音学术交流在协会与学会中分享共识,在著作与论文中考镜源流,在省部级、国家级课题与出版基金项目申报与立项中得到肯定。

一、新中国成立后的十七年间中国播音学术发展 (1949—1966 年)

　　新中国成立后的十七年间,是中国共产党领导全国人民在政治、经济与社会领域革故鼎新、建设新社会的过渡阶段,其中,文化建设以确立人民性意识形态、建设社会主义文化领导、动员民众强化政治认同为主要内容。

　　新中国成立后的十七年间,为了适应和促进广播更大范围、更加规范的形势发展,出台了相关政策,召开业务交流会,促进了播音创作实践与理论研究的发展。这部分研究的主要内容:①1952—1955 年召开多次交流会议,讨论了播音工作的性质、任务、作用、重要性,交流苏联播音经验,借鉴苏联的播音经验,研究"大文章"的播法,将逻辑思维能力融入新闻与评论播音表达中,播音理论初见端倪。展开播音经验交流,开展播音发声生理剖析与方法训练及嗓音的保护与锻炼;学习台词、朗诵、语音学知识,借鉴演员的职业素养并融入戏剧表演等相关艺术创作手法,丰富了播音表达方法,播音创作的基本架构形成。②播音学史上统称的黄皮书《苏联播音经验汇编》、白皮书《播音业务》、蓝皮书《全国播音经验汇辑》三本书汇编成册,在经验总结中向理论概括方向发展,为建立自己的播音理论,提供宽广的思路。③《从"编播合一"谈到播音应该专业化》《播音是一种语言艺术活动》《播音是创造性的艺术活动》成为播音理论的奠基之作,阐释了播音专业性、艺术性、独立性等基本理论特性,拓展了播音艺术的独立性,对播音员与稿件的关系、播音不同于表演等播音基础理论的三个核心问题进行了全面的阐释。④中文系播音专业创办,讲授"发声教学""基本表达"等课程,播音理论的主体已经比较明确;叶圣陶、吕叔湘、王力、朱德熙、吴晓玲、周新武、王松茂、俞敏等语言学家从广播口语化、规范化等维度运用语言学理论和现代汉语知识研究播音语言,助力播音理论发展。⑤播音学术著作出版、期刊刊发广播语言与播音理论研究文章,使播音学术理论研究在专业独立的视野中绽放光芒。

(一)背景简述

1. 1949 年 12 月 5 日北京新华广播电台定名为中央人民广播电台。2. 1952 年 12 月 9 日在第一次全国广播工作会议期间中央人民广播电台播音组召开播音工作座谈会。参加会议的有北京、天津、东北、云南、甘肃、上海等地方台播音组长,西南台播音员、中央人民广播电台及北京市电台的全体播音员共 73 人。会议要求播音员不仅要重视播音业务学习,还要重视政治理论、时事政策学习,联系群众,联系实际,向群众和实际学习。3. 1954 年 7 月 6 日至 9 月 5 日,中央广播局组成以副局长温济泽为团长的由 18 人组成的中国广播代表团出访苏联,学习苏联广播工作经验。1954 年 11 月 8 日至 20 日,在中央广播局召开的第二次全国广播工作会议上,局长梅益在会上做了题为《学习苏联广播工作经验,改进我们的广播工作》的报告。4. 1955

年3月,中央广播事业局地播处主持召开第一次全国性的播音会议,齐越介绍苏联播音经验。5.1956年2月6日,国务院发布关于推广普通话的指示:(1)要求全国各地广播电台应该举办普通话讲座。(2)各个方言区域的广播站在日常播音节目中,必须适当地用普通话播音的节目。(3)全国的播音人员必须受普通话的训练,少数民族地区广播电台的汉语广播应该尽量使用普通话。(4)明确提出电台播音应该使用普通话,明确普通话的定义。6.1956年7月25日至8月16日,第四次全国广播工作会议召开,会议主要议题是研究广播宣传,会后播音业务研究热情高涨。7.1958年4月7日至18日,中央广播局召开了第五次全国广播工作会议,局长梅益做了题为《政治是广播工作"大跃进"的统帅》的总结发言。8.1958年5月1日,中国的第一座电视台——北京电视台(今中央电视台)开始试播,9月2日正式播出,沈力成为中国第一位电视台播音员。1958月7日至18日,第六次全国广播工作会议召开,会议"在提出广播工作'大跃进'的同时,还提出'政治就位,灵魂附体'等口号",实际上就是强调广播要为政治服务,要配合中心工作进行宣传。1958年9月2日,中央广播局在原有广播技术人员训练班的基础上,创办了北京广播专科学校。9.1959年9月,经国务院批准,中央广播局把北京广播专科学校扩建为北京广播学院。北京广播学院是我国第一所培养广播电视专门人才的高等学府。10.1966年3月20日至4月9日,第九次全国广播工作会议召开,会议明确提出要在今后的广播宣传工作和一切工作中突出政治。

(二)播音学术理论在语言学家规范语言研究中实现自我提升

1951年6月6日,《人民日报》发表题为《正确地使用祖国的语言,为语言的纯洁和健康而斗争!》的社论,对社会语言文字应用影响深远,同时连载的吕叔湘、朱德熙合写的《语法修辞讲话》,在促进汉语规范化方面也起到了重要作用。1955年召开的"全国文字改革工作会议"和"现代汉语规范化问题学术会议"提出汉语规范化,汉语的规范化催生了播音语言向专业化、标准化方向迈进,为播音语言成为国家语言典范做了理论准备。广播播音员是语言规范的宣传家,叶圣陶、吕叔湘、王力、朱德熙、吴晓玲、周新武、王松茂、俞敏等语言学家从广播口语化、规范化等维度运用语言学理论和现代汉语知识发表学术理论研究论文,从学术理论高度诠释广播语言,使广播语言成为当时学术理论研究的聚焦点。王力撰写的论文《略论语言形式美》(1962年)回答了叶圣陶先生提出的广播稿"声音之美"的问题,为播音美学发轫之作,使播音语言美学研究有了学理依据。

1.研究广播语言规范化

叶圣陶于1955年撰文提出广播语言规范化问题,"我确实知乃广播工作者一向注意语言,在语言方面下过很多工夫,我的要求是今后要更多地注意,注意的目标用一个术语说出来,就是'语言规范化'。"①广播语言作为一种职业语言,其规范化是以语言规范化为前提的,语言规范化主要包括三个方面内容:语音的规范化、词汇规范化、语法规范化。"广播语言不但要规范化,而且应该是汉语规范化的典范。因为广播的对象是千千万万的,全国的,甚至全世界的听众,如果不是规范化的典范,就不能使听众全部了解,就不能达到宣传和教育的目的。所以汉语规范化对于广播工作者,有其特殊的意义。"②

①召开国家层级的汉语规范化会议

1955年10月,教育部和中国文字改革委员会联合召开的"全国文字改革会议"、中国科学院召开的"现代汉语规范问题学术会议",重点研究了汉语的规范化问题。因广播是最有影响力的媒体工具,所以广播语言的规范化问题成为研究的重点。"电台广播员、电影和话剧演员,他们也都是语言规范的宣传家,每天有无数的观众和听众有意识地或无意识地在向他们学习。他们在普通话的推广上,过去已经有过很大的功劳,今后在全国范围内有计划地推广普通话的情况下,他们将起更大的作用,自然也就必须加强自己的语言的规范性。"③

---

① 叶圣陶.广播工作跟语言规范化[J].广播爱好者,1955(7).
② 王松茂.从汉语规范化到广播语言[J].广播爱好者,1956(1).
③ 正确地使用祖国的语言,为语言的纯洁和健康而斗争![N].人民日报,1955-10-26.

②让广播语言成为语言规范的典范、成为推广普通话的典范

"我们必须明确地认识:广播语言应当采用为全国多数人所容易懂得的普通话,而不能把是否合乎纯粹的北京方言作为最高准则,特别是在词汇和语法上,更应当多注重全国的共同,而少追求地方的特殊。只有这样才能使广播更好地为全体人民服务,让更多的人听得懂,因而也就容易学会。其次,我认为在广播工作中,需要采取更加科学合理的方法来正确地传播北京语音。目前,推广以北京语音为标准音的普通话的主要环节是推广北京语音。广播电台在传播北京语音上,更负有重大的责任。"①

③广播语言规范化学术理论研究成果

从广播在语言规范工作中的重要地位出发,将普通话作为广播的主要创作语言的相关学术研究成果主要有:吴晓玲《广播工作者和汉语规范化》(《广播爱好者》1955 年第 12 期)、周新武《普通话广播节目增加了新的意义》(《广播爱好者》1956 年第 1 期)和《利用广播推广普通话》(《广播业务》1956 年第 3 期)、王松茂《谈广播语言》(《广播业务》1956 年第 2 期)、丁一岚《广播和现代化汉语规范化》(《广播业务》1956 年第 3 期)、夏青《加紧学习完成推广普通话的光荣任务》(《广播业务》1956 年第 3 期)、俞敏《广播语言艺术的欣赏》(《广播爱好者》1956 年第 11 期)等。

2.研究广播语言口语化

"广播电台是每天从早到晚都要向人民群众讲话的,它是通过电波用声音进行宣传的现代化工具。它讲的话如果通俗、口语化,人们一听就懂,那就能够收到比较大的宣传效果;反过来说,如果讲话的句子疙疙瘩瘩,很不容易听懂,那就必然不能收到应有的宣传效果。因此,广播稿件在文风方面的重要问题之一,就是必须要通俗易懂,讲究口语化。"②

①广播节目"入耳"以稿件"上口"为基础

广播节目既然是靠听觉来感受的,广播语言就要做到"上口"和"入耳"。"'上口'是就说的方面说,'入耳'是就听的方面说,其实是一回事。'上口'

---

① 郑林曦.让广播语言成为普通话的典范[J].广播爱好者,1955(12).

② 李义.关于广播的口语化问题[J].新闻业务,1959(15).

的文章必然'入耳',反过来,不怎么'入耳'的文章就因为它不怎么'上口'。既然文章应用在说和听的场合越来越广,写文章就有顾到'上口'和'入耳'的必要。关键在乎'上口',前边已经说过,'上口'的文章必然'入耳'。"①文章不上口,一方面是口语化程度不高,另一方面是语法修辞问题,归纳起来有五类毛病值得注意:"第一类毛病,也是最常见的毛病,是在一句话里,用了很长的修饰的或是限制的词语,把句子弄得很长,当中又不大好停顿,念起来非常吃力。第二类毛病,是在句字里堆砌了一些重复累赘的字眼,把句子写得臃肿,冗长。这主要是修辞上的毛病,也使句子说不上口。遇到这种情形,应当把重复累赘的、可有可无的字眼都删掉,不说废话。有些可以分成几句来说的,应当尽量分开。第三类毛病,就是有些很难听懂的文言句子。我们不说在广播里完全不能用文言词语。但是,要有个界限,就是一般听众要能够听懂,假如念出来,很多人听不懂,那不是存心不让人听吗?第四类毛病,是学生腔,洋八股腔,或者滥用外国句法,不适合汉语的语法规则和一般人的说话习惯,句子念起来听起来别扭。第五类毛病,是在一些虚词的使用上。像'由于……''而……''而且……''虽然……但是……''因为……所以……'这些虚词,在书面语里是用得比较多的。在口语句式里,要是前后语句的意见能够听得懂,不致(至)于发生误解,这类虚词就可以不用。用了,特别是在两个相关词语中间插入了比较长的话,念起来就会感到不流畅,有些别扭了。"②

②广播稿件编写注意事项

广播电台的稿件是经过编辑的挑选和加工的,为了保证稿子的口语化,编辑在选稿和改稿时应注意以下四点:"第一,要注意文章中的道理。道理有大道理和小道理,政治、经济、哲学方面的道理是大道理,常识性的就属于小道理。大道理固然要注意,小道理也不能疏忽。第二,要注意语言的情味。语言的情味要适合文章的内容。内容是严肃的,就不宜说嘻嘻哈哈的话。内容是轻松的,就不宜说板起面孔的话。语言的情味跟文章的内容配

① 叶圣陶.“上口”和“入耳”[J].文字改革,1960(5).

② 温济泽.说不上口的句子[J].广播业务,1962:(5-6)

合得好,文章会生色不少,效果就会更好。第三,要注意语言的声音。这一点报纸、杂志要注意,广播方面尤其要注意。不要以为稿子只是拿来看的。不论什么稿子,一定要通得过两道关:一道关是说,一道关是听。写在书面上的东西,一定要跟嘴和耳朵联系起来,便于说,便于听。第四,要注意语言的规矩。语言的规矩就是语法,不合语法的语言要改。"①

③广播语言口语化学术理论研究成果

广播语言口语化的研究,为广播语言发展指明了方向,广播语体研究的理论框架逐步形成,使广播语体成为语体研究的重要一员。这一时期的相关论述有:温济泽《广播语言琐谈》(《广播业务》1964 年第 1 期)、叶圣陶《要写的便于听》(《新闻战线》1960 年第 1 期)、刘沫茹《写话不是写文——把广播稿写得通俗和口语的几点体会》(《广播业务》1960 年第 5 期)、刘江《试谈通俗化口语》(《广播业务》1960 年第 5 期)、施济博《口语的特点》(《广播业务》1963 年第 7 期) 和《写话杂谈》(《广播业务》1963 年第 5、6 期)等。

(三)播音学术理论研究在播音实践积累中提升,在借鉴苏联的播音经验中得到完善

1949 年 12 月 5 日,中央人民广播电台台名正式确立,"播音组由孟启予任组长,丁一岚任副组长,成员除齐越等来自早期的新华广播电台播音员外,又先后从全国各地电台抽调一批优秀的播音员,并吸收了一批新生力量,如潘捷、萧楠、杨端、林田、费寄平、夏青、徐力、李兵、万里、庞啸、葛兰、林如、王欢等。他们在孟启予、丁一岚、齐越等的带领下,继承和发扬革命传统,高标准、严要求,努力建设一支思想作风好,业务水平高的播音队伍。中央电台吸收的第一代播音员大多是北京或各地的青年学生。他们经前辈播音员事迹的鼓舞和言传身教,学会了播音。他们从大量的听众来信中受到鼓舞并经常走出播音室到广大听众中去学习、征求听众意见,带着节目到群众中一起听,参加听众意见调查活动,不断地汲取营养,锻炼自己对工作的

---

① 叶圣陶.文稿的挑选和加工[J].广播业务,1963(5).

严肃认真、一丝不苟的精神。"①播音业务在传承与创新中发展,播音学术理论研究在实践中提升、在借鉴中完善,播音进入了一个全新的时代。

1.左荧刊发的成果开启新中国播音学术理论研究的新纪元

左荧自 1940 年开始在延安从事党的文艺教育、新闻广播工作,1949 年开始,他先后在原中央广播事业局所属的多个部门担任领导工作,1959 年 8 月至 1974 年底担任北京广播学院党委副书记、副院长兼新闻系主任。左荧在报刊上发表的关于研究广播理论和业务的部分文稿中涉及播音艺术的文章,见解独到、观点辩证,具有很强的开拓性和很高的学术价值。

（1）播音专业化

"在播音研究方面,1951 年 3 月 1 日左荧发表的《从'编播合一'谈到播音应当专业化》(《广播通报》第 2 卷第 1 期)是新中国最早研究播音的理论文章。文章对当时试行'编播合一'的背景、目的、得失进行了分析,指出'好的播音应是亲切而有诱惑力的。使人们一打开机子就不能不听我们的播音,听就不能不听完,听完则久久不能忘怀'。进而对播音提出了较高要求。"②左荧在文章还强调了"播音工作同样是一种独特的艺术,它也同样需要特殊的培养。一个播音员要告诉听众一个消息,一个道理,或者一个故事,这决(绝)不是一件轻而易举的事"③。评判一个播音员的标准是什么?左荧说:"播音应该有自己独特的风格和风度,这种风格和风度应该足以表现我们伟大中华民族淳厚的气魄;好的播音应能以声音(并不是音乐)在听众面前树立生动的形象,以声音而不是以色彩在听众面前展开美丽的图画。因此,播音员在政治上没有坚强的锻炼、播音业务上没有特殊的修养,要达到较高的水准是不可能的。"④左荧在《从"编播合一"谈到播音应当专业化》这篇文章中提出了三点:一、播音是一项独立的技术,不是采编人员可以替代的;二、播音是一门独特的艺术,播音员需要专门培养;三、优秀的播音员

---

① 北京市地方志编纂委员会.北京志·北京广播电视卷［M］.北京:北京出版社,2006:448.

② 张君昌.简论中国广播电视 90 年发展轨迹［J］.北方传媒研究,2010(3).

③ 左荧.从"编播合一"谈到播音应当专业化［J］.广播通报,1951(1).

④ 左荧.从"编播合一"谈到播音应当专业化［J］.广播通报,1951(1).

要逐渐形成自己独特的风格。左荧的这篇文章是中国播音理论研究的开端。

（2）播音创作中的基本问题

左荧在1955年3月召开的"全国播音业务学习会"上的发言内容是自己的业务学习笔记《播音是一种语言艺术活动》，他发言的同时征求了与会同志的意见。左荧首先明确提出播音在广播工作中的重要性，"播音工作是广播宣传工作中一个重要的环节。播音员实际上就是语言广播的集中体现者，如果播音员不能正确地体现广播的内容，或者体现得不够，常常会直接减弱广播的预期效果。如果歪曲了广播内容或播错了，甚至会收到相反的效果。"在批判两种对播音工作的片面看法后，进一步明确"播音工作是一种语言表现艺术"。文章重点谈了"播音创作中几个基本问题"，既然播音是一种艺术，就有自己的创作规律，"清晰而正确地把稿件的内容传达给听众，这是对播音员最起码的要求。要想达到广播的预期的效果，播音员应该努力寻求打开听众心门的钥匙，用我们的声音去拨动听众的心弦，使它发出同我们具有同样情感的声音。这就是说，我们的广播应努力做到能够抓住听众，使他打开收音机，非听到底不可。听了以后，给他一个鲜明而深刻的印象。要达到这一要求，我想应该首先研究下面四个问题：① 播给谁听？——就是播音的对象的问题；②播些什么？——就是广播内容的问题；③为什么播讲？——就是播音的最高目的性的问题；④ 怎样播讲？——就是播音技术的问题。"张颂将这四点命名为四要素，前三点要素即"播给谁听、播些什么、为什么播讲"，这三个要素是当时播音创作中通用的创作原则，被张颂称为第四要素的"怎样播讲"是左荧第一次提出来的，"这篇文献是左荧同志对播音理论的重要文献，尤其是他对于播音的第四个要素的阐释，凸显了他的真知灼见，具有深远的理论价值和实践意义。"①

2.从播音实践中孕育理论，在交流中丰富理论内涵

1951年4月11日，齐越播出了魏巍采写的通讯《谁是最可爱的人》，该

---

① 　张颂.左荧同志，我们铭记着您的教诲［M］//赵玉明.风范长存：左荧纪念文集.北京：中国传媒大学出版社，2005：323.

作品至今仍是中国播音的典范,也是播音高等教育教学必须学习的作品之一。"齐越同志的声音之所以可贵,是因为他除了音质应具有的清晰、圆润的条件外,还具有一种粗犷豪迈、气势磅礴的感情,一种潜伏着的火山爆发似的感情。这正是我们这个年轻的共和国的代表感情。"①

中央人民广播电台播音组在1952年12月9日召开的全国广播工作会议期间组织了播音工作座谈会。北京、天津、东北、云南、甘肃、上海、西南台的播音负责人及播音员通过业务交流与研讨,在座谈会的相关情况报告中指出:"每个播音员都应当时刻记住,他是在人民广播电台播音,他是人民的喉舌,他要使自己的声音真正表现出伟大的中华民族气魄,他要使广播的一字一句都深深地打动人心。如何才能达到这一要求?这决定于播音员的思想感情和人民的思想感情是否息息相通,并密切地联系在一起。一个新中国的优秀播音员,首先要具备坚定的工人阶级立场和观点,用工人阶级的思想武装自己,全心全意地热爱祖国和人民。因此,播音员必须不懈地努力学习政治和业务,不断地提高自己。座谈会强调,加强政治理论和时事政策学习,提高政治思想和觉悟程度,培植饱满的政治情感,是播音员的头等重要的任务。座谈会要求播音员从三方面进行学习:1.政治理论、时事政策学习;2.联系群众,联系实际;3.播音业务学习。"②

第一次全国性的播音会议暨全国播音业务学习会由中央广播事业局地播处于1955年3月召开,会议的主要内容有:①齐越做了题为《向苏联播音员学习》的报告,他总结了自己1954年7月参加中国广播工作者访苏代表团带回的苏联经验,主要谈了两个内容:一是学习苏联播音员对党和人民事业的忠诚和对播音业务的钻研精神;二是学习苏联播音员的先进经验,正确地掌握播音的基本原则和方法。②这次学习会上,中国科学院语言研究所研究员吴晓玲讲了《关于语言的几个问题》、中国歌剧院导演穆虹讲了《台词和技巧》、北京电影导演剧团导演吴天讲了《史丹尼斯拉夫斯基体系和演员的

---

① 刘浧.齐越和他的播音生涯[M].北京:中国国际广播电台出版社,1994:38.

② 中央人民广播电台台史组.中央人民广播电台台史资料汇编(1949—1984)[G].内部资料,1985:623.

修养问题》。

这次会议明确了"播音是广播节目最后直接和听众接触的环节,播音工作的好坏常常严重影响广播工作的全部效果,影响广播工作在群众中的威信,任何轻视播音工作的观点和不重视播音工作的领导都是错误的,会议要求播音员应当是具有丰富的政治情感和艺术修养的宣传鼓动家,要使自己的声音真正表现出中华民族的气魄"。①

3.学习并研究苏联播音经验,丰富并延展中国播音学术理论空间

1954 年 7 月 6 日至 9 月 5 日,中央广播局组成以副局长温济泽为团长的 18 人的中国广播代表团访问苏联,齐越是代表团成员之一,主要任务是学习苏联广播工作经验。

(1)翻译出版苏联播音经验著作

"回国后传达了苏联播音工作经验,并且翻译出版了苏联播音员撰写的播音经验著作。1956 年齐越和崔玉陵节译了苏联功勋演员符・阿克肖诺夫所撰写《朗诵艺术》,在《广播爱好者》期刊陆续刊登,后集结(结集)出版。内容包括呼吸方式、发声吐字、重音停顿、语调、节奏、手势创作想象、内心视像、内在语以及创作交流等内容,虽然较为简单,但是其语言表达艺术的理论框架比较全面,为播音基础理论研究打下了基础。"②

(2)从自我经验总结中推动播音学术理论建设

中央人民广播电台播音员在学习苏联播音经验的基础上,从自我播音实践出发,对实践中积累的经验进行理性的思考。①徐力执笔撰写的《播音员和播音工作》主要谈了"播音员应具备的条件、培养播音员的方法、训练新播音员注意的问题、播音组的思想领导和日常管理工作";②夏青执笔撰写的《克服报告新闻的八股腔》主要谈了"正确认识广播新闻的特点和要求、深入钻研业务提高质量";③李兵执笔撰写的《播社论的体会》主要谈了"播音员对社论所持的态度和情感、掌握社论的中心思想和它的逻辑";④张洛执

笔撰写的《把现实中的情景鲜明地再现在听众面前》主要谈了"如何演播通讯作品,提出通讯作品准备应该包括分析、处理、朗读练习三个过程";⑤齐越执笔撰写的《播音员和实况广播》主要谈了"什么是实况转播、播音员在实况转播中的责任、实况转播前播音员的准备工作、实况转播时播音员应注意的事项。""这五篇文章,涉及新闻题材的播音以及播音的管理和培训,在理论研究上提升了对播音实践的认识,在播音专业的发展上奠定了思想理论基础,为召开'全国播音业务学习会'作了充分的准备。"①

4.独立研究播音实践问题,在借鉴与经验总结中撰写具有中国播音特色的学术论文

播音学术理论中的播音的逻辑与语调、通讯播音、播音风格、播音的艺术性等播音基本问题及小说演播等与播音创作实践相关的理论问题,在从业者的研究成果中都有所呈现。

(1)播音的逻辑与语调研究:在播音创作中,掌握文章的逻辑重音、逻辑顿歇和语调是运用有声语言准确表达稿件的基础和最有效的表达手段,夏青在《谈逻辑重音、逻辑顿歇和语调》一文通过实例论述了逻辑重音、逻辑顿歇和语调的重要作用。"①我们说的一句一句的话是用词构成的,它能表达思想中的一个完整的意思,就着人、物或事件,叙述它的动作或说明它的情形、性质和种类等。根据话的意思,我们在说的时候,往往把句子里能够强调它的意义的某个词或某几个词着重地读出来,这种特别强调和加强的地方叫逻辑重音。②话,是一句一句说。句子有长有短,有的简单,有的复杂。由于语言本身的需要,使一句话里的各个部分之间,关系分明、层次清楚,使语句的意思更清楚、更准确地表达出来。说话的时候就要按照全句的意思,把一句话划分成几个句段,每个句段包括着关系比较密切的一组词,一个句段中间没有停顿,句段和句段之间作(做)必要的顿歇。同时,在人的生理上,短句子可以一口气念完,长句子一口气说下来有时气力顶不住,也需要在说到一个适当的句段的时候,缓缓气作(做)必要的顿歇。这种既可以帮

---

① 中央人民广播电台台史组.中央人民广播电台台史资料汇编(1940—2000)[G].内部资料,2001:237.

助表达语意又可以帮助缓气的顿歇就叫做(作)'逻辑顿歇'。③语调,我们在播音的时候,不应该机械地、孤立地去念一个字一个词的声调和轻音。为了清楚准确地表达语句的思想内容,我们要运用逻辑重音把一句话的着重点突出出来,运用逻辑顿歇正确划分句段。那些关系非常密切的词构成一个句段,中间不停顿;那些关系不太密切的地方划分开,作(做)一个小的停顿。构成整个句子轻重缓急抑扬顿挫的,除了上述这些外,在语调方面还有全句声音的高低升降也是表达语意的一个重要手段。"①

(2)通讯播音研究:在通讯创作中,很多播音员感觉自己放不开,如何从理论上解决这个问题,张力发表了《谈谈通讯播音》一文分析道:"但是主要的还是指语言的表现力不强,不能充分表达出稿子的精神实质来,像语言拘谨、刻板,千篇一律,缺少节奏,音调上缺少起伏变化等等。也可以说是受一种'新闻腔'的束缚。播新闻,我们已经反对用'新闻腔',播通讯和故事当然更反对了。通讯的语言和新闻比较起来,是更容易接近于日常生活的,所以,在播通讯时,就要充分利用口语中一切生动活泼的表现方法。"②虽然这是篇工作经验总结,但这是当时唯一一篇论述通讯播音创作的理论文章。

(3)播音风格研究:播音风格化是播音作品独特性的学理性概括,关于播音风格的问题,时任中央广播事业局局长梅益同志通过两次与中央人民广播电台播音组座谈的形式,阐述了关于播音风格化的问题,并对播音创作起到很强的实践引领作用。

①第一次座谈:1961年1月26日,同中央台播音组的同志以《播音风格多样化》为题,进行了业务交流,梅益指出:"播音员不能老是一种腔腔,必须根据不同的题材采取不同的播法。我们的播音严肃认真这很好,这是我们的传统,但是我们的播音能不能更亲切一些? 我想播音应该有更多的表现形式,而且应该鼓励播音风格的多样化。京戏有好几派,播音最好也有好几派,发展流派可能现在还谈不上,但现在是不是有可能改变目前这种单一的

---

①　夏青.谈逻辑重音、逻辑顿歇和语调[J].广播业务,1960(12).

②　张力.谈谈通讯播音[J].广播业务,1962(2-3).

念稿播法呢?"①梅益根据广播节目的发展态势,敏锐地感到未来的播音员不应该只是念稿子,应该改变播音员这种单一的有稿播音的节目形式,"但是有些节目就不一定非要照着稿子一个字一个字地去念,这样不论什么节目都是一步也离不开稿子,会把播音引到一条绝路上去。是不是所有的稿子都是一个字也不能改动,是不是把编辑部的稿件神圣化了? 这样下去,播音员只能成为一部念字的机器,束缚了他们的创造性,贬低了他们的劳动。"②梅益的文章为广播节目接下来的发展提供了新的思路,后来由于政治形势的变化,这种以突出播音员个性的节目没能出现。

②第二次座谈:1963 年 7 月 31 日,梅益第二次与中央台播音部的同志座谈,当时正处于中苏论战时期,大块文章成为当时播音工作的重点,梅益和播音员谈了《如何播送大文章、文件和声明》。他指出:"播中央文件对一个播音员来说,首先要强调的、也就是第一位的要求,不是播音员本人的感情和态度,而是对文件的理解和体会。这是最根本的,如果理解不透,体会不深,感情和态度都成为悬空的,甚而起不了作用。对播音员第一位的要求,是政治思想水平,而且不是一般的,要有相当高的水平。要播得好,主要还不是靠技巧和业务的熟练程度,起决定作用的是他的政治水平和思想水平。怎么样才能准确的(地)表达出中央文件的精神呢? 这和播音员本人的感情、态度有很大的关系。准确的表达,要求播音员本人的感情和态度必须和文件的精神充分一致,这是党的文件和播音员个人的理解、感情的对立的统一。"③

在梅益的播音风格理论指导下,夏青播出的"九评"成为中国评论播音具有里程碑式的作品。梅益关于播音的论述,"有鲜明的时代烙印和特点。我们从中可以看到播音事业的发展,其所谈的基本精神和观点,对我们的工作仍具有指导和参考作用。"④

---

① 姚喜双.梅益谈播音[J].现代传播,2002(5).

② 姚喜双.梅益谈播音[J].现代传播,2002(5).

③ 姚喜双.梅益谈播音[J].现代传播,2002(5).

④ 姚喜双.梅益谈播音[J].现代传播,2002(5).

（4）播音的艺术性研究：1963年齐越根据参加全国优秀节目欣赏会的实际情况，撰写了《播音是创性的艺术活动》一文。文中主要谈了三个问题：一是在播音创作中，"最根本的矛盾是播音员和稿件之间的矛盾"，矛盾的中心是"我们的政治水平，政策水平，文化水平，思想感情、语言能力往往跟稿件的内容和形式有一定的距离。这一距离也就是播音员和稿件之间的矛盾。它实质上反映出我们各方面的水平还跟不上前进着的伟大时代的要求。我们只有跟上这种要求，才能更好地完成播音工作任务"。二是播音不同于演戏，"播音员是以党的宣传员的身份进行播音的。他在传达稿件中人物的话（直接引语）的时候，也不应当改变转述者本人（播音员）应有的态度。播音员是用自己对人物的正确态度，用富有表情的语调，突出强调或适当夸张人物性格或行为的最重要的一面。"三是播音是一种具有独立性的语言艺术创作，"播音是一种具有独立性的语言艺术创作。在向其他语言艺术学习的时候，我们要吸取那些对我们有益的东西，融会于我们的创作中，使播音发展成为更具有特点、更具有独立风格的语言艺术。如果仅仅模仿别人的腔调，把这种腔调当作时髦的东西，固定不变地套在所有广播节目和稿件上，恐怕这也会流于'千篇一律'，堵塞了无穷无尽的创作源泉吧？"[①]

（5）评书与故事演播研究：评书节目是广播电台播出的一个重要节目，如何演播评书，也是当时从业者要面对和研究的问题之一。连阔如发表了《怎样说评书》，文中指出："在广播电台说书，由于演员和听众不能见面，说书人虽然能够入情入理地，聚精会神地在表演，或说到某些情节，能够使听众哄堂大笑受到感动；但是，演员见不到这类反应，这样就不能刺激表演者更好地，更逼真地演下去，分不出高低潮，让人觉得无味。那么是不是因此就失去了说书的艺术效果哪？不是的。弥补的办法只有充实说的技巧，加强'说功'，把'说功'在已有的基础上加以提高。"[②]这是传统评书人对语言表达"功力"的深入理解，以此来化解因不能与受众见面而影响现场表达的窘境。就如何在广播中播讲故事，《广播业务》刊发有代表性的文章，许欢子

①　齐越.播音是创造性的艺术活动[J].广播业务,1963(10-11).

②　连阔如.如何说评书[J].广播爱好者,1958(8).

《向孙敬修先生学习讲故事》(1962年第10期)、孙敬修《先和同志们谈谈心》(1962年第10期)和《对象感杂谈》(1965年第2、3合期)等。

5.解读"黄皮书、白皮书、蓝皮书"

张颂在多部作品和多篇文章中都提到,到了20世纪50年代,有黄皮书、白皮书、蓝皮书三本书,"有了这三本书以后,给我们提供了很多的思路,怎样发展我自己的播音事业,怎样建立我们自己的播音理论,每一本书都是提供了非常珍贵的思路,尽管也有错误。"①

(1)黄皮书即《苏联播音经验汇编》,是齐越赴苏联考察后,搜集整理翻译的播音理论文章,主要内容有:俄罗斯苏维埃联邦社会主义共和国功勋演员、莫斯科广播电台播音员组艺术指导B.B.夫塞沃罗道夫《苏联广播电台播音员的工作经验》、全苏广播电台播音组艺术指导B.伏塞沃洛多夫《略谈广播语言》、耶·高尔金娜《言语的技术和逻辑的几个问题》、叶·叶梅里扬诺娃《怎样准备播音》、埃·托别士《创造性地工作、探索和学习》、耶·奥·琪雅索娃《掌握播音艺术的道路》、弗·格尔奇克《播音工作的经验点滴》,以及李玲虹摘译《播音技术的基本原则》。

白皮书即《播音业务》,主要是中央人民广播电台播音员撰写的有一定学术理论水准的经验总结类的研究文章,主要内容有:徐力执笔撰写的《播音员和播音工作》、由夏青执笔撰写的《克服报告新闻的八股腔》、李兵执笔撰写的《播社论的体会》、张洛执笔撰写的《把现实中的情景鲜明地再现在听众面前》、齐越执笔撰写的《播音员和实况广播》、齐越的《向苏联播音员学习——在播音学习会上的业务发言提纲》、左荧的《播音是一种语言艺术活动——业务学习笔记之二》、吴晓玲的《关于语言的几个问题》、穆虹的《台词和技巧》、吴天的《史丹尼斯拉夫斯基体系和演员的修养问题》。

蓝皮书即《播音工作经验汇辑》,是地方台,特别是省级广播电台播音经验理论文章的汇集,主要内容有:左荧《播音使用语言进行宣传的艺术活动》、山西台靳德龄《与广大听众同呼吸共命运》、陕西台《政治是播音工作的灵魂》、河北及天津台播音组《和"唯天才论"的一场论战》、江苏省泗阳县广

---

① 张颂.播音主持艺术论[M].北京:中国传媒大学出版社,2009:255.

播站化银和张华《政治挂帅,播音工作大跃进》、中央台夏青《谈逻辑重音、逻辑顿歇和语调》、中央台夏青《广播员的读音问题》、河北台播音组《到农村去,才能播好农民节目》、天津台播音组《广播大会上的播音工作》、中央台播音组集体讨论夏青执笔《克服报告新闻的八股腔》、山西台章绚《把感情和心血贯注进去——播"丁果仙的十年"的体会》、安徽台卫宝文《一次播音业务学习的稿件分析》、陕西台播音组《深入实际、深入群众》、河南台申慧英《开展竞赛是提高播音质量的重要方法》、湖北台播音组《我们是怎样培养新播音员的》、浙江台播音组《挖潜力,不断提高播音质量——介绍我们用录音机代替播音员值班的办法》、天津台赵军《我有信心当好播音员了》、福建前线部队广播站陈斐斐《在前线对敌广播工作中》、列车广播员王静宜《我热爱的工作——列车广播》、黑龙江省汤原县广播站魏连馥《在话筒前的工作》等。

"综上所述,这个时期由于'自己走路'方针的提出,广播界上下齐心,致力于探讨广播特点、创建广播体;由于语言学界、文学界、教育界专家学者的关心和介入,广播语言基本特点的探索逐步系统、深入,发表了一批专门性的论文、文章,使广播语言应用的理论研究有了一定程度的发展,人们已不再满足于点滴的经验之谈,而力求上升到理论总结。广播语言研究出现了令人欣喜的第一个高潮。"①

二、中国播音学术发展的曲折时期(1966—1976 年)

这一特殊时期,广播作为阶级斗争的重要武器,广播语言为突出"革命性",抛弃传统播音表达方式,以"高""平""空"的样式展示语言的战斗力,老播音员和中华人民共和国成立后培养起来的优秀新播音员受到批判被调离播音岗位,广播节目单一导致播音创作方法研究来源缺失,《广播业务》等杂志停办,播音学术交流平台关闭;播音员培养与播音专业教育先中断后复课,整体状况是播音队伍打散、播音业务和理论建设遭到破坏、播音传统被抛弃、播音风格遭到扭曲。

---

① 吴为章.广播电视话语研究选集[M].北京:北京广播学院出版社,1997:92.

（一）背景简述

1. 1966 年 8 月 1 日,中央广播事业局取消播音员报名、电视新闻片记者署名的制度,《各地人民广播电台联播节目》开始播送毛主席语录。11 月 7 日,中央人民广播电台取消主要播文艺节目的第三套节目。2. 1967 年 1 月 11 日,中共中央发出《关于广播电台问题的通知》,地方广播电台实行军事管制,只转播中央人民广播电台的节目。12 月 12 日,中央广播事业局实行军管。3. 1968 年 12 月 26 日,解放军毛泽东思想宣传队 135 人、北京工人宣传队 200 人进驻广播事业局。4. 1969 年 1 月 19 日,"中央文化革命小组"发出《关于地方电台应严格掌握宣传内容的通知》规定:凡与中央口径不一致的,凡中央报刊不发表的,电台一律不得广播。5 月 26 日,中央台增加"革命样板戏"播出时间。"革命样板戏"占全天播出文艺节目时间的 85%以上。5. 1970 年,周总理在五一国际劳动节晚上,曾就北京电视台必须加强群众文艺宣传的问题做了批示,旗帜鲜明地指出:"广播电视的文艺节目不能太贫乏了。"6. 1973 年 9 月 24 日,中央广播事业局在天津召开全国广播规划座谈会,拟定了广播事业建设的具体方针和技术政策;1974 年,北京广播学院恢复办学,并招收了播音专业学生,学制二年;1975 年 1 月,北京电视台改为全部传送彩色节目。

（二）播音状况

为了加大政治宣传,这期间的广播电台,尤其是有线广播站蓬勃发展,1966 年全国共有电台 78 座,1976 年则共有广播电台 90 座;1966 年县市区有线广播站共有 1281 个,1976 年则增加到 2503 个,在工厂、田间、学校、部队,高音喇叭都高高矗立,很多家庭都安装了有线广播,广播成了这一时期最具威力的传播工具。这一时期的"广播语言高腔大嗓、咄咄逼人,对于那些被批斗的人来说,真是闻之'心惊骨折'"。①

---

① 俞香顺.传媒 语言 社会[M].北京:新华出版社,2006:40.

1.广播电台节目播音概况

当时的中央人民广播电台成为发布"革命指示"的主要阵地。"在播音事业大发展的关键时刻,'十年动乱'开始了,破坏了播音队伍又红又专的建设,尤其是'四人帮'控制宣传阵地时期,被称为'革命造反派'风格的大喊大叫充斥广播节目,出现了'高、平、空'的帮八股腔,听众称这种声音为'鼻子,沙喉咙,骂起人来很凶'。'雷打不动'代替了业务基本功训练。老播音员受审查,靠边站,播音队伍和播音业遭受了一场浩劫。"①"打""批""斗""砸""破"等字眼在广播中频频使用,"大喊大叫了几年,声带已经受到很大损伤,可因为人手紧张,即使到了声带水肿、声带充血甚至声带出血、大夫要求噤声的地步,都还得高调播音。无论我怎么用力,嗓子只是疲惫不堪、力不从心。"②"传媒语言暴力化倾向席卷华夏大地。引发传播语言暴力的直接动因就是'阶级斗争'至上的观点,语言成了阶级斗争的工具。"③

2.广播电台节目语言概述

(1)由于广播成为宣传"革命指示"的主阵地,广播中的语言出现极端不和谐的状况,陈松岑在《"文革"语体初探》一文中对这一时期语言极端不和谐现象做了全面而深刻的论述:"正式语体中含有批斗这些语素的词出现频率很高,火药味重;句型上祈使句、感叹句的使用频率上升;而陈述句的使用频率下降;句式上词语对偶、排比结构多,重复部分词语乃至整个词组、句子的关系结构多。"④话语暴力,触目惊心。比如"××如此卖尽力气为日寇、汉奸、国民党反动派效劳,已经堕落为民族的败类,时代的渣滓! 我们必须把他斗倒、斗臭、斗垮,使他永世不得翻身;他疯狂攻击无产阶级专政的社会主义制度,煽动牛鬼蛇神向党猖狂进攻,恶毒攻击三面红旗;然而无产阶级革

① 中央人民广播电台台史组.中央人民广播电台台史资料汇编(1949—1984)[G].内部资料,1985:627.

② 吕大渝.走近往事:一位共和国第一代女电视播音员的自述[M].北京:中国文联出版社,1999:232-233.

③ 俞香顺.传媒 语言 社会[M].北京:新华出版社,2006:144.

④ 陈松岑."文革"语体初探[J].中国语文,1988(2).

命派的铁拳头,彻底粉碎了他的一切痴心妄想!"①

（2）针对这十年广播事业的发展状况,吴为章称其为停滞期,"1965 年提出了'广播是阶级斗争的重要武器',强调了广播宣传要体现政治性、思想性、战斗性。在这种观点影响下,出现了程度不同的'重内容、轻形式'的倾向,人们在评议广播稿件或节目时涉及形式的文章、言论少了。连《广播业务》也在出完 1966 年的第 4 期之后就被迫停刊了。一个好端端的研究局面消失了,广播宣传、广播语言都逃脱不了'帮八股'和'八股腔'的统治。这是停滞的十年! 也是倒退的十年。"②在这种语言态势下,播音创作无法正常进行,学术研究就更无从下手了。

（三）播音员培养及播音学术研究

《中国播音学》对这十年的播音学研究是这样概述的,在这一特殊历史时期,播音事业同其他事业一样,遭到严重破坏,主要表现在: 1.新中国初期建立起来的播音队伍被打散了,许多老播音员和新中国成立后成长起来的新一代优秀播音员,受到批判,调离播音岗位,有的台播音员全部下放劳动。各地方台都撤销自办节目,全天转播中央台节目。2.播音理论和业务建设遭破坏,新中国初期积累的播音经验和建立起的播音理论,统统被污蔑为修正主义黑货,由政治代替一切,所有播音理论学习、播音业务培训、播音语言基本训练都被迫停止、中断。3.优良传统被抛弃,播音风格遭扭曲,延安、陕北和新中国成立以后形成的播音方面的许多优良传统被抛弃,"高、平、空"的大喊大叫充斥广播。4.否定选拔播音员的科学方法和培训方法,广播学院被迫停办。

1.齐越的十年见证了 1966—1976 年中国播音创作实践、播音学术理论及播音人才培养的历程

（1）播音创作实践

1966 年 2 月 6 日下午录制了通讯《县委书记的榜样焦裕禄》,当天联播

---

① 何九盈.汉语三论[M].北京:语文出版社,2007:50.

② 吴为章.广播电视话语研究选集[M].北京:北京广播学院出版社,1997:93.

节目中发了预告,7 日上午 10 点全文播出,21 点重播;1972 年 5 月底到 6 月初,齐越正式恢复播音,在此期间,录制了通讯《工人阶级的先锋战士——铁人王进喜》。

（2）播音人才培养

"1973 年 2 月 21 日参加 70 年代新播音员座谈会;6 月至 8 月,参加播音部对播新闻节目的学习,并就播音的基本原则和方法、新闻、评论、通讯、新老互助等选题做了分工准备发言小结;10 月 10 日,到北京广播学院阅读教材、有关稿件及文件,为在职播音员学习班讲课做准备。10 月 15 日至 12 月,在北京广播学院参加在职播音员学习班,授课并辅导。1974 年（52 岁）12 月 17—24 日,为迎接四届人大宣传报道做准备,以班为单位办学习班,立足于年前播出,担任播音的同志脱产备稿录音。学习班后在播音部会上,各班交流学习体会;1975 年 5 月 20 日,经组织决定,齐越由中央台播音部调北京广播学院新闻系播音专业任教师,6 月 20 日到学校报到;1976 年赴全国各地培训播音员。"①

（3）播音理论总结

根据《用生命播音的人——忆齐越》一书中的记载,1973 年 10 月齐越为在职播音员培训,做了很多播音经验的总结,这些总结具有一定的理论高度。"广播要讲给人家听,不看对象不对,不照顾对象、不吸引人不行。"②因此,一要抓准主题贯全篇;二要感情真实有分寸;三要基调统一有变化;四要养成分析的习惯。在谈到如何培养播音员的问题,如何实现老带新的问题,齐越谈了个人体会:一、严格要求新同志,首先严格要求自己,以身作则;二、解决老带新的思想障碍;三、思想带业务,外因促内因;四、和新同志一起学习、一起工作等。针对业务练习中发现的问题,齐越着重强调了周总理提倡的"一专多能、要做多面手"的教导,同时强调,作为一名播音员,首先是党的新闻工作者,使学习班的同志们从思想上更进一步认识到做一名党的宣传员的职责。坚持党性,是播音员正确创作道路的立足点和出发点。齐越的

① 杨沙林.齐越生平和播音业务活动简编（征求意见稿）[M].内部资料,2000:52-58.

② 杨沙林.用生命播音的人:忆齐越[M].北京:中国广播电视出版社,1999:228.

这一论述成为《中国播音学》中关于播音员正确创作道路定义的重要来源。通过和学员的交流和指导,为齐越积累了丰富的教学经验和理论基础,为后来从事教学工作提供了大量的案例。

2. 1973年10月北京广播学院举办的在职播音员学习班在教学相长中构建播音学术理论

(1)参加人员:根据当时四川人民广播电台、甘肃省广播事业管理局、吉林人民广播电台印制的《播音业务专辑》可知,各省市广播电台都派了播音员参加此次在职播音员学习班,学习班邀请了播音战线的老战士,介绍了他们在实践中的体会,交流了各台播音工作方面的经验,也共同研究了一些问题。

(2)交流内容:①钱佳楣谈了《回忆在陕北做播音工作的时候》,回顾了人民广播的发展历程和当时的播音状况;②新闻、评论播音研究方面,夏青讲了《努力提高新闻播音质量》、齐越讲了《通讯播音的体会》、徐恒讲了《如何播评论》;③文体播音研究方面,关山讲了《广播小说塑造英雄人物的体会》、李连生讲了《谈谈电影解说》;④播音基本功训练研究方面,方明讲了《我练语言基本功的体会和方法》、广沉讲了《发音器官和呼吸方法》、徐荫祥讲了《保护嗓子问题》、韩进廉讲了《学会普通话》和《运用声音表情达意的工具》等;⑤播音正确创作道路方面,沉华讲了《播音员和政策》。在《在职播音员学习班》结业会上,天津台丁威、北京台史久凤、山东台于金莹、四川台刘庆和、吉林台孙国栋等,在大会上做了发言,谈了收获和体会。

(3)解读《播音业务专辑》中的核心内容

《播音业务专辑》中明确了播音员的任务是"以马克思主义、列宁主义、毛泽东思想为指针,以党的基本路线为纲,通过话筒前播音,积极热情地宣传党的路线、方针、政策,批判修正主义,批判资产阶级,以起到组织、鼓舞、激励、批判、推动的作用,为巩固无产阶级专政服务。播音员必须坚守自己的战斗岗位,确保毛主席和党中央的声音在任何时候、任何情况下,都能准确及时地传播到全中国和全世界去"。① 播音工作有三个环节:第一是播前

---

① 吉林人民广播电台.播音业务专辑[M].内部资料,1973:1.

备稿,"备稿一环直接关系着稿件播出质量。播音员必须充分利用一切时间严肃认真地备稿。要用马克思主义的立场、观点、方法,从党的路线政策的高度分析理解稿件。要从内容出发,不能从形式出发,具体稿件具体分析,不同内容和风格的稿件,应有不同的表现手法";①第二点是话筒前播出,"播出就是战斗,播音员来到话筒前就是进入战斗岗位。'我们需要的是热烈而镇定的情绪,紧张而有秩序地工作。'要排除一切私心杂念,注意力高度集中,全力以赴,高质量、无差错地播出每一篇稿件";②第三点是播后总结,"要认真总结经验。播后应虚心征求听众意见,尤其要经常深入工农兵听取意见,发扬成绩,纠正错误,不断提高播音质量"。③ 这些基本原则明确了播音员的工作性质和基本业务要求,为播音创作确立了方向。

齐越的十年见证了1966—1976年中国播音创作实践、播音学术理论及播音人才培养的历程。此外,在当时的历史环境下,能够将这样多的一线播音员聚集在一起学习研讨播音业务,并且将过去播音工作的实践经验上升到一定的理论高度,是非常难得的事情,它标志着这一时期的播音学术理论研究达到了一定的高度,《播音业务专辑》这本小册子的内容,在中国播音学发展史上占有重要一席。

3.张颂的教学、研究与对十年播音发展的评述

1973年北京广播学院复校后,张颂担任播音基础教研室主任,他见证了这十年播音学术发展的全过程,对于此间播音教学与播音学术理论,"张颂认为是在艰难当中也有发展。即便是被发配到干校,张颂和马尔芳还去河南台讲过一个月的课,他们还是坚持讲业务。在一片'高平空、冷僵远'的播报当中,张颂认为陈钢是有很大贡献的,他的高调门当中有艺术。陈钢听了挺高兴,但他认为自己应该全盘否定,不应当被肯定,而张颂认为看待问题应当实事求是,不应当形而上学,这也是张颂一贯的治学态度。张颂认为1973年在北京广播学院有一个会议非常重要,他以'广园'的名义发表了一

---

① 吉林人民广播电台.播音业务专辑[M].内部资料,1973:1.

② 吉林人民广播电台.播音业务专辑[M].内部资料,1973:1.

③ 吉林人民广播电台.播音业务专辑[M].内部资料,1973:1.

篇谈发声的文章刊登在了《话筒前》一书中。张颂说当时北京广播学院播音专业在1974—1976年招了三届工农兵学员,他们是来'上大学,管大学,改造大学的',但是大多数都是一线来的播音员,都还是希望学到东西,所以起初一直讲课也练习。而1974年的冬天,讲了一篇文章叫《关不住的老张》。有一些工农兵认为老张关不住,而自己被关在了学校无法接触劳动人民,所以有了抵触情绪,正常播音教学无法开展,只有让他们去劳动,直到1976年才恢复了正常。那个时代的一些荒唐言行对学术的干扰可见一斑。1976年出版了一本名为《为革命播音》的著作,关于这本著作,张颂是当时的把关者,而其作者是北京广播学院1974级工农兵学员班,属于集体创作。不可避免的是,这本书在行文上有一个很大的特点,以政治话语统领全文,虽然如此,这本书却有着比较完备的理论体系,以及较为科学、客观的理论总结,溯其理论来源,主要还是来自于之前北京广播学院1963级播音专业的播音教材,其作者便是张颂。"[①]

4.解读《我为革命播音》

1976年7月,北京广播学院新闻系播音专业1974级工农兵学员编写了一本名为《为革命播音——献给基层广播站播音员》的著作。这也是当时有据可查的唯一一本播音学术理论著作。

中国传媒大学郑伟的博士论文对《为革命播音——献给基层广播站播音员》一书做了较全面、深入的研究,从该论文的研究来看,该书不失为一本真诚之作,甚至是有一定学术价值的。抛开那些空洞的政治口号和语录,这本书事实上总结了许多较为有用的播音学术理论。下面内容主要引自郑伟的研究成果。

①关于"稿件的准备",该书将其总结为:(一)了解内容,做到心中有数。(二)抓准主题,做到有的放矢。(三)明确态度,做到有动于衷。在这当中又谈了许多具体的备稿步骤,如在提到如何抓主题时就谈到"第一步抓层次,明确内容和结构的关系。第二步抓背景,明确稿件和形势的关系。第三步抓主题,明确材料和观点的关系。第四步抓重点,明确个别和一般的关系。"

---

① 郑伟.张颂谈播音学术发展源流[J].现代传播,2013(2).

这些判断在今天看来都是较为客观和合理的,是符合语言表达的基本规律的。

②关于"播音的表达方法",该书明确提出了"停顿、重音、语气、节奏"这四个外部技巧,其基本的内容和定义都与今天我们所表述的相关概念的内涵没有区别,只是在表述上略有不同。在"语气"当中,作者将"对象、情景再现、内在语"看作与语气表达相关联的三个问题,这即是我们今天所说的三个内部技巧。

③关于"几种常用问题的播音",该书提到了"新闻""通讯""小评论""革命大批判文章"及"对话"的播音,由此我们可以看出当时大致的播音形式以及广播节目的形式,社教、娱乐类节目基本空缺,而新闻和通讯则是主要的节目形式。所谓的"革命大批判"文章,则是那个时代所独有的一种文体和播音方式。

④关于"嗓子的锻炼和保护",该书主要从"掌握正确的用气发声"以及"嗓子的保护"这两个方面来论述,虽然篇幅不多,但是却涉猎了吐字、发音,用气、发声的基本技巧。文中提道:"也有的人为了追求气势把'调门'提得很高,几乎在喊着播,播到后来感到嗓音沙哑而且很吃力。这就告诉我们一个道理:气息和声音的运用必须服从稿件内容的需要,服从无产阶级思想感情的需要。"从中我们可以看出,这时的播音工作者已经清醒地认识到了那种"高、平、空、冷、僵、远"的播音方式的不足之处。书中"正确的呼吸方法"部分提出了"胸腹联合式呼吸"的概念,并且将进行这种呼吸方式的详细方法撰写了出来。在"发声"部分,提到用"吐字"和"归音"的方式来界定正确的发音状态,同时附上了许多实用的练习方法。书的后半部分收录了如"江苏省如东县广播站播音组""辽宁省海城县毛祁公社付家沟大队业余播音员""沈阳铁路局丹东列车段列车播音员""湖南省湘潭市郊区广播站播音员"等老少边穷地区的基层播音员在播音工作当中的心得和体会,这也充分体现出了那个时代特有的风貌。

《为革命播音——献给基层广播站播音员》这本著作本身受到政治影响颇大,许多空洞的、口号式的行文在今天看来经不起推敲,所用的话语系统也与新时代格格不入,所以这本著作的影响并没有扩散开来。但是,我们也应当看到这本书的积极意义,那就是当时学术单位恢复招生和教学活动之后,之前的许多经验还是被继承了下来并得到了一些发展。"坚持进行'喉舌意识'、'传播意识'、'精品意识'和'群体意识'的培养。就是在'极左'思潮冲击下,在'文革'中的短训班、讲习班、研讨班上,也没有动摇过。"这也说明中国播音学在之前已经总结出的一些核心理论成果还是被保留与传承下来了。①

5.如何理解"曲折"时期的播音创作

对于"曲折"时期的播音创作的评价要还原到当时的特殊语境中去理解,不能一概而论,其中有不合理的部分也有合理的部分,不能全盘否定。一方面,当时的播音创作不是独立的,它同样继承了新中国成立十七年来播音创作的精华,在全国产生极大影响的三大通讯就是继承了长期以来优秀播音传统的佳作,评论播音的影响在论战中得到提升,这种播音形态对后来的播音创作产生了重大影响。在动荡的年代,播音前辈依然尽自己的努力播出了很多真实可信、情真意切的杰出作品。这些作品体现了当时的时代气息,展现了那个时代惊心动魄、纷繁复杂的历史背景,帮助我们还原当时的历史氛围。另一方面,当时许多重大历史事件都在播音中展现出来,播音作品带着强烈的时代气息,脱离了当时的时代背景,播音员在这些作品中的创作都无法复制、不可重生,因此当时留存的珍贵的声音资料有很强的历史冲击力,能一下子把人带入时代氛围中,对我们学习了解那段特殊的历史是难得的珍贵历史资料,其可听可感性是文字资料不可比拟的。②

三、中国播音学术发展的恢复时期(1977—1986 年)

改革开放让播音事业焕发活力,播音高等教育得以恢复,播音学术理论研究在恢复和创新中丰富,播音创作的正确道路、新中国播音风格、播音表达规律、新闻播音特点研究的学术理论体系初具雏形,《研究播音理论是一

---

① 郑伟.中国播音学学术发展研究[D].北京:中国传媒大学,2012.

② 喻梅.新中国播音创作史论[D].北京:中国传媒大学,2009.

项紧迫的任务》将播音理论研究提升到了新的层次,《播音发声学》《播音基础》正式出版,为播音理论研究奠定坚实基础。

1.以北京广播学院播音系为引领,播音理论研究向播音学术建构迈进

1982年张颂发表的论文《研究播音是一项紧迫的任务》,开始构建播音理论研究的框架,拉开播音学研究全面发展的序幕,开辟播音学研究从实践经验总结期过渡到学术理论研究新时代,1985年《播音发声学》《播音基础》(后更名为《播音创作基础》)正式出版,为播音理论发展起到奠定基石的作用;《主持人节目对播音员提出新课题》一文让主持艺术研究在广播电视界形成热潮,此后,无论是播音心理学、播音学、播音教学法,还是主持人素养、播音员与主持人比较研究等,这些学术理论研究尽管有的不够广泛和深入,但这些成果,为中国播音学的建立与发展提供了宝贵的财富,为播音学研究开拓了广阔的天地并展现出美好的前景。

北京广播学院播音高等教育在恢复中提升,播音理论学术研究成果在交流与教学中彰显。

北京广播学院1974年恢复办学,并招收了播音专业的学生,学制两年。1977年改为四年制本科,1980年起开始招收硕士生,一些有实践经验的优秀播音员也加入播音教学和研究工作行列,播音学研究进入一个高速发展的时期。

①编印播音专业学习材料,在继承、借鉴中夯实播音教学与理论研究基石

北京广播学院新闻系1979年4月为了给播音专业的学生提供学习资料,编辑印制了两本《播音业务参考材料》。两本学习材料分别介绍了朗诵、戏剧、曲艺等方面的经验,及译自苏联的《话筒前的播音员》《语言的力量》等书,介绍外国的播音、朗诵经验等内容,从播音工作的性质和任务出发,结合自己的实际,批判地吸收材料中一些有益的东西,把所需要的成分加以合理利用,充实和丰富了当时播音业务的理论和实践。

其一是从一些书刊选编了13篇文章,包括朱光潜《谈谈诗歌朗诵》、徐迟《再谈朗诵》、臧克家《诗的朗诵》、欧阳予倩《演员必须念好台词》、牧虹《台词和练声》、舒绣文《我怎样朗诵》、苏民《朗诵杂记》、黎锓《朗诵书简》、

孙敬修《我怎样在广播中给小朋友讲故事》、侯宝林《相声的表演艺术》、连阔如《怎样说评书说》、高元钧《略谈山东快书的表演技巧》、吴天《史坦尼斯拉夫斯基体系和演员的修养问题》。

其二是从广播事业局 1959 年以前出版的刊物中选编了 13 篇译文,包括《播音员业务学习提纲》、伏谢沃罗多夫《播音员的工作经验》和《怎样播〈最后消息〉——给播音员的一些意见》、奥列宁娜·托尔斯托娃《播音员的意见》和《怎样播送音乐广播》、高尔金娜《言语的技术和逻辑的几个问题》、叶梅里扬诺娃《怎样准备播音》、托别士《创造性的工作、探索和学习》、奥琪雅索娃《掌握播音艺术的道路》、格尔奇克《播音工作经验点滴》、列维丹《朗诵文艺作品的主要方法》、维索茨卡娅《电视广播员》、齐明柯《谈谈电视播音工作》等。

②学术理论研究论文发表与播音创作实践相融合,推动播音事业发展

《北京广播学院学报》作为广播电视学术研究成果刊发的主要阵地,在 1979 年第 1 期和第 2 期密集发表了播音研究论文,主要有:齐越《播音创作漫谈——学习随笔之一》、张颂《谈谈播音的降调问题》、林田《开展业务研究,总结工作经验》、徐恒《对"捏嗓子"问题的看法》、铁成《生活技巧》等。

播音学术论文研究成果引领播音创作实践,提升播音水平。中央人民广播电台开展了业务实践活动:"新闻节目要降调,不是简单地把声调降下来,要根据新闻性稿件的特点,研究情、声、气等语言表达技巧的运用。有些播音员改变宣读式为半读半讲式播报新闻,突破了新闻腔,形成了热情、亲切、清新、自然的风貌,在各类专题节目中,播音员根据不同内容和形式,进行语言表达的大胆尝试,如对农村政策讲话,一些知识性节目,故事、对话稿等。有的专题开始相对固定播音员,如成立了《综合节目》播音小组,加强编播合作,参加采编制作;对稿件的通俗化、口语化进行加工;加强试播、排练;开阔业务思想,促进了业务研究,探索了新路。此外还组成了文艺播音小组,研究文艺播音并培养新人。"①

---

① 中央人民广播电台台史组.中央人民广播电台台史资料汇编(1949—1984)[G].内部资料,1985:628.

③全国部分省市播音员播音语言表达座谈会构建播音学学术交流平台

1979 年 8 月 27 日,北京广播学院新闻系播音教研室召开全国部分省市播音员播音语言表达座谈会,应邀参加会议的有 17 个省市的播音员代表,会议历时 21 天。座谈会上,大家总结了播音表达的经验,征求了对播音基础教材的意见,并研讨了播音语言表达等理论问题,著名播音员陈醇、林田、铁成等出席了会议并做了专题发言。从陈醇整理的《座谈会纪要》中可以了解到,座谈会上大家明确了播音员工作的性质和任务,强调了播音员要具有高度的政治觉悟和强烈的责任感,生活和实践是播音员语言表达的唯一源泉和生活的根基;肯定了老一辈播音员爱憎分明、刚柔相济、严谨生动、亲切朴实的播音风格;"降调"是新时期的宣传任务和对播音语言表达的要求,必须克服播音"高、平、空"的问题;建立播音理论体系是播音学科发展的关键,播音语言表达只是播音理论的一个组成部分,完整的播音理论体系还应该包括吐字发声、各种文体播音、播音风格等一系列内容。①

④《播音基础讲义》和《播音发声讲义》为播音教材正式出版奠基

当时还没有公开出版的播音基础教材,播音系学生使用的是 1978 年 7 月北京广播学院播音教研室编写的《播音基础讲义》(语言表达部分),这本内部使用的讲义主要内容是:一是紧紧抓住宣传目的这个纲;二是思想情感的运动状态;三是思想情感的表达方法;四是话筒前的宣传目的;五是勤奋学习持之以恒。1979 年全国播音基础教材研讨会召开后,由徐恒指导、李钢执笔编写,初稿经过北京广播学院播音系发声教研组集体讨论的《播音发声讲义》于 1980 年 8 月印制使用,主要内容包括:一是播音员用气发声的基本状态(发声原理、发声状态、呼吸控制、喉头和声带控制、共鸣控制、口腔控制、声音的弹性与色彩);二是汉语普通话及其运用(汉语普通话语音概说、汉语拼音方案、普通话声母、普通话单元音韵母、普通话复元音韵母、普通话声母和韵母的拼合关系、普通话声调、语流音变、词的轻重格式)。虽然《播音发声讲义》也是内部使用的教学材料,但对播音员的发声提出了更为严谨

---

① 中国广播电视协会播音主持委员会.陈醇播音文集[M].北京:中国广播电视出版社,2007:20.

科学的要求:播音员的音色应该是纯正朴实、富于表现力的;播音员的发声能力应当是持久的;播音员的声音应当是集中均匀、对比适度的;播音员的发音应当是清晰流畅、亲切自然的;播音员的语音应当是准确的。

《播音发声讲义》和《播音基础讲义》是中国播音学科早期教材的雏形,为几年后播音教材的正式出版奠定了坚实的基础。

⑤张颂提出应该进入全面研究播音理论的时代

1982 年 1 月张颂发表的《研究播音理论是一项紧迫的任务》,"构筑了播音理论研究的框架,拉开了播音学研究全面发展的序幕"①。文章简单回顾了播音学研究发展的脉络,明确提出对播音实践工作性的总结已经告一段落,现在是应该进入全面研究播音理论的时代了。"播音既然是一门学科,也许实践方面不乏深刻的体会、高超的技能,理论却不可避免地相形见绌。许多应该提出的问题、应该阐述的原则、应该论证的规律,都还没有纳入我们的研究范围和理论体系。"②播音理论应该解决的问题有:播音的客观性与情感性、播音的技巧、播音心理学、播音美学、播音教学法等内容。在这篇文章的指引下,中国播音学研究由实践经验总结时期转向播音理论研究时代,一大批播音论著呼之欲出。1982 年 8 月张颂的《朗读学》出版,该书的主要内容有:建立朗读学的目的和意义、朗读学的特点和任务、朗读的本源和作用、朗读规律说、朗读的目的、具体感受、态度情感、朗读者的身份与对象、朗读状态、朗读技巧、停连、重音、语气、节奏、不同题材作品的朗读等。"这部专著首先提出建立作为语言学的一个独立分支的朗读学的任务,并详细阐明了建立这一学科的目的和意义,规划了它的对象、任务、特点以及它和相关学科的关系。这部专著系统探讨了朗读的目的和作用,总结了朗读中带有规律性的问题,提出了朗读的具体内容,建立了朗读的理论体系。由于朗读和播音是并蒂的姐妹花,因而可以说,《朗读学》的问世,为建立播音学打下了理论基础。"③朗读与播音到底有哪些关联?"朗读与播音是姊妹艺术,

---

① 王文利.中国广播电视学术研究史稿[M].北京:新华出版社,2013:189.

② 张颂.研究播音理论是一项紧迫的任务[J].北京广播学院学报,1982(1).

③ 吴为章.广播电视话语探究选集[M].北京:北京广播学院出版社,1997:103.

尽管有一些交叉,但是绝不相同也不对立。他认为朗读向新闻发展就是播音,向艺术发展就是朗诵。朗读是一个基石性的东西,比播音更基础,没有新闻那么多。"①

在张颂《研究播音理论是一项紧迫的任务》的推动下,播音理论文章大量涌现,其中发展最快、学术水平最高的是关于播音心理学的研究,代表文章有:白羽《播音对象感的含义和作用》(《北京广播学院学报》1982 年第 2 期),闻闸《感知体验篇——播音心理学漫谈之一》(《北京广播学院学报》1983 年第 3 期)、《想象思维篇——播音心理学漫谈之二》(《北京广播学院学报》1983 年第 4 期),祁芃《再论对象感》(《北京广播学院学报》1984 年第 2 期)等。这些文章的发表为《播音心理学》的诞生积累了学术资料。

⑥中国播音专业高等教育教材正式出版

1985 年 9 月,《播音基础》和《播音发声学》正式出版。"这两本著作是改革开放之后首度正式出版的关于中国播音学的学术理论专著,在中国播音学理论发展过程中有着基石的地位。"②"成熟的理论应该既能圆满地说明实践中的全部想象,又能放之四海而皆准地预见和指导将来。可是,理论的形成和发展有个过程,成熟的理论是由不成熟的理论不断丰富、发展而发展。要求理论伊始就完美无缺,是不现实的。"③《播音基础》和《播音发声学》的"进化"过程是对上面这句话的现实佐证。

《播音基础》(后更名为《播音创作基础》)最早来源是 1963 年北京广播学院新闻系播音专业学生使用的《播音教材》和 1963 年使用的《语言逻辑》。经过多年的教学实践和总结,1978 年 7 月以《播音基础讲义》呈现,此后播音基础理论在教学和实践中不断丰富和完善,最后付梓出版。《播音基础》全书共分九章,分别是:"播音的正确道路""播音员的特点""认真备稿,有的放矢""依据稿件具体感受""思想情感的运动状态""思想情感的表达方法""话筒前的状态""播音表达规律""勤学苦练,持之以恒"。

---

① 郑伟.张颂谈播音学术发展源流[J].现代传播,2013(2).

② 郑伟.中国播音学学术发展研究[D].北京:中国传媒大学,2012.

③ 张颂.研究播音理论是一项紧迫的任务[J].北京广播学院学报,1982(1).

《播音发声学》是以 1980 年 8 月由徐恒指导、李钢执笔编写,经过北京广播学院播音系发声教研组集体讨论的《播音发声讲义》为基础,经过数年的打磨而成型,包括播音发声的物理基础及心理基础、发声及吐字、声音的弹性三个部分。

"《播音发声学》与《播音创作基础》并列为中国播音学理论的两大基石性著作,在此基础之上,各种理论著作开始出版发行,中国播音学理论体系开始逐步建立起来。"①1986 年 8 月 6 日在宁夏银川召开的全国首届播音学术研讨会,共收到 112 篇学术论文,内容涉及播音基础理论、播音问题理论、播音心理学、播音美学、主持人节目等理论文章。与会代表一致认为经过播音员同行们多年来的辛苦耕耘,播音学已开始建立自己的理论体系。这个体系以新闻学、语言学为基础学科,结合广播电视的特点和要求,阐述了播音的创作规律和基本方法,这个体系主要包括播音发声、播音表达、播音文体三大部分,初步形成了中国播音学。

2.广播电视语言宏观研究与播音理论逐步融合

从广播电视语言出发,《广播语言的运用》《广播语言与普通话》《口语广播三要素》等研究成果涵盖了播音语言研究相关内容,为播音语言理论研究相关内容,提供了参考方向。

①广播电视语言研究著作

关于广播电视语言研究最有代表性的研究著作主要有:1979 年 9 月北京广播学院新闻系写作教研组编的《广播宣传与语言运用》、1980 年 8 月河北人民出版社出版的由施旗、时煜华、徐丹晖、殷志敏创作的《广播语言的运用》。

《广播宣传与语言运用》是在广播电视处于恢复期的背景下,在原来北京广播学院试用教材《写广播稿怎样正确运用语言》的基础上进行重新修订的,目的是纠正过去广播电视语言不讲究文法和修辞、"帮八股"泛滥等语言运用的乱象,让广播电视工作者正确了解和掌握广播语言的宣传功能。该书主要内容包括广播宣传要改文风、广播宣传对语言的要求(要通俗口语、

---

① 郑伟.中国播音学学术发展研究[D].北京:中国传媒大学,2012.

要合乎规范、要具体形象、要响亮和谐)、广播宣传要语句通顺、广播宣传要避免语病、广播宣传用词准确、广播宣传要表达鲜明、广播宣传要语言生动、写广播稿要标点正确等内容。这本关于广播电视语言研究的著作，虽然没有正式出版，但作为内部学习资料，对当时的一线广播工作者和广播电视研究人员有一定的指导意义。

施旗、时煜华、徐丹晖、殷志敏的《广播语言的运用》一书讨论了广播宣传中的语言问题，"全书包括前言'办好广播，学好广播语言'和七个章节，第一章'广播宣传要注意文风'，第二章'广播宣传对语言的要求'，第三章'广播宣传要用词准确'，第四章'广播宣传要表达鲜明'，第五章'广播宣传要语言生动'，第六章'广播宣传要语法无误'，第七章'写广播稿要标点正确'。从章节的内容和书中用例多数来自非'广播体'看，这部著作所涉及的基本上还是语言运用的共性问题；其中第二章谈通俗易懂、合乎规范、具体形象、响亮和谐，第三章和第三节'运用口语、平易亲切'和第七章涉及广播语言特点多一些。"①

②左漠野谈《广播语言与普通话》

1983年中央台开展"口语化活动月"活动，以此为契机，左漠野在《广播电视新闻战线》发表了《广播语言与普通话》一文，强调了两点：一是广播要用普通话播音，"广播是推广普通话最有力的工具，全国各地的广播电台应该把推广普通话作为自己光荣的、重大的责任"；二是什么是广播体？"广播是一种文体，也是一种文学的普通话，广播体的第一个要素和根本是口语通俗，从这点出发到短小精悍、新鲜生动、有声有色，最后达到雅俗共赏。语音是语言的外壳，语言是心灵的声音。我们现在所讲的语言美，不仅是形式美，而且要有美的内涵。"他"把有声语言的运用提到了建设'广播体'的首要位置，从而大大推动了对广播语言的根本特点和基本要求的研究和确认"。②

③广播语言与播音语言相关研究论文大量涌现，成果斐然

广播语言研究的论文主要有：莫远辉、陆原、杨盛忠、何春立《广播体初

---

① 吴为章.广播电视话语探究选集[M].北京：北京广播学院出版社,1997：96.

② 吴为章.广播电视话语探究选集[M].北京：北京广播学院出版社,1997：95.

探》(《新闻广播电视研究》1983 年第 2 期),张更前《广播稿要有自己的文体》(《广播战线》1984 年第 3 期),贾洪彬《广播语言特色初探》(《新闻广播电视研究》1985 年第 5 期)等。

广播口语研究的论文主要有:林田、刘伟《口语广播三要素》(《新闻战线》1980 年第 8 期),林田、刘伟《口语广播的语言表达》(《新闻战线》1980 年第 9 期)。

研究新闻、评论语言表达的论文主要有:孔凡文《谈广播新闻语言的基本特色》(《北京广播学院学报》1981 年第 1 期)、陆锡初《谈广播新闻的可听性》(《北京广播学院学报》1984 年第 1 期)、曹石《广播评论特点初探》(《新闻战线》1984 年第 3 期)。

研究声音美学的论文主要有:朱增朴《广播的语言美》(《新闻大学》1981 年第 2 期)、吴为章《铿锵悦耳、朗朗上口》(《北京广播学院学报》1981 年第 2 期)、刘伟《广播通讯的语言美》(《新闻战线》1982 年第 1 期)、白谦诚《浅谈声音的感染力》(《广播电视战线》1985 年第 5 期)、田放放《广播语言的声学探讨》(《广播新闻战线》1986 年第 5 期)。

为了让中国广播电视事业重新焕发生机,1986 年召开的第十一次广播电视工作会议要求,广播电视语言要达到"通俗化、口语化、深入浅出、雅俗共赏","生动、形象、朴素"的标准,这引发了对广播电视语言进行全面的总结和研究,内容涉及广播电视语言的基本要求,广播电视语言的修辞以及广播电视语言的美学特征等。

3.主持人节目的出现促使主持人学术理论研究兴起

这一时期出现了主持人节目,因此关于主持人和主持人的业务研究和理论探讨逐步展开与推进,在播音与主持的对比研究中,引发播音如何提高,播音理论如何突破的思考。

①主持人节目历史回顾

20 世纪 80 年代初,广播电视中出现了一种新的节目形式——主持人节目。1980 年 7 月 12 日中央电视台《观察与思考》节目屏幕上打出"主持人"字样,这是主持人字眼第一次正式出现在广播电视媒体上;1981 年 1 月 1 日中央人民广播电台对台湾广播试办《空中之友》节目,徐曼主持;1981 年 4 月广东人民广播电台推出李一萍、李东以聊天的方式主持《大众生活节目》，受到听众的喜爱。李一萍被青年听众亲切地称为"知心姐姐"，一时间广播节目形成了"北徐南李"的格局。7月至11月，中央电视台推出了每周一期的《北京市中学生智力竞赛》节目，赵忠祥被挑选担纲主持人。"这些节目都是我国最早开办的主持人节目，是我国广播电视人大胆探索的结果，特别是《空中之友》节目从开播以来，20年长盛不衰，影响巨大。"①

②主持人节目的类型

"80年代的主持人节目，基本上分为两种类型：一种是采编播合一，主持人能采访、编稿，也具备播音的条件。在整个节目生产、播出的过程中，主持人处于主导地位，是节目的总体设计人。像广东电台的《大众信箱》节目可以归入这一类。另一种是编辑、记者和播音员合作。编辑、记者按谈话体的要求提供稿件，更好一点是按主持人的口吻和语言习惯写稿。由相对固定的播音员播出。播音员有时也参加少量采编工作。但基本上只是对稿件进行语言加工。中央电台对台湾广播的《空中之友》节目和电台的其他大部分主持人节目，都属于这一类型。"②

③中央人民广播电台主持人的角色定位

"中央台综合性节目里最先设主持人的是《农民信箱》专栏。一九八三年开始，《民族大家庭》、《理论信箱》、《青年信箱》、《国际问题信箱》、《音乐信箱》都先后设主持人，有13个播音员先后以主持人身份播音。这些主持人情况不同。大部分是形式上的主持人，即基本上是编辑按主持人节目形式编稿，播音员多在通俗、口语方面和播讲方法上探索，不参加很多编采业务，只是在节目中以主持人身份出现。有一些则锻炼成实质的主持人，他们需要具有比较高的政策、理论水平，比较广博的知识，比较强的组织能力，并兼备采、编、播、录多种业务能力。这样，播音员不仅在节目中用主持人身份播讲，代表编辑部和听众交流，而且确实参与节目的设计和实施。这种主持人不单是通过有声语言，对文字稿再创造，而是节目的主办人之一，对节目

① 廖声武.节目主持人教程[M].北京：中国人民大学出版社，2012：8.
② 赵玉明.中国广播电视通史[M].北京：北京广播学院出版社，2004：356.

从方针、内容,到形式和风格,都有权过问和作(做)出决定,再不是文字的从属,而是文字写作的主人。一句话,主持人对自己主持的节目负责到底。不过,在节目这个工程建设中,主持人不能替代编采,也不是主笔。他要做的事情是把众多的设计汇集起来变成自己的话,创造性地完成节目工程,把优秀的听觉艺术品奉献给听众。"①

④以中央人民广播电台为例分析节目主持人特色与培养选拔模式

中央人民广播电台在主持人节目的运行中,积累了丰富的经验,为研究主持人节目提供了重要的参考。"无论是形式上的主持人还是实质的主持人,都对突破千篇一律的播读腔做出了贡献,使广播像知心朋友那样同听众亲切谈话,使我们的播音风格向着新时期的清新、活泼、自然、流畅转变,密切了电台同听众的关系。设节目主持人的形式,是当前广播业务改革的一个重要方面,随着改革的进程,一定会涌现出越来越多的受听众欢迎的优秀节目主持人。主持人打破了以往编、播"两张皮"的体制,是从编、播密切合作中产生的,节目主持人可以从播音员队伍中挑选,也可以从记者和编辑队伍中培养。也有特殊的,是由编辑设计某一形象,并非真实,请演播者塑造出来的。如本台《小喇叭》节目中的信箱专栏主持人——小叮铛。通常说,大部分主持人节目都具有电台专题节目的新闻性和真实性的要求。绝大多数编播人员担任的主持人,可以真名真姓,听来真实可信,增加亲近感,能更好地在听众心目中成为一个朋友。显然,主持人节目需要塑造个性形象,没有个性形象就不成其为主持人,节目就不可能有特色,也容易流于形式。这就要求主持人的个性素质,要符合节目的特性要求。主持人和自己主持的节目应当是完全融为一体的,主持人应该工作在编辑部,而且人选最好相对固定下去,不宜中途多调换。"②

① 中央人民广播电台台史组.中央人民广播电台台史资料汇编(1949—1984)[G].内部资料,1985:633.

② 中央人民广播电台台史组.中央人民广播电台台史资料汇编(1949—1984)[G].内部资料,1985:633.

⑤主持人定义与身份的学术理论研究

主持人的学术理论定义:最早见于公开出版物的关于主持人节目研究的是敬一丹撰写的《主持人节目对播音员提出新的课题》(《新闻广播电视研究》1984 年第 5 期)。对于如何定义节目主持人,有学者在《关于节目主持人的几个问题》一文中给出明确的回答,"从字面上解释,主持人应该是节目的主要操持人,这就是说,他(她)不但应操持,而且是主要的。他要负责一个节目方针的制定,提出办节目的计划并领导实施;他应该具有对材料的取舍能力和权力;他应该具有对幕后工作者的指挥能力和权力。"[1]这是学术研究成果中关于主持人定义的最早记载。两年后,任远对节目主持人做了这样的定义,"在广播或电视中,出场为听众或观众主持各种节目的人,叫做(作)节目主持人,主持人不是表演者,也有别于新闻通讯和文章的播报者。主持人是有他自己的身份,自己的个性,直接面对听众或观众的人。主持人在节目中处于主导地位,他的主要职责是组织、串联一次节目的各个部分,但也可直接向观众和听众传播信息。"[2]以上学者在定义中都强调了主持人在节目中处于中心位置这一特点。

从学术研究的维度解读主持人分类:有学者从节目运行的实际出发,将主持人分为三类,并加以阐释。第一种类型,固定一个节目的播音员,将编辑写好的稿子播出去,在一个特定的节目中具有连续性,对外挂主持人的牌子。这种类型的主持人如果打得响,编辑的作用很重要。因此,他实际是"主播人",他的权力是可以对文字稿件做口语化的加工。对外称主持人当然可以,但如果以为主持人的工作仅仅是播音,就未免有些偏颇。有的编辑、记者在电台出声音,做了主持人。播音员有"地位危机"之感,编播之间也出现了谁该向谁靠拢的争论。探索节目主持人的形式,最好抛开编播的"门户"之见,主持人就是主持人,其有独立于编辑或播音员之外的特定的要求,其并非一般意义上的编辑、播音员。要说靠拢,最好是编播共同向主持人靠拢,而不提谁该"靠""当"的问题。第二种类型,固定的播音员只参

---

①　汪良.关于节目主持人的几个问题[J].现代传播,1985(2).

②　任远.论节目主持人[J].现代传播.1986 (2).

与部分采编工作。这种情况不多。对已编好的稿子做些口语化的加工不属于这种类型。第三种类型,采编播合一。这种类型虽不很多,但却有我们所说的主持人含义较多的因素。如北京台的《生活顾问》节目,三个主持人,采编播合一,还有一些台的某个节目中的某个专栏,都是这种类型。这样的主持人,责任范围要小,重要的在管好自己的"责任田"。如只共同负责一两次节目,或在一个节目一周的某个专栏和听众见面,这似乎可以称之为"专栏主持人"。所以,一般要增加主持人的数量,或限在某个专栏内。由于有这种类型的现实,一是有的人便认为主持人应该是严格地采、编、播合一。如果谁有哪个环节没参加,便认为他不是主持人。有学者认为,这是过分强调了主持人个人的作用,使主持人变得高不可攀。的确,为了主持节目的需要,主持人应该通晓采、编、播,甚至包括制作这些业务,但是,除去"播"的环节(因为在广播中,主持人只有依赖声音形象与听众发生联系)外,不一定、也不可能事必躬亲、包打天下。

主持人的四个层次:任远将主持人的发展分为四个层次,"一是播读者,他们的任务是单纯的(地)播读记者、编辑拟写的广播稿件;二是播讲者,他们和播读者不同之处,是把念(播读)稿件变为播讲,在表达方面更讲究口语化、个性化,同观众和听众有更多的感情交流,但一般还是播讲别人代写的稿子;三是演播者可以称之为准主持人,他们是饰演主持人,根据他人写好的台本,出面主持已经安排好了的节目;四是节目主持人,他们是广播电视节目在演播阶段的组织者、指挥者,是节目与听众之间感情、信息交流的桥梁、纽带,也是节目的代言人。为此,主持人应当主动参与节目的制作。"①

有学者根据自己的实际工作经验,将主持人分成三种类型,基本涵盖了主持人的工作职责,以后关于主持人的分类,无论如何划分,都没有超出有关学者确定的主持人职责范围。任远谈到的主持人发展的四个层次是客观存在的四种播讲形式,不是递进式的按层次发展,是不同节目的需求而产生的主持方式。

---

① 任远.论节目主持人[J].现代传播.1986 (2).

⑥节目主持人素养研究

节目主持人的通用素养：节目主持人的素养应包括，"一、主持人应该具有较高的政策、理论水平，应该对当前形势、党的路线、方针、政策心中有数。二、主持人应该具有新闻工作者的敏锐洞察力，在大量的材料中抓住有典型意义的东西，选取恰当的角度，进行宣传。三、主持人应该有比较纯正的普通话，字正腔圆，声音悦耳、表达生动。不但使人听得懂，还要使人爱听。这是主持人工作的最后一环，是'门面'。一个主持人，应该有能力凭借有声语言的表达在听众心目中树立起一个富于个性的形象，使听众觉得可亲近、可信赖。更何况，广播电台还负有推广普通话的责任呢！四、主持人应该学识广博，有对事物发表深入浅出的、恰当的评论的能力。五、主持人应具备一定的组织、活动能力，能独立地采编、播，能领导一个节目班子。"①从上述论述中我们可以看到，一个真正意义上的主持人不但要业务能力强，还要有一定的领导组织能力，领导组织能力是保证一个节目正常运转的必要条件，也是真正意义上的主持人必备的素养，这个观点对当下主持人理论研究和主持人实际工作，仍然有指导作用。

新闻节目主持人的素养：上述学者关于主持人的素养研究是对所有类型主持人素养的整体概括，具体到新闻节目主持人应该具有哪些素养，赵淑萍根据对美国哥伦比亚广播公司《60分钟》节目的研究，探索了电视新闻节目主持人应具有的素养，她在《〈60分钟〉节目主持人的素养》一文中做了归纳和总结：一、具有纯熟的采、编、播业务能力，包括具备记者的素养、掌握基本的编导能力、出口成章、精彩播报；二、大胆探索，勇于开拓的精神，包括利益创新，突破旧形式，大胆实践，开拓新领域。②

⑦播音员与节目主持人差异化研究

徐曼论播音员与主持人的差异：徐曼作为中央人民广播电台第一位节目主持人，结合自己主持《空中之友》节目的实际工作经历，归纳整理、总结出了播音员与主持的四点差异，虽然这四点只是工作的总结，但全面阐述了

①　汪良.关于节目主持人的几个问题[J].现代传播，1985（2）.

②　赵淑萍.《60分钟》节目主持人的素养[J].现代传播，1986（1）.

节目主持人的基本特点,尤其是谈到播音员是以"第三者"的身份在转述,而主持人是以"第一人称我"在讲述,明确了身份,是主持人节目研究的理论立足点,具有一定的理论高度与学术形态。四点不同是:"1.主持人要参加节目生产的全过程。即主持人要参加采访、编辑、播音、制作,直至编发的整个过程。2.每次节目都由一个固定不变的人出现。这个人对节目的进程起着主导作用。3.播音者的身份变了。过去的某些节目也有由相对固定的人员播音。但不管时间多长,人员再稳定,播音者仍是宣讲、播读者。是以第三者的身份出现,念别人写的文章。而主持人是以第一人称出现,是在谈自己的观点,谈自己的见解,与听众进行直接交流。主持人是把党的路线、方针、政策,变成自己的观点、见解、感情、语言传递给听众。在听众的感觉中,主持人是有血有肉,感情丰富,实实在在存在于生活中的一员;使听众感到这个主持人随时在关心他,接近他,经常面对面地和他促膝谈心,周到地为他服务。因而这个固定不变的,以个人身份出现的节目主持人比较容易与听众交朋友,较容易争取听众的感情和思想。4.主持人要树立一个有影响的形象。生活中,我们每个人都有各自的性格、气质,各有各的语言表达方式,人们看到的是这个或那个有不同个性的具体的人。主持人既然经常以个人的身份出现,也应该具备个性。强调个性,是在听众中塑造一个受欢迎的美好形象的基础。当然,树立主持人的形象,要靠多方面的因素,比如节目内容、节目形式、文字表达的风格等。播音是塑造主持人形象的最后一道工序,它可以给主持人的形象增加色彩。如果听众听了主持人的播音后,能闻其声如见其人,通过声音在脑海中刻画出这个主持人的美好形象,而这个形象又与举办节目者的设想相吻合,那么主持人的播音便成功了。"①

敬一丹从创作心态论播音员与主持人的差异:在创作心理状态上,播音员与主持人也有不同,敬一丹归纳四点不同是:"对自身的认识、把握不同;对象感的具体运用不同;思维与有声语言转化方式不同;对节目的整体关心程度不同。"②在谈到对象感的具体运用不同时,敬一丹指出,节目主持人的

① 徐曼.节目主持人的播音[J].现代传播,1985(2).
② 敬一丹.节目主持人与播音员心理状态的比较研究[J].现代传播,1985(3).

对象感强调要具体,把自己设想成和一个人或几个人交流,目的是适应听众一对一的接受心理,而播音员的对象感可以是一对一,也可以是一对多,与主持人相比,播音员在受众面前不强调具体的个人,而是把别人的稿件内容完整地转述出去。

其他相关研究:中央人民广播电台刘炜的《关于主持节目的一些体会和看法》,河北人民广播电台吴新《也谈节目主持人的播音》,中央电视台孟广嘉的《对电视节目主持人的初步探索》,山东人民广播电台林雨的《对节目主持人节目的几点意见》,傅成翻译的《节目主持人的个性和语气》《从哪里培养节目主持人——谈新闻广播电视教育改革》等。

4.播音教育层次提升,播音学科归属初现,播音职称规范

播音学术人才培养层次提升,播音学科归属初现,国务院批准播音职称系列评定标准,参评条件鼓舞一线从业者对播音理论研究的主动性,有力地推动播音理论研究向更广泛更深刻的方向发展。

①播音教育层次提升

"我国的播音教育是从 1923 年以后开始的,那时播音员,除了自学,就是几个人、一批人在一起,研究和训练发音、表达。'师傅带徒弟',恰是自古以来的传统培养方式,真正建立学校和专业,是 1963 年 9 月在北京广播学院设立的'中文播音专业'大专班。1964、1965 年又招收了两个班之后,'文革'开始停止了招生,直到 1974 年恢复招生,1977 年恢复高考,从 77 级开始升为本科。1980 年,建立硕士授权点。"①在文学门类语言学学科招收播音专业硕士研究生,齐越、徐恒招生研究方向为播音发声学和播音基础理论。

②播音学科归属初现

1983 年 3 月国务院学位委员会第四次会议决定公布、试行的《高等学校和科研机构授予博士和硕士学位的学科专业目录(试行草案)》中播音专业的学科归属为文学门类—语言学—播音发声学与播音基础理论,这是播音主持艺术专业向学科独立的开始,当时的研究对象是:"近年来科研工作与

---

① 张颂.播音语言通论:危机与对策[M].3 版.北京:中国传媒大学出版社,2012:155.

广播电视播音的改革和发展紧密结合,在深入研究播音发声、播音基础理论及播音业务的同时,特别注意主持人节目播音以及电视播音的特点和创作规律的研究,并开始播音心理学和播音美学方面的研究工作。"①

③国务院批准播音职称系列评定标准

播音主持人才的发展,特别是播音主持人才在业务上的可持续发展离不开科学的职业引导和职业规划,而在这方面播音主持专业的技术职称评定功不可没。我国播音职称体系的建立最早始于 1982 年,当年 4 月 15 日,中央广播事业局、国家人事部发布了《关于播音员业务职称暂行规定》。该规定将播音员的业务职称定为:特级播音员、高级播音员、一级播音员、二级播音员、三级播音员,共五级,并对每一级别的专业要求、学历要求与业务素养等做出明确的规定。1986 年 3 月,中央职称改革工作领导小组颁布了《关于转发广播电影电视部〈广播电视播音专业职务试行条例〉及其〈实施意见〉的通知》(职改字〔1986 年〕13 号),同意实施《广播电视播音专业职务试行条例》。该条例对 1982 年颁布的《关于播音员业务职称暂行规定》进行了调整,将播音专业职务重新定名为五类:播音指导、主任播音员、一级播音员、二级播音员、三级播音员;并将其划分为三个级别:播音指导、主任播音员为高级职务,一级播音员为中级职务,二、三级播音员为初级职务。

5.学术交流阵地重新建构

国家级学会的创立、全国部分省市播音员语言表达座谈会、全国播音经验交流会、全国电视播音经验交流会等会议的召开;播音员主持人、播音研究人员和播音专业教师在实践、理论、学术等层面的深入探讨与碰撞;《北京广播学院学报》(后更名为《现代传播》)和《中国广播学刊》先后于 1979 年、1987 年创刊,《现代传播》开辟"播音主持艺术"和"播讲艺术"专栏为播音学术研究提供专业平台,这一系列变化,重新建构了这一时期我国播音研究的学术交流阵地。

---

① 《北京高等学校科研机构博士学位硕士学位研究生招生专业简介》编审委员会.北京高等学校科研机构博士学位硕士学位研究生专业简介[M].北京:航空工业出版社,1987:252.

（1）中国广播学播音员主持人委员会成立

中国广播电视学会播音学研究会于 1987 年 8 月 16 日在北京成立，"这是我国广播电视播音界第一个全国性的专业学术团体。播音学研究会成立大会研究讨论了新时期广播电视播音改革的形势和任务，通过了《播音学研究会章程》和《播音学研究会成立大会决议》，推举产生了播音学研究会领导机构和办事机构。齐越被推选为研究会名誉会长，夏青当选为会长；关山、刘佳、张颂、陈真、陈醇、铁城任副会长，方明、吴郁、房明震、曹淑和任副秘书长。播音学研究会办事机构常设在北京广播学院播音系，由杜守仁任总干事长，邱志军任副总干事长。播音学研究会吸收个人会员和集体会员。研究会成立时，全国已有 50 多家电台、电视台的播音部门加入，成为播音学研究会的会员单位。"①播音学研究会成立之后，与湖北省襄樊市（今襄阳市）播音协会联合主办业务研究刊物《播音界》，以此作为播音学研究的学术园地。

（2）召开经验交流会与学术会议

①1981 年 8 月 7—13 日全国普通话播音经验交流会在北京召开，会议重点讨论了新闻性节目播音的特点和要求，提出了继承传统、勇于创新的行动口号。根据陈醇的体会②和张颂的介绍③及中央人民广播电台台史资料④了解到，发布新闻是电台的首要任务，播好新闻性节目是播音员的基本职责。参会代表普遍认为新闻播音"严肃有余，亲切不足"。当前新闻播音存在的主要问题是"感情冷，表达僵，离听众远"。"冷"是态度感情问题，播音员对稿件的思想内容理解不透，感受不深，脱离实际，言不由衷，今后，要从

①　中国广播电视年鉴编辑委员会.中国广播电视年鉴（1988）[M].北京:北京广播学院出版社,1988:469.

②　陈醇.提高认识,明确方向——参加全国播音会议的体会[J].上海广播电视业务.1981(12).

③　张颂.全国播音经验交流会简况[M]//话筒前的工作.北京:广播出版社,1983:170.

④　中央人民广播电台台史组.中央人民广播电台台史资料汇编（1949—1984）[M].内部参考,1985:631.

稿件内容和感情上下功夫。"僵"是语言表达问题,照稿念字,语调呆板,或从声调上模仿,千篇一律。要打破播读腔,使语言口语化、生活化,这是播音员和听众的关系问题。"远"是播音员和稿件内容、听众有距离,要克服以教育者自居的思想,满腔热情地为听众服务。

为了播好新闻性节目,表现出时代感、新鲜感,一方面继承人民广播播音的传统风格,播音工作的好作风要继承、发扬,战争年代播战报、喊话、评论,这就决定播音风格要爱憎分明,理直气壮,高昂爽朗,充满胜利信心。另一方面,进入新时期,要适应新形势,在原有的基础上努力创新,播音工作要根据节目改革的需要,勇于创新,探索新的广播形式、新的播讲方法,在语言表达上要有新发展,语言表达应清晰质朴、态度诚恳、感情真挚,不能为迎合某些听众而虚假做作、声音软浮,即使播得再"活",也是苍白的、无生命力的。播音员可以通过扩大艺术实践范围来提高自己的语言表达能力,话剧、电影语言艺术也可以借鉴,但一定要避免"播音表演化"。在播音理论上要有新建树。新时期播音任务不同,内容不同,宣传对象不同,要从稿件内容和形式出发,从当前形势和实际出发,进行恰如其分的语言表达,要声情并茂,娓娓动听,深入人心,使播音风格多样化。

会后根据交流会上提交的52篇论文整理出版了《话筒前的工作——全国播音经验交流会材料选编》,全书分新闻播音探讨、播音理论及各种问题播音的探讨和播音队伍建设经验三部分,收录的文章涵盖了全国24个省、自治区、直辖市和各地方台播音部或组的经验总结,体现了百花齐放、百家争鸣的学术胸怀。

②召开了三次主持人节目研究交流研讨会

第一次是1985年4月2日至10日由北京广播学院播音系主办的全国广播电台现场报道和节目主持人播音经验交流会,中央、各省、自治区和部分市57家广播电台的67名代表参加了会议。"关于节目主持人,代表们讨论了主持人的概念、形象、语言、个人能力,以及工作体制和发展前景等问题。一致认为,主持人节目符合广播传播的特点,缩短了广播与听众的距离,宣传效果较好,今后必然会得到进一步发展。播音员也应不断努力,在业务上丰富自己,探索适合于'听'的丰富多彩的表现形式。但大家也指出,主持人节目没有必要,也不可能成为广播中的唯一形式,它也将与其它(他)广播形式长期并存。播音员在探索更多的具有社会主义中国特色的节目样式方面,有义不容辞的责任。"①

1986年6月16日至17日,又在北京广播学院新闻研究所的《新闻广播电视研究》编辑部举行了第二次主持人节目研讨会。来自广播电视第一线的节目主持人、电台和电视台的领导同志、教学研究单位的老师、理论工作者共20余人参加了会议。"会议围绕着主持人节目在广播电视宣传中的地位、如何发展中国的主持人节目以及如何培养中国的节目主持人等议题进行了热烈的讨论。讨论涉及到主持人节目的许多重要问题,如:什么是节目主持人、主持人节目的真实性原则、节目主持人的个性与素养、节目主持人的培养教育等。不同意见、观点的争论使大家的认识更加深化,思路更加开阔,这次会议对主持人节目实践和理论的研究将会起到积极的推进作用。"②

1986年10月20日至25日,北京广播学院和徐州人民广播电台联合举办的第三次广播主持人节目专题讨论会召开。会议认为,"目前我国绝大多数主持人节目缺少个性,不能给人留下深刻印象。因而应在有特色的内容和思想构思、有特点的见解和语言以及有经验的播讲和应变能力上下功夫,创造有个性特色的节目,培养个性化的主持人。"③

"主持人节目问世后,在社会上引起轰动效应,于是各地电台、电视台大有一哄而起的势头。一些专题节目,从稿件到播音明明同以前没有什么变化,也轻率地冠以主持人节目的名称。有些新闻节目播报完毕后,也来一句'是由谁谁谁主持的',甚至连一般性的广告节目,两位播音员也要申明由他们主持。这种现象波及到文艺演出和各种联欢会、颁奖会,报幕员和司仪也统统改称主持人。虽然存在着不少滥竽充数、名不副实的主持人和主持人

---

① 中国广播电视年鉴编辑委员会.中国广播电视年鉴(1986)[M].北京:中国广播电视出版社,1987:666.

② 敬一丹.主持人研讨会综述[J].现代传播,1986(4).

③ 中国广播电视年鉴编辑委员会.中国广播电视年鉴(1987)[M].北京:中国广播电视出版社,1988:539.

节目,但仍没有淹没那些真正的节目主持人和主持人节目的光彩。主持人节目在20世纪80年代初一出现,就在广播电视界形成一股热潮。但是,关于节目主持人和主持人节目的业务研究和理论探讨,却开展得不够广泛和深入,停留在较低的层次上,有碍于这种新的节目形式的不断提高。"①"从广播电台举办节目看,是不是所有播音员都要变做主持人? 一刀切未必合适。那么不做主持人,播音又将怎么提高、突破呢? 这也是播音员们正在探索的一个课题。"②

（3）主要学术期刊

①《北京广播学院学报》于1979年9月创刊。与播音研究相关的学术论文陆续在《北京广播学院学报》1979年第1期和第2期发表,主要有:齐越《播音创作漫谈——学习随笔之一》、施旗《加强广播语言的规范化》、林田《开展业务研究,总结工作经验》、徐恒《对"捏嗓子"问题的看法》、铁城《生活技巧》等。

②中国广播电视学会、广播电影电视部政策研究室主办的学术性刊物《中国广播电视学刊》于1987年7月创刊。该刊以研究中国广播电视事业的实际,建立中国的广播电视理论体系,促进中国广播电视事业的繁荣昌盛为办刊宗旨。该刊在创刊号上刊发的《广播电视学研究题目选辑》中与播音相关的选题包括广播电视语言、广播电视在推广普通话中的作用、广播电视播讲等内容,《中国广播电视学刊》甫一成立,就成为播音学术理论研究成果的重要刊发平台。

此后,与广播电视研究相关的期刊及新闻传播类期刊大量创刊,播音学术研究成果刊发平台日益丰富,这在一定程度上推动了播音学术理论研究及传播,为中国播音学提升自身学术地位起到积极的推动和引领作用。

6.语言学对播音学的贡献,以周殿福为例

据中国社会科学院语言研究所网站介绍:周殿福(1910—1990),北京市

---

① 赵玉明.中国广播电视通史[M].北京:北京广播学院出版社,2004:357.

② 中央人民广播电台台史组.中央人民广播电台台史资料汇编(1949—1984)[G].内部资料,1985:634.

人,当代著名语言学家,中国社会科学院语言研究所研究员,熟悉近代实验语音学,掌握各种语音实验的技能,注重实用语音学的研究,强调语音学和其他学科的配合,在矫正各剧种演员不正确的发声方法、提高嗓音质量等方面都有自己独到的见解。

(1)提升播音专业教师吐字发声能力

周殿福是中国社会科学院语言研究所的专家,主要从事语音学研究。"张颂特别提到了周殿福对播音专业的贡献,播音专业语音发声的许多概念就是根据周殿福的讲课进行改造的。据张颂讲述,在1963年9月到12月间,张颂、徐恒、王璐等北京广播学院的年轻教师,每周一次去周殿福家中听课。周殿福是语音学家,舌头有格,每一个音都发得非常准,声音也好,也有一定的表达能力,当时周殿福主要就是调节年轻教师的口齿。"①

(2)解读《艺术语言发声基础》

①《艺术语言发声基础》内容:1980年周殿福著《艺术语言发声基础》一书由中国社会科学出版社出版,这部著作共包括十部分内容:一、演员必须学好普通话、用好拼音字母;二、发音器官的构造、功能和运用;三、要练好每个元音和辅音;四、字音结构和如何念好字母;五、普通话里的轻音和艺术语言里的"吃字";六、普通话里的"儿化"韵和曲艺里"小辙儿";七、重音和重音的处理;八、语言的停顿和艺术语言的"气口儿";九、语调和朗诵;十、话剧语言和电影语言。周殿福根据语言科学的原理和他多年戏剧台词课的教学经验,阐明了艺术语言发声的要领。他在书中指出,我国的艺术语言工作者,经过多年的舞台艺术实践,在发声方法和语言运用上积累的丰富经验,不断地提高了艺术语言的表演技巧。但是,在传统的喊嗓、练功方法中,也往往有不够科学,甚至违反生理科学和语音科学原理的成分,有时候会把嗓子喊坏,造成"倒仓"和"塌中",从而毁灭了演员的艺术前程。

从发声实践引领维度分析,《艺术语言发声基础》根据汉语语音特点,用语音学原理阐明艺术语言发声要领,同时批判地继承前人积累的传统发声方法,应用语言学知识加以科学解释、澄清某些不正确的学说。周殿福提出

---

① 郑伟.张颂谈播音学术发展源流[J].现代传播,2013(2).

的锻炼方法,是根据多年教学实践的成果,并结合民族发声法进行,锻炼的次第由简单到复杂,由分析到综合,对于艺术语言工作者的练声具有指导作用,并为进一步建立完整而系统的艺术语言基本功提供了初步的基础。周殿福在书中提出语言基本功的锻炼要循序渐进,"从气息产生的原动力——气息开始,循序渐进,而音、而字、而词、而句、而段落成文,用细致的描写,准确地把锻炼方法的详细步骤倾诉(诉)出来。"①在谈到情感与语言表达时,"语言讲究以情带声。情感的表达在这个阶段应该放在第一位。每一段的词、每一段的话,都带着一定的情感。你碰到情节变化了,你的情感自然变化,你的语言也就随着变化。语言主要是听,从听觉方面来观察内心活动料也不行,人家把语言同情感两个方面的表现结合起来。只有内心活动,而没有外部材料也不行,人家把语言同情感两个方面的表现结合起来,才能理解你的心情。"②周殿福关于语言和情感表达的论述是中国播音学中"情声和谐律"的雏形。

③《艺术语言发声基础》实践与学术价值:据中国社会科学院语言研究所网站介绍,该书可以帮助艺术语言工作者掌握科学的练声方法,使他们的艺术语言才能得到更充分的发挥,语言造型能力得到加强,练功更有成效。这部书不仅对广大戏剧、戏曲、曲艺演员和歌唱家、诗歌朗诵者及播音员等艺术语言工作者有很大的实用价值,而且可为建立一套完整的系统的艺术语言基本功奠定初步的基础。另外,它对汉语语音教学和研究工作也具有一定的参考价值。这部著作具有鲜明的时代性、严密的科学性、高度的学术性、可贵的开创性和深远的指导性。此外,在艺术语言这一领域,周殿福先生还发表了《谈谈戏曲唱、念中嗓子"横"的问题》《略论电影语言中的方言造型问题》《语言基本功是电影演员的基础课》等论文。

---

① 吴晓铃.读周殿福《艺术语言发声基础》[J].辽宁大学学报,1982(2).

② 解保勤:周殿福先生关于加强语言基本功的谈话[J].锦州师范学院学报(哲学社会科学版).1980(3).

四、播音学术发展的争鸣时期(1987—1999 年)

社会主义市场经济体制下,播音学术理论研究稳步提升,中国播音学的理论框架基本构建,播音学独立地位凸显;播音学术不同的观点在争鸣中交锋,学术个性得到张扬,学术理论日臻完善;国家社科基金资助的播音学研究项目立项,播音学术研究彰显国家水准,播音导论、播音语音学、播音文体业务理论、口语与写作、节目主持人概说、文艺作品演播、电视播音理论、形体与化妆、受众心理与反馈、语言和副语言传播、播音员素养与修养等研究成果相继问世。中国播音学理论体系通过《中国播音学》的出版宣告学科独立,新闻学与传播学、语言学及应用语言学、文学艺术学、哲学与美学这四个学科共同支撑起中国播音学并提升播音学学术理论研究高度。

1.中国播音学的确立与播音学科构建

1994 年 10 月《中国播音学》一书正式由北京广播学院出版,标志着中国播音学研究的理论框架基本构建,该书是这门学科的奠基之作。这部 66 万字的《中国播音学》是在张颂播音学理论的指导下,16 位作者历时五年编著完成的,"全书分为'导论''发音''创作''表达'和'业务'5 编共 40 章,比较全面、系统地总结了我国广播电视播音工作 50 余年来的经验"。① 内容基本涵盖了播音领域的所有理论和实践内容。《中国播音学》一书作为中国播音学研究的奠基之作,主要是它明确了自己的学科定位,"它既不跟相关学科混淆,又不跟相关学科割裂,更不是'现代汉语'加播音方面的语料,也不只是语言学理论在播音方面的应用而没有自己的理论"。② 它有自己的学术历史和发展脉络,有自己独特的实践经验和理论基础,《中国播音学》的出版,标志着播音学术研究向成熟迈进,播音学科正式诞生,正如张颂所总结的:它以新闻学与传播学、语言学及应用语言学、文学艺术学、哲学与美学这四大学科为支柱,新闻性是本源,艺术性是特征。《中国播音学》为这一学科

---

① 赵玉明,王福顺.广播电视词典[M].北京:北京广播学院出版社,1999:629.

② 于根元.播音主持语言研究十篇[M].北京:中国经济出版社,2006:6.

的研究指明了方向,在《中国播音学》理论框架的指导下,播音学研究迈进了一个全新的时代。

2.学术争鸣

播音学术不同的观点在争鸣中交锋,学术理论日臻完善,以"播音员应该涵盖主持人"讨论为发端,播音学术界进入了学术争鸣时代,从理论上和实践上解决播音员与主持人的定义与定位问题。

①争鸣的缘起

1986年12月15日广东珠江经济广播电台的开播,对全国广播主持人节目的发展起到了具有历史意义的影响,"是我国广播节目完成由播音员播音向主持人主持的过渡的一个标志"。① 播音学术研究聚焦于播音员与主持人的内涵讨论及主持人节目如何定位,学术争鸣日益激烈。

1987年陆锡初撰文指出,"我国节目主持人发展很快,出现了'主持人热';理论研究也相当活跃"。大家讨论的热点主要有"一、关于什么是节目主持人的问题;二、关于节目主持人的真实性;三、关于发展新闻节目主持人的问题;四、关于节目主持人的来源和培养"。② 陆锡初虽然没有就文中的问题进行深入的理论探讨,但他总结了当时业界关注的核心问题。

1988年9月15—19日,首届全国广播电视优秀播音作品评选暨播音学研究会年会在广州举行。据《全国首届优秀广播电视作品评选暨播音学研究会一九八八年年会摘要》记录,张颂在会上提出"播音员应该涵盖主持人"的命题,根据播音员和主持人的业务共性,"他认为无论是播音员还是主持人,都应该追求'三性''三感',即规范性、庄重性、鼓舞性、时代感、分寸感、亲切感"。③ 张颂同时还认为,无论播音员还是主持人,其内涵都是不断发展的。

②拉开争鸣大幕

针对张颂"播音员应该涵盖主持人"的学术观点,学术界展开了激烈的

---

① 廖声武.节目主持人教程[M].北京:中国人民大学出版社,2012:9.

② 陆锡初.关于节目主持人讨论综述[M]//中国广播电视年鉴编辑委员会.中国广播电视年鉴(1988).北京:北京广播学院出版社,1989:180.

③ 李东.走出"魔圈":主持人与播音员语言特征辨析,兼与张颂教授商榷[J].中国广播电视学刊,1993(02).

学术争鸣。广东人民广播电台的李东 1989 年发表在《岭南视听》第一期上的文章《走出魔圈——主持人与播音员语言特征辨析,兼与张颂商権》(后发表在《中国广播电视学刊》1993 年第 2 期)认为,"实践却在向我们昭示:节目主持人的出现,打破了传统播音方式在我国语言广播中的一统局面,在语言风格——即语言表达上形成的作风和气派,具体体现为由词汇、句式、音律、辞格、章法等各种语言手段和表达方式综合运用所造成的具有一定系统性的语言特点——确实与播音员形成了'鸿沟'。试图'涵盖'它,以及'择盖'以后把对二者的探索都统一到'三性''三感'上,不能不说是理论上的一种失误,对目前的实践和广播改革的进一步发展都会造成消极的影响。探索的出路只能是调整我们的认识,走出我们为自己划定的'魔圈'。"

李东的文章在全国第三届广播电视学术论文评选活动中获得较高认可:"李东是我国广播界第一代节目主持人之一,是全国广播电视节目主持人'开拓奖'金奖获得者,具有丰富的实践经验和较重的理论功底。他的文章论证了主持人与播音员在语言方面的共同基础及各自的特征,回答了'主持人与播音员在语言方面究竟有何异同'这一长期困扰人们的问题,指出了'播音员涵盖主持人'这一命题在理论上的失误,提出了'重新构思我们的理论,建立广播语言学'的构想。此文高屋建瓴,振聋发聩,1989 年在《岭南视听研究》第一期上发表后,立即受到广播电视界的重视。这次评选,此文以9.65 分高居榜首,夺得一等奖第一名的桂冠。"①中国广播电视学会张君昌对该文的评价是"《走出'魔圈'——主持人与播音员语言特征辨析,兼与张颂教授商権》一文的作者结合工作实践,概括了节目主持人与播音员在语言方面的共性和特性,分析了'播音员涵盖主持人'观点的失误,从而丰富了正在发展中的主持人节目的理论。"②

③各抒己见

学术争鸣是在学术进步的标志,不同观点之间的交锋,让学术个性得到

---

① 陆锡初.一片有待精耕细作的沃土:首届全国广播电视主持人节目论文评选综述及感言[J].中国广播电视学刊,1993(2).

② 张君昌.全国第三届广播电视学术研究论文评奖综述[J].中国广播电视学刊,1993(2).

张扬,让学术观点得到传播,让学术理论日臻完善。

金涛在《也谈节目主持人与播音员异同》一文中指出:"在谈论节目主持人与播音员的异同时,要注意两种倾向,一种是彼此褒贬,使两者对立起来;二是把两者混为一谈。两种态度都不利于广播电视事业的发展,而是要在本质上认识二者的特征,才能充分发挥各自的作用。"①因为主持人和播音员在"工作范围""所负责任""交流方式""个性特征"四个方面是有明显区别的,通常认为"播音员所播出的内容都是既定的",而主持人则更富于"个性特征","播音员与听(观)众的交流比较单一",而主持人却是具有"多样性"。在谈到什么是"个性特征"时,金涛指出,"播音员所播出的内容都是既定的,他的个性特点是通过有声语言的表达体现出来;主持人的个性特征就不只局限于有声语言的表达了。"②

王旭东在《"播音员涵盖主持人"论略》中对李东的"怪圈"理论进行了答复。主持人节目的出现的确给广播电视行业带来一缕清风,"然而它同时也给我们的实践和理论带来了一些新的问题和课题,有的人迷惘,有的人糊涂,有的人甚至产生了错误的想法,认为现在的主持人已经不能用'播音员'的概念和范畴来界定了,他们既可以独当一面,又几乎无所不能;他们面目全新,成了编辑记者、播音员之外的又一行当。持这种观点者很普遍,有编辑记者,也有主持人自己,有正面论述的,也有不言而喻;有轻度模糊的,也有着意渲染的。……甚至有人称'播音员涵盖主持人'(以下简称'涵盖')的观点是'误区',是'魔圈',急欲砸破、跳出。反'涵盖'说现在几乎成了一面倒的倾向。"③王旭东根据主持人和主持人节目的现状和发展趋势,认为"主持人远远没有达到与播音员格格不入分庭抗礼的程度"。他分析了三点原因:"1.很多所谓主持人节目仍然是编辑记者写稿由主持人来念的形式,只不过节目内容由第一人称串起,文中加了些'嗯嗯啊啊'的语气词或'观众

① 金涛.也谈节目主持人与播音员异同[M]//白谦诚.主持人.北京:中国广播电视出版社,1993:2-3.
② 金涛.也谈节目主持人与播音员异同[M]//白谦诚.主持人.北京:中国广播电视出版社,1993:2-3.
③ 王旭东."播音员涵盖主持人"论略[J].北京广播学院学报,1991(1).

(听众)朋友、你说是不是'之类的话,这些主持人与那些有口无心的播音员如出一辙。他们貌似有了具体对象,其实只是迎合而已。2.即使真正的节目主持人,也并不象(像)人们想象的那样[或象(像)一些人强调的那样],个性鲜明,言行独立,只代表他自己。实际情况是通常他是一个节目组的代言人,由台里确定这个节目组的风格和特色,以收到预期播出效果。组里的编辑记者再根据这位主持人的性别、声音、形象、年龄、学历、性格等特点来编写内容,甚至帮助主持人准确地设计语气、动作和表情(当然主持人自己也参与了这一系列设计)。所以说一个节目主持人的见解、形象等,其实是一个节目以至全台的宣传目的、宣传格调的具体化,他既是他自己,又不仅仅是他自己。3.尽管有些人一再强调主持人与念文字稿件的播音员不同,但工作中往往一个节目里既有说的也有念的,比如《午间半小时》节目的开头,主持人往往要先插送几条新闻;《今晚八点半》节目的中间,也经常有'文艺动态'栏目,主持人要播报数条文艺新闻。难道能说播新闻的时候某某是播音员,播别的就成了主持人了吗?难道读的时候是播音员,'说'的时候就变成主持人了吗?难道主持人在播新闻的时候,就可以不遵循新闻播音的表达规律了吗?"①

既然存在上面的事实,为什么还有人坚持反"涵盖"呢?王旭东一针见血地指出,"值得注意的是,持反'涵盖'说观点的同志言语之间流露出一种贬斥播音员、抬高主持人的倾向,他们认为播文字稿件的播音员是低水平的,不以书面稿为依据的主持人则要高一个层次。原因是播文字稿件谁都可以,没有创造性,没有个人才智的参与发挥。如果这样说,那就大错而特错了,因为恰恰相反的是,生活中说话人人都会,念稿子却不是人人都会。这种意见源于对播音创作的浅薄的偏见。"②

④高峰论坛

为研究主持人语言的特点,探讨如何进一步提高主持人语言的水平,《语言文字应用》编辑部于1997年8月3日在国家语委召开了"主持人语

---

① 王旭东."播音员涵盖主持人"论略[J].北京广播学院学报,1991(1).
② 王旭东."播音员涵盖主持人"论略[J].北京广播学院学报,1991(1).

言"研讨会。与会人员就这一问题发表了各自的看法,以下内容摘录于发表在《语言文字应用》1997 年第 4 期上的会议纪要。

张颂的发言题目是《坚持规范化 走向多样化——节目主持艺术中的语言态势》,该发言指出,广播电视语言传播,永远附着在传受关系中。传播学的种种模式,一旦进入传播实践,便都显露出"我播你听(音)"的格局。在"热线电话""板块直播"的主持人节目十分红火的时候,这种格局也未曾动摇。听众、观众个人"参与"节目之后,就立即加入了传者的行列,他说什么,其他人就听什么。有声语言就在这种状态下发挥着自己的社会功能。原因很简单,在传者和受者之间,存在着时间推移过程中的"线性"联系。也许是直线,也许是环线,不能改换。于是,时间性和线性的特征进一步突出了有声语言的明晰性要求。明晰性是从通俗易懂到明白晓畅再到清晰优美逐层提升的概括,是广播传播"悦耳动听"和电视传播"赏心悦目"的共同根基。

吴郁的发言题目是《直面主持人语言现实 研究主持人语言规律》,该发言指出,当前我国节目主持人语言现状可谓"喜忧交织"。对问题要"大声疾呼,认真解决",对成绩要"积极关注,深入研究"。主持人语言活动涉及语言的各个层面,立足主持人节目传播语境中种种要素和相互关系,是发现主持人语言特殊规律的逻辑起点。他提出了主持人语言研究的指导思想、目的、研究方法及主要课题。

王群的发言题目是《说话节目主持人的言语地位》,该发言指出,是否切合语境是衡量说话节目主持人语言水平高低的一个重要尺度,而切合语境首要的应当切合自己的地位。王群结合许多谈话节目主持人话语实例,从"语篇结构"中"话题的提出""话题的展开""语题的归结"和"话语形式"中"不时提问""及时截流""随时评点"几个方面论述了说话节目主持人的言语地位——言语交流的主导者。

敬一丹的发言题目是《重在交流感——电视节目主持人的语言追求》,该发言指出,电视机前的观众有时会这样评价一名主持人:"他像是对我说的。""她能把话说到人心里去。"这样的主持人在语言上往往特别具有交流感。尽管观众没有用"交流感"这个词,但他们能在主持人的语言里感受到亲和力,进而更认同。

王宇红的发言题目是《从创新思维谈电视节目主持人的语言艺术》,该发言指出,与传统的思维方式相比,创新思维以其对传统思维方式的改造和更新而越来越受到人们的重视。创新思维是指在思维的过程中能够不断提出新问题和想出解决问题的独特方法的思维方式,它所表现出的创造力和想象力,无疑是创新思维的核心。对于《东方时空》的节目主持人来说,创新思维改变了他们的语言面貌,也使他们的主持语言在实现传播目的的前提下,不断展现出语言艺术本身应有的魅力和美感。

倪萍的发言题目是《我常常觉得自己不会说话》,该发言指出,一位研究汉语的外国专家曾经说过,没有哪一种语言像中国话这么难以表达准确,也没有哪一种语言能像中国话表达得这么准确。我以为这位外国专家对汉语算是研究到家了。在主持人的岗位上工作,从不会说话到学会说话直至今日,常常觉得自己越来越不会说话了,其根本原因是你肚子里拥有的可以当众说的话太少了。任何一个在一线工作的主持人大概都会有这样的体会。

⑤成果斐然

这一阶段关于主持人和主持节目的学术争鸣,不管个人观点如何,大家的目的都是想从理论和实践上解决主持人节目和主持人定位的问题,真正体现了"百花齐放、百家争鸣"。这是中国播音学术史上一段"阳光灿烂的日子"。

这次学术争鸣后,在《北京广播学院学报》《中国广播电视学刊》《电视研究》等杂志上发表了大量的文章,都从不同理论视角和实践角度论述了对节目主持人、主持人节目和主持人语言的观点,公开发表自己独到的经验总结和学术理论见解,多部研究节目主持人的学术专著出版。徐德仁《时代明星——漫谈节目主持人》(复旦大学出版社,1990 年),陆锡初《节目主持人概论》(北京广播学院出版社,1991 年),壮春雨《论节目主持人》(北京广播学院出版社,1991 年),应天常《节目主持人的艺术和风采》(广东教育出版社,1995 年),俞虹《节目主持人通论》(杭州大学出版社,1996 年),吴郁《节目主持艺术探》(北京广播学院出版社,1997 年),曹可凡、王群《节目主持人语言艺术》(上海人民出版社,1997 年),李德付主编《节目语体主持》(中国广播电视出版社,1999 年)。

3.广播电视学与语言学、修辞学结合催生广播语体、播音风格、播音心理研究

语言学与修辞学的赋能拓展了播音语言学术研究范畴,语言学和修辞学的理论与新闻广播播音实践相结合,建立了广播学与语体学相融合的学术体系;广播的表现风格是以播音语言风格的形式表现出来的;广播电视语言述评是对播音语言学术研究的一次历史总结。

(1)汉语广播语体学的第一部专著出版

"林兴仁所著《实用广播语体学》(中国广播电视出版社,1989 年 9 月)一书是我国汉语广播语体学的第一部专著。它填补了广播学和语体学研究中的一项空白,在实用性的基础上建立了广播学与语体学相结合的学说体系。"①《实用广播语体学》在广播语体的第一手资料基础上,将语言学和修辞学的理论与新闻广播实践结合起来论述了广播语体学的基本原理,建立了广播学与语体学相结合的学术体系。主要内容包括:①广播语体的定义、特点、原理和公式;②广播模拟语境理论;③广播语体同报刊语体的区别;④广播分语体。

"该书作者尽力继承古今中外一些优秀成果的语体学观点,史论结合的论述方法和以纯广播稿或广播的录音记录为例证的采例原则及作(做)法,都是值得肯定和赞赏的。该书最明显的不足之处,是缺乏对电视语体的探讨。实际上,广播语体同电视语体之间是既有区别又有联系的。当代广播语体学的研究,是无法回避电视语体这一相关课题的。如果能够在分别研究的基础上将二者结合起来,建立一门广播电视语体学的话,其学术性和实用性都必定会大大增强。"②

(2)《广播的语言艺术》与《广播电视语言述评》

林兴仁从艺术的维度阐释广播语言特色,吴为章从历史的维度总结评

---

① 李文明.广播学与语体学在实用基础上的首次结合:评《实用广播语体学》[J].现代传播,1990(04).

② 李文明.广播学与语体学在实用基础上的首次结合:评《实用广播语体学》[J].现代传播,1990(04).

析 1940—1990 年广播电视语言不同阶段的特点。

①林兴仁《广播的语言艺术》(1994)主要阐释了四个内容:其一,在理论与实践的结合上,解释、说明广播的语境与广播语体之间的关系,从而把握广播语体的表达手段,展示广播语体的语言表达特点;其二,广播的表现风格是以语言风格的形式表现出来,包括节目风格、节目存在的形式的风格、对象广播风格、个人风格等四个大类,从艺术形式和艺术境界的高度研究和鉴赏广播语言风格;其三,广播电视语言每日每时对社会成员都起着示范作用,甚至被群众看作是判断语言正确与否的标准,广播电视语言的纯洁和规范是媒体的基本责任担当;其四,从七个方面总结了叶圣陶关于广播语言的论述,揭示了语言学家对广播语言研究的焦点和维度。

②《广播电视语言述评》是吴为章 1990 年为庆祝人民广播事业 50 周年而撰写的论文。该文收录在其创作的《广播电视话语研究选集》中,语言学家胡裕树在该书序言中指出,"《研究述评》把广播语言研究的 50 年历史划分成 5 个时期:萌芽时期(1940—1949)、探索时期(1950—1965)、停滞时期(1966—1976)、复苏时期(1977—1979)和发展时期(1980—1990);然后逐一概括各个时期的研究特点、评述有影响的论著,并列举可能见到的论著及其出处。论文长达 3 万余字,可以说是一部广播语言研究小史。"①为撰写该文,吴为章"曾经查阅了 200 多篇文件、论文、文章和十部教材、专著",是对包括播音语言在内的广播语言学术研究的一次历史的总结,厘清了广播语言学科发展现状,给未来研究提供便利条件和参照,重点述评理论的突破和方法的更新,为中国播音学的创立提供了语言研究学术资料与理论支撑。

(3)播音风格研究

播音风格是播音美学研究的重要内容之一,张颂曾指出,"播音美学,对于播音语言艺术同样是需要迫切研究的课题。美学自身,在我们这个文明古国的兴起已经姗姗来迟了,美的本质是什么等许多重大问题都在争论之中。播音美学也还只是一个模糊的影象(像)。这个现状,会使有志者弹心(殚精)竭虑地奋进,以求培植出哪怕是一朵不登大雅之堂的野花,为播音艺

---

① 吴为章.广播电视话语研究选集[M].北京:北京广播学院出版社,1997:2.

术的成长贡献一点一滴馨香的汁液。尽管我们还没有出现不同的学派,但播音美学研究的重点理应有所考虑。至少有四个问题不能不涉及:播音的民族化、风格化、意境美、韵律美。"①

①播音风格概念的历史脉络

如何理解播音风格,从播音风格概念的历史脉络中可以准确理解其基本内涵。早在 1961 年 1 月 26 日,梅益同中央人民广播电台播音组的谈话中就曾指出,"播音员不能老是一种腔腔,必须根据不同的题材采取不同的播法。我想播音应该有更多的表现形式,而且应该鼓励播音员风格多样化。京戏还有好几派,播音最好也有好几派。"播音经过几十年的发展,有自己独特风格的播音员也大有人在,"事实上,齐越的'朗诵式',夏青的'宣读式',林田的'讲解式',费寄平的'谈话式'",②都已经形成了各自的风格。由于特殊的历史原因,导致不能宣传播音员个人的情况,播音风格的研究明显落后于时代。"风格化,是播音语言艺术成熟的标志。在实践上已经出现了有风格差异的代表作,在至少是广播爱好者的听众中产生了不同风格的印象。可是由于种种原因,使我们在克服雷同化、公式化中耗费了不少精力。如果从风格化的美学高度来考察,除了音色上的区别,很难说已经形成了各自的个人风格。一个电台的播音风格的形成尤属不易。真正风格化的播音,真正有个人风格的播音员,真是屈指可数。这和我们理论研究的不足,不能说没有关系。"③1986 年,中央人民广播电台在总结改进播音工作的经验时,提出"今天的播音,应朝着亲切自然、朴素大方,多样化的方向发展,使播音与节目内容、形式和谐统一,更靠近听众",提倡"不同节目要有不同的播音风格,播音员要充分发挥自己的特长,百花齐放,形成各自的特色"。④ 此后,关于播音多样化、播音风格的问题,某些著名播音员的播音特色和风格问题成为理论界关注的重点。

① 张颂.研究播音理论是一项紧迫的任务[J].北京广播学院学报,1982(1).
② 张颂.研究播音理论是一项紧迫的任务[J].北京广播学院学报,1982(1).
③ 张颂.研究播音理论是一项紧迫的任务[J].北京广播学院学报,1982(1).
④ 吴为章.广播电视语言话语集研究[M].北京:北京广播学院出版社,1997:107.

②播音风格学术理论研究成果

最早研究播音风格的是齐越的硕士生姚喜双,他的硕士论文题目是《林如播音风格浅谈》,该文发表在《北京广播学院学报》1987年第3期上。文章首先明确林如播音的两大特色"质朴和含蓄",通过林如播音的实例,详细分析质朴和含蓄的来源,即"学人之长,走自己的路;'无我'的审美追求,整体的创作观念;扎实的语言功底,求实的创作态度"。如何理解"无我"? 许嘉璐曾说:"主持人既是'我',又不是'我',这里头有一种哲学关系。什么叫'无我无相'? 所谓'无我',并不是真正的没有'我',没有就变成空的了,并不认为一切都没有,无我无相无著,到一定时候就不是我了。所以有些可以从哲学上得到解释,思考之后对待客观的工作就有所适从了。"①

如果说姚喜双的《林如播音风格浅谈》是对播音大家风格的个体研究的话,那么贵州人民广播电台曹海鹰的《我国播音风格初探》则是对1940年以来人民广播播音风格的一次整体回顾。"目前我国大致上存在两种播音风格。一种是'传统的播音风格',一种是十一届三中全会以后出现的'新风格'。"②文中分析了我国播音传统风格的形成与发展,论述了我国播音风格的形成与演变机制以及如何认识新风格。他的文章使播音风格研究不局限于个体,而是将人民广播的播音特点从时代播音风格的角度加以研究和论述,开辟了播音风格研究的新空间。此后1988年李晓华的硕士论文《诗情画意、似乐如歌——试探方明文学播音的韵味》和温飚的硕士论文《试探延安(陕北)新华广播电台的播音风格》是当时研究播音个体风格和整体风格的杰出代表。

1992年姚喜双的《播音风格初探》出版,该书是第一本系统研究播音风格的学术专著。全书共分八个部分,前四部分阐述了播音风格研究的理论基础,"播音风格研究的意义、对象、方法;播音风格的基本含义和特征;播音风格的体现;播音风格的成因"。③ 后四章分别论述了齐越、夏青、林如、方明

---

①　"主持人语言"研讨会发言摘要[J].语言文字应用,1997(4).

②　曹海鹰.我国播音风格初探[J].北京广播学院学报,1987(4).

③　姚喜双.播音风格初探[M].北京:中国文联出版社,1992:64.

的播音风格。《播音风格初探》也是第一本涉及播音美学的专著,它为播音风格的研究提供了科学的方法论,为以后播音风格研究乃至播音美学研究奠定了基础并起到了引领的作用。

(4)播音心理学研究

张颂曾指出,"播音理论的研究首先同心理学、美学和教育学结合起来,并在不久的将来建立播音理论体系的分支:播音心理学、播音美学、播音教学法。"①播音心理学毫无疑问应是播音学理论的组成部分。"播音心理学应该包括播音员心理和听众心理两方面。播音员心理,除了对稿件的理解、感受、话筒前的状态等过程性之外,还应深入研究第二信号系统在心理过程中特殊的制约作用,及其与普通心理学的差别。把诸如'感觉''注意''思维''情感''想象'等概念不加限制地移用过来,是远远不够的,在内涵上,在外延上,都要'播音化',才显出自己的特色。听众心理,如果离开了对语言声音形式的感知特点,离开了听觉期待反应规律,离开了时代、环境、生活水平、文化教养的考察、体验,离开了具体听众的情绪、愿望、要求、理想、伦理道德、审美情趣的生动把握,也就只会得到笼统、飘忽的满足。而播音员与听众之间心理上的相互感应,应该是播音心理学的核心。"②张颂的论述为播音心理学的研究指明了方向。

播音心理学为讨论话筒前的状态、播讲对象而运用神经学原理来分析一些创作心态的问题。20 世纪 70 年代末祁芃撰写了《谈谈播音中的想象》一文,"人是具有观察、想象等高级神经活动机能的,所以人能通过想象去体验别人的思想感情"。播音员在创作中,"就需要播音员展开想象,把稿上的文字,变成形象的画面,然后把情景再现给听众"。可以说祁芃是播音心理学研究的领路人和开创者。白羽在《播音对象感的含义和作用》一文中得出这样的结论,"所谓播音的对象感,是指播音员借助于感知、表象、想象或情绪记忆的形式而产生的一种同语言对象进行思想情感交流的心理状态。"③

---

① 张颂.研究播音理论是一项紧迫的任务[J].北京广播学院学报,1982(1).

② 张颂.研究播音理论是一项紧迫的任务[J].北京广播学院学报,1982(1).

③ 白羽.播音对象感的含义和作用[J].北京广播学院学报,1982:(2).

如何获得对象感？祁芃认为要从两方面入手，"一方面要研究客体——对象（听众）；另一方面主体，要获得对象感，这是指就播音员的自我感觉而言。"①播音员自身要获得对象感，主要通过情景再现来完成，而情景再现是要依赖于大脑记忆的，在播音创作中，如何实现语言的记忆功能？"我认为凡是语言，无论是有声语言还是书面语言都应该符合这样一些基本的要求：一、渗透感情；二、富有哲理；三、清顺生动；四、予人美感。对于有声语言来说，还必须按照新闻、通讯、调查报告、论说文的不同体裁的需要，从诉诸人的听觉出发，把大脑功能对于语言的这四项基本要求，具体化为富有个性的语言特色。只有这样，才能增强广播有声语言的信息，以利于听众大脑的记忆和领会。"②

这期间有代表性的论述有：闻闸《感知体验篇——播音心理学漫谈之一》（《北京广播学院学报》1983年第2期）、闻闸《想象思维篇——播音心理学漫谈二》（《北京广播学院学报》1983年第2期）、闻闸《情绪情感篇——播音心理学漫谈之三》（《北京广播学院学报》1984年第4期）、朱山《播音心理三题》（《新闻广播电视研究》1986年第5期）、冯平《论电视播音员的自我位置与观众心理效应》（《北京广播学院学报》1990年第2期）。

1992年12月祁芃的专著《播音心理学》出版，书中全面阐释了研究播音创作主体心理感受和受众心理的呼应以及各自的心理过程及其规律，使播音员由单一的业务素质训练扩大到播音员心理素质训练领域，用心理学的观点解释和指导播音训练和播音创作中的实际问题，填补了播音学理论的空白。随着广播电视节目样式的发展，主持人节目的大量涌现，《播音心理学》已经不能满足新时期播音教学的需求，祁芃经过近七年的积累和研究，《播音主持心理学》于1999年10月正式出版。全书分十个部分，主要内容有："播音主持心理学研究的对象、任务、作用；播音创作主体心理素质分析；播音创作中的感受；播音创作中想象的生理心理特征与基础；情感的功能特征及焕发过程；受众心理研究；传者与受者之间的沟通；传授与注意；播音

---

① 祁芃.再论对象感[J].北京广播学院学报,1984(2).

② 黄汉充.大脑功能与广播语言[J].北京广播学院学报,1984(2).

员、主持人的个性心理结构;播音员、主持人的管理心理学问题。"①该书是祁芃几十年教学实践的经验总结,有力地论证了播音主持心理学是集播音主持、艺术、普通心理学、生理学、社会心理学、哲学、美学等各门学科作用于播音创作与受众心理活动过程而产生的一门新学科,是中国播音学的重要组成部分。此后有关播音主持心理学的研究,都是以祁芃的研究成果为理论基础而展开的,2008 年出版的《播音主持心理学教程》②是对《播音主持心理学》的继承和发展。

4.国家级科研项目及相关学术奖励

国家社科基金用于资助哲学社会科学研究和培养哲学社会科学人才,重点支持关系社会经济发展全局的重大理论和现实问题研究,支持有利于推进哲学社会科学创新体系建设的重大基础理论问题研究,支持新兴学科、交叉学科和跨学科综合研究,支持具有重大价值的历史文化遗产抢救和整理,支持对哲学社会科学长远发展具有重要作用的基础建设等。"播音员、节目主持人语言不规范现象研究"(95BYY003)、"中国广播电视语言传播研究"(96BXW006)两项国家社科基金一般项目立项,播音学科研能力得到国家学术机构认可。

①1995 年北京广播学院姚喜双申报的国家社科基金一般项目"播音员、节目主持人语言不规范现象研究"(95BYY003)获批立项,这是播音学界第一个获批的国家社科基金项目。通过国家社科基金项目数据库搜索获知,该项目隶属于语言学科,1995 年 7 月 1 日立项,2004 年 4 月 30 日以专著《播音员、节目主持人语言不规范现象研究》获批结项(结项号 20040394)。

②1996 年北京广播学院张颂申报的国家社科基金一般项目"中国广播电视语言传播研究"获批立项。通过国家社科基金项目数据库搜索获知,该项目隶属于新闻学与传播学,1996 年 7 月 1 日立项,2002 年 5 月 26 日以专著《广播电视语言艺术——中国广播电视语言传播研究》(结项成果于 2001 年由北京广播学院出版社)获批结项(结项号 20020090)。查阅相关资料可

---

① 祁芃.播音主持心理学[M].北京:北京广播学院出版社,1999:1.

② 马玉坤,高峰强.播音主持心理学教程[M].北京:北京大学出版社,2008.

知:资助经费5万元;结项成果鉴定专家包括陈章太、王均、裴志勇、林如、李瑞英。《广播电视语言艺术——中国广播电视语言传播研究》核心内容包括:我国广播电视语言的发音变迁研究、我国广播电视语言规范化研究、我国广播电视新闻播音研究、电视评论语言研究、广播电视语言艺术化研究、播音主持艺术风格研究、广播电视语言传播专业教育与人才培养、网络时代的广播电视语言传播研究、我国广播电视语言传播理论研究概要、播音主持艺术发展趋势研究等。

以播音学研究为主旨的国家社科基金项目获准立项,标志着播音学术研究已成为国家学术研究的一个重要维度。

五、21世纪以降中国播音学术发展(2000—2023年)

播音学术理论研究到20世纪末已经走过近八十年的历程,进入21世纪,播音学术理论研究开始了全面反思,主要研究:以张颂为代表的播音学者从多个维度对播音学进行全面反思,构建播音新的学术思路和树立新的学术研究方向;节目主持艺术理论在争鸣中发展,从学术理论的高度阐释节目主持人的语境、语用规则、语言功力、语言风格和主持人节目的语体特征等问题。21世纪是播音学术理论研究的新机遇、新发展、新跨越时期,也是转型、调整期,这一时期重点关注:播音学术理论史的研究在国家课题项目中构建学科、学术、话语体系;播音主持艺术学正式归属艺术门类中戏剧与影视学学科,播音学术理论在艺术学门类框架下如何展开;有声阅读兴起,如何让有声阅读理论在播音学术体系中确立定位;数字化、网络化、移动化、融合化的背景下,如何突破以媒体融合研究为核心的播音学术研究著述颇多,但基本是移用和转换其他领域的新名词去套用播音学理论,或用新词汇去对原有播音学理论进行重复解读和描述的窘境,使播音学术理论研究与媒体融合同步。

(一)21世纪以降中国播音学术研究概述

21世纪的第一个十年,在广播电视事业空前繁荣,播音事业飞速发展的背景下,播音学术在多领域拓展研究,并对播音事业、播音教育、播音学术现实与未来进行深度反思与展望。但这十年,播音主持的专著、文章虽然浩如烟海,但是真正有见地、有影响的研究可谓凤毛麟角。当然,这一时期也出现了有真知灼见的高论和大作,但观点毕竟很新,还需要时间的检验。21世纪的第二个十年,在播音学术研究在媒体融合的背景下开展创新研究的同时,也要回望总结播音学术发展历程,从历史的维度寻找播音学术原点,以期在不忘初心的基础上开辟未来。

1.学术反思:早在1997年,张颂就开始在《现代传播》发表语言杂记,共30余篇,从有稿播音、无稿播音、通用语言、播音标准、传播模式、认知共享多个维度对播音学术理论研究进行全面反思,在反思的同时,指出播音教学法和播音学科的独立性与可容性是新的学术研究方向;于根元在《播音主持语言十篇》(2006)中以语言学家的视角从中国播音学的奠基和发展、播音主持工作者是播音主持重要的研究者、实践中国播音学的新建设等十个方向,对播音学发展阶段进行了分析,以应用语言学为框架,为播音学的构建提出新的学术思路。

2.学科归属:从1980年开始招收播音专业硕士研究生到2011年播音主持成为艺术学的一部分,同时艺术学也升格为艺术门类,播音学科归属呈现出以下特点:(1)归属文学学科门类,在新闻学与传播学、语言学及应用语言学、艺术学三个一级学科之间流动,属于三级学科;(2)2011年艺术学正式成为学科门类,播音主持艺术学正式归属艺术门类中戏剧与影视学一级学科,属于二级学科。尽管播音学归属艺术学科门类与播音学科构建内涵有些距离,但稳定的学科归属,是学科发展的前提,随着一流学科的建设步伐加快,播音学通过加强内涵建设,完全具有升为一级学科的必要性与可行性。

3.学术史研究:任何一个学科的发展都离不开学术史的研究,学术史的研究由史料收集开始,最后形成研究著述。中国播音学经过多年的发展,在基本完成学科构建的前提下,研究触角开始向学术史领域延伸,《中国解放区新闻语言规范》(2007)、《建国前中国播音研究史论》(2009)、《中国播音学学术发展研究》(2012)、《中国电视节目主持三十年研究》(2013)、《中国播音主持评价体系发展研究》(2013)、《新中国播音创作简史》(2016)、《中国播音学史研究》(2016)、《张颂学术年谱》(2018),虽然这些学术史研究著述还有提升的空间,但对中国播音学术史的研究,起到引领和开创的作用。

4.科研项目:为了彰显播音学科的国家学术水准,播音研究者一直以国家社科基金项目申报作为学术研究目标,随着"电视节目主持人综合素质研究"(03BXW008)、"现当代中国新闻播音主持发展史研究"(12BXW024)、"20世纪中国播音史史料学研究"(15BXW024)这三个国家社科基金项目立项,带动了播音史学研究。两项国家社科基金项目"中国播音史研究"(17BXW039)、"中国播音口述史(1978年至今)"(19BXW040)和三项国家社科基金艺术学项目"中国播音员口述史研究及数据库建设"(19BC045)、"虚拟播音主持艺术研究"(20BC043)、"中国播音主持艺术的功能特质及历史演进研究"(21BC051)的立项,将播音史学研究牢牢钉在国家课题层次,使播音史学研究前景更为开阔。

5.诵读与小说演播:诵读与小说演播是中国有声语言表达的传统形式,尽管每个时代名称不一,但有声语言表达的核心内容是一致的。诵读与小说演播虽然从字面看与播音学关联不大,但是在广播电视节目当中,朗读类和小说演播类节目占有很大比重。《朗读学》(1983)告诉我们,朗读向新闻发展,就是新闻播音,向艺术发展就是朗诵,朗读是播音学科的基础。《朗读美学》(2002)、《朗读技巧》(2002)从"术"的探寻转向了学理研究,从美学的层次观照有声语言表达。《中国当代朗诵史》(2013)对1949年以来的朗诵背景、朗诵观念、朗诵现象、朗诵人物、朗诵文本进行了较为细致的梳理,初步构建起当代朗诵史的框架。《中国长篇历史档案》(2010)把60年的小说时空记忆,通过作品和演播人的讲述,全景式地勾画一遍,核心是将以王刚、曹灿、关山、瞿弦和、袁阔成等演播艺术家的语言表达从学术研究的层面进行归纳、总结和提炼,是目前最完整的小说演播艺术史学研究著述。

6.研究阵地:高等院校和科研机构是当今播音学术理论研究的主阵地,播音教育是学术队伍建设和学术传承的基本途径,也是播音学术发展和影响的直接因素,以中国传媒大学和浙江传媒学院为代表,共有近300所院校开办播音专业本科教育,播音学术研究队伍和毕业人数蔚为壮观,但研究队伍良莠不齐,人才培养注重实践技能,缺少学理深度。浙江传媒学院中国播音主持史研究基地于 2018 年成立，是国内唯一一家以播音学术史为研究重点的科研机构，陆续出版了中国播音主持史研究基地文库口述史系列和美国广播电视播音史系列研究成果。学术组织、学术期刊也是研究播音学术发展轨迹必须考察的因素，除原来建立的针对广播电视一线播音员主持人的后更名为中国广播电视社会组织联合会播音主持管理委员会外，2005 年中国高等教育学会播音与主持艺术教育委员会成立，但并没有真正开展工作，目前处于停滞状态。随着播音学科归属戏剧与影视学下，2017 年中国高等院校影视学会播音主持专业委员会成立，2019 中广联合会有声阅读委员会高校工作部成立。现状是播音教育发展快、播音学术团体少，播音学术交流需要加强；播音学术论文基本是发表在综合的学报和新闻传播类、文化类、广播电视类等综合性的报纸和杂志上，专门研究播音的专业期刊尚有待创立。

（二）21 世纪播音主持学术研究重点

在文化产业迅猛发展之际，播音与主持艺术作为我国独具特色的艺术专业之一，其学科发展路径很大程度上依托于中国历史进程和社会文化变迁的推动。自北京广播学院（现中国传媒大学）播音专业创建以来，中国的播音教育发展已经历了 60 个春秋，从学科萌芽到厘清学科归属，再到数字技术与文化融合的高质量发展，我国的播音研究体系日趋完善，已然进入新的发展阶段。回顾播音研究历程，1998 年是一个关键的转折点。当年，教育部对我国普通高等学校本科专业目录进行了调整，将原本隶属于新闻学类的播音专业正式更名为"播音与主持艺术"，并将其纳入艺术类学科门类，这一举措突破了以往播音作为小众专业以及学科归属不明确、研究发展乏力的困境，为播音主持研究的演变和发展赋予了新的内涵。

进入 21 世纪以来，学界对于播音主持的研究呈现出日益增多的趋势，并且随着时代技术变革的推进，其研究的深度也不断向更广阔的领域延伸。与其他学科相比，学者们更多地关注微观领域的定性研究，而对于系统性、综合性的定量研究关注度相对较低。从实际角度来看，播音学科持续存在实践重于研究的倾向，理论研究往往容易被忽视，迫切需要对该学科进行重新梳理。以 2000—2023 年的播音主持研究文本为基础,结合播音主持学科在新文科交叉发展的实际背景,运用 CiteSpace 进行高频词提取和语义网络分析,旨在全面研判播音主持领域的学科发展,洞察学科演变与发展的内在规律,同时探讨其未来发展的可拓展空间,为该领域的实践路径探索和研究范式拓展提供可借鉴的思路和方法。

1.论文数量

发文量是衡量研究活跃度和学科发展的重要标准。在 2000—2023 年间,播音主持研究领域共发表了 492 篇高水平文章。通过 CiteSpace 生成的发文量趋势图 2-32,可以看出播音主持研究从 2000 年的 6 篇逐年增长,直到 2007 年发文量跃升至 19 篇,预示着播音主持研究开始受到更多关注。2009—2011 年,发文量保持在 20 篇以上,这说明这一时期是播音主持研究的稳定增长期,特别是 2012 年之后,发文数量进一步增加,2013 年达到 36 篇,2019—2021 年阶段发文量增至 30 多篇,并在 2021 年达到了 39 篇的高点。这一发展趋势可能受多种因素影响。例如,随着新媒体的兴起和传统媒体的融合,播音主持领域也相应地扩展了其研究的深度和广度。此外,学术界对播音主持专业教育和实践能力的提高同样有着重要推动作用。这些因素的叠加效应可能是近年来播音主持领域发文量持续增加的主要原因。播音主持研究的总体发文量展现出从 2000 年至今超过 20 年的稳健增长态势,反映出这一学科领域的研究动态活跃和学术社群成长壮大。同时,这也

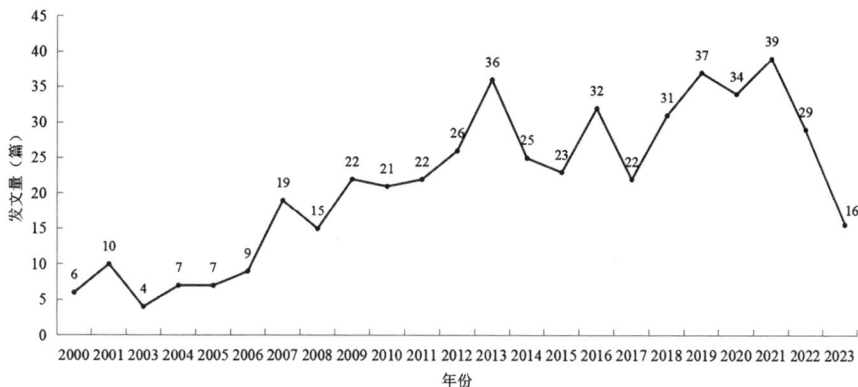

图 2-32　播音主持研究发文趋势图(2000 年 1 月至 2023 年 10 月)

预示着未来播音主持研究将继续在新的研究议题和深层次探索中展现其学术潜力与实践价值。

2.研究者

运用 CiteSpace 软件生成的图 2-33,对播音主持研究者及研究机构的知识图谱进行分析,可以透彻地理解领域内的学术生态和合作格局。图谱显示播音主持领域内,许多学者偏向于独立研究,群体间缺乏密切的合作关系,一个成熟的学科通常需要强大的协作关系以促进知识的共享与创新,播音主持学科在这方面显然还有待加强。同时,跨学者、跨机构的合作往往能够带来知识的深化和研究方向的拓展。因此,播音主持学科的未来发展需要更多的合作桥梁以及合作机制的建立,激发学科内协作研究的活力,加强学者间的思想碰撞与经验共享,这不仅有利于学科内知识的积累,更有助于提升整个学术领域的影响力和竞争力。

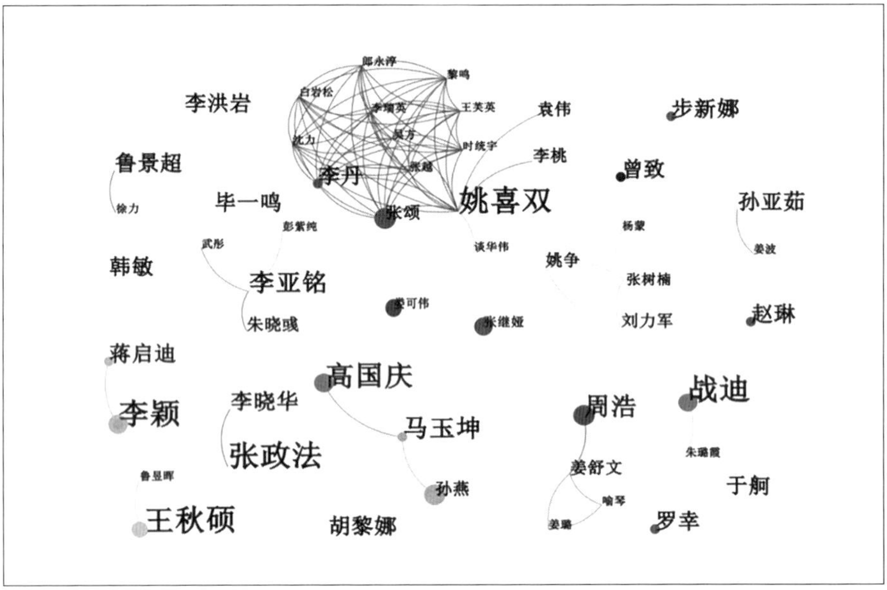

图 2-33　播音主持研究相关研究者共现图(1998—2023 年)

3.研究机构

播音主持艺术作为一个学科,其研究的广度和深度在很大程度上取决于研究机构的能力和贡献。借助 CiteSpace 软件生成的图 2-34,显示,中国传媒大学作为研究播音主持的龙头,其在国内播音主持领域的领导地位显而易见。这一地位的确立,不仅体现在其高质量研究论文的数量,还体现在其在教育和培养播音主持人才方面的深远影响。浙江传媒学院、浙江工业大学等其他机构也在播音主持学科中发挥着不可或缺的作用。它们不仅各自形成了有特色的研究方向,而且在学科建设、人才培养与学术交流方面有着重要贡献。这种地理位置均衡的核心研究机构分布,一方面保证了学科研究的多样性和活力,另一方面则显示了全国的播音主持教育与研究正逐步形成相互支撑、协同发展的格局。就整个播音主持艺术领域的产学研融合而言,广播电视等相关媒体机构在研究成果产出上还有待加强。媒体机构的参与不仅能够使学术研究更贴近实践,还能够促进学术界与产业界的深度融合,同时推动播音主持艺术向更深层次、更广范围的发展。

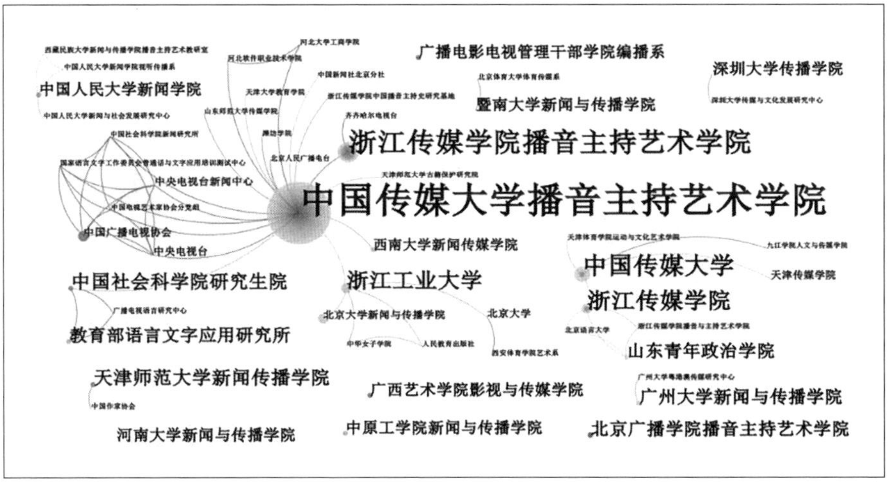

图 2-34　播音主持主要研究机构共现图(1998—2023 年)

在播音主持学科的发展历程中,提升学术群体的合作密度、增强核心研究机构的引领能力、促进媒体机构的研究参与将是未来推动学科进步的关键所在。

4.研究关键词

21 世纪以来,关于播音主持的研究不断拓展,为充分展现我国播音主持的研究焦点,形成表 2-1。中心性象征着关键词勾连其他关键词的水平,中心性越高,意味着该关键词在整个知识体系中的领袖地位越明显。根据这一指标,识觉"播音主持"以 0.62 的中心性居于关键词中心性排行榜榜首,此外,"主持人""播音主持专业""人才培养""播音主持教育"亦属于高中心性关键词,"媒介融合""人工智能"等亦初步成为研究者关注的重点领域。根据对播音主持研究关键词与聚类分析的探讨,可以全面生动地展现播音主持领域的多元化研究格局。未来的播音主持研究必将在各个热点方向不断拓宽,为播音事业注入新的活力。

表 2-1　播音主持研究高频关键词前 10 位(2000 年至 2023 年 10 月)

排序	关键词	频次	中心性	排序	关键词	频次	中心性
1	播音主持	240	0.62	6	媒介融合	33	0.09
2	主持人	173	0.48	7	广播电视	28	0.12
3	播音主持专业	87	0.53	8	口语传播	25	0.44
4	人才培养	40	0.17	9	主持风格	16	0.12
5	播音主持教育	34	0.11	10	人工智能	14	0.05

通过 CiteSpace 工具进一步对播音主持研究关键词进行聚类分析,可以更明确地捕捉到不同领域的研究重心和热点话题。综合图 2-35 关键词聚类图谱的呈现,播音主持领域的五大研究热点概括如下。

第一类:播音基础理论研究。以"播音主持"关键词为中心,研究者在播音美学、跨学科播音理论、意识形态播音理论方面进行探讨,试图构建完整的播音主持理论体系,在这一过程中不断挖掘传统理论的精髓,亦积极吸纳新颖思想,以期推动学科的发展。

第二类:播音主体研究。以"主持人""主持风格""专业素养"等关键词为中心,研究者关注播音主持人在实践过程中的知识与技能修养,分析不同主持人的特点、风格与众不同之处,探讨主持人如何在不同时期、不同媒介环境中发挥其独特的主持魅力。

第三类:学科建构研究。以"播音主持专业"关键词为核心,学者在这一领域聚焦于播音主持专业的学科定位、体系建设和核心课程设置等方面的研究,努力推动播音主持专业的学术地位和教育质量。

第四类:播音教学法及教育研究。围绕"人才培养"和"播音主持教育"等关键词展开,研究者在此领域关注播音主持人才的培养与选拔、教学方法的创新以及教育体系的完善,以期为播音主持事业培育更多优秀人才。

第五类:媒介技术与播音研究。以"媒介融合"和"人工智能"关键词为代表,这一研究方向反映了播音主持领域与新兴科技的结合。随着科技进步的驱动,播音主持研究在媒体融合与人工智能技术方面取得了一系列突破,为播音主持领域带来更多可能性。

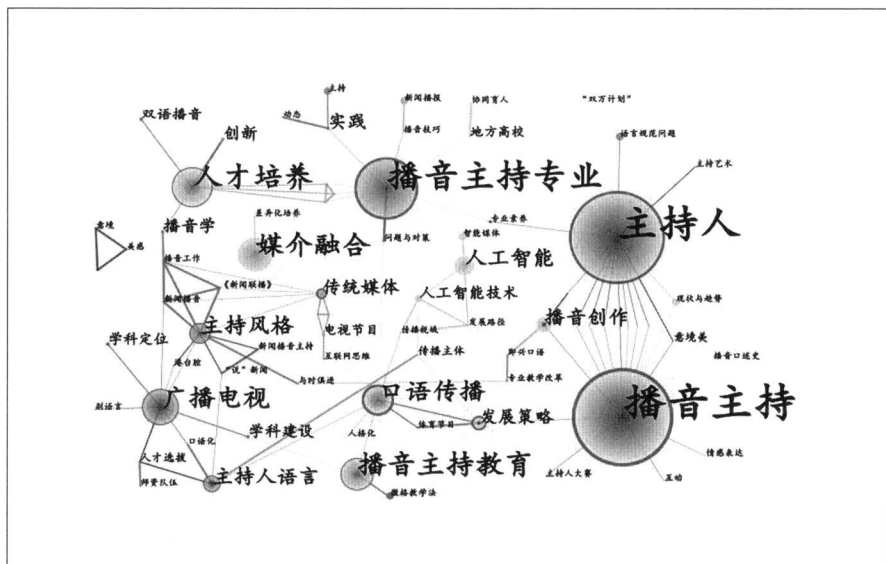

图 2-35　播音主持研究核心议题共现图(2000—2023 年)

(三) 播音主持学科核心议题

播音主持学科作为近现代传媒发展史上的重要一环,既是艺术的体现,也是技术的集成,其学术研究在媒体艺术和传播学的大背景下持续深化。本部分从研究者的综合视角出发,解析和阐述播音主持领域的"基础理论""播音学科建构""播音教学论及教育""播音主体""媒介技术与播音"五大研究议题,并对这一较为年轻的学科进行理论体系的梳理和批判性反思。本部分内容在研究视域的广泛性与深度性之间寻求平衡,旨在为读者提供一个融合了多层次学术洞见的综合性论述,为播音主持学科的未来发展提供理论上的支撑与实践指南。

1.基础理论研究

播音主持的基础理论研究,作为学科建构的根基,不可或缺。它涵盖了美学的探究、多学科的交错研究、意识形态背景下的理论分析。

(1)播音美学研究

美学是"研究现实中的美好事物,人对世界审美认识的特点和按照美的规律进行创作的一般原则"。① 从其最广泛的理解来看,是对美的事物的综合研究,涉及现实世界中的美感识别、个体的审美认知特点,以及按照美的原则投入创作的基本法则。在播音领域,这一学科的应用同样尤为重要,因为播音不仅传递信息,还承载着美的传递和审美价值的体现。

中国播音学理论的先驱张颂于1982年在其影响深远的文章《研究播音理论是一项紧迫任务》中强调了播音美学在播音语言艺术中的核心位置,并进一步指出了深化播音美学研究的必要性。② 这一倡议激发了对话语审美探究的广泛兴趣,并确立了它在播音主持学科研究中的重要性。对播音美学的研究,旨在深入揭示播音艺术形式的审美结构与感受效果,为的是进一步指导艺术创作实践并探索美的本质。其探索路径遵循三个发展层次的逻辑脉络:首先,有一部分学者围绕结构主义理论构建了研究体系,他们通过对播音中美学要素的分析与构造,致力于解读播音美感的生成逻辑,追求一种可复制的美学标准;其次,接受美学的视角被融入研究之中,这为理解和评估听众如何感知并影响播音艺术的美学价值展开了新的视角;最后,随着播音批评学的崛起,基于2011年前后学术界的号召,播音及主持方面的基础理论得到了进一步的丰富和完善。这三个层次不仅标注了播音美学研究深度的延展,也体现了该领域理论与实践相互作用的学术动态。

①结构主义视角下的美学研究

在结构主义视角下的美学研究中,对播音艺术的审美探讨有其独特的分析框架。结构主义主张通过分析语言和文化中的深层结构来理解人类行

---

① [苏]奥夫相尼柯夫等.简明美学词典[M].冯申,译.北京:知识出版社,1981:18.
② 张颂.研究播音理论是一项紧迫的任务[J].北京广播学院学报,1982(01).

为和意识形态,因此,当运用其方法论对播音美学进行评述时,研究者关注的是声音艺术的内在规则及其在文化系统中的功能和位置。

从结构主义的角度来看,播音中的语音、语调、语言节奏,以及语言理解这些元素,都可以被视为构成播音艺术的基础符号系统。这些符号和规则共同工作,形成了可辨识的广播声音结构,它们在播音的声音艺术中起到了极为关键的作用,是构建播音美感和理解的基本单位。[1] 这种对声音构成要素细致的剖析,凸显了结构主义方法在揭示播音声学美学背后规则上的有效性。

电视新闻播音领域内的审美特征研究进一步体现了结构主义的分析力度。通过剖析电视新闻播音中的知性美、音韵美、节奏美和形象美等要素,可以发现,这些都是组成新闻播音深层结构的重要符号。[2] 在结构主义的框架下,这些符号不仅传递信息,也传递了电视新闻播音这一文化形态的深层审美价值。

将播音美学看作是由视觉形象、社会文化价值和电视传播规律共同构成的复合结构,则展示了结构主义视角下,播音美学研究的整体性和跨学科性。视觉与声音、文化价值与传播规律相互作用、相互制约,共同构成了播音美学的宏大叙事结构。[3]

在具体实践案例的分析中,例如通过对节目主持人的文化素养、人格魅力和语言表达进行研究,可以看到这些元素构成了主持人个体的符号系统,同时与更广泛的文化符号系统相互作用,共同决定了播音主持的美学实践如何被接收和理解。[4]

结构主义视角的美学研究提供了一种系统性的思考方法,为深入理解播音学科内的审美现象提供了新的途径。在未来的研究和实践中,继续运用结构主义的方法,可以帮助研究者更深入地探讨与揭示播音艺术在复杂

---

[1] 傅继昌,王芳.播音技巧与美学要求[J].中国广播电视学刊,2010(02).

[2] 周浩.传媒视野下播音主持艺术的要素分析[J].江西社会科学,2012,32(05).

[3] 周浩.传媒视野下播音主持艺术的要素分析[J].江西社会科学,2012,32(05).

[4] 阴旭宏,赵心怡,段金龙.播音主持艺术美学浅析:以《朗读者》为例[J].当代电视,2018(10).

社会文化系统中的地位和功能,并指导播音实践更好地实现审美与文化的传递。

②接受美学下的审美研究

接受美学下的审美研究,作为播音美学研究的一个重要分支,其核心在于重视受众的主体地位,强调受众的感知、体验和解读在媒介文本生产意义的过程中的作用。这一视角为研究者理解播音作为一种听觉艺术形式生成效果的研究搭建了新的框架。

在广播电视播音实践中,播音者的情感酝酿与传达是与受众建立共鸣的基石。情、声、气的综合运用是播音者通过声音艺术创造出的一种审美经验,它通过精细的情感编织和声音控制与受众进行情感沟通,从而激发受众的情感共鸣和审美享受。① 这种审美共鸣构成了受众与播音的一种共生关系,受众不再是被动接收信息的容器,而是积极参与声音艺术的感知和解读中。

细化到播音活动的具体维度,包括有声语言和副语言两方面,都是受众接受性审美体验的关键组成部分。有声语言不仅仅是传递信息的工具,更是携带播音者个性和情感的载体,它为受众的感知和解读提供了直接的切入点。而副语言,如语速、停顿、语调等,同样在传递非言语信息中扮演中枢角色,它们以细微的方式影响受众的情绪和理解,增强了受众的感官体验和审美满足。②

从历史的纵向来看,电视新闻播音的审美变迁是与不同历史背景下的社会文化密切相关的。这种变迁不仅仅呈现了播音艺术风格和技术层面的进步,也反映了受众审美期待的演变与成熟。通过审视电视新闻播音在不同时期的审美特点,可以观察到受众如何在特定历史时期根据其文化、社会和政治情境激发特定的审美要求,这种动态的历史观点提醒我们,播音美学不是静态的,而是在与时俱进中不断发展。

---

① 梅慧.播音语言审美空间探析[J].当代传播,2012(01).

② 金重建.论电视播音主持副语言创作的功能与规律[J].现代传播(中国传媒大学学报),2014,36(09).

综上所述,在接受美学的视角下对播音美学研究进行的这些工作,都着重反映了一个关键观点:播音艺术的意义和价值是在播音者创作与受众接受之间的交互过程中实现的。这种研究强调了检查和反思播音实践中的受众角色,以及审美体验如何在受众心中生成的重要性。这为播音和其他听觉艺术形式提供了一种更有参与性和互动性的审美研究范式。

③播音批评学研究

在播音美学的理论构建中,播音批评学的提出和发展是对播音美学研究的重要补充。自2011年起,播音批评学的介入为评估播音实践、播音主体与客体价值提供了重要工具,帮助构建播音美学的理论框架。其将播音艺术视为一种需要系统评价和理论分析的对象,通过对播音实践、播音主体、播音客体等元素的价值判断和理论鉴别,形成了一套播音美学的标准研究范式,进而深化了对播音艺术的理解和认识。

播音批评学的建设初期探讨了基本概念、理论视角、当下形态,并厘清了播音主持批评的概念源起、方法论以及其现状。这一过程中对播音艺术的深入剖析和理论阐释,不仅为播音艺术的审美价值提供了更深层次的诠释,而且标志着播音艺术作为一个学科和专业在理论上的成熟。[1]

此外,通过强调必须遵循的文化基础、表现形式、理论来源的“民族化”路径,提出了建立一个具有中国特色的播音批评学体系的构想。这一论调突出了播音艺术的文化属性和民族精神,指引着播音批评学须贴合民族文化背景,反映中国特殊的社会实践和文化审美。[2]

播音批评学的建设为播音美学的进一步完善和深化提供了科学的体系和方法论支撑,从而使得播音艺术的审美研究更加严谨和深入。尽管播音批评学领域仍然存在诸多挑战,如理论基础尚未成熟、研究规模有限以及缺少关注度等问题,但其对播音美学理论研究的推动作用已经显现。播音批评学的发展旨在破解学科长期缺乏审美批评的局限,激发了学术界对该理论领域深入建设的关注,展现了追求完备理论体系和科学化、规范化的研究

---

① 战迪.试论播音主持批评体系的科学构建[J].电视研究,2014(09).

② 王秋硕.播音主持批评的民族化路径初探[J].电影评介,2015(08).

趋势。未来,播音批评学的持续探索与创新将为构建更加完善的播音美学理论框架,乃至为推动播音艺术的实践与教学提供坚实的理论基础和宝贵的指导方向。

总体而言,虽然研究者的研究成果丰硕,在不同角度、层面上深入剖析并建构了播音美学的丰富框架,但高质量成果的稀缺性仍然凸显出对该领域深度挖掘的需求。高国庆和马玉坤展望未来,主张坚持文化自信,拓宽音频语言美学的研究范畴,并发掘其艺术表达的深度空间。① 不断地拓展审美论在播音研究中的视角与方法,必将为促进播音行业的和谐传播与整体进步提供更多的可能性与机遇。

(2)跨学科播音理论研究

播音主持学科是一个跨学科和综合性领域,它的特殊性在于承载了语言表达、艺术性、传播效能和心理感知等多方面的特质。为了建立播音主持学科的统一理论体系,学者们不断探索、借鉴并整合来自多个领域的学术理论与研究成果。源于技术、艺术、社会文化和心理学等不同领域的理论视角为播音主持研究提供了丰富的分析维度,促使该领域的研究呈现多样化的特征。

①"技术+播音"研究

在分析播音主持艺术的内在构成时,不难发现这是一种技术性极强的艺术形态。艺术,正如宗白华所阐述,本质上是一种技术,而播音主持正是通过掌握和运用一系列技能,以实现声音的美感创造。正如符号哲学家卡西尔所言,艺术赋予人们对实在世界更加丰富且生动的认知和体验。在播音主持艺术的世界里,技术不仅仅是实现艺术创造的基础工具,更是提升信息传递质量、实现沟通效果的核心支撑。② 信息的传递需要媒介,而语言这个媒介如果没有技巧和技术的辅助,无法充分发挥其潜力。即便是再深刻的思想和情感,若缺少了恰当的声音传达手段,同样难以触及听众的心灵。因此,播音主持艺术的实践家们致力于探究和完善各种技术方法,以确保声

① 高国庆,马玉坤.坚持文化自信:拓展广播电视有声语言美学研究空间[J].中国广播电视学刊,2018,327(06).

② [德]恩斯特·卡西尔.人伦[M].甘阳,译.上海:上海译文出版社,2004:235.

音的传达不仅仅是信息的输出,更是一种能引起共鸣、分享认知、带来愉悦的沟通艺术。

中国传媒大学播音与主持艺术学院在这方面建树颇丰,将播音员主持人的有声语言工作看作"人文精神的音声化",这不仅强调了语音运用的技艺,还强调了声音背后承载的文化和精神价值。① 从语音发声到播音创作再到文体播音,该学院构建了一个全面系统的研究框架。教授们不仅强调实践中的自然主义表达方法,更关注在传播活动中如何创造出充满生命活力的语言艺术。技术艺术基础理论不只是一种理论框架,还是一个连接历史、学术和现实的要素,支撑起国内播音主持研究领域一个重要分支。通过深入理解和应用这一理论,播音主持艺术的教育者、实践者和研究者能够更有效地探索和发展这一艺术形式的无限可能。

②"语言学+播音"研究

播音主持作为一种媒介语境中的语言艺术,其多维度的语言学研究不断开拓着研究者对这一领域认知的深度。语言学在播音主持中的应用,涉及了从传统的语言要素分析到更为复杂的交际行为研究,多学科交汇为研究者提供了全面而深入的视角。

从播音主持的功能性和艺术性角度出发,研究旨在揭示播音主持在媒介传达中的重要作用。在此框架下,语言学的贡献在于揭示了如何通过掌握语言的微妙变化以提升播音主持的传播效果和艺术表现力。研究者提出的视角,将语言学理论与播音主持实践结合,不仅分析了声音的言语功能,同时关注了非言语因素,如语音韵律、音色以及情感表达,强调了这些元素在增加信息传达深度和情感共鸣中的关键作用。②

为了应对播音主持工作中的现场性和即兴性,研究亦提出重视即兴口语表达的重要性。在直播等实时互动情境下,探讨了播音员主持人如何通过即时语言调整和创造性反应,提升与观众之间的联结,突出了适应性和创新性在播音主持中的作用,揭示了即兴表达在维系节目活力和吸引力中的

---

①　战迪.播音与主持艺术研究的理论范式[J].编辑之友,2014(11).

②　于根元. 播音主持语言研究十篇[M]. 北京:中国经济出版社, 2006:01.

关键价值。①

将"语言学+播音"跨学科理论应用到播音主持领域中,能够为研究者解析和改进播音主持实践提供丰富的学术资源和实践指导。这不仅有助于从理论层面深化对播音主持中语言运用的认识,同时也为提升播音主持的实践技能和核心竞争力提供了支撑。未来,这一领域的研究有望进一步发展,以促进播音主持艺术的繁荣和提高从业者的整体素质。

③"传播学+播音"研究

播音主持研究自传播学理论引入以来,始终处于一个不断发展和深化的过程中。与传播学的交汇开始于20世纪80年代,当全球化的传播理论与中国主持人节目的兴起相遇时,开启了一段新的探究历程。随着施拉姆等国际传播学者的理论引进和交流,国内学术界开始运用传播学的理论观点来深化对播音主持活动的理解与分析。

在传播学领域中,播音主持的研究常被置于一个广阔且复杂的传播过程背景之中。分析和研究播音员主持人在传播轨迹上的角色和作用,揭露了其在信息传达链中的核心地位。在这一宏大的传播框架中,主持人不单是作为信息的中介,更是需要在传播内容和形式上进行选择与塑造,他们同时负责对信息进行加工和解读,而这一过程中所表现出的个人品牌和影响力,对于信息传递和影响接收者具有不可忽视的作用。在这一过程中,研究者关注到播音主持中"传播主体—传播过程及反馈—接受主体"的整体传递系统,并从中抽丝剥茧,逐层研究传播主体的角色、传播对象的特性、传播环境的影响、传播符号的意义、传播策略的制定以及传播未来的方向。此类研究不仅梳理了主持传播的现实形态,也挖掘了其潜在的发展轨迹。

在传媒环境不断发生变化的当下,传播学的研究也不断适应新的挑战。需要指出的是,播音主持的教育与实践不能脱离当前智媒时代的背景,必须积极适应信息技术的发展。这包括但不限于对新媒体工具的熟悉和掌握,以及对信息处理和传递方式的更新和调整。传播学研究在此环境下更加重视播音员主持人思维方式的变革,使其能够更好地应对和利用快速变化且

① 蔡长虹.节目主持人的个性在语言方面的体现[D].郑州:河南大学,2002.

多样化的信息环境。① 播音主持研究需要与智能传播场景实现有效对接,包括理念的更新、设施的完善以及人才培养的优化,以适应智媒时代传播的需求和挑战。

综合来看,传播学理论的渗透和应用极大地扩宽了播音主持领域的研究视野,为研究者展示了一个立体且动态的播音主持活动图景。这种跨学科的交融不仅丰富了播音主持的理论体系,也为主持人在实际操作中如何更好地与时俱进、创新自我、积极介入智媒传播提供了实践指导。未来的研究将继续在这一基础上探究如何进一步优化播音主持的效果和质量,确保其在快速演变的媒介环境中持续发挥关键作用。

④"心理学+播音"研究

播音主持学术研究中,心理学的引入对播音员主持人的情感表达、听众的感知体验及信息传递的效果提供了更为丰富和深入的分析维度。这一跨学科的集成在揭示播音主持过程中那些微妙而复杂的心理动态方面,显得尤为重要。

张颂和闻闸的早期工作显现了心理学与播音学之间的关联。研究聚焦于播音员主持人在信息传递过程中情感表达的强度与细微之处。② 通过梳理播音员如何调动自己的情感,使其与内容传递协同,以及如何通过声音影响听众的情感体验,展现了播音员主持人在实践中需具备的心理调适和情感表达能力。此外,个体之间、不同文化背景之下的适应和反应的差异性,也促使播音员主持人必须具备灵活多变的情感表达策略。

进一步的解析则对播音员主持人在表演过程中的情感体验进行了微观剖析,探讨了听众对声音信息的感知反应,并分析了播音员主持人如何结合这些反馈进行调整以优化传播效果。播音心理学的研究方向梳理了播音过程中涉及的心理活动,标示了播音感受是播音学与心理学结合研究的一个重要且有价值的领域,不仅关注播音员主持人个体情感表达、情感体验的心

① 陈虹,杨启飞.基于场景匹配的口语传播:智媒时代之播音主持教育[J].现代传播(中国传媒大学学报),2020,42(06).

② 闻闸.感知体验篇:播音心理学漫谈之一[J].现代传播,1983(03).

理机制,更涉及听众在接收信息过程中情感的触动和认知的变换。

播音员主持人在播音过程中运用的形象思维和抽象思维,如何在语言的认知过程中转化为情感体验,成为跨学科研究关注的核心问题。① 这些研究不仅促进了对播音员主持人在播音主持活动中心理领域的深层理解,也为优化播音主持学的教学方法和实践技能提供了理论指引。

在未来的研究中,播音心理学的探索有望进一步深化,旨在更加全面地揭示播音员主持人的内在感受、分析听众的反馈,并在此基础上,探求提升播音员主持人情感表达和传播效果的有效途径,为播音主持学的理论建设和实践应用开辟新的视角与路径。

⑤"体育学+播音"研究

在体育播音方面,随着体育广播电视节目的流行,体育播音学科逐渐形成并迅速成长。刘舒辉和杨萌等人的研究不仅定义了体育播音学科的概念、任务和意义,而且还分析了该学科的特点与功能。这些学术探讨为体育播音的研究方法提供了创新指南,有助于建立中国特色的体育播音学科体系。马增强以及张江南、龚超和冯歆等学者从多个角度分析并阐述了体育播音主持的艺术性和专业发展,为建设我国体育播音学科提供了理论与应用的参考。

在播音主持学的学科体系构建中,体育学与播音学的交叉研究为传统学科带来了新的活力和多维度的发展视角。体育播音作为一种特殊的播音范畴,由于其独特的实践背景和专业要求,已经在学术界引起了深入的研究和论述。

体育学对播音主持学科的贡献主要体现在增强播音员主持人对体育赛事的理解能力,提高其对体育竞赛激烈与动态情景的即时反应并恰当表达的能力。而播音主持的研究则回馈给体育学以丰富的口播技巧和传播策略,增强了体育内容传递的效果。

从已有的研究来看,研究者对体育播音学科的定义、功能与发展任务进行了细致阐释,并从艺术性、专业性等多个角度提出了体育播音主持发展的

① 陈竹."播音感受"的内涵及特点[J].湖南师范大学社会科学学报,2012,41(06).

理念,从而为体育播音主持领域的未来提供了理论支撑和实践指导。① 体育播音学不仅丰富了播音主持理论的内容,也为体育节目的制作、播出实践提供了方法论的指导,促进了体育传播效果的最大化。

现阶段,体育播音学科研究中仍有诸多挑战,如何在体育赛事直播中准确快速地传递信息,如何在多媒体融合的背景下创新体育播音的模式,以及如何在全球范围内突破文化壁垒,准确传达不同国家、不同文化背景下的体育精神等,这些问题的探索,将进一步推动体育播音学科理论与实践的深入结合。

展望未来,体育播音学科的研究将坚持理论与实践相结合的原则,紧贴体育传播的最新动态,持续探索体育节目主持人如何通过声音、情感表达以及专业分析提升传播质量、增强节目吸引力和观赏性。同时,为适应新媒体环境下的传播特点,进一步细化体育播音学科的理论框架和研究方法,可以促进我国体育播音学科的繁荣发展,提高国际传播能力,扩大中国体育文化的全球影响力。

可以看到,在跨学科播音主持理论研究层面,该领域不停步于对已有理论的回顾和整合,而是以开放的态度拥抱新兴学科的理论成果,这表明播音主持学科正在走向一个多元、互联和创新的新时代。播音主持基础理论研究不断吸收和利用新闻传播学、语言学、艺术学、心理学、体育学等学科的理论和方法,从而形成了多维、高质和系统的研究态势。然而,该领域仍有巨大的发展空间,尤其是在实验研究、跨文化交流以及新媒体传播技术不断进步的当下。研究者需要不断更新理论和方法,以适应不断变化的传播环境和受众需求。未来,播音主持研究将致力于构建一个更全面、更细致、更符合时代特征的理论与实践框架,以指导这一学科的教学、研究和实际工作,为播音主持工作的专业性和艺术性发展提供坚实的理论基础。

(3)意识形态与播音研究

电视和广播媒介不仅仅是娱乐工具,它们还是更为宏观的文化权力,在

---

① 刘舒辉,杨萌.论中国体育播音学理论体系建构[J].体育世界(学术版),2008(12).

连接各种民众生活场景的同时,也以不可见的形式传递着统治结构所倡导的意识形态。于是,播音员主持人的工作,不可避免地被糅合在政治规约和媒介体制的框架当中。正因为如此,意识形态对播音主持领域的实质性影响不容小觑:它不仅决定了播音员主持人的角色和身份,还影响了他们的表达方式和内容的选择。从播音员主持人的文化身份认同、传播语言的导向性,到传统和本土文化价值的传递,所有这些都需要在意识形态的决定论视角下认真审视。最终,广播电视传媒的本质属性、传播语言的文化地位和有声语言的个性化表现形成了一个互相联系、制约,并共同发展的生态系统。因此,深究意识形态与播音主持的关联时,必须认识到意识形态并非孤立存在的理念集合,而是社会变迁的产物,是与政治、经济、文化和技术因素紧密相连的复杂体系。这些要素共同影响着一个国家的媒体表现及其播音主持理论的成型与演变。

播音主持领域的理论与实践在不同文化和政治体系中呈现出明显不同的面貌。这一分歧是由各国独特的政治、经济和文化背景所塑造的。在全球广播媒介的范畴内,播音员和节目主持人作为重要的媒介代言人,在传达社会和文化信息时,往往无法脱离他们所在社会的意识形态影响。因此,通过意识形态的视角去理解、分析和研究播音主持艺术,成为研究者无法逃避的角度。

在当代中国,广播电视作为国家机构,被赋予了维护国家利益、引领舆论导向的重任。在此背景下,播音员主持人不只是信息的传递者,更是国家和政府语言的守门人,负责推广先进文化价值。这也意味着,对播音主持艺术的研究,绝不能忽略意识形态的规范作用。随着改革开放及政治经济体制改革的深入,播音领域涌现出多样化的发展趋势。允许多种声音并存的大环境,促进了播音主持理论的多元化探索。而在建设和谐社会的背景下,播音员主持人开始追求更为真诚的互动与沟通,访谈式节目和文艺节目的增多,是对时代需求的积极响应和体现。经济层面的变化,尤其是自 20 世纪 90 年代以来电视文化的快速普及,有力地推动了播音主持从神秘的权威传声筒转变为人民的桥梁。节目主持人、播音员的形象由"声音的播送者"变为"与观众对话的参与者",开启了与民众更加亲近和平等的互动时代。

然而,西方意识形态的冲击亦为中国的播音主持理论与实践带来了新的挑战。战略性地模仿西方媒体的运作模式和节目风格,虽然在形式上为中国播音主持理论的现代化和国际化贡献了力量,但也不可忽视其对本土文化的冲击。中国作为拥有悠久文化传统和独特社会主义核心价值观的国家,在借鉴国外经验时,要始终坚守以国家利益为中心,弘扬和谐的伦理原则。

总体而言,对意识形态如何塑造和促进播音主持理论发展的深入研究,不但对理解过去和现在的发展状况至关重要,而且对于预测和指引未来的发展趋势和实际操作也有着不可估量的价值。在这个过程中,批判性地分析播音主持理论在不同意识形态影响下的转型和发展,不断地对其进行创新和完善,可以帮助播音主持领域更好地适应和响应社会变迁,最终实现既忠实于传统价值,又能拥抱现代传播技术的播音主持理论和实践。

2.播音学科建构研究

播音与主持艺术专业的发展历程诠释了一个专业学科如何与社会实践紧密相连,并随着技术进步进行自我革新与学术演化的历程。该学科的学术研究与体系建设,从其早期着眼于语言表达的艺术性和技能训练,逐渐扩展到如今关注多媒介环境下的传播效率与互动模式。在学科定位上,播音与主持艺术不再只局限于原有的广播电视框架,而是在数字化与网络化的浪潮中寻找新的发展机遇与挑战,并重新审视其在传播生态中的作用和价值。

学科体系建设方面,播音与主持艺术专业经历了从注重实践技能到强调理论联系实际,再到当前强化交叉学科综合素养的过程。《中国播音学》一书标志性地展现了这一转变,它不仅是学科理论研究的集大成者,也是学术性课程体系构建的重要参考文献,该书的出版标志着播音与主持艺术学科从业界的经验总结上升到了建立系统性理论架构的阶段。① 书中的深度剖析和广泛涉猎跨学科知识,使得播音与主持艺术学科的学术性更加鲜明,

---

① 毕一鸣.从传统走向现代:用科学发展观看播音主持学科建设[J].现代传播(中国传媒大学学报),2012,34(01).

为未来的学科发展和人才培养提供了坚实的理论基础,并指明了学科向综合、交叉和创新方向演进的趋势。播音与主持艺术学科的学科定位与体系建设,必须在保持对语言艺术传承的同时,不断引入新闻学、传播学、心理学等相关领域的研究成果,以及积极探索新媒体技术在播音主持领域的应用潜力,从而更好地与现代社会对传播人才的复合型需求相匹配。

(1)学科定位研究

在播音与主持艺术学科建设的历程中,学科定位与课程设置一直是至关重要的探讨方向。从历史的角度出发,播音主持专业的学科归属一直经受多轮调整与重构,清晰揭示了学科建设必须与教育定位及学科发展方向直接关联。研究者提出了一系列重要论点,以适应广播电视行业对人才的需求,并提出将播音主持定位于新闻与传播学的子领域,将该认识贯穿于学科体系的整体改革之中。①

为了确保学科与时代发展步调一致,需建立动态的教育体系并适应不断变化的行业需求。教育者被指引进行不断的审视与调整,致使教育内容与人才培养模式现代化并得以刷新。② 这要求教育者们不断对教学内容、技能训练以及人才培养模式进行创新性的思考和及时调整。这种持续更新不仅涉及课程框架和教材选用,还包括教学方法和评估标准。通过实施这些改革,播音与主持学科能够保障毕业生的知识结构和技能水平与行业发展紧密对接,从而使其在竞争激烈的就业市场中占据有利地位。这样的变革确保了播音主持专业的毕业生能够紧跟时代脉搏。

进入新时代,随着全球数字化进程的加速,新文科建设所描绘的愿景不断为播音学科注入新的动力。在这一过程中,继承传统优势的同时,更多地培养创新思维,以及跨学科整合的能力,成为学科发展的一个重要方向。在此背景下,播音学科的知识体系和教育理念亟须刷新,以提供适应数字化时

---

① 毕一鸣.关于播音主持专业学科定位的思考[J].现代传播(中国传媒大学学报),2007(06).

② 朱晓彧.与时俱进:面向未来的播音与主持专业教学改革[J].新闻知识,2008(10).

代和融媒体环境的全新课程。在开展交叉学科研究项目、共享教学资源以及推动学科间协作的同时,教育者要不断探索如何将这些理念转化为切实可行的教学方案,通过这种方式,播音主持人才培养工作才能够更好地适应行业发展的需求和社会变迁的挑战。①

在学科体系建设中,坚定课程的核心价值和特色是关键。这不仅意味着必须构建全面、系统的知识结构,还需要同时强调理论素养和实务操作能力的协调发展。理论课程应当深入挖掘传媒学相关理论,同时结合社会科学、人文艺术等领域的知识,以实现跨领域的思维和知识整合。实践课程要着重于提高学生们的技能水平,如声音训练、节目制作与播音主持,培养学生在现实工作环境中的实践能力。② 通过这样的课程设计,播音与主持艺术专业的学生不仅能在传统媒介领域掌握必要的技能,也能够适应新媒介的发展,为他们在不断变化的媒体环境中谋得更好的发展。

新时代的播音学科建设,要围绕准确定位和科学的课程体系进行反思。教育者们应具备敏锐的洞察力和前瞻性的思维,以把握发展脉络,不断更新播音教育体系和课程内容,为播音主持专业人才的培育和学科建设的繁荣贡献力量。

（2）学科体系建设研究

在当前媒体与通信技术迅猛发展的时代,播音与主持艺术学科的体系建设正在接受着充满挑战的考验。随着新媒体生态的演进,播音与主持艺术专业需要重新审视并强化其学科定位,努力适应融媒体时代的特殊需求。在这个过程中,学科体系建设所聚焦的不再仅仅是传统播音主持的技艺与艺术,而是扩展到了更为广阔的视野,涉及技术、内容、文化和价值的全方位融合。

学科体系建设的核心目的在于培养具备时代背景下所需综合能力的播音主持人才。研究者建议将播音与主持艺术学科与更广泛的社会实践相结

---

① 金重建.关于播音主持学科定位和人才培养的思考[J].现代传播(中国传媒大学学报),2013,35(07).

② 孙燕,马玉坤.融媒时代播音主持专业实践课程创新研究[J].传媒,2019(22).

合,这意味着学科的教育内容与教学方法需与社会实际需求和变化同步更新。① 跨学科结合的范例,如将体育与播音主持紧密结合的教学模式,为学科体系建设提供了新典范,不仅丰富了学科边界,也为学生提供了更多元化的职业选择和更宽阔的发展空间。同时,播音主持专业必须重视学生的语言传播与沟通能力培养,将技术技能训练与人文素养教育相结合,强化对媒介语言的敏感度和创新表达的能力。②

在播音与主持艺术专业的教育与定位上,技术进步带来的机遇不容忽视。新兴的科技如人工智能、虚拟现实等,为播音主持人才的训练和教育开辟了新的路径。遵循这一趋势构建的学科体系应着重培养学生的技术适应性和创新思维,从根本上提高其未来就业的竞争力和适应能力。③ 结合新技术的教育模式和教学方法,有助于学生掌握更为复杂的媒体环境下的播音主持技能和策略。另外,对文化价值观和口语传播技能的强调,回归到播音主持学科的核心——语言艺术,这是播音主持人才区别于其他媒体工作者的关键因素。通过更新的教学体系与课程结构,加强文化教育与实践技能的结合,可以引导学生深入理解和掌握口语沟通的内涵和精髓。④

教育部对播音与主持艺术学科的明确认可,不仅确定了该学科在国家教育体系中的重要地位,还为学科发展指明了方向。在教育资源共享方面,新的教育理念推崇跨校、跨领域的合作,促进教育模式多样化和资源整合,从而在跨学科合作中创造出更加丰硕的教育成果。⑤ 这种模式的推广,能够加强不同教育机构和实践领域的合作,通过资源和信息的共享,为学生提供

---

① 张江南,龚超.体育院校播音与主持艺术专业学科发展理念[J].武汉体育学院学报,2010,44(02).

② 李亚铭,朱晓彧.语言传播视野下的播音主持专业教育改革[J].新闻知识,2010(04).

③ 贺华.人工智能时代播音主持人才培养模式的转型[J].传媒,2020(15).

④ 张政法.播音主持学科新理路:理念、定位、结构[J].现代传播(中国传媒大学学报),2018,40(11).

⑤ 杜晓红,石艳华.协同育人机制下体育特色主持人才培养探索:以浙江传媒学院为例[J].中国广播电视学刊,2021(03).

更广阔的视野,以及更具深度的学术探索和实践机会。通过这样的教育创新,播音与主持艺术学科将能够更好地为学生的未来就业和社会发展所需的人才储备做出贡献。

面对人工智能带来的深刻变革,播音与主持艺术专业的学科体系建设需着眼于在科技发展与人的交互中找到平衡,维护并发展语言传递的独有价值。这就要求学科建设不仅关注技术的进步,更应重视对口语表达艺术这一传统优势的守护和创新。① 因此,宽口径的教育策略强调不同学习路径和知识支点的融入,旨在培养人文情境和技术应用相结合的播音主持人才,以此应对专业从业人员的市场竞争和多样化就业难题。

当前,信息技术的变革带来了对播音与主持学科教学内容、方法和理论研究的全面影响,这给学科体系建设提出了更新的要求。② 在新文科建设的大背景下,学科必须适应数字媒体的兴起、社交网络的普及和交互模式的更新。新知识体系和人才培养模式的构建则需要从理论与实践相结合的维度着手,探索与时俱进的学习模式和教育理念。这不仅指引着播音与主持学科理论的深入研究与课题开发,也涵盖了对教学实践的持续调整和创新,旨在为学生打造既具备批判性思维,又有实际应用能力的人才培养环境。通过这种方式,播音与主持艺术学科能在技术革命的潮流中寻得自己的位置,打造具有鲜明特色的学科体系,为学科自身的进步和社会文化传播的发展做出贡献。

综上所述,播音与主持艺术学科的建设是与时代及行业发展需求相互呼应,并且也得面临新技术带来的革新挑战的一个复杂过程。教育者、研究者和实践者应共同努力探索与实践,只有这样,才能构建起一个能够应对社会需求不断变化的稳固、科学且动态发展的播音与主持艺术学科体系。

3.播音主体研究

播音主体是在媒体传播中起着重要角色的人物,随着技术和社会的发

---

① 刘毅涛.通识教育视域下播音主持艺术专业教育教学改革路径[J].现代传播(中国传媒大学学报),2015,37(05).

② 王彪,高贵武.反思、融合与重构:新文科建设视域下播音主持学科的建构进路[J].中国广播电视学刊,2023(03).

展,其角色和形象发生了显著变化。在播音与主持学科领域内,针对播音主体的研究占据了一个非常重要的位置。该领域的研究成果主要是从业者的个体艺术风格与整体专业能力的综合探讨。一方面,相关研究聚焦于播音员与主持人的艺术风格,如对历史上知名播音群体艺术风格及其形成过程的深度分析,为现代播音员主持人提供了珍贵的参考;另一方面,研究者对播音主体构成素养的研究亦密不可分,探讨了在不断演变的技术与时代背景中播音员和主持人应有的能力和素质。围绕播音创作主体的研究,具备深厚的成果积累,涵盖播音主体的专业能力、主持风格和角色定位、形象建构以及在不同时代的发展趋势和职业素养。

(1)专业能力研究

播音主体的专业能力研究旨在提升播音与传播的效率与艺术性。深入的学术工作揭示了构成播音主体专业能力的关键组成部分,其中声音品质、语言表达、传播能力和创新能力是基石的观点已在业内达成共识。

首先,声音品质是播音主体专业素质的核心。一个具有吸引力和感染力的声音能更好地抓住听众的注意力,传达信息。为达到这一目标,播音主体需进行长期的声音训练,焦点包括掌握合理的呼吸技巧,提升发声效率,增强声音的稳定性和动态变化能力。学术研究揭示了声音色彩、音质清晰度以及声音动态范围的重要性,这些音质元素共同构建了播音主体的声音魅力。进一步,通过模仿技巧、个性化表达、发音准确性等训练,播音主体不仅能够提高个人艺术鉴赏力,也能在整个行业内形成独特的声音标签,从而突出个人在众多播音主体中的竞争力。[①]

其次,语言表达能力的提升是播音行业尤为注重的方面。播音主体要能够熟练掌握语言的节奏、腔调、情感色彩等方面,使得语言表达既准确无误又饱含感情。这不仅需要丰富的词汇量和流畅的句式应用,还需要具备思维敏捷性和快速反应能力。在这个过程中,不断提升逻辑思维和文化素养对于精准传递语言含义至关重要。此外,播音主体的语言应当具备灵活

---

① 胡黎娜.浅议播音员主持人语言的"音准"和"声美"与发音发声要素的关系[J].当代电视,2019(07).

性与适应性,能够根据不同的传播媒介、内容和受众进行有效调整,以保证信息达到预期的传播效果。①

最后,传播能力和创新能力是播音主体发挥作用的关键审视维度,研究指出播音主体需具备全面的知识结构和卓越的心理素质,以有效面对播音过程中可能出现的挑战。② 有效的传播能力不仅包括语言的艺术性表达,亦涉及播音主体对信息整合、处理和传递的整体协调能力,以及与受众建立有效沟通的能力。同时,创新能力作为提升播音主体专业能力的重要维度,研究认为应倡导播音主体采用创新思维和技术,以适应媒体环境的变迁,突显播音主体的独特魅力,同时也为节目创造独特价值。

总之,播音主体的专业能力是一项将技术与艺术深度融合、跨学科知识贯通的复杂体系,其中声音品质、语言表达能力、传播能力和创新能力等方面相互交织、相互促进。不断研究与培养这些能力对于播音主持事业的持续发展意义重大。未来工作应致力于进一步整合理论、技巧与创新思维,为播音主持领域的理论探索和实践创新提供更坚实的基础。

(2)风格及角色定位研究

在主持风格和角色定位方面,播音主体的角色经历了从单一风格到个性化和多样化的转变。随着时代的演进,播音主体的素养及其在媒体中的角色发生了显著的变化。在早期的广播时代,播音主体主要聚焦于声音的表达——其角色定位为通过声音传递信息,这就要求他们具备优秀的声音品质和精湛的语言表达能力。这一时期,播音主体的形象主要由声音的质量、语速的掌握、发音的准确性和信息的真实性共同构成。由于听众无法看到播音员的外观,故声音成为塑造公众印象的唯一工具。

进入电视时代,播音主体的角色得到了进一步的扩展——从仅仅传递信息的声音转变为视觉形象与声音并重的传播者。这一时期,播音员不仅要维持声音的魅力,同时还要在镜头前呈现出良好的形象,拥有基本的舞台

---

① 谢文婷.播音主持专业学生语言表达能力提升的理论分析[J].黑龙江教育学院学报,2014,33(07).

② 熊征宇,宋琼花.播音员主持人传播能力概说[J].新闻爱好者,2009(10).

表现力和一定程度的节目制作能力。这就对播音主体提出了更多样化和全面化的素养要求，包括沟通能力、形象打造及节目策划等多元素养。

随着互联网的普及，进入网络时代，传统的播音角色更加多样化和个性化。播音主体开始利用网络平台传递音视频内容，需要更为广博的知识和对新媒体的敏感度。新媒体的典型特点就是互动性，因此播音主体在呈现内容的同时，也需要及时与观众进行交流互动，例如通过社交媒体响应观众的评论和反馈。

近年来，学界更关注虚拟数字化时代对播音主体素养的影响。此时，技术创新带来了虚拟主播这一全新的角色。这些由计算机生成的数字化角色不仅能模拟真人的外形和声音，甚至还展现出额外的能力，如适应不同的娱乐环境和参与虚拟互动。虚拟主播的出现从本质上挑战了播音主体的素养构成，因为它不再局限于传统意义上的声音和外形，而是将创意、技术熟练度以及对数字媒介的理解融入播音素养的考量中。

因此，播音主体的角色定位及风格不仅仅反映了技术发展对媒体行业的影响，也深刻地指示了播音员必须不断更新自己的技能和知识才能适应新时代媒介与受众的需求。从声音的艺术到多面的媒介交流，再到数字化的多元创新，播音主体的素养标准在不断升级，这恰恰展现出了媒体不断演变逐步融入新技术的趋势。

（3）形象建构研究

研究者曾提到了播音主体形象建构的重要性，播音主体需要准确把握自己的角色定位，根据不同节目类型和观众需求，灵活调整播音风格。播音主体形象建构在播音行业的职业认同、品牌塑造以及公众信任度和社会价值传播方面扮演着至关重要的角色。洞悉其结构化的必要性不仅有助于播音主体个人的发展，也无疑影响着整个媒体行业生态的改善与创新发展。基于此，学术研究呈现了多维度的探讨及分析。

研究涵盖了播音员和主持人的形象建构，强调了真实性、品格以及与观众和媒介的连接是形象建构的关键要素。为了塑造和维护自己的公众形象，播音主体需要注重个人素养、角色定位、播音风格和对新媒体环境的适应能力。形象建构是一个综合性的过程，既包含外在形象的塑造，也涵盖内在素质的提升。在外在形象的塑造方面,播音主体需要注重外貌形象和仪表礼仪的规范。外貌形象包括相貌特点、服装搭配和妆容选择等,对于播音主体来说,时尚、专业和大众喜好的平衡是非常重要的。同时,仪表礼仪的规范也是形象建构的重要环节,包括态度端庄、仪态大方、言行得体等方面,这可以强化播音主体的专业形象和信任度。①

历史发展的角度使我们认识到播音员主持人形象的演变并非独立于社会文化、技术发展和观众需求的变化之外。某种程度上,其传播路径是沿着历史轨迹而演化的,这一观点有助于我们理解播音主体在新形态媒体时代的定位和其所面对的挑战。② 另外,当关注点从宏观的历史视角转向当代媒体环境中的形象危机时,发现播音员主持人正遭遇固有角色认知与新兴传播需求之间的巨大落差,传统媒体与新兴媒体图景间的张力及竞争激化显露无遗。③ 这种角色转变背后蕴含的是对于身份再定义的必要性和对于新时代背景下专业能力不断进化的要求。

当研究聚光灯投向具体类群时,不难发现媒介策略、观众互动和个人品牌建设在形象更新与维护中的重要作用。这些构成因素不单促进了形象朝向积极性和多维度的塑造,还助力播音员主持人于竞争中获得更深层的认同和影响力。更完备的分析则来自对电视主持人品牌形象建构的系列性维度和规范原则的探讨。在此框架内,主持人形象获得了更精细化的界定,多方位地呈现及与时俱进地更新框架提供了定位策略和实践指导。

合理综合当前学术界的多维视角,可以认识到主持人形象构建是一项动态且复合性的任务,它在不同历史段落内呈现出不同的面貌,在不同社会文化背景和技术发展阶段中演绎出多样的发展路径。通过深入分析这些研究成果,可得出对于行业未来发展具有重要指导意义的结论。而作为研究者,有责任持续挖掘更多未知数,进一步阐释和指导播音主体如何在动态变化的媒体生态中构建、发展并维护其公众形象,进而为媒体行业的创新进程

---

① 张富丽.主持人品牌形象建构的维度和原则[J].电视研究,2019(09).

② 张庆.主持人话语形象嬗变的现实基础与重构意义[J].青年记者,2018(06).

③ 王铮.新媒体环境下的主持人形象塑造[J].新闻战线,2017(22).

贡献力量。

总而言之,播音主体研究涵盖了专业能力、主持风格和角色定位、形象建构以及不同时代的发展趋势。这些研究为全面理解播音主体的重要性和多样化需求提供了重要的指导,也为播音行业从业人员的发展和媒体行业的创新提供了宝贵的参考。随着技术和社会的不断演进,对播音主体的研究将继续深入,为媒体传播领域的进步和发展做出贡献。随着科技的不断进步和社会媒体的快速发展,播音主体的角色定位和表达方式也在不断改变。未来的研究需要更深入地探讨虚拟主播和数字化角色对传统播音主体的影响,同时也需要关注新技术的应用对播音主体的职业发展和社会认知的影响。通过对这些变革的深入研究,可以为播音主体的发展和媒体行业的创新提供重要的参考。

4.播音教学法及教育研究

随着媒体行业的快速发展以及人才需求的多元化,播音与主持教育领域在我国得到了前所未有的关注。这一趋势促使学术界深入分析和反思现有的播音教学体系,探索更加符合时代发展的教学理论和实践方法。在这一过程中,研究者着力于研究如何在播音教学理论中整合新媒体技术,创新教学内容与方式,以更好地满足行业的新要求。同时,亦在不断寻求教学改革的路径,目的是培养能够适应数字化、网络化、国际化媒体环境的复合型播音人才。这些研究推动了播音教育质量的提升,使之能够不断适应日益复杂的传播生态和社会对专业人才的多样化需求,为行业输送更具创造力和适应性的播音主持新生力量。

(1)播音教学法研究

在播音教学理论领域,不断地创新和发展是促进播音主持教育深入发展的重要驱动力。对于教学理论的基础构建,有研究指出教学理论和模式创新是提高教学质量、适应教育实践需求的核心要素。① 这些研究主要关注教学模式、内容、原则等方面的系统课题,强调了播音主持教学理论学科性和实践性的双重属性。理论的发展应当与教学现场密切相关,回应一线需

---

① 孟宪林.播音主持教学论的理论体系构建研究[J].传媒,2019(02).

求,有针对性地解决教学过程中遇到的难题,从而推动理论与实践相互促进、相互增益。

此外,一些学者通过引入情境教学法来为播音教学实践带来新活力。①情境教学注重通过模拟真实工作环境的教学场景,提升学生的实际操作技能和职业认同感。这种方法侧重于实操和体验,旨在全面培养学生应对广播电视制作中可能出现的复杂情境的能力。

另一方面,教学策略的创新也是播音主持教育的关键部分。随着媒体行业的快速发展,播音主持专业人才培养不仅要注重理论学习,更应强化实际操作能力。因此,采用角色扮演、情景模拟、项目实践等教学策略,能够大幅提升教学的互动性和针对性。

本领域内的学者们共同努力于深化对播音主持艺术的理解,并且为播音主持专业人才培养提供了清晰的指导路径。这项研究不仅对播音主持艺术的教学与实践有所裨益,也为其提供了重要的思路和建议。未来的教学应当更加注重实践教学与理论教学的结合,强化实际操作演练与现场体验,并积极扩展校企合作与媒体实习的机会。只有通过这种多元的教学模式,学生才能获得更为全面、深入的专业知识和技能,并在实践中不断提升自己的综合素质和适应能力。

值得注意的是,播音主持教学应当定期调整和优化教学内容和方法,以保持与时代发展同步。随着科技与社会的不断变革,播音主持行业的需求也在不断演变,这对学生的知识结构和技能需求提出了更高的要求。因此,教学研究还应持续关注新兴媒体技术对播音主持教育的影响,不断创新教学内容和方式,使之符合当代行业的发展需求。播音主持教学理论的研究与实践需要不断地与时俱进,不断调整教学理念和方法,以适应行业和社会的变化。同时,也需要积极引进新理论、新技术和新方法,不断完善播音主持教学体系,为学生的专业成长和未来就业打下更为坚实的基础。

(2)播音教学改革研究

随着我国广播电视产业发展壮大,传统的播音主持教学已不能满足行

---

① 李志强.情境教学法在播音与主持教学中的应用探析[J].中国教育学刊,2019(S1).

业一线对人才的要求。为寻求顺应时代的教育方式,诸多学者着手探讨新时代教学思路的转变,催生播音教学论的理论研究和人才培养的教育研究。实现播音主持教学的发展与改革,首先需要前沿的播音主持教学论作为理论指导。该领域内,付程的《播音主持教学法十二讲》具有一定的代表性,作为全国首部系统地讲授播音主持教学法的著作,该书为播音主持教育奠定了理论基础,为从事播音教学的相关人员提高专业教学水平提供可行方法。中国播音主持艺术教育重要的创始人之一张颂进一步从培养目标、教学体系、教学模式、教学思想、教学群体、教学形式、质量评价、教学效果等八大方面探索并总结了符合播音学科的教学法,助力播音专业教学形成一定格局。①

　　教学模式和教育体系的改革,尤其是在播音教育领域,是响应媒体行业发展迫切需求的直接结果。针对协同培养模式的研究,研究者呈现出应对媒体行业发展所做的创新教学尝试。② 该研究着重于增强学生的实践性和专业性,以培养高素质复合型传媒人才为目标。关于"走岗"式实践教学体系的构建研究,则展现了针对媒体行业发展的教学创新。③ 这方面的研究强调提高学生的实践能力和专业素养,以确定高素质传媒人才培养的途径。而师资队伍构建策略的研究则着眼于为适应媒体行业发展而做出的教学尝试。④ 此研究注重构建高素质复合型传媒人才的培养方式,着重增强学生的实践性和专业性。

　　协同培养模式的引入、实践教学体系的重新构建,以及师资队伍建设策略的更新,所有这些努力都旨在培养理论基础扎实、实践能力突出的多面手传媒人才。这些教育改革措施都是为了更好地适应媒体行业不断变化的需求,为学生提供更加全面的教育培养。

　　进入技术融合的维度,播音主持教学建设显著地受到技术进步的推动,

---

① 张颂.播音教学法研究管窥[J].现代传播(中国传媒大学学报),2006(06).

② 丁婷婷.高校播音专业"部校台"协同培养模式[J].教育与职业,2016(21).

③ 唐银国.播音主持"走岗"式实践教学体系研究[J].中国广播电视学刊,2020(06).

④ 胡黎娜.播音与主持艺术专业师资队伍建设策略[J].当代电视,2013(12).

特别是全景浸入式在线教学模式和虚拟演播室技术的应用,更是教育革命的标志性成果,这些技术展示了播音主持人才培养的广泛可能性。① 通过运用如虚拟现实(VR)、增强现实(AR)和3D模拟技术等,全景浸入式在线教学模式使学生能够沉浸在一个几乎真实的播音工作环境中,不必离校也能获得实战体验。这种技术的运用使得播音主持教学不受物理空间的限制,使学习过程更为灵活和个性化,极大地增强了学生的学习动机和整体教学的互动性。

虚拟演播室技术在播音主持教学中的运用则取得了突破性的进展。该技术使得播音主持专业学生能在虚拟而仿真的环境中进行节目制作与播报的实操练习,而这一切都实施在计算机生成的三维空间之内。这样的高科技教学手段不仅大幅度节省了成本,降低了对传统演播室资源的依赖,而且还为学生提供了充足的时间在尽量模拟真实的情况下进行演练,提高了实际工作能力。

虽然传统的播音主持教学模式仍然存有不可替代的价值,但全景浸入式在线教学和虚拟演播技术的介入,却为教学注入了新活力,创造了额外的价值。借助技术的赋能,教师可以设计更加丰富多样的教学活动,拓宽学生的认知边界。更为重要的是,这些技术的运用为学生提供了更多自主性的学习空间,培养了其独立思考和解决问题的能力。

值得注意的是,技术的应用并非一劳永逸的解决方案,它还需要教师们对于教学内容、方法以及评价体系等进行相应的调整和创新。播音主持专业作为一门集艺术性和技术性于一体的学科,其教育模式必须同时注重理论与技术的融合、知识与实践的结合。因此,未来的播音主持教育工作者需要不断提升自身对于新技术的认知与运用能力,搭建起更加完善的教学体系,以应对未来教育的挑战。

归根结底,技术进步驱动下的播音主持教育改革正引领我们进入一个全新的教育时代。全景浸入式在线教学模式和虚拟演播室技术等创新工具

---

① 肖思为.移动优先导向下播音主持专业全景浸入式在线教学实践[J].传媒,2020(16).

的引入,不但提高了播音主持教学的质量与效率,也为播音主持人才培养提供了独特的视角与手段。对于学者和教育工作者而言,如何充分利用这些技术工具,创新教学理念与方法,培养适应新时代媒体发展要求的播音主持人才,将是他们持续探索与奋斗的目标。

(3)播音人才培养研究

随着媒介环境的日新月异,传统媒体面临数字化、网络化的巨大冲击,播音主持专业的教学体系和人才培养策略亟须创新,以适应媒介变迁的新要求。在这样的背景下,众多院校开始对教育模式进行深度探索和革新,致力于培养能够适应当下和未来媒体行业需要的复合型、创新型人才。

"一播三色"的"浙传模式"便是在这种背景下应运而生的教育实践之一。[①] 浙江传媒学院以自身媒体资源优势,探索将播音主持专业教学与媒体实践相结合的全新人才培养路径。该模式不仅强调学科基础理论和专业技能训练,更注重对学生创新能力、实践能力的培育。通过"一播三色"即一人能够胜任播音、主持以及节目制作等多重角色的培养目标,旨在适应媒体融合发展的趋势,同时提高学生的市场竞争力。

而"新文科建设背景下播音主持人才培养模式"的提出,则是对播音主持专业教育体系全面优化的一次尝试。该模式融入了文科教育的通识教育理念,注重扩宽学生的知识视野,提升其跨领域的综合素养,特别是在人文素质、创新意识和国际视野方面加大教学投入。[②] 其目的在于构建一个更为均衡、开放的播音主持专业培养体系,满足传统媒体向新媒体价值链延伸过程中,对播音主持人才的多元需求。

在深化理论与实践教学融合方面,院校在教学内容和方式上进行了大胆创新,包括实验教学、案例教学、工作坊式教学在内的教育措施被广泛采纳,推动学生深入理解播音主持工作的核心要素,并在实践中锻炼。[③] 还有

---

① 陈成."一播三色"播音与主持艺术专业人才培养的"浙传模式"[J].中国广播电视学刊,2023(03).

② 杜洋.新文科建设背景下播音主持人才培养模式探究:以"南京传媒学院"为例[J].中国广播电视学刊,2023(03).

③ 孙燕,马玉坤.播音主持创新型实践教学体系的构建[J].青年记者,2019(18).

院校借鉴国际教育资源和经验,探索跨文化、国际化的教育途径,如开设国际课程,鼓励学生参与国际交流,引入外籍专家进行教学,目的是拓宽学生的国际视野,提高他们的跨文化交际能力。①

虽然不同的院校在人才培养模式上具有各自的特色和侧重点,但共同的目标是培养出能够适应媒介融合趋势、具备坚实理论基础和强大实践技能的播音主持专业人才。通过对教育模式的不断探索和创新,教育工作者们正共同推动着播音主持专业教学进入一个全新发展阶段,满足时代发展的新要求,同时也为播音主持教育理论的进步贡献了新思想、新模式。随着媒介环境的日新月异,传统媒体面临数字化、网络化的巨大冲击,播音主持专业的教学体系和人才培养策略亟须创新以适应媒介变迁的新要求。②

总体而言,在播音教学论与教育研究的不断深入探讨中,学者们的理论创新及实践尝试呈现出多样化和系统性改革的方向,以期培养出既具有深厚理论功底又能适应行业实际需要的播音主持人才。未来,随着教育和技术领域的进一步发展,对播音教学理论和实践方法的创新将持续作为学者们研究的重中之重,为播音主持专业培养输出高质量、适应性强的人才。

5.媒介技术与播音研究

在信息爆炸和技术飞速发展的时代背景下,播音主体正在经历一场深刻的变革。传统的播音与主持行业面临着数字化浪潮的推动,不仅改变了内容的制作和传播方式,还重塑了用户的消费习惯和期待。网络化则打破了时间和空间的限制,传播的边界得以无限扩张,让播音主持的影响力及其触及的观众群体数量有了前所未有的增长。在此过程中,智能化技术尤为引人注目,它带来了自动化内容生成和个性化内容分发等新奇功能,为行业提供了高效率和定制化服务的可能性。

然而这些技术的蓬勃发展,也为播音主持行业带来了前所未有的挑战。比如,虚拟播音主持的出现挑战了传统播音人才的价值定位,人工智能在情

---

① 李真,李华伟.新时代国际传播播音主持人才培养策略[J].传媒,2021(03).

② 孔朝蓬,肖博文.数字时代播音与主持专业教育的转型与变革[J].传媒,2023(04).

感表达和伦理判断上的不足引发了对内容质量的担忧,以及对主播人性化品质的渴求。同时,数据安全和隐私保护成为网络化环境下需要直面的问题。在应对挑战的同时,这些变革同样为播音主持行业带来了全新的发展机遇。如何利用现代媒介技术提高工作效率,创新节目形式,丰富传播手段,并最终提升受众的体验,成为当前行业发展的关键课题。

(1)智媒时代与人才素养研究

技术发展对播音主持人才的要求也随之提高。首先,技术给信息整合能力设定了更高的标准。当 AI 和算法可以自动完成对信息的初步筛选和排序时,播音主持人才需要具备综合运用多维信息的能力,对内容进行深度挖掘和质量保证。他们不仅要了解信息的准确性和相关性,还要根据受众的需求,提炼和构造更具吸引力的话术和叙述方式。其次,新媒体技术改变了传播节目的节奏,节目制作不再是一个简单的线性过程,而是要求实时互动与即时更新。这就要求播音主持人才能够即兴应对,灵活变通,并在实时数据反馈的指导下调整节目内容。对于节奏把控的能力,就成了区分专业主持人与业余爱好者的关键所在。

为了适应这种快速变化的环境,播音主持人才必须不断提升自己的业务技能。这不仅包括对新技术的学习和使用,如利用 AI 工具进行语音编辑与优化,还包括对所服务行业的深入了解,来保证传达的内容具有行业的正确性和权威性。新媒体技术的使用还倡导了在内容呈现和思维方式上的创新。播音主持人才需要通过社交媒体、直播平台等渠道与受众建立联系,形成互动性强、参与感高的节目形态。[1] 这种变化要求播音主持人才不仅要了解和把握媒介特性,更要在节目策划和执行中展现创造力,以提供更符合用户期待的节目内容。此外,播音主持人才也需要增强服务意识,穷尽所能去满足和超越用户的期待。顺应用户参与的浪潮,播音主持人才需要从单向的传播者,转变为互动的服务者。[2] 这也意味着,播音主持人才需要具备一

---

① 　沈智婉.人工智能时代播音主持人的机遇与挑战[J].传媒,2022(20).

② 　赵广远,田力.技与艺的博弈:人工智能语境下主持人职能重构[J].当代电视, 2019(10).

定的心理学知识,以更好地理解受众的需求,并基于这种理解来塑造自己的播音风格并进行内容构建。

技术的发展也重新定义了播音主持人才的角色定位,从传统的媒介代言人向多角色全面发展。他们不仅是内容的播报者,也需要作为品牌的形象大使、用户体验的创造者,乃至是社群的引领者。面对媒介技术的革新,播音主持人才需要具备更高的适应性,以便于在不停演进的媒介环境中生存和发展。[1] 维持专业性的同时,追求创新已经成为播音主持行业的必然要求。在这个新兴的"人工智能+播音主持"时代,播音主持专业的研究和实践必将呈现出更加丰富和多元的发展态势。

(2)技术创新与互动拓展研究

摆在播音主持人才面前的不仅是提高个人素质的问题,还有如何利用新媒体技术拓展传播能力、增强与受众的互动以及个性化表达。在当代媒介技术高速发展的背景下,播音与主持领域的专业人员面临的不仅仅是个人素质提升的传统要求,更是如何运用新媒体技术来扩大传播的边界,增强与受众的互动,以及在个性化表达上不断寻求创新。[2] 在这个过程中,从业者需要灵敏地感受媒介技术的每一次革新,掌握与之相适应的技能,还需要结合计算机技术,开发个人独特的价值和提升竞争力。

新媒体技术赋予信息具有更广的覆盖范围和更高的传播速度,以社交平台、流媒体服务、播客和博客等方式打破了时间和空间的界限。如何利用这些平台和技术进行有效传播,是播音主持人才需要考量的重要问题。[3] 这要求他们不单要掌握传统的播音技能,更要了解新媒体运作的原理和规律,如搜索引擎优化(SEO)、数据分析、内容营销等,并将这些技能应用于内容制作与分发中,以拓展其内容的影响力和受众范围。与此同时,新媒体技术也极大地加强了受众的参与度,受众不再是被动的信息接收者,他们可以通过

---

① 毛馨.人工智能语境下播音主持面临的挑战与应对[J].青年记者,2020(27).

② 徐华.融媒时代播音与主持专业人才竞争力的塑造与培养[J].出版广角,2021(09).

③ 胡鑫.新传播环境下主持人才的"自传播"能力培养刍议[J].当代电视,2021(04).

点赞、评论、分享以及众筹等形式直接参与到节目内容的生产过程中来。因此,播音主持人才需要发展出更好的受众洞察力和互动技能,以建立起有效的双向沟通机制,增强节目的参与感和互动性。

此外,个性化表达成为吸引受众关注的重要因素。[1] 播音主持人才在采用新媒体技术进行内容创造时,需不断寻求具有个人特色的创新表达方式,这不仅需要丰富的创意思维,同时也要求拥有良好的演播技巧和技术应用能力。当然,个性化表达也需基于精准的用户数据分析,以便更有针对性地满足不同受众群体的需求。

对媒介技术持续革新的敏感性是现代播音主持人才不可或缺的能力。随着科技的进步,比如5G网络的普及、增强现实(AR)和虚拟现实(VR)技术在播音主持行业的应用等,都对从业者提出了新的挑战。因此,播音主持人才需要不断地学习和适应这些技术,利用它们创造出具有时代感和技术感的内容。一方面,播音与主持专业的学术研究应深入探究新媒体技术的特点及其对传统播音主持模式的影响;另一方面,实践领域中的专业培训也应加强对新技术的教学和应用,以此推动从业者能力的全面提升。这就要求播音与主持行业内的教育机构、企业以及个人,共同推动相关技能的培训和教育体系的更新,从而更好地适应信息时代的发展需求。

(3)技术发展与应用局限研究

然而,人工智能与虚拟播音主持技术的应用尚存在局限。例如,虚拟主播在情感传递上的缺陷,以及对机械重复工作的依赖性和适用范围的限制。学者们呼吁播音主持行业在面对虚拟技术主播时,应扬长避短,理性应对技术革新,利用人工智能为人类服务。

在技术不足的方面,首先显而易见的是情感表达能力的不足。人工智能目前无法完全复制人类播音主持人才所传递的丰富情绪和微妙的非言语交流。对于理解复杂语境和传递深层情感尤为重要的节目内容而言,虚拟

---

① 陈竹.论播音创作中的审美投射:个性化的路径[J].湖南师范大学社会科学学报,2019,48(03).

主播的表达往往显得生硬。① 与此同时,虽然它们擅长执行重复性高的任务,例如不断地播报新闻,但在即时事件的应对和内容创新上则不如有丰富经验的人类播音主持人才。因此,学界强调播音主持人才应该通过深化不易被机器替代的技能,如情感传递和创新思维,来强调自身的独特价值和不可替代性。

不过,在技术的不断进步中也显现出了积极的一面。人工智能领域的自然语言处理、情感计算,以及深度学习等能力的不断增强,正在为虚拟播音主持技术提升语言和情感的表现力。② 展望未来,播音主持行业应当侧重于培养播音主持人才的核心竞争力,例如听觉和视觉双向感染力、跨文化沟通能力等,并利用技术为人类服务而非简单替代。行业的教育培训机构需构建适应技术融入的课程体系,培养既具有专业素养又懂得高新技术应用的播音主持人才。这样的同步发展才能够确保播音主持行业为受众提供更丰富和高质量的内容体验,同时推动整个行业的转型升级。

(4)技术演进与伦理危机研究

最后,技术的发展也带来危机性与伦理性的讨论,关注 AI 技术发展背后可能隐藏的异化风险,警示人机交往方式可能带来的主体性丧失。播音主持行业的持续健康发展,需要理性追求技术创新,同时保留批判性视角,并充分考虑新技术对人类交往模式的长远影响。

随着人工智能等新兴技术的应用,播音主持行业可能遭遇异化风险和主体性丧失,特别是当技术重视效率而忽视人的情感和真实性时,或许会导致观众的媒介信任感受损。因此,AI 技术在该行业的应用带来的伦理性问题,督促业界对其保持批判性视角,审慎考虑技术的长远影响。③ AI 技术的广泛使用在提升播音主持工作效率方面表现卓越,但也引发了对于人类情

① 陈卫华,潘中康.人工智能时代虚拟主持人发展困境及策略研究[J].传媒观察,2021(05).

② 赵瑜,李孟倩.拟人化趋势下的虚拟主播实践与人机情感交互[J].现代传播(中国传媒大学学报),2023,45(01).

③ 高贵武,赵行知.进化与异化:AI 合成主播的言说困境[J].新闻与传播评论,2023,76(02).

感和道德判断能力丧失的担忧。客观来说,现有的 AI 技术在处理复杂情感和道德问题上有其局限,过度依赖它们可能会导致人的主体性退化,进而改变社会交往的模式。因此,在技术创新的道路上,播音主持行业需要同时发挥技术的优势并维护人文价值,强调技术的社会责任和人文关怀,警惕技术发展可能产生的负面社会影响。朝着一个与技术和谐共生的未来迈进,播音主持行业在技术创新的实践中,需不断审视其对社会伦理的各种影响。业界应积极开展关于社会哲学与伦理的深入讨论,制定伦理风险评估和审议机制,以确保技术应用不仅符合公共利益,还尊重个体的权利。[①] 通过在职业实践、教育培训和制度建设等多方面的努力,播音主持行业可以构建一个符合人的发展目标与科技高度融合的健康生态系统,既追求技术创新,也保证人类的整体福祉与社会进步。

总之,媒介技术与播音研究呈现出深刻而复杂的互动关系。媒介技术与播音研究的交互关系日益增强,随着技术革新不断推动,播音主持人才的技能和相应需求也在不断升级。保持专业素养的同时,积极拥抱技术变革,并通过不断创新满足市场和受众需求,将为播音主持人才确立在未来媒介生态中的独特价值和地位。为融合这些技术创新,行业内部需要不断探索新的路径,既要充分利用技术带来的便利,又要积极应对技术演变带来的挑战,以维护行业与从业者的核心竞争力和职业活力。未来,学术界与实务界都应更加深入地探讨与媒介技术融合的创新应用,以促进播音主持行业的全面可持续发展。

(四) 播音主持学科研究演进与可拓展空间

1.研究阶段划分和主题演变

基于前述对 2000—2023 年我国播音主持高水平文献中的研究热点描述性分析,以 CiteSpace 为工具,通过关键词聚类和时间序列变化,全方位探索该领域的研究主题演变过程。同时,结合频次、中心性、突现性等指标,便可揭示不同时期的研究特征和学界研究演进的全景视图。通过这种方法,生

---

① 张妍.虚拟播音主持的伦理边界思考[J].出版广角,2022(01).

成了图2-36。

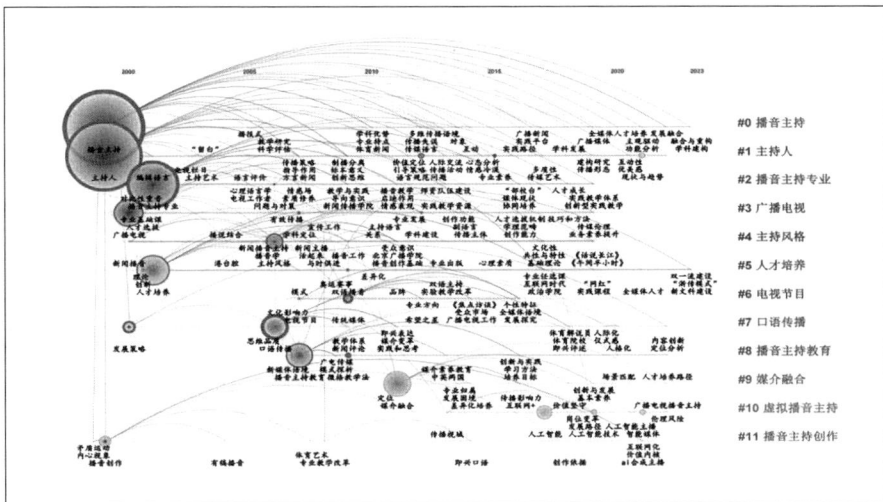

图2-36　播音主持研究关键词时间线知识图谱(1998—2023年)

从这个时间线知识图谱中,我们可以依据发表文章的数量和关键词的变化,将2000—2023年内中国播音主持相关研究划分为以下三个主要阶段:2000—2006年的研究起步期、2007—2013年的起伏发展期,以及2014—2023年的融合转型期。

(1)研究起步期(2000—2006年)

这一阶段正值播音主持学科转设之初,研究活动呈零散性特征。虽然这一时期的研究文章数量不多,但已经展现出一定的学理性特征。大多数研究者对播音主持行业的探讨,主要聚焦于现行规范和前景展望;同时,也逐渐触及播音员主持人的语言表现、价值观念、知识与技能及全面素质等构成性因素。这些探讨直接立足于行业内部问题意识识别,尝试为播音主持行业和学科建立有效规范,奠定合理的行业标准。进入21世纪,相关学者开始尝试系统梳理播音主持领域的学术界定、实务操作标准以及职业的执业规范。因对媒体格局变迁的反应略显迟缓,这一时期的研究成果相对有限,主题相对零散,但非常重要的一点是,这一阶段逐渐培养起学术界对播音主持这一领域的初步认知和兴趣,为后续的深入研究积累了初步的学术资源和研究基础。

（2）起伏发展期（2007—2013 年）

这一时期，新媒介热度日渐攀升，新闻类和广播电视类刊物都设立了新媒介下的广播电视业务研究专题。相关研究主题在这一阶段开始集中化，人才培养、教学改革等问题得到了深度的探讨。研究者瞄准新媒介环境，尤其关注播音员主持人在其中的定位、功能和其对应的发展变革。由于新媒介环境的影响，学界逐渐追求新的学术共识，期盼播音主持理论研究达到新的高度。学者们开始关注新媒体环境下播音主持的理念变革、传播渠道的多样化以及传统播音主持与新兴媒体形态的融合与冲突问题。学术研究逐渐开始注重研究的前瞻性和应用性，播音主持的作用、影响力和战略地位在学术讨论中得到更多关注。广播电视学科的相关研究开始强调实证分析和理论建构，且学者致力于对播音主持人才的综合素质提升与职业发展路径的探索。

（3）融合转型期（2014—2023 年）

到了这个阶段，新旧媒体开始竞合，行业内开始出现资源整合和横向发展的趋势。正是在这一特殊的媒介环境下，一些关于媒介变迁、新媒介生态视野下播音主持引领热点，如人工智能、虚拟主播等技术的利用在播音主持领域引发新的研究热潮。这一阶段的研究涵盖了播音美学、跨学科播音理论等播音主持的理论研究，提供了全新的研究视角。在这一过程中产生了一批关系到媒介变革和技术进步的新概念，如智能播音、虚拟主播、大数据内容推送等。随着人工智能和算法技术的引入，播音员主持人的职能正在经历前所未有的扩展和革新。学者们开始将视野转向这些新技术可能带来的行业机遇和挑战，同时也提出了播音主持教育、人才培养等方面的创新思考。

在这 20 余年的演变过程中，可以明显看出播音主持研究在主题上由表及里，从技术应用探索到理论深化，再到突破行业界限的全方位探索，学科内主题的演进也日趋成熟和深入。此外，每个阶段都有其独有的特征和主题，而这些主题的演变及其反映出的学科建设风貌，都为行业提供了丰富多元的研究视角，并揭示出播音主持这个领域不断发展、进步、融会贯通的过程。对于如何深化播音主持研究，探索和把握学科前沿动态，这些内容提供了重要的精神支持。随着研究的深化,研究者开始意识到在快速变化的媒体环境中,紧密跟随技术发展的步伐,同时保持对传统播音主持职业素养和专业技能的重视,是该领域未来可持续发展的重要基石。

随着公共传播环境的不断升级和媒体生态的复杂多变,未来的播音主持研究在继续探讨传统领域知识及职业技能训练的同时,更需要把握媒体融合的趋势、新技术的发展以及传播方式的变革。因此,播音主持研究将更为系统化、深入化,并始终紧跟时代发展的步伐,在为广播电视传媒行业输送具备高度适应性和创新能力的专业人才的同时,推动整个行业的进步和优化。

2.研究趋向

在智能媒体时代,播音主持领域的学术研究正面临前所未有的学术机遇与挑战。通过定量的视角,结合 CiteSpace 等科学分析工具,对研究热点的追踪较为常见,但如何在定性分析中对这些热点进行深入探索,显现出一定的迫切性。以播音主持研究的阶段特征和主题演变,及生成的突现关键词为依托,梳理和分析该研究领域的前沿热点和走向,可为未来的学术探索提供遵循。

首先,突现关键词一方面揭示了学界对某一议题的急剧关注,另一方面反映出学科内研究覆盖的新视角。突发性的关键词通过时序变化表明了学科研究的时效性和趋势性。突变检测计算结果中一组突现的动态概念和潜在的研究问题代表着某一领域的研究热点,如图 2-37 所示。列表中越靠近下方的研究主题越前沿,深色部分代表其对应主题在相应年份发文量激增。判断某一主题是否为新兴研究热点,需同时具备"首次出现时间近"和"突发起始时间近"两个条件。

自 2017 年以来,可以明显看出"人工智能""发展策略""智能媒体""现状与趋势"等关键词的出现,揭示了播音主持研究领域新的方向和焦点。新兴技术手段的不断发展,特别是人工智能技术在广播电视播音主持行业中的穿插与应用,使得播音主持研究走向了技术赋权的新阶段。在这一领域,不仅见证了传统传播模式的逐步被新型传播方式取代,还看到了播音主持从业人员在技能和角色定位上的转变。人工智能作为一种工具和环境,现

Top 25 Keywords with the Strongest Citation Bursts

Keywords	Year	Strength	Begin	End	1999 – 2023
广播电视	2000	2.59	2000	2008	
意境美	2000	1.91	2000	2004	
主持人语言	2001	1.42	2001	2008	
主持人	1999	4.22	2003	2005	
播音主持	1999	1.78	2004	2004	
港台腔	2004	1.28	2004	2006	
实践	2007	1.72	2007	2013	
双语播音	2009	2.05	2009	2011	
微格教学法	2009	1.27	2009	2009	
播音学	2006	2	2010	2013	
人才培养	2001	3.03	2011	2012	
学科建设	2012	1.35	2012	2013	
主持	2012	1.29	2012	2012	
语言规范问题	2012	1.29	2012	2012	
主持风格	2006	2.21	2014	2016	
播音主持专业	2001	4.68	2015	2016	
播音主持教育	2007	3.68	2016	2018	
媒介融合	2011	3.53	2016	2023	
人工智能	2017	4.8	2017	2023	
新闻播报	2017	1.3	2017	2017	
播音创作	1999	1.94	2018	2021	
人工智能技术	2019	2.73	2019	2023	
发展策略	2000	1.39	2020	2023	
智能媒体	2021	1.27	2021	2021	
现状与趋势	2021	1.27	2021	2021	

图 2-37　播音主持研究前 25 位突现关键词(1998—2023 年)

已成为现代播音主持行业不可忽略的组成部分。

进一步地,细化关键词,形成图 2-38 的时区图谱。可以看到在 2020 年,"播音口述史"作为一个关键词首次突现,这表明在播音研究领域中,学术界开始重视对播音历史的挖掘与再现。广播电视的发展无法割裂其历史脉络,而播音口述史正作为一种重要的历史传承和发展手段被研究者青睐。通过口述史的研究,学者们能够深入了解过去播音主持领域的成长经历,弥补文献资料的不足,并且通过亲历者的口述,更真实地捕捉时代的印记和个体经验,为广播电视史的研究赋予新的生命与力量。可见,学者们一方面开始关注播音研究的历史维度,利用口述史开展播音学科的史学研究,用跨学科视角拓宽播音研究的方法;另一方面从人文角度探究播音主持面临的技术挑战,突破近些年唯技术视角的议论,对其深度、广度和温度的挖掘,成为未来发展趋势。

3.研究不足与展望

在当今多变的媒介环境中,播音主持作为一种传统的媒介形式,正面临重新定位和自我更新的重要历史节点。CiteSpace 软件的分析功能允许研究

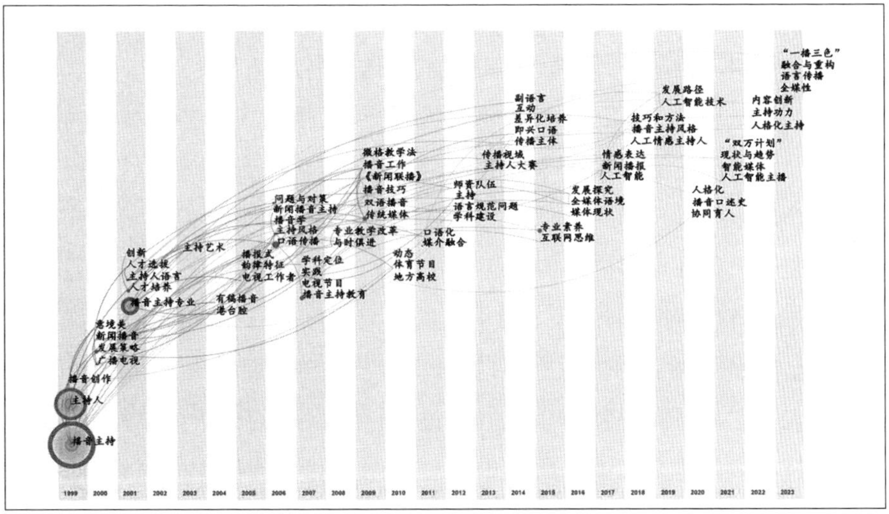

图 2-38 播音主持研究关键词时区图谱(1998—2023 年)

者们从一个宏观的角度,系统地审视我国播音主持领域的研究现状及其发展趋势。现有的研究显示,尽管权威期刊上播音主持领域的发文量保持相对稳定,但总体来看,既有研究的数量和影响力仍需加强。

就学术前沿而言,媒介融合、技术革新与播音主持的互动研究仍然停留在一个相对初级的探索阶段。在数字时代,新技术如人工智能、大数据分析、"互联网+"等的迅猛发展,为播音主持领域带来了新的挑战和机遇。研究者如何在这样的技术浪潮中,挖掘并提炼出能够指导实践且具有深远意义的理论框架,是当前最迫切需要解决的问题之一。

从研究议题的维度分析可知,目前的研究范围尚显窄小。多数学者聚焦于学科的宏观发展和人才培养策略,却往往忽略了与其他学科如社会学、心理学、信息科技等的交叉研究,这在一定程度上限制了学科视野的拓展和深度的挖掘,特别是在理论性和历史性研究方面,还有待于通过更加创新的研究方法,探索播音主持学科的深层次价值和演变规律。

值得关注的是,播音主持不仅是一项技能,更是涉及文化传播、社会影响和意识形态的综合性学科。播音主持人才不仅需要具备优秀的语言表达能力、良好的节目策划能力,还应对历史背景、社会现实有更深刻的认知和理解。如此看来,一个多维融合、具有历史意识和文化敏感性的播音主持学科体系,会更符合时代发展的要求。

(1)"艺术技术+播音":新技术赋能,推进学科创新发展

在当前数字化、网络化、智能化时代背景下,播音主持艺术技术的研究范式和学科边界正被重新定义。此时,研究者需对播音主持学科进行一次全面的学术审视和反思——是否已经做好迎接新技术所引发的学术变革的准备? 是否已经在学科内部构建起支撑未来发展的理论体系? 著者通过利用 CiteSpace 软件对我国播音主持领域的研究文献进行系统性分析,深入探讨了"艺术技术+播音"即新技术对播音主持艺术学科创新发展的赋能作用。

首先是学科研究现状的审视。通过对过往文献的分析可以发现,我国播音主持学科的研究文献主要集中在理论阐述和实务操作的讨论,而在边缘性研究、交叉学科视角和深度探讨等方面则相对薄弱。这一现象的背后,不仅仅是学术资源分布的问题,更反映了一个时代背景下学者们对学科发展的固有认知。

从研究前沿趋势的角度来看,技术不断进步,把握技术发展和应用趋势,是播音主持学科立足未来的基石。人工智能、情感分析、虚拟现实等新兴技术的活跃探索,给播音主持传统领域带来了颠覆式的影响。具体来说,人工智能如何与播音主持艺术融合,不仅在技术实现上需要深度研究,更在理论范式上亟待突破。例如,AI 主播在提高生产效率的同时,对信息的准确性、情感表达等也提出了更高要求,如何平衡技术效率与艺术表达是一项迫切的任务。

继续深化对"艺术技术+播音"议题的探讨,可以发现区块链、云计算、元宇宙等技术对播音主持领域的深远影响。比如区块链技术在确保内容版权保护和版税流转方面展现出巨大潜力,有效避免了播音内容的非法复制和传播。云计算可以实现播音资料的高效存储和调用,让播音制作和发布的过程更为便捷高效。元宇宙为播音主持提供了全新的虚拟交互环境,推动播音主持艺术形式的创新和变革。

然而,技术并非万能,仅仅依赖于技术突破,无法全面推进播音主持学科的发展。具体来讲,"艺术技术+播音"的研究方向应更加注重技术与人文的融合,让技术服务于艺术表达,强调播音主持在艺术性与传播效果之间的

平衡。对此,学者们需要突破传统的学科研究范式,借鉴艺术学、传播学、心理学等学科的研究方法,探求播音主持学科的深层次发展。这也是对学科研究方法和理论的创新与充实。

至于人才培养方面,新技术的融入无疑对播音主持教育提出了新的要求。未来的播音主持人才需要不仅对传统的播音技艺有深刻认识,也需要具备跨领域的技术理解与运用能力。这对播音主持人才的综合技能提出了更高要求,同时也要求高校在播音主持人才培养上引入多元化的课程内容和教学模式。

不能忽视人在"艺术技术+播音"融合过程中的价值"温度"。技术赋能下的播音主持,不应仅是冷冰冰的技术展示,而是要传递真实、有温度的声音与情感。播音主持人才不仅要掌握技术,更要倡导艺术的人文关怀。这需要研究者在技术革新的同时,不断提升播音艺术的内涵,使其更好地服务于社会与人类。播音主持艺术学科的研究与发展将不可避免地与新技术发展相结合,学界应坚持"艺术技术+播音"的研究思路,秉承创新驱动和跨学科发展的理念,打造广播电视播音主持领域深层次、多维度的学术发展新格局。

(2)"学科交融+播音":跨学科视角,建立学科交叉体系

学科交融已成为现代学术发展的重要标志,更是推动学科创新的强大动力,特别是在播音主持这一学科,其艺术技术的属性和媒介性质决定了它不应仅局限于传统播音学科的范畴,而应吸纳哲学、美学、心理学等多个学科的研究成果和理论支持。作为一个传统的依托于媒介平台的专业,播音主持学科的重构需遵循学科融合与创新的轨迹,跳出传统的学科疆界,与其他学科比如文学、艺术、心理学、社会学等进行深入的融合与合作。通过建立多维的研究模式,形成一个具备全方位视角的研究体系。

传统播音学科研究,往往侧重于媒介语言技能的提升与实务操作,而较少关注相关学科的交叉融合。著名播音主持艺术教育家张颂教授提出的对播音学科的深远贡献已经触动了研究者思考播音主持学科未来发展的可能性,他曾谈道:"播音所值得借鉴、汲取的哲学、美学、心理学、逻辑学、教育学、语言学、文体学、新闻学、文艺理论、表演理论及其研究方法,可供我们纵

横驰骋一个相当长的时期。"①在此视角下,研究者需要进一步拓展和丰富播音主持学科的研究边界,探索传统与现代的交汇点,构建一个综合而全面的学科交叉体系。

播音主持学科的交叉研究要关注到媒介语言、语言技能、心理素质、行为仪式等多个层面。例如,媒介语言学可以提供播音文本分析的深度理解,让播音文稿的编写和表达更加精确有效,心理学可以帮助播音主持人才理解听众的感知和情感反应,优化播音表现,而美学和教育学则有助于提升播音艺术的审美价值和传播效能。

高等院校在播音主持人才培养上,需要在播音主持专业教育中融入更多跨学科的课程内容,比如新媒介理论、视觉艺术、网络交互设计等,为学生提供宽广的学术视野和知识体系。这种跨学科课程的设置不但能增加学生对于学科内涵的理解,也利于培养他们的创新能力和适应未来媒体环境的综合素质。

此外,国家政策和社会需求对播音学科的建设定位提出了更高要求。在继承与创新的道路上,播音学科必须坚持交叉与融合的原则,与其他学科实现知识共享和资源协同,这是打造具有国际视野、适应时代发展的新文科背景下的重要举措。

(3)"口述史学+播音":嵌入史学研究,深挖学科文化内涵

在播音主持领域,口述史学则提供了一种独特而有效的途径去探讨和研究播音历史,增加学科的文化内涵和研究厚度。过去对广播电视史研究多聚焦于技术革新和产业发展,而对个体经历和集体记忆的关注却相对不足,导致整个播音历史的研究呈现出"厚今薄古"的状态,此缺失无疑影响了研究者对播音主持学科的深层次理解和评价。②

口述史通过捕捉那些历史文献未能详尽记录下来的个人经历和社会变迁,使学者们能够更加完整地还原历史真相。如《共和国之声:中国播音口

---

① 张颂.研究播音理论是一项紧迫的任务[J].北京广播学院学报,1982(01).

② 李颖,蒋启迪.新中国播音口述史研究路径与方法[J].中国广播电视学刊,2020(08).

述史》一书,不仅为研究者揭示了播音员主持人在新中国成长史中的历程,更充实了新中国播音主持领域的历史研究。① 此外,浙江传媒学院建立了中国首个播音主持史研究基地,标志着播音主持史学研究的升温和受重视程度。

在这一过程中,实证主义与建构主义相结合的研究方法会成为主要趋势。一方面,利用数字化技术对历史材料进行累积、整合以及存储;另一方面,通过访谈、口述等方式来重构个人和集体的记忆,为播音主持学科的历史研究增添个性化和人文化的维度。通过这些深层次的研究,研究者不仅可以更好地了解过去,还能够更有力地探讨播音主持作为一种艺术形式和传播手段的现代价值与未来发展方向。

未来,播音主持行业历史的研究应持续收集和整理历史资料,利用现代数字化技术,将文字笔录、有声录音、影视资料等融合整理,为历史真相的发掘提供更多可能性。研究者应运用深度访谈和质性分析等多种研究方法,进一步整理和探讨播音主持领域的历史脉络和社会文化价值,加强对播音主持学科底蕴和艺术魅力的诠释,为播音主持学科的文化传承和创新提供理论支撑和实践指导。

利用 CiteSpace 软件对播音主持领域的文献资料进行系统性的分析尤为重要。这种方法不仅揭示了学术界在这个领域的兴趣和专注点,而且描绘了不同议题之间的内在联系和演进脉络。CiteSpace 能够有效地对海量文献进行聚类分析,呈现出学科发展的各个重点研究领域如"基础理论""学科建构""播音主体""播音教学论及教育",以及"媒介技术与播音"等。自播音专业被系统地纳入艺术类学科体系以来,播音主持学科不断向学理化和体系化方向进展,在各个子领域形成了相对成熟的研究体系。学科建构正成为学者们共同关注的重大课题,它不仅囊括了学科的历史根基、理论框架和教育模式,还涵盖了面向未来的学科方向和研究路径。此外,技术革新带给广播媒体及其主持人的影响也不容忽视。数字技术、互联网、移动通信和人工智能等新技术极大地拓展了播音主持的实践范围,并不断推动学科理论

---

① 姚喜双.共和国之声:中国播音口述史[M].杭州:浙江大学出版社,2023.

的迭代更新。这表明,技术化的浪潮不仅对播音主持学科的研究范式产生了深远的影响,而且对播音主持的教学和实务操作提出了新的要求。但客观来说,尽管如此,播音主持学科在未来的研究进程中仍面临丰富而复杂的任务。首先,在新技术的应用领域,还有大量的空间需要探索,例如如何利用新媒体技术提升播音教育的效果,或者怎样通过技术创新来增强广播传播的互动性和用户体验。其次,跨学科协作的必要性日益增强,播音主持学科的研究者需要与心理学家、社会学家、技术专家等多领域的专家通力合作,以解决更为复杂的理论和实践问题。最后,历史研究不仅有助于理解播音主持学科的发展脉络,而且能够寻得当前实践中可能遗漏的宝贵经验和智慧。概而言之,要实现播音主持学科更全面和更深远的发展,就必须不断从多角度、多层次、多维度进行研究和探讨。要积极营造学术环境,鼓励创新、倡导多元、强调协作与包容性,从而为科研人员探索新的理论、方法和实践提供充足的空间与支持。通过对未来播音主持学科研究与教育准则的深思熟虑,才可能在这个不断进步的时代,培养出能够适应新挑战、传承文化价值、创造社会影响的播音主持人才。

第三章　中国香港、澳门、台湾播音事业和学术发展

　　港澳台播音是百年中国播音的组成部分,也是华语广播电视研究领域的重要内容。海峡两岸暨香港、澳门的播音事业一方面有着独特的发展轨迹,另一方面相互之间也存在着深远的影响和联系。从学术发展的维度对香港、澳门、台湾的播音事业做全面、系统、深入的论述,横向上拓展了中国播音主持研究的领域,用翔实的史料证明了中国播音理论在广泛地域范围内的影响力和生命力;纵向上深入剖析了新时代中国播音的历史意义和价值。本章在梳理港澳台播音事业发展过程的同时,分别对香港、澳门、台湾的播音学术研究展开论述,以呈现港澳台播音的历史发展与特点。

第一节　中国香港播音事业和学术发展

　　香港播音的历史划分可以分为五个阶段。第一阶段是播音实践萌芽时期(1923 年 4 月—1928 年 6 月),香港境内广播播音活动起始于两条脉络,一是外商私营广播入港,二是港内业余广播爱好者试验播音。二者有过短暂的合作,最终外商私营广播退出历史舞台,港内业余广播爱好者的试验播音被港英当局收编,改造发展为香港广播电台。第二阶段是香港播音实践成长时期,港英当局第一次接管香港电台(1928 年 6 月—1941 年 12 月),香港电台在港英当局扶植下被正式定为政府电台,开始了创业历程。香港电

台参考 BBC 模式,先后实现了英语播音(1928 年起)和粤语播音(1935 年起),服务于香港新闻、文化、娱乐事业。第三阶段是日本占领香港期间香港播音实践停滞时期,即日占时期(1941 年 12 月—1945 年 9 月),香港电台被日军占领,改名为"香岛放送局",为其侵略服务。第四阶段是日本战败后,英国重回香港后港英当局第二次接管香港电台,香港播音进入理论与实践结合发展时期(1945 年 9 月—1997 年 7 月),香港电台重归港英当局的管辖。随着香港经济社会的迅猛发展,香港播音事业走出了服务公共事业和商业化双轨并行的独特路线。电视播音时代的到来,丰富了香港人的社会文化生活,同时使得香港和内地的媒体交流合作日趋频繁,相互产生了重要影响。第五阶段是香港回归祖国之后,香港播音研究进入新纪元(1997 年 7 月至今),香港广播电视播音事业抓住 21 世纪的新机遇,走出了一条独具特色的发展之路。

一、香港播音实践萌芽时期(1923 年 4 月—1928 年 6 月)

(一)香港无线电广播社:香港广播播音实践研究起点

香港广播播音活动要从一个业余组织讲起。1923 年 5 月,在《士蔑西报》(*Hongkong Telegraph*)编辑阿尔弗雷德·希克斯(Alfred Hicks)的安排下,一群无线电爱好者聚集在市政大厅,讨论香港的无线电发展。[①] 这个业余组织被称为香港无线电广播俱乐部(Hongkong Radio Club),成立时吸引了一百多位业余无线电广播爱好者参加,后更名为香港无线电广播社(Hongkong Radio Society)[②]。1923—1926 年间,香港无线电广播社持续开展

---

① *Hongkong Radio Society*[M]. Hong Kong Daily Press, June 5, 1923.

② 香港无线电广播社,内地学术论文常见译名香港无线电学会,又译香港无线电社,见冯健总主编的《中国新闻实用大辞典》,新华出版社 1996 年版,第 379 页,以及许力以、周谊主编的《百科知识数据辞典》,青岛出版社 2008 年版。另有一说"香港无线电广播俱乐部"成立于 1923 年 4 月 30 日,具体日期著者未考,但该组织由《士蔑西报》组织成立应为定论。

无线电试验播音。电台设立在太平山顶,试验播送社会新闻和转播歌剧等。《士蔑西报》持续关注和报道该俱乐部的试验播音活动,而且不时对香港当局发出呼吁,以建立官方认可的无线电广播电台。这群无线电爱好者逐渐被香港官方所关注和接纳。① 1926 年 7 月 4 日,无线电广播社在南华早报(*South China Morning Post*)大厦以台号 HK5,波长 475 米进行广播测试,茂柱公司借出域陀唱片(Victor Record),当局规定广播测试每 10 分钟需停约 3 分钟,每日晚上 8:30—10:00 播出,节目有音乐、报时和清谈(谈话节目)。音乐表演获米仕(Charles Henry Miles)和皮树(James Petrie)支持,《南华早报》的史焕邦先生(Mr. H Gray Swinburne)主持清谈节目。②

这一时期,广播社还"进行一项播放试验性音乐会的大型节目,目的在于娱乐社员,并证明在香港设立广播电台,实有可为"③。当时,收听者主要是该社成员和一些社会上层人士,掌握无线电播音技术的也多是外国人。不过,广播测试没有遗忘华人社群的兴趣,为推广无线电广播,学会在 1926 年举行了首次中国音乐的现场转播,参与该次演出的华人乐手包括 Wai Po-cheung, Leung Kam-tong, Ho Chak-man, Sun Cho-yee 等。④ 虽然这些业余爱好者只是出于兴趣研究无线电广播,但他们始终怀着无线电广播被当局认可并得到政府支持的理想。这群业余爱好者对无线电广播的初步探索拉开了香港播音事业的序幕。

---

① 这群无线电爱好者组成的"香港无线电广播社"社员有工程师,也有水警队指挥官,许多爱好者在港当局有公职在身,对无线电有所了解,并向学会成员讲授无线电报。关于该社成员的内容在香港大学 James Wong Kang Shing2020 年 8 月撰写的一篇工作论文《兴风作浪:1920 年代香港广播》(Making Waves:Radio Broadcasting in 1920s Hong Kong)中有详细讲述;另外,有关该社试验播音的详细内容,马冠尧先生 2020 年 3 月由三联书店出版的《战前香港电讯史》中详细记录。限于篇幅,此处略。

② 马冠尧.战前香港电讯史[M]. 香港:三联书店(香港)有限公司,2020(3):258.

③ 本报编辑部.戴健文:细说香港早期广播历史——1928 年至 1940 年[EB/OL].[2023-12-25].https://www.printfriendly.com/p/g/vDXZXv.

④ 李少媚.从 1928 年说起:重塑香港早期声音广播面貌[EB/OL].(2013-09-11)[2023-12-23].https://app3.rthk.hk/mediadigest/content.php? aid=1399.

(二)香港奥斯邦电台:外商私营电台的昙花一现

1923 年 6 月 21 日英裔新西兰人欧内斯特・乔治・海沃德・奥斯邦(Ernest George Hayward Osborn)来到香港,通过《士蔑西报》头版向港人宣告,香港很快就要有无线电广播电台了。8 月 2 日,奥斯邦在香港邮政局的演播室进行了初次大规模的公开演示,吸引了当地媒体的报道,获得大批市民的关注。这是奥斯邦来到香港后,寻求与香港无线电广播社的合作而展开的公开演示。① 在此之前,忙碌的奥斯邦已经于同年 1 月 23 日在上海建立了东亚第一个商用无线电广播电台,并辗转至菲律宾筹划要在马尼拉筹建电台。在香港无线电广播社和奥斯邦的共同推动下,香港广播播音就此拉开帷幕。

奥斯邦先后以无线电通讯公司(Radio Communication Company)和成立于 1923 年 11 月 19 日的香港东方无线电有限公司(Radio Communication Company[Orient]Limited)②的名义运营电台。每天 8:30—10:00,从九龙播放音乐及其他娱乐节目;每晚 6:00—7:00,从香港酒店公司(Hongkong Hotel Company)播放广播节目。香港奥斯邦电台成立之后,主要广播音乐等娱乐节目,其中已有不少华人听众。奥斯邦无线电通讯公司的用户以每天新装 10 到 12 个收音机的速度增长。③ 据《南华早报》(South China Morning Post)记载,在香港的九龙、太平山顶、跑马地,以及澳门、广州等地,每天有几千人

---

① 刘书峰."新媒体冒险家"奥斯邦的中国广播创业历程[J].现代传播(中国传媒大学学报),2019,41(10).

② 有关于奥斯邦在香港成立公司的信息,在"香港公司名录"(HK COMPANY DIRECTORY)中有记载:香港东方无线电有限公司成立于 1923 年 11 月 19 日,是一家在香港注册的私人股份有限公司。它的公司注册号是:0000549。该公司现已解散。2023 年 12 月 25 日最后一次访问,网址为 https://www.hkcompanydirectory.com/en/radio-communication-company-orient-limited-the-.

③ Hong Kong-Peking Radio. Many Chinese Interested[N].South China Morning Post.7 November 1923.

收听该公司的节目。① 为了维持电台的运营,奥斯邦可谓是煞费苦心。他在香港本地的各大英文报纸上刊登广告,售卖各种无线电零件,还一度为路过香港的弗朗科尼亚号船以及九龙板球会提供舞蹈音乐节目信号。不过,好景不长,奥斯邦电台一直没有得到香港当局的认可,在8月下旬,香港广播管理局迫使奥斯邦退出香港。② 而此前,奥斯邦已将电台迁至澳门,并用类似的方式拉开了澳门商业广播的帷幕。

在香港播音事业发展的萌芽阶段,奥斯邦的创业经历起到了推波助澜的积极作用。无论是在上海,还是在香港和澳门,奥斯邦电台模式被不断复制。所谓奥斯邦电台模式,是指奥斯邦将广播技术和设备带到当地,然后与当地有影响力的外文报刊合作,如上海的《大陆报》(China Press),香港的《士蔑西报》等,在形成一定的舆论声势后,在当地成立公司开始运营电台。上海的中国无线电公司和香港的东方无线电公司成立的目的和过程如出一辙。这是一套完整的商业电台逻辑,一定程度上启发了近代国人,对后来上海的民营广播遍地开花,及香港的商业广播繁荣而言,产生了一定的影响。而香港广播播音萌芽之后,又因一群业余爱好者的实践探索,率先获得了当局的扶持,提前走向了服务公共社会的路径。这一点与上海播音发展史不同——奥斯邦离开上海后,上海无线电广播先走向了国民火热创办民营电台的局面,而后才出现了官办电台。这是由上海当时的社会政治背景决定的。反观香港,也正因为英殖民时期成立的无线电广播社中大多为外籍人士,节目服务于上流社会,在香港当时的殖民背景下才能较快地由政府接管,走向公营电台的发展之路。

---

① Radio for Hong Kong. Colony Needs Explained [N]. *South China Morning Post*. 15 March 1924.

② John Alekna. Reunified Through Radio: Media, Technology, and Politics in Modern China 1923-1958 [D]. Princeton: Princeton University, 2020(01).

二、香港播音实践成长时期(1928 年 6 月—1941 年 12 月)

(一)GOW 的启播:香港广播事业进入港英当局接管时期

1928 年 6 月 20 日,香港政府于早上宣布,政府广播电台 GOW 于晚上 9:00—11:00 以 300 米波段进行音乐节目测试。翌日发布的新闻稿则详细披露政府在无线电台广播服务的蓝图。1928 年 6 月 22 日《南华早报》的新闻稿开宗明义地道出政府的决策:"香港殖民地的广播节目将由政府电台传送。"在宣布以 GOW 呼号广播前,无线电发射器在太平山顶的发射站,每天播送音乐、天气,以及在台风季节,每小时广播台风消息。① 有关研究者认为,1928 年 6 月 30 日呼号为 GOW 的香港电台正式启播,这一天被定为香港电台的成立日,主要是因为香港电台和同期的一些英文报刊的确是这样记载的。但据李少媚考证,这一说法并不一定准确。1938 年 6 月 22 日《广播节目委员会会议记录》记载,委员会主席(E. I. Wynne-Jones)表示,香港广播电台在十年前的 6 月开始节目广播,时人以某种形式庆祝电台广播十周年。他认为,6 月 30 日星期四是一个合适的日子,并已邀请总督巴塞洛缪(A. W. Bartholomew)以及委员会首任主席诺曼·洛克哈特·史密斯(Norman Lockhart Smith)出席庆祝活动。就此,委员会决定了当天特备节目内容,并议决把这个消息通报英国广播公司,马来西亚、澳洲、印度及新西兰等英联邦广播电台。由此可见,6 月 30 日是电台庆祝十周年的日子,而并非启播日期。李少媚就此认为,"殖民地政府于 1928 年 6 月 20 日的宣布,突显广播由民间正式纳入官方系统内,若以由政府承担的广播服务来界分,则该项宣布很明显是一个分水岭,香港广播由那时起踏入另一个发展阶段。"②结合当时的报刊报道,《广播节目委员会会议记录》以及各家论述,学界认定,该电台

---

① 李少媚.从 1928 年说起:香港广播服务何时启动?［EB/OL］.［2013－07－15］. https://app3.rthk.hk/mediadigest/content.php? aid＝1390.

② 李少媚.从 1928 年说起:香港广播服务何时启动?［EB/OL］.［2013－07－15］. https://app3.rthk.hk/mediadigest/content.php? aid＝1390.

实际上在香港无线电广播社时期已经启播，港英当局接管之后实际上谈不上正式启播，将 1928 年 6 月 20 日描述为香港电台正式被港英当局接管之日比较准确。GOW 被港英当局接管标志着受政府认可和扶持的香港公营电台的诞生，香港播音事业开始真正的创业阶段。

图 3-1　香港中环邮政总局①

　　GOW 台开播时只有英文台，广播的对象主要是西方在港人士和当地上层人士，播出内容以转播英国 BBC 电台的对外广播为主，娱乐节目居多。早年收音机是奢侈品，不仅体型大，而且要额外申请，此外还要缴纳每年 5 元的"牌费"（相当于现在收听节目的会员费）。1928 年，香港约有 120 多个收音机牌照申请，覆盖程度有限。②

---

　　①　香港电台公共广播九十五年展，[EB/OL].[2023-12-22].https://app7.rthk.hk/special/rthk95/milestones.htm.

　　②　本报编辑部.戴健文：细说香港早期广播历史：1928 年至 1940 年[EB/OL].[2023-12-25].https://www.printfriendly.com/p/g/vDXZXv.

图 3-2　香港电台 1978 年制作"香港电台五十周年"金禧特辑

还原 1929 年香港电台新闻播音首播画面①

(二)广播节目委员会:香港公营广播建设的首批推动者

1929 年 2 月 1 日,GOW 台号改为 ZBW;10 月,港英当局正式宣布其为政府电台,定名为香港电台,每天播送中(粤语)、英文广播。② 据香港著名收藏家郑宝鸿讲述,播音时段是由 12:30—14:00、18:00—23:00,共 7 个半小时,当时的节目有中西音乐名伶粤曲、股份汇水行情以及新闻等,新闻是由包括《循环日报》《华字日报》及《华侨日报》等报刊提供的。③ 刚开始,香港电台的播音室十分简陋,"长三十尺,阔廿五尺,设备乃取法于英京","全室布置,均用绿色布,如影幕一般,暗淡非常,全室不透音,外便喧杂声亦不能透入,地铺软毡,价值几及二千元,系用棉花制成,向英国购来,发声不致反应,室内布置极简单,安设新式发声咀(麦克风)一个,将来中西音乐及演说词等,均由此处发出⋯⋯"④殖民地政府向定例局申请拨款 5000 元,为无线

---

① 香港电台金禧特辑[EB/OL].[2023-12-22].https://app4.rthk.hk/special/rthk-memory/details/extravaganza/530.

② 香港早期广播 在声音中忆旧[EB/OL].(2017-04-23)[2023-12-25].https://www.hkcd.com/content/2017-04/23/content_1045214.html.

③ 郑宝鸿. 电台[N].松柏之声,2020(05).《松柏之声》创刊于 1976 年 1 月,是全球首份最长寿兼全世界发行的老年华文读物。

④ 无线电广播室已竣工十月开始广播[N].工商日报, 1929-08-15,又见 *South China Morning Post*, 31 July 1929.

电广播电台的播音室添置台椅、
钢琴、地毡等。电台开播之初,传
统音乐以戏曲为主,播放靓少凤
的《毒牡丹之忆妻幻梦》、白驹荣
的《泣荆花》、蔡子锐的《黄脚鸡》,
以及梁少初和钟卓芳合唱的《珍
珠扇之太子遇救》;20:00起,播出
西洋音乐。② 电台的节目还包括
转播社会的音乐会或戏曲演出。
1929年9月26日的节目就是转播
在先施公司举行的音乐表演,上演
的曲目有《祝英台祭梁山伯》《玉哭
潇湘》《小桃红》等;同年11月,电
台在高升戏院设置的转播设施竣
工,可转播高升戏院上演的戏码。
那时候电台并未建立唱片库,也没
有资源购买唱片,西洋音乐的唱片
主要由唱片公司借出,而中国戏曲
则由私人机构借出。从当年华文
报纸刊登的节目表可见,为电台提
供唱片的公司包括新月公司、世界
音乐公司,还有天寿堂药行等。③

　　1929年9月28日,广播节目
委员会(Broadcasting Programme

图3-3　1930年ZBW首两座播音室设于中
环邮政总局(右)及告罗士打大厦内(后)①

图3-4　ZBW英语播音

①　[EB/OL].[2023-12-22].https://hk.heritage.museum/sc/web/hm/exhibitions/
data/exid253.html#/nogo.

②　无线电广播室已竣工十月开始广播[N].华字日报,1929-08-09.

③　李少媚.从1928年说起:重塑香港早期声音广播面貌[EB/OL].(2013-08-12)
[2023-12-23].https://app3.rthk.hk/mediadigest/content.php? aid=1399.

Committee)成立,其隶属于邮政署,负责策划本港的广播事务。首任委员会成员委员会由十二名委员组成。港英当局委派当时的邮政总监(Postmaster General)诺曼·洛克哈特·史密斯任委员会主席,协助筹划政府无线电广播电台的节目,及统管给广播服务的拨款。① 其余各成员可谓各有所长,也各有其关注的环节,11 位成员为:金海博(Louis Herbert King)、定例局议员申顿(W.E.L. Shenton)、布拉加(Hon J.P. Braga)、萨瑟兰(R. Sutherland)、港大的辛普森教授(Professor R.K.M. Simpson)、《南华早报》的本杰明·怀利(Benjamin Wylie)、和记洋行的托马斯·欧内斯特·皮尔斯(Thomas Ernest Pearce)、大卫公司的柯士夫(F. Austin)、约瑟夫·古贝(Joseph Gubbay)、卢觉(H. Lowcock)、陈香伯(Chan Heung Pak)等。这个委员会虽然地位不高,

图 3-5　香港首位全职电机工程师金海博(Louis Herbert King)②

① 1929 年 7 月 18 日的定例局会议记录。
② 马冠尧.战前香港电讯史[M].香港:三联书店(香港)有限公司,2020(3):258.

在政府体系内可能微不足道,但却网罗了各方人士。①

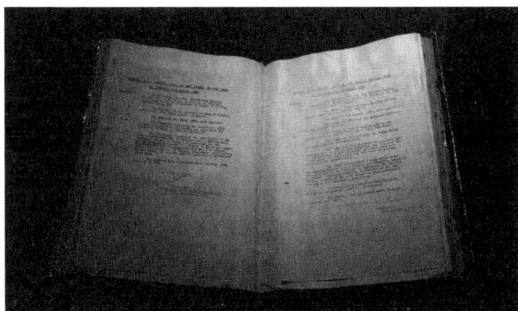

图 3-6　广播节目委员会会议记录 1929—1938②

根据香港资深媒体人李少媚的整理,广播节目委员会的 10 名成员来历各有不同,并在各自领域发挥特长,如下表所示(不含大卫公司的柯士夫和约瑟夫·古贝)。

表 3-1　广播节目委员会成员来历

姓　名	职　务	原　职	职责与事迹
N. L. Smith (英)	委员会主席③	邮政总监	协助筹划政府无线电广播电台的节目,及统管给予广播服务的拨款
L.H. King (英)	委员	政府机电工程师(后升为总机电工程师)	1924 年初到港后,随即投入香港广播的筹划工作,由他促成了不少重要的技术发展;早年涉及政府广播的事宜,均由他向外对传媒发布。留任至 1938 年退休

---

① 李少媚.从 1928 年说起:启动香港声音广播的幕后英雄[EB/OL].(2013-09-11)[2023-12-23].https://app3.rthk.hk/mediadigest/content.php? aid=1409.

② 光影流声:香港公共广播九十年[EB/OL].[2023-12-22].https://app4.rthk.hk/special/rthk90/vr360/exhibit.php? s=1#.

③ 香港和内地文献中,有认为时任邮政局总监史密斯兼任香港广播电台第一任台长。这一说法又见香港品牌博物馆——香港电台馆,实际情况需要考证。

续　表

姓　名	职　务	原　职	职责与事迹
J.P. Braga (葡)	委员	《士蔑西报》(Hong Kong Telegraph)的经理,定例局议员九龙半岛代表(1929年)	于1926年已是洁净局(市政局的前身)的委员。或许因为这个缘故,节目委员会早期的会议,均在洁净局的会议室举行。留任至1937年
W.E.L. Shenton (英)	委员	律师,香港大酒店法律顾问;1927年成为定例局议员,同年晋身行政局,20世纪30年代初封爵	香港大酒店是最早为广播试验提供场地的机构。W.E.L. Shenton是议会内较关注广播发展的议员。他认为香港广播的覆盖范围不应局限于香港本土,应扩大至广东地区。不过,基于投资浩大,政府没有接受他的建议
R. Sutherland (英)	委员	怡和洋行的商界代表;青年会辖下娱乐委员会的主席	当无线电学会财政紧绌,难以继续广播测试时,青年会于1927年随即接棒,提出广播可以为英军驻港部队服务,为他们乏味的军旅生涯及在医院的伤兵提供娱乐。青年会的广播测试得到General Electric Co.赞助器材,又得到利希慎借出利舞台天台进行测试
H. Lowcock (中)①	委员	(缺)	会内的华人代表,在中文节目方面提出不少意见;1931年电台决定成立唱片库,两人其后倡议添置中文唱片,电台后来在1933年设立中文唱片库,Chan Heung Pak更为早期中文唱片库草拟一份包含244个唱片的订购清单。留任至1937年
Chan Heung Pak(中)	委员	华商总会	
Professor R.K.M. Simpson (英)	委员	港大教授	专责安排教育节目,如联络大学教授,深入浅出地就各类专题,在电台做简短讲座,涵盖天文地理、生物知识,以及现代文学,题材广泛

① 一说Chan Heung Pak是委员会中唯一的华人;而据李少媚的文章,H. Lowcock应该也是华人,但并未指出此人其他身份信息,故此人原职空缺。

续　表

姓　名	职　务	原　职	职责与事迹
Ben Wylie （英）	委员	《南华早报》记者	电台早期的新闻报道内容，主要由《南华早报》及《德臣西报》轮流提供，电台成立初期已可提供新闻服务，Ben Wylie 的积极参与功不可没。留任至 1938 年年中
T.E. Pearce （英）	委员	和记洋行的商业代表	他本人热爱板球，在节目委员会首次会议中，他已经提出节目内容应包括体育消息，报道足球或板球赛果

李少媚的文章中，没有另外两名委员 F. Austin 和 Joseph Gubbay 的记载。此外，她还写道："曾致力推动无线电广播的香港无线电广播社要员，没有获邀加入委员会。这群来自不同阶层，曾不遗余力且想方设法推动声音广播的香港第一代无线电发烧友，于 1928 年后鲜有他们的动向了。"[1]

尽管广播节目委员会不是一个正式的行政组织，但相较于无线电广播社而言，其组织架构和功能都有所进步，特别是得到了当局认可和扶持，这对于香港播音事业的起步及发展起到了积极作用。该委员会留下的《广播节目委员会会议记录》已成为香港播音事业学术研究的重要文献资料。此外，委员会成员是早期香港电台实践研究的重要力量。早期香港电台节目的编制需要尽量满足节目委员会的要求，参考 BBC 模式，播送新闻、教育、宗教、演说、音乐娱乐和儿童节目等内容多样的节目。所谓众口难调，作为起步阶段的香港广播电台在节目编制上要充分满足节目委员会的要求，实属不易。

如果说香港无线电广播社社员是香港播音事业的开创者，那么广播节目委员会则是建设香港公营广播的首批推动者。著者尚未见到有研究者对萌芽时期与港英当局第一次接管时期的香港播音进行学术性研究，但香港无线电广播社和广播节目委员会作为香港播音事业开疆拓土的两支队伍，

---

[1]　李少媚.从 1928 年说起：启动香港声音广播的幕后英雄［EB/OL］.（2013-09-11）［2023-12-23］.https://app3.rthk.hk/mediadigest/content.php？aid=1409.

从实践上做出了大量努力,并为后来的研究者留下了许多可考的资料,算得上香港播音事业的首批实践研究者,特别是广播节目委员会成立后,香港电台迅速发展,节目内容日趋丰富。尽管有"《德臣西报》及《士蔑西报》接连刊载文章,评论电台节目乏善可陈,指委员会虽师承英国广播公司,节目内容多样,有教育、综合、宗教、演说、儿童节目等,但只是徒具形式,内容沉闷"①,但总算是迈出了香港广播播音创业的第一步,港内申请收音机牌照的市民也逐渐增多。1929 年 1 月,当局发出的牌照仅 172 个,至 10 月底,收音机接收牌照已达 517 个,增长达三倍;1929 年上半年每月平均新增申请为 32 个左右,到 10 月,单月的新增申请个案已倍增至 66 个。②

年份	簽發牌照数目	年份	簽發牌照数目
1929	724	1934	4,201
1930	1,596	1935	5,104
1931	1,788	1936	6,868
1932	2,466	1937	8,539
1933	3,278	1938	10,567

資料來源：Hong Kong Administrative Reports for the Year 1929—1938

图 3-7　港内收音机签发牌照数目

收音机牌照的增加意味着听众的需求在增长。其中,不乏许多本地华人听众,自然对华语广播有所需求。1934 年,香港电台增设华语频道,新台呼号"ZEK",开始播放新闻简报,自此中、英文节目分台广播。这是香港电台发展的一个重要里程碑。1935 年 4 月,该台首次使用短波对海外广播,当时报道的是一艘著名快帆船抵达香港的情形。1937 年,香港电台逐步增加中文节目,时值日军侵华,试验播放空袭警报。1938 年 1 月,设立第二台发射机,改变了中英文节目交错播出的状况,中英文台可以同时播出。1939 年 1 月 1

① 李少媚.从 1928 年说起:启动香港声音广播的幕后英雄[EB/OL].(2013-09-11)[2023-12-23].https://app3.rthk.hk/mediadigest/content.php? aid=1409.
② 李少媚.从 1928 年说起:推动收音机牌照不易为[EB/OL].(2013-10-11)[2023-12-23].https://app3.rthk.hk/mediadigest/content.php? aid=1424.

日,该台开始由邮政司接管,另外设了一个广播咨询委员会协助管理。

图 3-8　1934 年 ZEK 中文台播音员的工作情况①

图 3-9　1930 年"马可尼"式播音室用麦克风②

---

① 〔EB/OL〕.〔2023-12-26〕.https://app4.rthk.hk/special/rthkmemory/details/photo
-album/927.

② 〔EB/OL〕.〔2023-12-22〕.https://hk.heritage.museum/sc/web/hm/exhibitions/
data/exid253.html#/nogo.

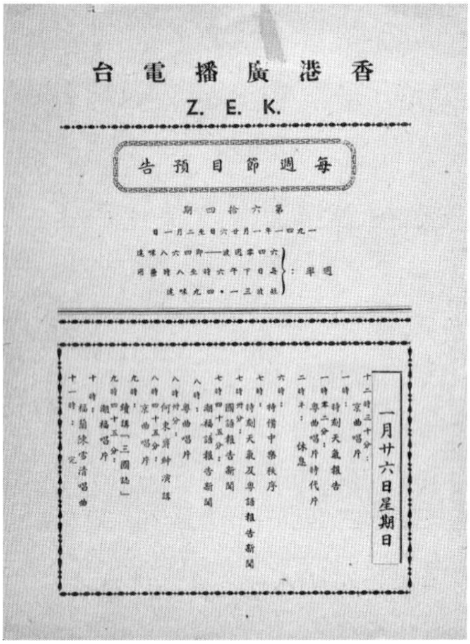

香港廣播電台

Z. E. K.

每週節目預告

第六拾四期

一九四一年一月廿六日至二月一日

週率：六四零週波——即四六八咪達
每日下午六時至八時廣播用
短波三一·四九咪達

一月廿六日星期日

十二時三十分：京曲唱片
一時：時刻天氣報告
一時零二分：粵曲唱片時代片
二時半：休息
六時：特備中樂秩序
七時：時刻天氣及粵語報告新聞
七時卅分：國語報告新聞
七時四十五分：潮福語報告新聞
八時：粵曲唱片
八時卅分：何東爵紳演講
八時四十五分：京曲唱片
九時：續講「三國誌」
九時四十五分：潮福唱片
十時：福翁陳雪清唱曲
十一時：完

图 3-10　1941 年 1 月 26 日(星期日)香港广播电台粤语播音节目预告①

三、香港播音实践停滞时期(1941 年 12 月—1945 年 9 月)

前香港电台第一台台长郑启明靠《华侨日报》及到两所大学收集的微型菲林(微缩胶片)重组了香港电台在日占时期的一段历史。郑启明的研究指出,1940 年战云密布,时任港督罗富国已经在广播中试验播放空袭警报及防空措施。1941 年,时任港督杨慕琦在 ZBW 讨论国际局势,并呼吁外籍人士及军人疏散妻儿(当时听广播的以外国人为多,所以以英语频道播音为主)。香港华人代表罗文锦则通过 ZEK 演说勉励中国将士奋勇作战。

日本发动太平洋战争后,香港于 1941 年 12 月 25 日沦陷,进入三年零八个月的低潮期。1942 年 1 月 4 日,日军接手重启电台,在中环告罗士打大厦八楼恢复播音。日军将广播电台的波长改为 1154,呼号改为 JPHA,并更名

① ［EB/OL］.［2023－12－22］. https://hk.heritage.museum/sc/web/hm/exhibitions/data/exid253.html.

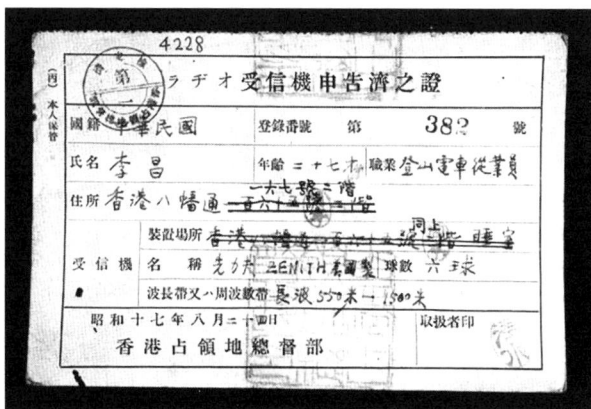

图 3-11　1942 年 8 月 24 日颁发的日占时期的电台牌照

为"香岛放送局"，为其侵略服务，甚至成立所谓"香港占领地总督部"颁发电台牌照，并严格限制港人的电台收听范围和内容。日占时期，英语频道的节目改为日语播放，中文台并未增加新节目，除广播新闻之外，大部分时间播放唱片，唱片多数是无抗日色彩的时代曲以及粤曲。

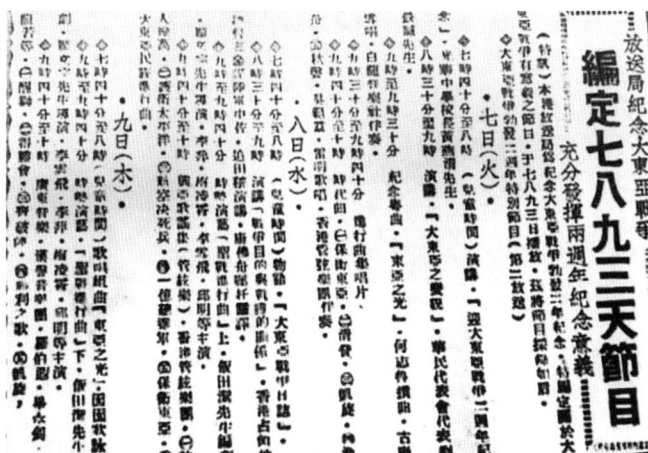

图 3-12　日占时期的节目表

根据当时每日都登载节目表的《华侨日报》的记载，日占时期的广播节目包括：早上广播体操、外国进行曲；中午播放粤曲、广东音乐、剧团演出以及西乐唱片；新闻播音使用国语、粤语、日语、英语，甚至有印度语，因为当时印裔人士在香港及军队中为数不少,较特别之处是每晚8时播放"总督部公示报告"。[①] 1943年,日本侵略者甚至假借"征集民间剧本""广播儿童剧本"等方式,通过广播电台纪念所谓攻略战(偷袭珍珠港)二周年。1943年11月转播东京所谓的大东亚记者大会,香港亲日代表卢梦殊发表讲话。据郑启明讲述,同年12月制作特别节目纪念所谓的大东亚战争两周年,亲日华人刘铁城讲述所谓的"大东亚之中面貌",罗旭龢讲述"新香港诞生两年检讨",节目主持人郑孟霞、詹吴范群[②](北方人,负责国语节目)播放粤曲及京曲。香港电台彻底沦为侵略者篡改历史、掩盖罪行的宣传工具。郑孟霞是当时的京剧名伶,被誉为上海四大美人之一。詹吴范群是一直活跃在香港配音、广播剧舞台的播音员。香港光复以后,郑孟霞、詹吴范群等依旧活跃在电台中,创作出香港人真正耳熟能详的广播剧、电影等文艺作品。

图 3-13　郑孟霞

---

① 罗乃智.郑启明:风雨飘摇下的广播史:细说日据时期至1950年代广播历[EB/OL].[2023-12-24].https://www.master-insight.com.

② 詹吴范群在有的文献中写的是吴范群,《郑启明:风雨飘摇下的广播史——细说日据时期至1950年代广播历》一文中使用的名字是吴范群,再如香港《华侨日报》1976年9月10日(星期五)第七张第四页记载的"何楚云吴范群 泡(炮)制多套话剧",应该指的是同一人。

图 3-14　日本政府征集民间剧本

　　谢永光研究认为,日占时期的香港电台没有什么新节目,"除了广播新闻之外,大部分时间却是播放唱片。选用的唱片大多数是没有抗日色彩的时代曲唱片及粤曲唱片,主持中文节目的是兼任《香港日报》的中文版编辑顾文宗,他们常常在旧料摊上收购很多古老的粤曲唱片,补充原中文 ZEK 电台之不足,反而丰富了唱片的收藏。"①刘书峰认为,日占时期的香港广播播音内容呈现的特点是:(一)以抨击英殖民统治为策略,宣传所谓的"大东亚共荣"思想;(二)以各种"纪念日"为契机,美化日本帝国主义;(三)以推广日语及日本文化的方式,推行奴化教育;(四)大量播出娱乐节目,麻醉殖民统治下的港人;(五)以要人名人演讲为手段,加强对香港的殖民统治。② 这是对日占时期香港电台播音的精准描述。翻阅这段历史,不难看出港人在低潮期的反抗、无奈和摸索。这一时期,日方相当重视广播电台的宣传作用,鼓吹所谓的"大东亚共荣圈",培养"亲日人士"为其侵略行径摇旗呐喊。

---

　　①　谢永光.三年零八个月的苦难[M].香港:明报出版社,1994:240-241.
　　②　刘书峰.三年零八个月的悲声:香港沦陷时期的广播(1941—1945)[J].新闻春秋,2016(01).

然而,许多广播宣传内容也并非出于播音者的意愿。"这段黑暗的岁月随着时间的流逝正在逐渐被遮蔽,不仅外界人士对此毫不知情,就连香港电台自身也对这段时期的历史闭口不谈。"①也正因如此,香港播音事业史的学术研究需要对这一时期的播音低潮做出更多客观、真实的阐述和评论。广播播音构建了听觉社会文化,能够折射出特定时期的社会面貌。对日占时期香港播音发展的学术研究重要目的之一就是构建当时的听觉社会文化,让后人铭记并反思这段惨淡的岁月,以认识到当下和未来社会所需的播音事业应该以何种方式进行建设。

有关日占时期的历史,不像英殖民前期那样有诸如广播节目委员会会议记录那样齐备的记载。不过,从同时期发行的报刊来看,日占时期的香港电台全无独善其身的可能性。不管是电台播音的自主权,还是从无线电广播社至广播节目委员会时期积累的电台制播、运营管理的雏形,无疑都遭受了重创。

四、理论与实践结合发展时期(1945 年 9 月—1997 年 7 月)

港英当局第二次接管香港播音事业大致经历了三个阶段。一是 1945 年 9 月,随着日本战败,港台播音开始重整旗鼓。二是,1949 年 3 月"丽的呼声"(Rediffusion Radio)启播,标志着香港商业广播时代到来。三是 1957 年 6 月 29 日,香港第一家有线电视台"丽的映声"(Rediffusion(HK)Ltd.)启播,广播播音经验在电视播音中得到延展。这一时期香港播音学术性讨论虽然研究分散,不成体系,但是增势明显。社会各界文化名人、文学家和播音员队伍都意识到了广播播音的重要社会功能,以访谈录、口述史、刊发史论等方式阐释广播播音事业发展、社会影响,总结与分享播音创作经验。

(一)港台播音重整旗鼓,文艺演播研究初见端倪

1945 年 9 月,日本战败,英国人重回香港,香港电台依然由邮务总监管

---

① 刘书峰.三年零八个月的悲声:香港沦陷时期的广播(1941—1945)[J].新闻春秋,2016(01).

辖。9月15日,中英文节目恢复播出。此后,香港电台经常组织户外演出活动,并在电台播出,市民反应热烈,造就了一批名艺人和名播音员。这一时期,香港电台充分发挥广播优势,制作和播出了一批由舞台名剧改编的广播剧,如《雷雨》《日出》和《原野》等,并于播出的当天,在报纸上刊登广播剧的台词对白,吸引了很多读者和听众。①

图3-15　1991年1月10日《信报》专栏《玩乐》刊发黄霑撰写的《方荣讲古》

1946年6月,国共内战爆发,内地不少人南来香港,包括资本家、艺术家、艺人等。由于人口增加,娱乐事业也逐步发展。当时的港台节目除了播放唱片以及新闻以外,逐步增加了一些民间团体参与节目播出,例如转播舞厅的舞曲及戏院剧团演出,同期也开始有方荣、叶慈航主讲传统故事,如《七侠五义》《三国志》等,还有劳工子弟学校演出的儿童话剧。这一情形倒与20世纪三四十年代的上海有几分相似。当时上海兴起的民营广播电台有许多说书人、小说传奇演播者,被称为游艺人。他们自掏腰包租赁广播时段从事

---

① 本报编辑部.戴健文:细说香港早期广播历史(1928年至1940年)[EB/OL].[2023-12-25].https://www.printfriendly.com/p/g/vDXZXv.

文艺演播工作,又在广播中口播广告获得经济回报。如20世纪三四十年代,上海报人汤笔花在上海的民营电台讲故事,一度为12个电台提供故事节目,专讲聊斋,对旧上海的时弊冷嘲热讽,一时被誉为"故事大王"。① 电台在香港和上海都是娱乐大众、活跃社会文化的重要工具。

香港电台资料库和香港的学者们对这一时期的播音员有过研究,许多文章为了解香港播音全貌提供了重要的线索。如1989年李安求、叶世雄合编的由香港天地图书有限公司出版的《岁月如流话香江》记录了一些香港电台播音员的口述史。著者摘录有关于方荣和叶慈航的口述内容供读者比较。

在1945年9月便加入香港电台为宣布员②的林树先生有一些片段的回忆:

> 每天我的工作除报告粤语新闻之外,又要介绍各类型的节目。当时很少职员,刘少川先生任中文部书记,陈淑昆女士是他的助手,此外有两位粤语新闻宣布员,两位国语宣布员和一位信差。播音时间每天大约八小时,由上午十时至下午二时,然后下午六时至十时。当时的节目最有特色的要算方荣先生讲《济公传》《七侠五义》,很受欢迎。方荣本来在油麻地榕树头讲故事,以讲济公闻名,他也行医,在榕树头挂牌。后来电台想请人讲故事,我便向刘少川先生介绍方荣,试音后,他便一直在港台讲故事了。节目时间是每星期一、三、五中午十二时至十二时半。

"大骗鸡,牛白腩""因果里头有一句",这几句惯用语,上年纪的听众相信会记得。每次节目里面,他必用一些通俗易懂的警世句语去劝人为善,或传扬孝悌忠信的思想,具有极大的教育意味。方荣播音很特别,他手上并不用讲稿,进了播音室便把灯关上,在黑暗中讲故事,一边做手势,一边讲,很

---

① 据曾致主编,浙江传媒学院中国播音主持史研究基地编印的《中国广播播音百人百年文集》,汤笔花在《申报》发表多篇关于播音的业务文章和随笔。新中国成立后,创办越剧学校群立越艺社,自任校长,培养了一些越剧新秀。1984年被聘为上海文史馆馆员。1995年去世。

② 宣布员即播音员。

有趣,当时很多人追听,非常受欢迎。

在 1945 年 9 月同时加入香港电台的还有一位詹吴范群女士。

> 当时我的职位是国语宣布员,其他两位粤语宣布员是叶慈航和林树。除任国语新闻报导(道)之外,我还负责播放音乐的工作。当时有特备节目,是预先约期,上电台做节目的包括社团粤曲及话剧节目。粤语话剧有前锋、白雪剧社,每月轮流演出。我曾做过国语话剧,初时全是直播,后来因为邀请国语明星来播音,为了迁就他们的时间,便开始录音。
>
> 当时来录音的明星众多,我记得刘琦是领班,明星有乔宏、李牧、高宝树、姜南、田丰、田青、林静、陈燕燕等。我还记得我录制的《卧虎藏龙》长篇广播剧,有百多回,用了七十八位角色,当时反应热烈,很受欢迎。①

这一时期,由于香港电台发展需要,扩大了播音员队伍。不过那时的播音员有别的名称,播报新闻的叫宣布员,讲文学故事、做文艺演播的叫讲古人。方荣、陈弓、叶慈航、陈步炜都是香港播音的第一代讲古人。香港当代著名作家、教育家卢玮銮(笔名"小思"),在她的报告文学《曲水回眸:小思访谈录》中回忆道:"有个名叫滔滔的讲古人,他讲《虾球传》。我第一次知道过了狮子山就可以'行返到'祖国。"②她还详细回忆了方荣、陈弓等讲古人的播讲风格。

"我从小就因为他们(方荣、陈弓、叶慈航、陈步炜)而听到《七侠五义》《水浒传》《三国演义》《济公传》!方荣'讲古'具象化,惯用声音塑造人物个性,例如他说济公总跋着一对烂草鞋,拖拖拉拉响得'噼哩叭勒卟'。于是只消听到'噼哩叭勒卟',就知道济公出场啦……'永利威'是当年很出名地(的)中国酒,如果有,那应属最早的植入式'有赏广告'了。济公有大葵扇、

---

① 李安求,叶世雄.岁月如流话香江[M].香港:天地图书有限公司,1989:155-164.

② 香港中文大学香港文学研究中心.曲水回眸:小思访谈录:上[M].伦敦:牛津大学出版社,2018:9.

烂拖鞋、一壶永利威,至今我仍难忘记。……又比如陈弓很会说《水浒传》,很喜欢一边说故事,一边借收音机指出别人读错字。叶慈航讲《三国演义》,把极复难地(的)历史与演绎配合,不经意我就记住历史了。"①

从流传下来的照片来看,讲古人通过麦克风演绎小说、故事时,神情丰富,极具戏剧张力,与现场表演并无二致。即使是今天,仍能感受出讲古人声情并茂,激情澎湃。难怪香港中文大学杨锺基先生感叹,这一时期的香港街头,"一些店铺,尤其是凉茶铺,收音机的声浪很高,成为了吸引路人驻足的另类市声"②。彼时,香港街头吸引人驻足的原因,除了收音机本身并非家家户户都能消费得起的产品,更是这个神奇的声音盒子传出的引人入胜的讲古人的精彩演绎。

无论是文化界知名人士黄霑在各大刊物发表的文章、小思的报告文学,还是这一时期的著名播音员林树的回忆录,或其他有关口述史等都已经涉及了播音学术研究领域,尤其是在播音员的社会影响力、艺术创作和播音风格方面内容较多。这一时期香港播音学术性研究的特点是聚焦于电台讲古人,以明星化的视角认识播音员的职业角色,内容主要关注的是文艺演播。同时,新闻播音、音乐节目和谈话节目主持有所涉及,但并未正式被研究者纳入广播播音的研究范畴。

1948 年,香港电台迁往大东电报局新总部电气大厦,后来改称水星大厦。同年,电台正式命名为香港广播电台(Radio Hong Kong),简称港台(RHK),当时的新闻简报由政府新闻处提供,或是转播英国广播电台 BBC 的新闻。1948 年香港收音机牌照增至 30000 户。随着人口增加,市民要求增加更多的节目,并希望新闻本地化。同年 6 月开始,港台重新开放早上 7:30 至 9:00 播音。20 世纪 50 年代,为了提高香港台播音质量,英联邦政府组织了一次广播播音业务培训,一位港台播音员远赴英国广播公司(BBC)受训。

---

① 香港中文大学香港文学研究中心.曲水回眸:小思访谈录:上[M].伦敦:牛津大学出版社,2018:9-10.

② 香港中文大学香港文学研究中心.曲水回眸:小思访谈录:上[M].伦敦:牛津大学出版社,2018:8.

陈弓　著名广播剧有《唐太宗》

吴国衡　著名广播剧有《白鹤雄风》

陈步炜　著名广播剧有《儒林外史》

林树　著名广播剧有《岭南二十四侠》

图 3-16　香港电台讲古人通过电波演绎作品

图 3-17　1950 年港人使用的真空管收音机

图 3-18　20 世纪 50 年代一位香港电台播音员与其他英联邦地区播音员于英国广播
公司受训

日本战败后,香港广播播音事业重新回到原来的轨道。在港英当局、社会团体等各方的共同努力下,香港播音事业发展速度逐渐加快。在播音服务公共事业的框架下,香港电台既在港英当局的支持下从英国广播公司吸取经验,又结合香港本地人的需求大力扩展中文播音业务,融入传统戏剧、戏曲、语言艺术等丰富内容,为港人的新闻信息需求和文化娱乐活动做出了贡献。

(二)"黄金时代"的电台播音员和播音研究

20 世纪 50 年代以后,随着香港经济社会的发展,港人对电台的需求和期望值越来越高。香港电台播音进入"黄金时代",香港播音研究也逐渐兴起,社会文化名人、文学家,以及播音员等从各个角度讲述广播播音带来的社会影响、记录广播播音的历史发展、总结广播播音的经验技巧。香港播音事业也迎来了空前的发展,电台主播走向了明星化的发展路线。许多明星播音员被冠以响亮的头衔,荣获各类美誉。其中,"播音皇帝"钟伟明、"播音王子"李我、英文台明星播音员艾琳·伍兹、唱片骑师郭利民（Uncle Ray）等在香港播音事业发展进程中以及香港播音学术研究领域都值得被关注。

1."播音皇帝"钟伟明

对于香港播音界来说，1949 年是一个特殊的年份。这一年商业广播丽的呼声成立，打破了一直以来香港电台一家独大的格局。当时，英国大名鼎鼎的丽的公司看重香港广播市场十分可观的发展前景，于是，在 1949 年 3 月 22 日成立了香港首个有线商业广播电台丽的呼声（Rediffusion Radio）。听众若要收听丽的呼声需缴月费十元，而当时香港广播电台用户年费为十元，可谓是价格不菲。

香港广播市场竞争日趋激烈，播音事业创新发展之势也初现端倪。从前活跃在香港中文台的讲古人、剧团、演员等迎来激烈的竞争和更大的创作舞台。有的明星演播家录制的节目有机会在两个电台播放，播音员也有机会在两个电台供职播音，制作节目。其中，钟伟明在 20 世纪五六十年代的香港华人记忆中是一个家喻户晓的名字。香港电台网站"香港记忆"专栏于 2014 年专门建立了《听钟伟明讲》栏目，保存了钟伟明以及与他的播音生涯有关的香港记忆。①

钟伟明是土生土长的香港人，17 岁（1947 年）开始参与电台广播工作，兼职参加香港电台广播剧《复活的玫瑰》的制作。1949 年丽的呼声开播，钟伟明所属的山月同学会组织了一个业余话剧组，录制播音剧。丽的呼声发

---

① "香港记忆"是为响应联合国教科文组织推动"世界记忆"而成立的多媒体数码平台，"香港记忆"在三联书店、《大公报》《南华早报》、香港文化博物馆、香港历史博物馆、香港电台等，包括政府部门、商业机构、民间团体等几十家机构的支持下成立，2006—2014 年，香港大学香港人文社会研究所和香港大学图书馆的学者、研究员、资讯科技专家、研究助理等，负责执行"香港记忆"计划的各项工作。集中展示了香港的历史和文化资料，包括文献、图片、海报、录音、电影及录像。目的在于以数码形式保存香港的历史及文化遗产；将散落的历史及文化资料集中储藏于一个数码档案库；提供方便、互动的平台，让读者接触并分享这些资料。本章所引内容较多来源于"香港记忆"，引用内容皆予以注释，特此说明。

图 3-19 1947 年,钟伟明首次播音①

觉听众很喜欢听广播剧,于是大量制作,剧种繁多:侦探剧、家庭伦理剧、爱情剧、古装剧、民间故事……多不胜数。这样一来,钟伟明参与播音的机会就多了。1955 年,他离开丽的呼声,到美国新闻处香港广播组工作。他的工作主要是协助邹文怀先生为电台制作节目,包括综合节目、广播剧、体育节目,甚至是出外采访等。1961 年,钟伟明被派到美国首都华盛顿的美国之音深造实习。半年后,他返回香港,继续在美新处服务。往后十年,他一边任职美新处,一边以兼职身份,在香港电台及丽的呼声等电台演出广播话剧及其他节目。② 这一时期,香港电台和丽的呼声的中文广播节目类型已经十分繁多。其中,最为听众喜爱的是广播剧,当时港人也称之为"播音话剧"。

1970 年,钟伟明全职加入香港电台,担任节目主任一职,成为公务员。1991 年他 60 岁退休,此后再以合约员工身份参加第七台广播工作,后转第五台工作。1992 年,钟伟明获颁 MBE 勋章,成为广播界第一个获此荣誉的华人。钟伟明在 2009 年 11 月离世前,仍在香港电台第五台长者节目,以及

---

① 钟伟明的播音工作(1970 年前)[EB/OL].[2023-12-28].http://www.hkmemory.org/chung/text/photo-ch2-zh.php.

② 钟伟明的播音工作(1970 年前)[EB/OL].[2023-12-28].http://www.hkmemory.org/chung/text/photo-ch2-zh.php.

每日清晨5：00—6：30《清晨爽利》担任节目主持。①

　　钟伟明凭借声音的天赋、精彩的演绎、一生对香港广播播音事业的奉献，迷倒不少听众，赢得了"播音皇帝"的美誉。香港历史博物馆2010年的一次展览中，对钟伟明的播音风格有过这样一段描述："从1947年开始，钟大哥（香港广播界常尊称他为'钟大哥'）凭着雄浑铿锵的声音，精湛细腻的演技，还有一份不断燃烧的播音热情，在二十世纪五六十年代演活了一个又一个广播剧角色。他可以为演出《郭林探案》中郭林探长一角而接受三个月的警察训练，又为讲述武侠小说而拜黄飞鸿徒孙朱愚斋为师，这份专业精神，让他成为广播巨星，并开创电台的黄金盛世。……他一丝不苟的咬字读音，不单是正音权威，更是众人学习典范。"②另有人评价钟伟明的播音风格："他在播音剧中主要是饰演正面人物，他沉厚、坚强的声音，让听众感受到他演绎的是胸怀正义和品格高尚的人物；他演出的往往是黑白分明、褒善贬恶的剧情，大大强化了播音剧的教化作用。难怪听迷众多，还获得了'播音皇帝'的美誉。"③卢玮銮曾经在访谈录中评价道："钟伟明先生讲武侠故事，强调'侠'的精神和不屈不挠的苦练精神……在钟伟明先生那自信、坚强的声音下，我接收了他们（小说里的人物角色）完整的人物性格。他们的侠义精神，以及待人接物的风度，对我有很大的影响。"④

　　钟伟明伴随无数香港人成长，也为香港播音界留下了宝贵的播音经验。

---

① 服务香港电台，1970—2009［EB/OL］.［2023-12-28］.http：//www.hkmemory.org/chung/text/photo-ch4-zh.php.

② 摘于香港历史博物馆《永远怀念 播音皇帝钟伟民收藏展》，该展览由香港电台主办，康乐及文化事务署协办，于2010年2月4日至3月15日在香港历史博物馆一楼大堂展出。［EB/OL］.［2023-12-28］.https：//hk.history.museum/tc/web/mh/exhibition/2010_past_01.html.

③ 钟伟明——一个家喻户晓的名字［EB/OL］.［2023-12-28］.http：//www.hkmemory.org/chung/text/index-zh.php.

④ 小思对钟伟明的印象［EB/OL］.［2023-12-28］.http：//www.hkmemory.org/chung/text/xi-audio.php？pageNum_audio=0.

图 3-20　1952—1953 年间,播音剧《探案》大受听众欢迎,钟伟明压力很大;为了体验警务工作,他参加了特别警察①

图 3-21　朱愚斋先生指导钟伟明演绎武术小说②

1990 年,钟伟民撰文《广播剧概谈》,详细讲述了香港广播剧播音的创作过程、创作体会、创作队伍。现在看来,这是流传下来有关香港播音研究的珍贵资料。文章于 2014 年收录在"香港电台网站——香港记忆"栏目,全文摘

---

① 播音工作(1970 年前).香港记忆[EB/OL].[2023-12-28].http://www.hkmemory.org/chung/text/photo-ch2-album-zh.php? pageNum_chung=2&totalRows_chung=12.

② 播音工作(1970 年前)[EB/OL].[2023-12-28].http://www.hkmemory.org/chung/text/photo-ch2-album-zh.php? pageNum_chung=3&totalRows_chung=12.

录如下。

广播剧概谈
钟伟明

　　香港广播自香港电台于一九二八年十月八日试播开始,时光飞逝,转瞬已届七十五周年矣!当年香港人口稀少,电台广播时间每天只有三数小时,供应听众精神食粮的节目只有新闻、歌曲及音乐等,规模未具,但已揭开香港传播界崭新一页,仅次于当时英国另一属地"肯尼亚"设有无线电广播电台。

　　香港电台数十年来,茁壮成长,每日具进,斩棘披荆,为传播界之先驱。广播时间不断增长,时至今日已全日廿四小时为听众服务,节目林林总总,多采(彩)多姿,众多节目之中,以广播剧最为听众喜爱,五十年来未有改变。

　　回溯四十年代之广播剧,多采用舞台名剧如《雷雨》《日出》《原野》、"《家》《春》《秋》三部曲"、《黄金迷》《结婚进行曲》《白云深处》《南归》《艺术家》等;音响效果,亦沿用舞台上的方法,例如播演《雷雨》一剧时,雷声是用作健身运动之"哑铃"在长长的木板上滚动发出隆隆声响,而雨声则筛动豆粒而成,雨势大小,由负责音响效果之工作人员或快或慢的(地)动作控制,办法虽然古老,但效果奇佳。当年在香港中环罗士打行(即现今之置地广场原址)三楼,香港电台播音室播演广播剧时之热闹、有趣情况,至今仍历历在目,回味无穷。

　　当时因为未有录音设备,所有广播节目都是现场播出,广播剧亦如是,虽然事前经过多次排练及预播,准备工作充足,但到正式播演时,仍难免会出错,演员因紧张在讲对白时吃螺丝经常出现。此外婴儿哭声变了小狗吠声和枪声、炮声,这都是配音员一时大意,把音响效果唱片之转速弄错所致。最有趣而令人忍俊不禁的是播演《西游记》,唐僧四师徒,途经火焰山受阻,孙悟空找牛魔王,欲向铁扇公主借芭蕉扇一用,以便扇熄火焰越过此山,继续往西天取经,孙悟空去到芭蕉洞口,有小妖出迎,孙悟空道明来意要见牛魔王,牛魔王刚出外狩猎,怎料播演小妖的艺员一时口快,错说"我们大王去了打腊",此话一出,其他艺员都笑了出来,急忙走避以免影响播出,还好饰演孙悟空的钟朴,非常镇定,不但不笑,还解释小妖说的"打腊"应该是"打猎",因为他懂得妖精的语言。尴尬的场面,总算应付过去,听众还以为剧情是这样发展的。

当年市民大众之娱乐,除了看电影和粤剧外,便是收听香港电台的节目。

特别是广播剧,凡有广播剧播出的当日,报章便刊登该剧之详细资料,如担任播演之剧社或团体名称、剧名、剧情、播演者及工作人员名单,播出时间等等,应有尽有,图文并茂,方便市民大众按时收听。到正式播演的时候,一段前奏曲,宣布员便这样介绍:"呢度①系香港广播电台 ZEK,本台现在播出嘅②节目系广播剧,由 XX 剧艺社担任,剧名系XXX,剧作 XX,由 XXX 导演……剧中人由 XX 饰演 XXX……"到最后再重复剧名一次,跟着一响锣声便开始播演。

当时参加广播剧工作的都是业余和玩票性质的,亦有戏剧界人士,为听众熟识的有何楚云、张雪丽、郑君绵、陈炳球、良鸣、朱克、蓝菲、谭一清、梅梓(杜燕芝)(杜国威之姐)、马昭慈、钟朴、钟伟明、冯朝荣(冯展萍)、周剑雯(丹萍)、李平富、叶夏利、叶梦痕、叶润霖、张丽琼(凌芝)等。

播演广播剧似易实难,各种戏剧都是满足观众的视觉,而广播剧则满足听众之听觉。剧情的发展以及剧中人的表情、动作,都靠演员的对话去表达,再加以与剧情有关之音响效果和配乐,使听众可以感受到和在舞台上演出并无多大分别。

艺术原有文学、音乐、舞蹈、绘瓷、雕刻、建筑、戏剧、电影等八种,广播剧因为集合了广播的一切技巧,故当时被誉为"第九艺术"。

一九四九年三月廿二日,在湾仔军器厂街和轩尼诗道交界(即现今

---

① 呢度:粤语,意为这里、这儿。
② 嘅:gě,方言,助词,相当于普通话的"的"。

之熙仪楼原址)之香港丽的呼声(REDIFFUSION)(有线广播)在港督葛量洪爵士宣布开幕及按动电钮后,丽的呼声银色中文台及蓝色英文台便开始每日由晨早七时起至午夜十二时广播。听众只要付十元安装费及十元上期月费,便可享受服务,牌照、用电及修理费用全免,声音清晰,绝无杂声吵扰,不需装置天线,又不怕雷雨潮湿影响;同时为了迎合听众口味,除李我单人讲述之天空小说,方荣之通俗故事及邓寄尘之谐剧外,大量推出广播剧节目。当时银色中文台的舵手是姚克和沈剑虹。姚克有"洋状元"美誉,亦是戏剧大师,他下令改编名女作家苏青之小说《结婚十年》由飘扬担任叙述,艾雯及钟伟明领衔播演,连播数月,剧情真实感人,剧中人徐崇贤、苏怀青、应其民之名字已深入听众脑海中,掀起听众收听长篇广播剧之热潮。由此广播剧之剧种越来越多,有《人海传奇》《文艺小说》《社会小说》《侦探故事》《夜半奇谈》《武侠小说》《神秘故事》《星下谈》《香江夜话》《周末趣剧》《慈母泪》《家教》《彩虹湾之恋》《漓江河畔血海仇》《琴挑误》《长相忆》《离婚后》《鱼雁曲》《遥远的偷恋》《金星探险记》等剧,因为大受听众欢迎,所以很多都被电影制片商购买版权,拍成电影,公映时亦非常卖座。

引人入胜的侦探故事是由《郭林探案》开始,是丽的呼声的高级职员邝天培和林国楷合作,以前上海发生之奇案为蓝本,用邝、林二姓为探长的名字,后因"邝"字发音问题,改为"郭林",每次一案,案情曲折离奇,郭林探长与助手阿梁大演神通,凶手难逃法网,大快人心。此探案和其他剧集之录音后来送到星马之丽的呼声播出,大受彼邦听众欢迎。据说当地有些听众收听港制之广播剧时,他们会关上铺门,那半小时内暂停营业,以免打扰他们欣赏以及学习广东话。这个情形是新加坡电台一位高级人员说出来的。

此外值得一谈的是吕启文编剧,专谈鬼故事的《夜半奇谈》,播演时配上恐怖骇人的音乐和音响效果,令听众不寒而栗。一把低沉而充满神秘的声音,叫出《夜半奇谈》剧名后,听众便随之而进入惊恐境界。寒冷天时,很多听众都躲在被窝里收听这个节目,正是"又惊又要听",这种有趣的感受,不少当年听众至今仍津津乐道。

一九五九年八月廿六日,香港商业广播电台有限公司……继丽的呼声有线广播后,(成为)第一家商办的无线广播机构,亦是唯一靠广告收入经营的电台,中英文台各一为香港听众服务。一如丽的呼声推出不少听众喜爱的广播剧节目,丰富精彩,加上原子粒收音机面世之助,收听商台方便,广告收入与日俱增,为了容纳更多广告需求,争取更多的节目播放时间,于一九六三年六月增辟了第二个中文台。播音艺员,有尹芳玲、林彬、杨广培、关键、金刚、金贵、区松柏、丁樱、莫佩文、郑康桂、马淑述、翠碧、嘉碧、蔡云、朱雪梅、何燕燕、叶佳、钟志强等,加上从丽的呼声转投的冯朝荧(冯展萍)、李我、马超慈、陈曙光、赵树坚等,人才济济,阵容鼎盛。受欢迎之戏剧化节目有《蓝灯小说》《大丈夫日记》《戏剧化伦理小说》《武侠小说》《电影小说》《铁面无私》《儆恶惩奸》《蔷薇之恋》及《十八楼C座》等。

踏入七十年代,香港电台……及丽的呼声三大电台鼎足而立,竞争非常激烈。为了争取听众,香港电台每星期推出半小时之广播剧节目五十二个,一小时之世界名剧一个,这个纪录,真是空前,可以收入世界健力士大全。为了应付这庞大数目的制作,广播剧组人数增加不少,男艺员有尹多明、吕启文、钟志明、钟伟明、陈炳球、曾永强、刘一帆、源家祥、彭程、夏春秋、卢汝添、招广培、罗彪、黄兆强、熊良锡、张炳强、李夏威、李学斌、熊德诚、颜国梁、林友荣、潘志文、温泉、沈耀雄等;女艺员有张雪丽、何楚云、柳青(朱曼子)、梅梓、葛剑青、曾励珍、龙宝钿、陈怡、冯瑞珍、谢蕴仪、杨丽仙等。

一九七六年四月十五日,香港电台开始以FM立体声广播,香港成为东南亚第一个拥有立体声广播地区。立体声广播剧亦从那时开始孕育。一九八一年八月立体声广播剧终于蒂熟瓜落,先后推出汪明荃、邓光荣领衔播演之《星运》;区瑞强、邓霭霖、李学斌、车森梅等播演之《旅程》及尹芳玲、钟伟明、何楚云之《避难所》。都是一小时的独立创作故事,每月播出一个。继后则有改编自名作家倪匡之科幻小说《老猫》。立体声广播剧充份(分)利用广播之新技巧,为听众提供听觉新享受,使广播剧脱离了平面感觉,进入一个崭新多层次及具有深度感的新领域。①

今天看来,钟伟明的这篇文章可能是香港最早的,也是较为全面的香港广播剧播音情况的梳理了。这篇文章对于了解和研究香港播音的重要性在于,第一,这是业内人士的梳理,信息量巨大。里面涉及的关键人物、剧名等都可以成为香港播音研究的重要线索。第二,这篇文章历史时间跨度足够长,从1928年到1976年,正好处于香港广播剧发展起步到兴盛的时间段,为香港播音的历史分期和评价提供了参考。第三,文中大量记述了香港广播剧播音技巧,对广播剧创作过程、创作经验做了生动、细致的描述,是香港播音创作研究的珍贵资料。钟伟明曾经在香港电台的访谈录中,详细谈论过香港广播剧的制作过程,总共有五段,分别是"20世纪五六十年代广播剧的制作过程、钟伟明学讲'国术小说'的过程、怎样令侦探故事更吸引人、70年代电影变成广播剧、21世纪初广播剧的式微。访谈是用粤语进行的,收录在'香港电台网站—香港记忆—听钟伟明讲'专栏,该专栏内有钟伟明的生平、文章、播音节目和访谈录等。"②如此看来,钟伟明之于香港播音的贡献除了将毕生的光阴都投入了香港播音事业以外,为香港播音学术研究也带来了重要的启迪。

2."播音王子"李我

李我原名李晚景,又名李耀景、李国祥,被称为香港"播音王子",黄霑称他为"播音界旷世奇才"③,他的妻子萧湘被称为香港"播音天后",而"播音皇帝"钟伟明曾是他的徒弟。这些美名要从李我十分擅长声演剧讲起。声演剧是香港早期广播电台的一种演播形式,属于广播剧的一种。演播者需要一人分演多种角色,此外,声演剧没有剧本,只有寥寥数十字大纲,由李我

---

① 读钟伟明的文章:《广播剧概谈》[EB/OL]. [2023-12-28]. http://www.hkmemory.org/chung/text/writing-zh.php.

② 钟伟明访谈录广播剧过程[EB/OL]. [2023-12-28]. http://www.hkmemory.org/chung/text/dramma.php.

③ 黄霑.播音界旷世奇才李我[N].东周刊,2004-02-18.

即席演绎。可想而知,声演剧对讲古人是个巨大挑战,而能讲好声演剧的讲古人更是凤毛麟角。李我在加入丽的呼声之前,是广州风行电台的讲古人。1949 年,香港丽的呼声重金礼聘李我加盟,一年间订户增加六倍。明星讲古人对电台的重要性可见一斑。丽的呼声在全盛时期单人讲述的《天空小说》节目,实际上是由李我 1946 年始创的单人声演剧《文艺小说》改编而来的。

图 3-22 黄霑撰文《播音界旷世奇才李我》

《天空小说》在丽的呼声播出之后,反响空前热烈,据说每天李我要收到8000 封粉丝来信。李我在一次访谈中说道:"连当时负责拆信的电台工作人员也因此发达,因为除了几个幸运儿可获得李我的回复外,其他信件都会被丢弃,而当中大部分都附有贴上五仙邮票的回邮信封,于是这就成为了拆信工人们的额外收入。"李我在丽的呼声讲古一年后(1950 年),又进入澳门绿邨电台继续讲古。次年,李我离开讲古界,后进入商台。①

电台在换,但是李我《天空小说》一直未变。李我《天空小说》前后声演

---

① 《天空小说》前传后记——李我,萧湘[EB/OL].[2023-12-29].https://web.archive.org/web/20160610020414/http://www.goldenage.hk/b5/ga_article.php? article_id=173.

图 2-23　李我在澳门绿邨电台

三十年,深受粤港听众欢迎。李我的太太萧湘,曾在播音室负责为李我笔录《天空小说》,以做推出书本版之用。到后来,她加入了播音界,由负责读广告到接受丈夫的训练,最后成了独当一面的播音员,商台的又一台柱。萧湘的播讲内容是以人与人在家庭中的关系和冲突为主题来创作的《伦理小说》广播剧,因此她亦有"伦理小说之母"的称号。①

　　由香港史地掌故研究者、民俗记者周树佳和李我合著的五本《李我讲古》,分别为《李我讲古(一)——我的患难与璀璨》(2003 年 7 月出版)、《李我讲古(二)——浪掷虚名》(2004 年 9 月出版)、《李我讲古(三)——浮生拾翠》(2007 年 4 月出版)、《李我讲古(四)——点滴留痕》(2009 年 7 月出版)、《李我讲古(五)——检点平生》(2013 年 8 月出版)。书中记述了李我

---

① 《天空小说》前传后记——李我,萧湘[EB/OL].[2023-12-29].https://web.archive.org/web/20160610020414/http://www.goldenage.hk/b5/ga/ga_article.php?article_id=173.

生活的老广州、老香港的冷知识,生动反映了作为上一代香港文化人的性格特点和待人处世的态度,也是香港播音史料研究的重要资料之一。

3.港台英文台播音明星艾琳·伍兹

艾琳·伍兹(Aileen Woods)是香港电台英文台著名的音乐节目主播。艾琳的栏目名称叫《记忆的小港》(Down Memory Lane),1947 年首播,节目内容是向听众介绍不同类型的音乐。

图 3-24　艾琳·伍兹

20 世纪 50 年代,香港人民开始大量接触西方流行音乐。那时候的唱片市场尚未成型,推广音乐得靠电台播音。长年在港台英文台主持音乐节目的艾琳·伍兹成为香港电台推广音乐的先驱。艾琳进入香港电台英文台之前就已经在西方娱乐界崭露头角。1919 年 12 月 12 日的《士蔑西报》记载了这样一则新闻。

香港酒店

茶会的特别景点

受欢迎的娱乐明星艾琳(Aileen)和多丽丝·伍兹(Doris Woods)①将于12月1日(星期一)和12月4日(星期四)现身(缺席两年后),并推出最新歌曲。入场券为2美元;酒店住客1美元。

塔加特(J.H.TAGGART)

经理

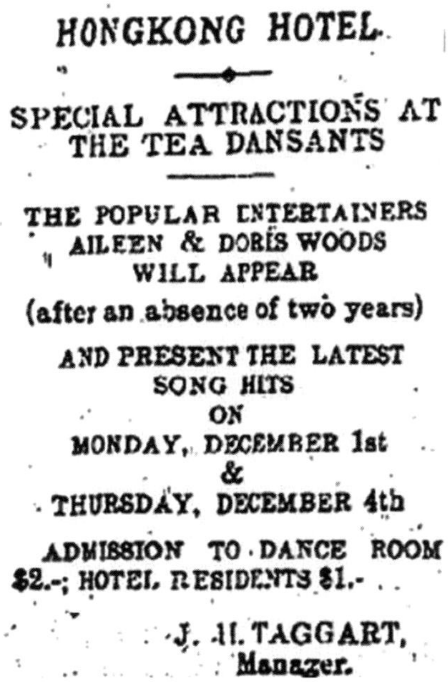
HONGKONG HOTEL.

SPECIAL ATTRACTIONS AT THE TEA DANSANTS

THE POPULAR ENTERTAINERS
AILEEN & DORIS WOODS
WILL APPEAR
(after an absence of two years)
AND PRESENT THE LATEST
SONG HITS
ON
MONDAY, DECEMBER 1st
&
THURSDAY, DECEMBER 4th

ADMISSION TO DANCE ROOM
$2.-; HOTEL RESIDENTS $1.-

J. H. TAGGART,
Manager.

图3-25　《士蔑西报》1919年12月12日刊登艾琳演出的广告

艾琳和多丽丝是双胞胎姐妹。从香港酒店的广告来看,两人最后一次出现在香港的舞台上是在1917年。她们当时已经是有名气的娱乐明星了,后来定居香港。由此可见,当时电台娱乐大众的社会功能十分明显。到香港之后,两人从事歌唱、舞蹈演绎和教学工作。有记录显示,日占时期艾琳留在了香港。日本战败后,艾琳于1947年进入香港台做音乐节目主持人时已经50岁了。艾琳凭借她在娱乐领域的丰富经验和无限的精力和热情,为

① 多丽丝·伍兹(Doris Woods)是艾琳的双胞胎妹妹,她和姐姐艾琳于1886年出生于悉尼。

英语广播的发展做出了许多贡献。1958 年,英国政府为她颁发了大英帝国勋章(MBE)。

图 3-26　英国政府颁发给港台音乐节目主持艾琳·伍兹的大英帝国勋章及证书

现在,在香港电台网站的节目资料库中,仍然可以听到艾琳的播音节目原声。从 1970 年 3 月 14 日香港英文台(RTHK)的节目内容中,可以感受到艾琳对战后香港电台英文台的贡献。

"昨晚 6 点前不久,艾琳在经历了一场短暂的、谢天谢地的、几乎无痛的疾病后去世,享年 83 岁。直到她住院之前,她一直在广播公司进进出出,预先录制节目以报道她预计离开的时间。对艾琳来说,她的音乐和广播就是她的生命。她是一位演艺界人士,对她来说,一切都很重要,但演出必须继续下去。我想知道我们是否应该取消今天的节目,但艾琳肯定不想以这种方式被哀悼。为了纪念艾琳·伍兹,这里是她众多音乐记忆中的最后一段……"①

按照广播内容记载,艾琳于 1970 年 3 月 13 日晚 6 点去世,享年 83 岁。她预先录制的节目继续播出。香港电台给予了艾琳很高的评价,称"自 1947 年以来,她自己的文字和音乐的特殊融合,沿着记忆的轨道,几乎一直在运

---

① 1970 年 3 月 14 日 RTHK 播音稿[EB/OL].[2023-12-28].https://app4.rthk.hk/special/rthkmemory/details/profile/616.

行。这三个单词(Radio Hong Kong)已经成为'艾琳'的同义词。"①

我们摘录一段 1970 年 3 月 14 日艾琳去世后继续播出的《记忆的小港》节目的开场白,从中感受这位受到港人尊重的电台主播的播音风貌。

> "Hello, everyone. This week will bring memories of Saint Patrick´s Day, Irland's patron saint, which I always recall was a favorite day at our convent for it meant a holiday. Anyway, Ireland songs have a great appeal, especially the verses of its famous poet, Thomas More, even though he is also credited with the music as well, which is not true. In 1830s came the Minster Boy, next set to traditional melody, the Maureen and the last rose of summer was originally known as the Groves of Blarney. It is the latter song brought by the Irish Festival Singers, with Veronica Dunn as a soloist."

> "大家好! 本周将唤起人们对爱尔兰的守护神——圣帕特里克日的回忆,我一直记得这是我们修道院最喜欢的一天,因为它意味着假日到来。无论如何,爱尔兰的歌曲有很大的吸引力,尤其是著名诗人托马斯·摩尔的诗歌,而且他本人也被误认为是音乐大师。19 世纪 30 年代,《明斯特男孩》问世,紧接着是传统旋律《莫林》,夏天的最后一朵玫瑰最初被称为《布兰尼的格罗夫斯》。这是爱尔兰音乐节歌手带来的后一首歌,由维罗妮卡·邓恩担任独奏。"②

艾琳的播音生涯,尽管开始得很晚,但她本身所带来的文化娱乐资源很大程度上促进了香港英文电台在战后的重建和发展。从艾琳开始,无论是新闻广播,还是文化娱乐节目广播,香港电台的播音员非明星不可。港台播音员"明星化",对快速提高香港电台的社会影响力,丰富战后港人的文化娱

① 1970 年 3 月 14 日 RTHK 播音稿[EB/OL].[2023-12-28].https://app4.rthk.hk/special/rthkmemory/details/profile/616.

② 1970 年 3 月 14 日 RTHK 播音稿[EB/OL].[2023-12-28].https://app4.rthk.hk/special/rthkmemory/details/profile/616.——著者译

乐生活,起到了积极的推动作用。以至于在 20 世纪 90 年代以后,内地媒体走向"双轨制"之后,其对内地文化娱乐类节目播音产生了深刻的影响。

4.唱片骑师郭利民(Uncle Ray)

郭利民 1924 年生于香港,父母为葡萄牙人,原名 Reinaido Cordeiro,但他会说一口流利的广东话。郭利民的童年生活并非一帆风顺,他在香港电台的一次访问中谈到,尽管当时的香港外籍人士普遍有着更好的经济条件和社会地位,但由于他的父亲抛弃了妻子和 6 个孩子,他不得不辍学回家帮母亲做缝纫活儿以维持生活。[①] 1943 年,日本占领香港期间,原本就读圣何塞书院的郭利民被迫辍学,逃往澳门,在东海难民营担任母亲的帮厨,负责为 140 名难民做饭。这一时期,郭利民接触到了爵士乐,跟着唱片自学打鼓。两年后,郭利民回到香港,一边在银行工作,一边筹组乐队,在当时知名的香港会所、西洋波会等地演出。1949 年,郭利民加入丽的呼声,播音名为 Uncle Ray,从此踏上播音路,主持了 11 年的爵士乐和英美流行榜节目。他的第一个广播节目《先锋爵士》(Progressive Jazz),从 1949 年一直播到 1960 年。

图 3-27　Uncle Ray 加入丽的呼声做撰稿员,后来转为唱片骑师[②]

---

①　日常 8 点半(第一百四十五集) – Uncle Ray(1)[EB/OL].(2021-05-14)[2023-12-29].https://app4.rthk.hk/special/rthkmemory/details/profile/1368.

②　[EB/OL].[2023-12-29].https://www.focus.cuhk.edu.hk/tc.

20 世纪五六十年代,香港的中文电台以广播剧、粤剧节目为主,电台点播和音乐节目只在英文台有。英文台凭借向港人介绍英美流行音乐,收获了大批香港听众。60 年代以前,香港的华人中听英文电台的并不多,因此,英美流行音乐并没有在香港华人群体广泛传播。1960 年,郭利民加入香港电台,担任轻音乐总监,Uncle Ray 逐渐成为香港知名的电台 DJ。他的直播节目《幸运蘸酱》(Lucky Dip)为新人提供了一个平台,大受欢迎。1964 年,郭利民被港台派往 BBC 学习期间,访问了多位国际音乐巨星,例如 The Beatles、the Bee Gees、the Carpenters、Elton John 等,回到香港后就开始在广播中播放访问录音。① Uncle Ray 回到香港不到一个星期,The Beatles 也来到了香港演出,并且带动其他英国乐队来香港演出,都获得了热烈的反响。从此,英国流行乐在香港本地年轻人中广泛传播开来。

图 3-28　Uncle Ray 在 20 世纪 60 年代已是香港电台具影响力的唱片骑师②

从 1970 年开始,Uncle Ray 专注于广受好评的深夜直播节目《与雷同行》(All the Way with Ray)。这是港台最长寿的节目,影响了一代又一代香港人。直到 2021 年 Uncle Ray 退休节目才停播。Uncle Ray 于 1987 年获颁英帝国员佐勋章,1997 年获香港电台颁发终身成就奖,2008 年获铜紫荆勋

---

① Joyce Ng,播音界巨人 郭利民(Uncle Ray)[EB/OL].[2023 - 12 - 29].https://www.focus.cuhk.edu.hk/tc.

② [EB/OL].[2023 - 12 - 29].https://www.focus.cuhk.edu.hk/tc.

章,2000 年被"吉尼斯世界纪录"确认为"世界最长寿唱片骑师"。

一生经历过香港跌宕起伏的 Uncle Ray 深信香港会有美好的未来。他在《与雷同行:我的自传》(*All the Way with Ray: My Autobiography*)中说道:"希望大家知道我的努力与坚持,并期盼将这份为理想而奋斗的精神,分享给香港的下一代。……让我们继续享受音乐,歌颂友谊,我把美好的祝福送给香港,也请大家把我的爱留在心里。"①以服务香港公共事业,服务香港人民为宗旨的电台播音始终带着对香港人民的祝福和爱,鼓舞着港人自强不息,锲而不舍地追求和谐美好的生活。广播之于香港民众,除了是重要的新闻渠道,更是 20 世纪 50 年代以后香港不可或缺的娱乐产业,为香港民众提供了丰富的文化娱乐活动。讲古人、民间剧团、唱片骑师、音乐主持为香港文化娱乐产业的繁荣做出了重要贡献,是香港播音历史中不可忽视的一群耕耘者。他们丰富了港人的精神生活,促进了香港文化与世界各地文化的交流与融合,并通过不懈的努力,建构了香港文化娱乐事业既扎根中华文化,又与世界各地文化兼容并蓄的独特发展模式。

(三)公营广播和商业广播双轨并行

20 世纪 50 年代左右,香港的工商业开始飞速发展。无线电广播作为一种产业展现出了巨大的市场潜力。随着人口急剧增长,经济逐渐腾飞,广播节目的需求持续增加,商业广播横空出世。

1949 年 3 月 22 日,香港首个有线商业广播电台丽的呼声(Rediffusion Radio)启播。丽的呼声拉开了香港商业广播的序幕,培养了许多明星播音员,在香港播音史上留下了精彩的一笔。前文已述,丽的呼声设有一个银色中文台和一个蓝色英文台,开台不久订户数目由 2000 户增至 10000 户。港台不得不应对丽的呼声带来的竞争压力,邀请更多团体参与节目,例如同济合唱团、红绿日报中乐部、山月影片公司同学会、中英剧社、广州酒家业余剧

---

① 《乐坛教父 Uncle Ray》,2022 年 11 月电子版,第 244、251 页。Uncle Ray 在 2018 年获得香港中文大学荣誉社会科学博士,该书于 2022 年 12 月通过香港中文大学与读者免费分享。遗憾的是,Uncle Ray 于 2023 年 1 月 14 日离世,该书中文版未能正式出版。

播团等。1956年,丽的呼声又增加金色台,专门以广州话、潮州话、上海话等多种方言播出节目。

1959年8月26日,香港第二家商业广播香港商业电台(Commercial Radio Hong Kong)启播,简称商台。随着商台的壮大,电台播音员"明星化"的趋势越发显著。丽的呼声的第一代播音员李我(后来又加入了澳门绿邨电台和香港商台),钟伟明、郭利民成名之前都与丽的呼声缘分不浅。商台成立之后,在钟伟明的启蒙下,起初负责儿童节目的周永坤开始学习广播、声演技巧,成为闻名港、澳和东南亚的著名播音员、粤语配音员。随着电视时代的到来,周永坤与李学儒(李明)、周庆梁、陈曙光并为丽的电视配音组台柱。

20世纪70年代以后,一大批商台的知名华语歌手抓住香港娱乐产业大发展的机会,从电台DJ主播的岗位走出,或成为香港流行乐的中流砥柱,或在电影电视行业有了更大的发展。名噪一时的丽的呼声也在与商台的竞争中开始转型,直至1973年,丽的电视有限公司在香港注册成立,正式停办丽的呼声广播。

图 3-29　1954 年的香港电台主持人

香港公营广播与商业广播具有本质区别。公营电台方面,香港电台在履行公共广播机构的使命下,孕育出不同年代的经典节目,形成了服务公众的播音传统。港台、丽的呼声、商台尽管彼此竞争激烈,但由于港台的公共属性,三者在新闻播音业务上有着重要的合作。1954 年,香港广播电台脱离政府公共关系处(后称政府新闻处)成为单独的部门。该台的新闻报道内容主要来自新闻处及外电,并同时提供给丽的呼声和商台播放。据郑启明讲述,当时气氛紧张,广播稿件需要由政务司审批,并且禁止市民私自接收牌照以外的电台。另外,早期的烽烟节目(Phone-in programme)①在香港风靡。这一节目类型始于 1969 年港台推出的《电话诉心声》,民众通过节目与各区民政主任直接交流,在节目中解答市民投诉,形成了港人议事的公共空间。后来的《太平山下漫步》《八十年代》《九十年代》和《千禧年代》等节目,香港电台一直开放平台让公众畅所欲言。1974 年,《青春交响曲》诞生,成为深受年轻听众欢迎的电台节目。《青春交响曲》由港台朱培庆、吴锡辉、陈任等人合作筹办,三人都曾是香港电台著名主持人。《青春交响曲》由陈任主持,除了多年来听众人数一直雄踞榜首之外,更开创唱片骑师(DJ)主持节目的先河,掀起当年的 DJ 文化浪潮,更被视为 DJ"少林寺"。1985 年,《晨光第一线》启播,成为香港城市人的闹钟。《晨光第一线》是香港电台最长寿节目之一,至今仍在播出,节目内容包罗万象,综合新闻、娱乐、教育、财经等。由香港电台第三台(英文台)及《南华早报》合办的《爱心圣诞大行动》节目旨在改善弱势人士的生活,自 1988 年举办以来资助了数以百计的慈善项目。《太阳计划》是 1988 年以来,每年夏季举办的特别节目,鼓励年轻人善用余暇,发挥创意。《乐坛新秀》自 1980 年于香港电台第四台(古典音乐台)出现,旨在培育年轻音乐家。不少现在知名的音乐家如莫华伦、李嘉龄、张纬晴等,当年都曾在此亮相。由香港电台提供平台及基金,鼓励本地团体及人士参与制作"小区参与广播服务"(Community Involvement Broadcasting Service),为推广多元意见、多样文化及社会共融提供了媒体力量。时至今日,香港电台播音仍然保留着为公共事业发声的传统。香港公共广播播音俨然成为香港精神文化的象征,温暖着一代又一代香港人的记忆。难能可贵的是,

---

① 烽烟节目,又叫叩应节目,都是英语音译词,分别由 Call-in 或 Phone-in 音译而来,是一种实时现场直播,让观众致电电台,与节目主持人或嘉宾直接对话,并发表意见的节目。

港台播音员的明星化与公营广播电台服务公众的目的得到了统一。这既反映出同时期香港电台有效的运营管理,更反映出香港电台主持人社会责任的传承与担当。

1991年7月,由李嘉诚和记黄埔、嘉禾电影、迪生创建,以及美国广播集团等财团投资创办的香港新城电台正式开播,设有两个中文台(FM99.7劲歌台及FM104金曲台)以及一个英文台（AM1044 Metro News）。至此,香港广播电台、商台、新城三足鼎立的形势形成。不过新城台的成立时间已经是电视媒体兴起,电台广播日薄西山之际了。

纵观香港广播播音事业的发展,服务公共事业和娱乐大众一直是香港广播播音的重要目的。英文台成功引起了以香港为原点的东西方文化交流与碰撞,中文台则在服务香港华人,传承粤剧、戏曲等传统文化中始终扮演着重要角色,港台形成的议事公共空间更是成为港人自治的表征。随着香港人口剧增,经济社会空前发展,民众精神需求的增加,一代代播音明星闪闪升起,不仅成为港人心目中的偶像,更成为辐射和影响香港及周边地区的流行文化符号。香港播音事业走向港台公共广播播音和商台商业广播播音双轨并行的路线。

(四)电台、电视播音共同繁荣

1957年6月29日,香港第一家有线电视台丽的映声(Rediffusion(HK) Ltd.)启播,提供黑白英语频道,月费二十五元。虽然只有一字之差,但是丽的映声电视月费比1949年成立的丽的呼声贵了整整十五元。不得不承认丽的的经营的确有它的独到之处,才能让港人持续消费昂贵的电视月费。1973年,丽的电视有限公司在香港注册成立,正式停办丽的呼声广播。1978年5月14日,丽的开始全天24小时的电视广播。1982年9月24日改名亚洲电视,简称亚视。[1] 1967年11月19日,香港电视广播公司成立,简称无线,也就是内地民众比较熟悉的TVB。无线电视营运数码高清广播频道,包括旗舰频道翡翠台及明珠台、J2、无线新闻台及无线财经、体育、资讯台,二十

---

① 谭天等. 港澳台广播电视［M］.广州:暨南大学出版社,2010:11.

四小时为香港数以百万计的观众提供新闻及多元化的电视娱乐。1970年，香港电台成立公共事务电视部，并制作时事及公共事务节目供持牌商营电视播映。1970—2012年之间，香港电台电视部虽有制作电视节目，但没有自家电视频道，有关节目一直"寄居"在免费商营电视台（无线、亚视等）以协定形式在不同时段播出。2012年开始，港台开设自家数字电视频道，目前拥有两个自家电视频道和三个转播频道。港台电视节目的取向较商业电视台更为严肃，着重时事、教育及小众趣味，较少娱乐性。

香港电视发展过程中，亚视、无线、香港电台三家电视台的格局已经形成。电视播音主持则大致划分为了新闻播音主持、文化娱乐节目主持、影视配音三个方向。新闻播音涵盖时政、社会、民生、财经、娱乐、国际等各个方面，资讯囊括广泛，不乏对各种重要时事议题的深入分析与评论。其中，以电视辩论节目最具代表性。文化娱乐类节目结合在港人士的文化传统与需求，提供形式多样的电视节目，特别是产生了许多在海内外具有影响力的影视明星、知名主持人。影视配音则在纪录片、港剧、香港译制片、广告等领域形成香港影视配音的独特风格。从语言使用上看，香港电视播音主持以使用英语、普通话、粤语三种语言为主，呈现出多元化格局。从播音事业发展脉络上看，香港电视播音是在香港电台广播播音基础上传承而来，并呈现出了百花齐放的图景，创造了香港电视播音特有的"港味"风格。这些相关内容涵盖了新闻、影视、戏剧、娱乐等各方面，涉及面十分广泛。

1990年12月22日，香港政府批准香港卫星广播有限公司通过亚洲一号卫星经营泛亚洲地区的卫星广播服务。在卫星电视开播后，卫视中文台曾外购并且播出过中央电视台的《曲苑杂坛》等节目。1991年，卫星广播（香港）有限公司正式成立，即STAR TV，简称卫视。该公司以香港为基地，为香港及亚洲地区提供卫星电视及电台广播节目。1995年后，该公司完全属于默多克的新闻集团。1996年3月25日，刘长乐控股的今日亚洲有限公司、中央电视台广告部下属的华颖国际有限公司参股，共同创立香港凤凰卫视有限公司，刘长乐任董事局主席和执行总裁。3月31日香港时间19：00，凤凰卫视中文台正式开播。当时，王牌节目之一是《相聚凤凰台》，由吴大维、周瑛琦、梁冬、柯蓝、卜邦贻、孟广美、许戈辉、梁静等众多明星担任主持人。现在许多人称《相聚凤凰台》是娱乐咨询节目,其实并不十分准确。《相聚凤凰台》节目内容杂糅了娱乐、时事、社会等各类资讯,应该说是凤凰卫视从娱乐向新闻转型的探索时期呈现的节目形式,是凤凰卫视电视新闻资讯节目的最初样态。不过,凤凰卫视开播之初播出的节目除自办节目《相聚凤凰台》外,其余均为综艺节目。而凤凰卫视的前身卫星电视中文台的办台宗旨是"娱乐、娱乐、再娱乐",不过刘长乐认为娱乐只会"至死",所以凤凰卫视要靠新闻立台。①

图 3-30　1998 年《相聚凤凰台》节目画面

　　1997 年初,凤凰卫视开始筹备新闻节目,并要求凤凰卫视的新闻节目要与央视完全不一样,节目名字也要由香港人命名。3 月 31 日,凤凰卫视开播一周年之际推出了首个时事新闻节目《时事直通车》。节目名称由负责节目包装的香港人程国华命名。当时主持人只有吴小莉和窦文涛二人,采访人员只有五人。在开播的第一个星期,《时事直通车》推出了两个专题报道,一个是《邓小平和香港》,另一个是《专访〈南京条约〉签约地》。②

　　窦文涛高中时在石家庄市第一中学就读,1985 年考入武汉大学新闻系,1989 年毕业,曾供职于广东人民广播电台 7 年。1996 年 3 月加入凤凰卫视,

①　张林. 凤凰卫视这些年[M]. 北京:现代出版社,2016:75—76.
②　张林. 凤凰卫视这些年[M]. 北京:现代出版社,2016:75—80.

到香港工作。香港回归前,窦文涛曾主持过《相聚凤凰台》、新闻节目《时事直通车》。窦文涛主持风格随性、轻松惹笑。吴小莉 1988 年由台湾中华电视公司招考进入华视新闻,担任记者、主播,此后展开她十多年的新闻工作。1993 年,获时任卫星电视执行董事的香港著名媒体人甘国亮先生的赏识和邀请,离开华视新闻,正式前往香港加入卫星电视中文台。① 凤凰卫视中文台成立以后,吴小莉担任节目主持、新闻主播,直至凤凰卫视资讯台开播兼任副台长至今。目前为凤凰卫视首席新闻主播,在凤凰卫视中文台、凤凰卫视资讯台播报《时事直通车》。

香港回归祖国后,凤凰卫视继续从影视、文化、音乐等多角度、多层次开发新闻人物的明星路线,包装各富个性的新闻人物,诞生了一批知名主持人,如吴小莉、陈鲁豫、窦文涛、曾子墨、胡一虎、许戈辉等,评论员方面,如曹景行、何亮亮、杨锦麟、邱震海、阮次山等。与此同时,出现了系列品牌栏目:评论类节目,有《财经点对点》《石评大财经》《时事亮亮点》《震海听风录》等;资讯类栏目,如《凤凰早班车》《今日看世界》《有报天天读》;访谈类栏目,如《名人面对面》《锵锵三人行》《鲁豫有约》等,以理性、公正与深刻影响社会与广大的观众。② 许多明星主持人与内地的交流越来越频繁,两地的媒体相互之间都产生了许多影响。不过,由于媒体定位区别和历史发展问题,凤凰台最终还是离开了内地媒体市场。

凤凰台虽然发源于中国香港,但是在默多克全盘接手卫视之后,彻底走上了典型的西方新闻传播事业的发展之路。而历史证明,凤凰台的播音主持在西方资本主义媒体业发展的逻辑下要融入中国大陆的主流新闻传播场域是十分艰难的。尽管凤凰卫视落户香港,但是在香港本地的影响力也弱于其他媒体,甚至被等同于"软性的中央台"。③ 但我们在百年中国播音史的视域下,仍要对香港凤凰台播音主持做必要的梳理,不仅因为她落户香港,

---

① 张经义. 从华视到全球媒体:吴小莉敢飞,才能主播 13 亿人新闻[J].远见杂志,2006(7).

② 谭天等. 港澳台广播电视[M].广州:暨南大学出版社,2010:17.

③ 谭天等. 港澳台广播电视[M].广州:暨南大学出版社,2010:23.

仍在香港境内运营,也因为她在香港回归后的许多大型新闻报道中,对内地的电视新闻播音产生过较大的影响。

(五)学术界"粤语正音运动"对广播播音的影响

香港电视出现以前,香港的电台业界对于主持人的语言水准要求较高,粤语节目普遍以广州话"西关音"作为粤语播音语音标准,要求主持人咬字清晰、读音准确。西关在广州西门口以西,旧称西郊,古属南海县。自 1942 年香港开埠以后,西关成为一个商贸集散之地。当时自珠江三角洲各地甚或潮州地区陆续到香港的华商,遵循的仍旧是广州西关商人的谈吐举止。香港中上环的华人小区几乎就是广州西关"立体化"的呈现,澳门填海扩大的下环地区,也有类似的景观。从珠三角地区陆续来到这个新埠头的人所说的"通用语"(lingua franca),是以"西关音"为准的省城白话。① 因而,香港电台通用的粤语标准语音实际上就是"西关音"。

但是,香港先后经历了大量上海、江浙人在 20 世纪三四十年代的"入港潮"和五六十年代的"逃港潮",又有很多潮州等非粤语区的人来到香港,导致了香港粤语"西关音"的混乱。此外,随着电视媒体的出现,媒体人才需求量大大增加,节目制作成本也随之增加。香港电视媒体最初并没有像电台一样要求粤语电视播音使用标准的"西关音",因而在电视上出现了许多"粤语懒音"现象。据说,华人粤剧界著名艺人梁醒波先生在无线电视晚间娱乐节目《欢乐今宵》的演出十分受香港民众欢迎。梁先生是广东南海人,出生于新加坡,粤剧唱段中"姗姗来迟"的"姗"读音为"仙",但梁先生在电视上唱成了"山"。由于梁醒波在香港非常受欢迎,他的"错误发音"被香港市民学习。有人批评,诸如此类的"粤语懒音"现象对公众造成了误导。因此,从 70 年代开始,港英当局推行了"粤语正音运动",规定电视、电台,以及中小学语文教育的发音必须符合标准的广州粤语。当时,香港电台《咬文嚼字》节目主持人,曾任多家报章总编及多家大学教授的宋郁文先生在节目中支持"粤语正音运动",引致 80 年代初期香港电台要求对播音员的粤语发音进行

---

① 程美宝. 城市之声西关音:由省至港及沪[J].中国语文通讯,2020,99(1).

纠正。

1985 年宋郁文逝世后,香港中文大学教授何文汇博士就接过了正音运动的大旗,提出了要以《广韵》的切音取代目前通行的粤语读音,将很多与《广韵》所载不同的粤音重新订立标准,谓之"正读",这造成很多习用已久的读音、坊间字典已经承认的读音,被指为"误读""错读";一些久未使用的读音,反而成为"正读"。何文汇还创立了"正读"学说,认为"正确读音"分为两个层面,就是"发音准确"和"吐字清晰"。在何文汇出版的书籍中,"正音"属于"吐字清晰"层面,而"正读"属于"发音准确"部分。① 他出版了不少粤语教学书籍,包括《粤音正读字汇》《粤音正读手册》《粤语平仄入门》《粤语正音示例》《日常错读字》等,书内均包含他提出的根据其"正读学说"所拟的"正读",并附以民间常见的"误读",去教导读者一些字的粤语读音。何文汇的"粤语正音运动"被不少人认为是一种矫枉过正的学说,在香港市民的日常生活中也没有得到很大程度的认可。

香港电台对何文汇的正音十分推崇,以至于招惹来了不少非议。1981年,香港电台跟随"粤语正音运动"在节目中改变了"时间"一词的习惯性读音。"时间"的"间"字在粤语中习惯读成"谏",但香港电台台长张敏仪在请教宋郁文和刘殿爵教授二人后,指令全台播音员,包括非新闻节目的唱片骑师在播报时必须统一发音,将"间"字读成"奸"音。于是"时间"便读成"时'奸'"。② 此事一出,马上引起了两派在香港报刊上的论战。刘殿爵在《明报月刊》发表文章,阐述"时间"一直到 30 年代后期还是读作"时艰",读成时"谏"只是港人误读。③ 刘殿爵的文章刊出后,林雅伦撰文反驳他的论点,认为"时'谏'"才是本来的正确读法。④ 另外,该报刊出署名"七十八岁老翁林范三"的读者来信,说他在 70 年前已听到塾师读时"谏",50 年前在广州大学亦听到石光瑛教授说"时谏"。⑤

---

① 何文汇,朱国藩.粤音正读字汇[M].香港:香港教育图书公司,1999.

② 黄霑. 加把劲吧[N]. 明报,1981-02-07.

③ 刘殿爵. 论粤语"时间"一词的读音[J]. 明报月刊,1981(12).

④ 林雅伦. 论"时间"[J]. 明报月刊,1982(4).

⑤ 《明报月刊》1982 年 5 月号读者来函.

由于这个读音广受质疑,香港电台最终不再强迫播音员必须读"时奸"。但这一事件影响深远,直至 21 世纪以后仍有播音员在电视节目和电台播音节目强调"奸"才是正确读音。① 90 年代,无线电视同样受到正音的影响,在为动画片《圣斗士星矢——冥王十二宫篇》配音时参考了何文汇的《粤音正读字汇》,因而引起了动画迷的争论。21 世纪以后,关于"粤语正音运动"争论依然没有停止。2007 年 1 月 20 日"翡翠台"播出《最紧要正字》第 15 集,2007 年 3 月 26 日《文汇报》刊文《香港电台:不深究学术问题》,2007 年 4 月 27 日《星岛日报》刊文《文化界挑战何文汇粤语正音》,2008 年 4 月 15 日《观察》刊文《正读?点读!——香港正音》,都是对何文汇"粤语正音运动"的争论。2007 年,香港电台文教组兼特别职务总监郑启明接受《文汇报》访问时指出,他们强调的"正音"是一个"恰当读音",亦不能有懒音,但不会深究一个字在学术上应该以何种发音为"正"。②

我们辩证地看,"粤语正音运动"产生于香港粤语面临混乱,需要规范的现实需求。香港播音也理应承担起规范粤语读音的社会责任,起到示范效应。但是由于决策研究不充分,罔顾语音历史发展变化的事实,引起了许多负面的社会影响。媒体人在反思"粤语正音运动"能深入地认识到媒体发挥教化大众的功能之前,一要经过充分探索,确保大众传媒内容的准确性;二要讲究方法,充分考虑到大众的需求与接受度。香港大学中文系主任单周尧教授在 1980 年已经指出当时常用的粤音工具书《粤音韵汇》、乔砚农《中文字典》,以及《新华字典》内的粤语注音与实际通行粤音有异,并阐释说语音是不断演变,古今字音不尽相同,也不必相同……如果字典注音只照顾韵书反切而无视实际读音,那么这些字典的注音价值便会大打折扣。③

实际上,粤语正音并非个别学者凭一家之言就可以推行的。香港教育

① 2003 年由无线电视制作的《最紧要正字》节目中,一群中文大学中文系的博士学者在说"时间"一词时,刻意读成"时'奸'"。2008 年亦有电台广播员在节目中宣扬"时'奸'"才是正确读音的说法。

② 香港电台.不深究学术问题[N].文汇报,2007-03-26.

③ 单周尧.《粤音韵汇》、《中文字典》、《中华新字典》中一些与香港通行的实际粤音有距离的粤语注音[J].语文杂志,1980(4).

署在 1992 年出版的《常用字广州话读音表》,审音委员有来自香港大学、语文教育学院中文大学的博士及教授。而 2004 年由广东人民出版社出版的《广州话正音字典》更集合超过二十位粤、港、澳三地的专家学者审音超过十年。《广州话正音字典》编辑委员会在审音时提出,"以今音为基础,既考虑语音发展、语音结构的规律性,也考虑语言应用的通用性,特别重视那些已经深入人心,家喻户晓的读音,对一些不合古音及反切的字音,只要已在社会上广泛使用,也考虑承认现实,适当加以保留,或作'俗'读看待。"粤语保留了唐代以来的大量古音,但刻板地要求今人以古音的方式"正音"是罔顾语音发展事实的做法。审音的目的在于形成当代人们的读音规范,"从今从众"的审音原则贴近现实情况,也提高了审音的实用价值。"粤语正音运动"给香港播音界带来巨大影响,刺激香港播音(尤其是粤语播音)语言向规范化的目标曲折前进。

(六) 以"电视辩论"为代表的时事新闻主持的发展

谈及香港电视新闻播音中最具代表性的应该是电视辩论节目。1974 年香港电台公共事务电视部推出的时事电视节目《针锋相对》,每周播出一小时,就市民大众关注的社会话题,邀请多位来自不同界别的嘉宾做分析,与现场观众辩论,而家庭观众亦可利用电话发表意见,并有粤语和英语的实时传译,让嘉宾能了解市民的不满和投诉,实时做出辩护。电视节目以粤语播出,但不懂粤语的观众,也可从收音机收听以英文广播的辩论过程。1980 年,香港电台另一个具有代表性的电视辩论节目《城市论坛》诞生。该节目首播时通过《华侨日报》(1980 年 2 月 14 日)公告:"港台青年组摄制,以辩论社会热门话题的时事性节目,内容分为两部分……"①电视辩论节目围绕热门时事展开,邀请专业人士出席讨论,包括当局身居要职的行政官员、著名律师等,同时设有市民咨询问题及发表意见环节。《城市论坛》于维多利亚公园大凉亭设立公众讨论平台,成为香港第一个现场直播、不删减的时事评论节目。

电视辩论节目培养了一批知名的节目主持人,其中不乏一些专业人士。

---

① 公开谈论工业行动 欢迎市民咨询问题[N].华侨日报,1980-02-14.

图 3-31　1980 年 2 月 14 日《华侨日报》刊发《城市论坛》首播剪报

《针锋相对》最早由钟世杰和黄宏发主持。钟世杰是当时的知名律师,当过市政局议员,黄宏发后来做了立法局主席。《城市论坛》当时由吴明林主持。吴林明是香港电台新闻主管,除了创办过《城市论坛》,还创办了《议事论事》《头条新闻》等香港著名的时事电视节目,并担任这些节目的第一代主持人。此后,《城市论坛》的主持人大都是一些香港重要的政治人物。在吴林明之后,《城市论坛》的历任主持有吴瑞卿(博士),韦基舜(历任全国人大代表、全国政协委员,亦曾任香港特别行政区第一届政府推选委员会委员,香港银紫荆星章 SBS 获得者),殷巧儿(香港中文大学联合书院校董会主席、香港荣誉勋章 MH 获得者、治安法官 JP),李銮辉(香港银紫荆星章 SBS 获得者、治安法官 JP),香树辉(曾任新亚中学的校董、香港中文大学校董),后来还有李锦洪、梁家永、区丽雅、陈耀华、陈景祥、李小薇、谢志峰、苏敬恒等香港著名媒体人担任主持人。直到 2021 年 9 月 4 日,这一长达 43 年的"长寿"电视辩论节目宣告停播。

香港回归祖国之后,香港电视辩论节目仍在继续发展,并从大众媒体走向了香港政治生活,成为政治选举中十分重要的手段。原先从事电视辩论节目主持的媒体人在其中仍然是不可或缺的一员。主持人长久积累下来的极具公信力的形象,在作为选举手段的电视辩论中象征着辩论程序的公平、公开。这段历史本属于香港回归后的播音事业发展时期,但是为了叙述的连贯性,在此处一并讲述。

作为最早的全球华语电视台,亚视的电视辩论节目起步比较晚,知名的电视辩论节目有胡恩威主持的《我要做特首》特辑《特首大辩论》(2012 年 2 月 18 日—2012 年 3 月 24 日)和《政策大辩论》(2012 年 4 月起)。《特首大辩论》启播时,新一届香港特别行政区行政长官选举在即,社会各界对不同议题议论纷纷。《特首大辩论》借此机会,就市民最关切的社会议题——政治、房屋、医疗、教育、扶贫、环保等,举办一个全港大型辩论比赛,邀请各界人士参加,各自为不同的意见做出辩论。《政策大辩论》每集会邀请四位参赛者参与辩论,就香港市民最关心的政治议题做出多角度的辩论,还会有现场观众即时质询提问。主持人胡恩威是香港活跃的文化人士,在建筑艺术、电视艺术、电影艺术、戏剧艺术领域都多有涉猎,是一位在香港名声不小的跨媒体文化人。他先后主持了亚视节目《我要做特首》《东宫西宫 TV》《我要做特首 2》《特首大辩论》《政策大辩论》《我要做特首 3》《亚洲政策组》等,都宣称是时事通识节目,并且不少节目定位是集“娱乐、政治、通识教育”于一身。这一点或许与亚视自丽的呼声和丽的映声以来,一直注重投观众所好,极力打造明星播音的“传统”不无关联。

香港电视辩论要求主持人具有较高的政治水平、丰富的新闻媒体从业经验以及对公共事务有较强的责任心,此外还需要谙熟香港发展的历史。电视辩论回应民众关切,同时也容易引发一些过激行为和公众事件。只有正确地认识香港的历史和现实,香港电视辩论播音才能在一个正确的轨道上发展。电视辩论播音常常呈现出媒体人沉稳、冷静的风格和关切时事、关心民生的新闻人风貌。香港电视辩论播音需要在“一国两制、港人治港”的政治环境下发展,始终与香港人民站在一起,心系香港的民生福祉,为香港和祖国的持续繁荣而奋斗。

五、香港播音研究进入新纪元:1997年至今

1997年,随着香港回归祖国,香港广播电视进入了一个新纪元,尤其是商业电视台中累积下来的电视播音经验展现出了顽强的生命力,催生了一代代名嘴、名记和明星主持人。另一方面,电台广播一路从模拟技术时代走向数字化时代,广播电台与电视播音深刻地影响着香港社会。同一时期,香港和内地的广播电视交流日趋频繁,一批来自香港的著名播音员和主持人在内地同样收获了大量关注,深刻影响了内地人民的社会生活。

(一)香港回归与普通话台的成立

回归前,香港的广播电视媒体已经开始发生一系列变化。第一,电台、电视台中有关祖国历史、地理、政治、经济、文化和人民生活的节目日益增多。这对促进港人对内地各方面的了解和思考,为主权回归起到了铺垫作用。第二,普通话节目比例增大。1997年3月31日,香港电台普通话台隆重启播,揭开了香港广播历史崭新的一页,香港广播服务亦正式进入三语广播的年代。

图3-32　文康广播司周德熙和广播处长张敏仪,嘉宾陈坤耀、刘德华和郑秀文一起为普通话台主持启播仪式

改革开放以后,内地与香港和世界其他地区的互动日益频繁,普通话在香港地区和国际上的地位日益重要。香港社会出现了学习和使用普通话的热潮,加上这一时期内地来港定居的新移民不断增加,许多人并非来自广东一带,因而不会讲广东话。香港电台于是顺应需求成立了普通话台,并借此推广普通话。"普通话台启播后,一方面有助于普通话为母语的新移民,更快熟悉本地环境,对香港整体社会的和谐稳定可产生一定作用;另一方面,也提供一个电台频道,把最新信息传达给以普通话为母语的学者、商人、学生以至其他各界及过港人士,协助彼此沟通,巩固香港国际中心的地位。"①

实际上,港台普通话台成立之前,使用普通话播音的节目已经存在了 20余年。起初广播电台制作的是形式较为严肃的教授普通话的节目,后来通过广播剧、访谈、文学节目等方式制作普通话节目,如广播剧《国声剧场》、电台杂志访谈节目《乔家来客》、专门介绍文学作品的《文学花园》等,还有 80年代中期的《南北乐逍遥》,90 年代以后的《普通话通天下》等咨询节目。电视方面香港电台曾拍摄过多辑《唱谈普通话》《普通话戏中戏》等广受大众欢迎的节目。

广播剧《国声剧场》(1984 年)和电视节目《唱谈普通话》(第一辑 1990年、第二辑 1991 年、第三辑 1993 年)的主持人是香港知名演员、主持人李司棋。李司棋原名李蓉,1950 年出生在天津,6 岁时随父亲来到香港生活,定居在香港岛北角皇都戏院附近。② 因此,她会说普通话、粤语和英语。这为她后来成为电台普通话节目主持人奠定了基础。据香港电台第二台广播节目《守下留情》2017 年 10 月 10 日播出的"大契善姨司棋姐访问第二集"访问,李蓉自小已与百德新街邻居、前演员梁小玲认识。1968 年以"高荆慧"的名字参选由东方选美公司举办的小姐竞选,并在"香港公主"组别获得冠军,决赛当晚临时改名"李司棋"参赛,由此得名,继而进入娱乐圈。③ 此后,李司棋

① 张玲玲. 配合社会需求 揭开广播新页 香港首个普通话台正式启播[EB/OL].(1997-04-15)[2023-12-31].https://app3.rthk.hk/mediadigest/content.php? aid=1504.

② 香港公主高荆慧[N]. 华侨日报. 1968-06-10.

③ 香港公主高荆慧[N]. 华侨日报. 1968-06-10.

成为活跃在香港电视、电影界的名字。香港回归后,李司棋一方面专注于拍摄电视剧,在《真情》(1995—1999 年)、《溏心风暴》(2007 年)、《珠光宝气》(2009 年)等香港和内地观众熟知的电视剧中演绎角色;另一方面,担任过无线电视的节目《世界文化遗产》(2009 年)的解说旁白,有线电视的节目《食得有法"补"》和香港开电视的节目《带阿妈去旅行》的主持人。李司棋多次获得香港电视大奖,为香港普通话广播节目做出了贡献。

香港电台英语、粤语、普通话三语并举的做法,对其他商业广播机构产生了很好的示范作用。无线电视、亚视都相继推出了广播电视史上极具影响力的普通话节目。随着香港回归,一大批内地观众熟知的主持人都崛起于商业广播电视的普通话节目。共同语是共同体身份的重要标志,香港和内地的普通话播音俨然成为两地共同身份的媒体符号象征。香港播音历史中,普通话播音必然会有更为突出的发展。

(二)香港回归时的 48 小时大直播

1997 年 7 月 1 日,香港在总体上仍保持社会的稳定、可观的经济增长、多元的文化、活跃的国际贸易和自由的新闻环境,以一个充满活力的开放姿态回归祖国。这对于香港来说无疑是一个难忘的日子,也是一个划时代的重要里程碑。"香港回归"成为香港媒体争相报道的内容,一时间,港人的政治热情达到了一个制高点。

为满足受众的需求,本地及海外传媒均各出奇谋,报道一切有关政权交接的仪式和实况,并以最短的时间甚至采用同步技术,将影音、图像和文字送到观众和读者面前。各大媒体除了应用诸如流动电话、微波、人造卫星等常规通信技术外,部分进取的媒体更积极使用互联网技术,务求将受众的人数和类别进一步扩大。香港电台与香港中文大学合作的"香港九七政权交接互联网直播"将香港广播事业推向了一个全新的时代,成为香港广播事业发展史上的一个创举。

香港电台与香港中文大学电算机服务中心的合作计划,是将由本港四大电视媒体(香港电台、无线电视、亚洲电视及有线电台)合组的"电视转播联盟"摄制,并由新闻及广播中心播放的交接仪式及有关活动实况转播信

图 3-33 香港电台与香港中文大学合作的"香港九七政权交接互联网直播"网页

号,从 6 月 30 日 12:00 至 7 月 2 日中午 12:00,在互联网上进行连续 48 个小时的实时直播。据香港电台统计,"香港政权交接"网页自 6 月 23 日到 7 月 15 日,已有超过 900 万到访次数,25 万人收听或收看过网上即时直播。而在 48 小时直播期间,网页则有超过 600 万到访次数,14 万人次收听或收看过网上直播。这群观众,两成来自中国香港,八成来自美国(31.12%)、加拿大(15.56%)、澳洲(13.57%)、马来西亚(11%)、中国内地(4.23%)、英国(2%)、新西兰、日本、新加坡,以及中国台湾等国家和地区,无论是规模、播放时数,或使用人数均为新纪录。① 以互联网作为播放新闻和重大项目的媒介,是突破传统电台、电视播放模式的一种手段。

　　互联网直播为香港广播发展带来了崭新的空间。对内地观众来说,2001 年凤凰卫视对"9·11"事件的全程大直播印象更为深刻。凤凰卫视中文台《时事直通车》在 21:13 左右的节目中,凤凰卫视驻纽约美洲台记者唐

---

① 梁光汉. 四十八小时直播政权交接 香港开创网上广播里程碑[EB/OL].(1997-07-15)[2023-12-31].https://app3.rthk.hk/mediadigest/content.php? aid=1525.

哲在事发现场且尚不明白具体情况的情形下，就播送了一架民航飞机撞到世贸大楼上的消息。这也是华语电视对"9·11"事件的最先报道。2003 年，中央电视台成立新闻频道，24 小时不间断播出新闻，对伊拉克战争、嫦娥一号卫星奔月、登顶珠峰、汶川大地震（长达 1000 多小时）等重大突发事件采取了直播的方式。进入 21 世纪，无论香港还是内地，电视新闻直播的时代已经到来。电视新闻播音也不断适应直播的要求，为观众提供更高品质的节目。互联网推动报刊、电台、电视等大众媒体在数字化时代实现大融合。香港的播音事业也在一如既往地对环境变化产生迅速反应，迈向一条融合发展之路。

（三）香港播音的回顾与展望

20 世纪 20 年代，广播电台在香港兴起。香港广播电台从最初的业余爱好者的小范围播音试验，逐渐扩大到具有一定社会影响力的"新媒体"，进而被执政当局收编、改造。经过曲折的发展，香港广播事业迈向了一条商业广播和公营广播"双轨并行"的道路。20 世纪 50 年代，电视媒体兴起。香港广播界迅速反应，融合电台、电影、电视等多种渠道，跨入现代化融媒体广播时代。正如香港康乐及文化事务署与香港电台联合主办的"光影流声——香港公共广播九十年"中所说的那样，"电台电视广播与香港市民生活息息相关。无论是发放新闻资讯、提供闲暇娱乐、见证社会大事或推广历史、文化及艺术等，广播业一直陪伴着香港人成长，成为市民大众的集体回忆。"①香港和内地的播音几乎是同步开启的，但由于历史原因，香港播音沿着商业化和服务公共事业并行的方向走出了一条独具特色的发展之路。

香港回归后，香港媒体将政治关注点转移到香港特别行政区政府方面，例如对港内外重大事件的表态、对政府工作的监督、对香港社会及民众的承诺、行政长官的选举、立法会的选举等，都成为媒体报道的热点和重点。在一段历史时期内，港内有过质疑公共电台生存危机的声音，但实践证明，在

---

① "光影流声——香港公共广播九十年"［EB/OL］.［2023-12-22］.https://hk.heritage.museum/sc/web/hm/exhibitions/data/exid253.html.

"一国两制""港人治港""高度自治"的方针下,香港媒体继续行驶在自主发展的快车道,特别是随着内地与香港经济、文化、社会等各方面的交流日益频繁和深入,香港与内地的播音事业相互间影响只会更加深远。2020 年 6 月 30 日,全国人大常委会通过《中华人民共和国香港特别行政区维护国家安全法》(以下简称《香港国安法》)之后,香港电台第一时间推出由苏绍聪和陈泽铭主持的《国安法事件簿》,积极引导舆论,"从专业的法律角度,引用历史事例或外国例子,并邀请来自不同界别的嘉宾详加说明,加深市民对国家宪法、基本法与国安法的认识,"①为香港地区的和谐稳定和持续繁荣贡献公营广播机构的力量。从英殖民时期到香港回归,香港公营电台始终秉持服务公共事业的宗旨,在新闻时事、文化娱乐、社会生活等方方面面进行积极投入。香港公营电台始终心系香港人民,在回归祖国后更是勇于担起公营广播机构之责任,坦然面对质疑,坚持正确发展道路,成为香港播音历史上的一面旗帜。

站在百年中国播音发展史的历史节点上回望,香港播音事业的发展,走出了商业广播播音与公营广播播音双轨并行的发展之路。二者的关系与定位在历史发展中越来越清晰,公营广播机构始终是香港播音事业发展的主流,而商业广播为香港播音事业的百花齐放做出了重要贡献,是香港播音史上靓丽的一笔。

第二节　中国澳门播音事业和学术发展

澳门广播播音的兴起同样要追溯至 20 世纪 20 年代。澳门作为广播入华的第三座城市,在中国商业广播历史上是一个特殊的存在。在这里私营广播没有受到像上海、香港那样巨大的阻力。澳门奥斯邦电台在这里获得了当局的正式收编,奥斯邦的东亚广播冒险在这里画上了句号。经历战乱、

---

① 国安法事件簿 [EB/OL].[2023-12-31].https://www.rthk.hk/radio/radio1/programme/nslchronicles.

发展、回归等一系列大事件之后,澳门广播事业最终走上了发展的道路。在百年中国播音史中,澳门播音犹如一条倚着大道而自然形成的幽径,最终朝着正确的历史方向前进。本节从澳门广播播音的开端澳门奥斯邦电台讲起,重点介绍了澳门本地的两座性质不同的电台:澳门电台和绿邨电台,以及澳门播音历史上一个重要的历史人物梁送风先生,以反映澳门回归前的澳门播音概况和澳门播音的学术性研究。

一、澳门播音实践萌芽

澳门虽然地域狭窄,但却因是中国开埠最早的港口,在明清时期就已成为我国中西文化碰撞与交流之处。澳门华洋杂处的独特优势,为早期广播入华提供了一个良好的土壤。1924 年,奥斯邦在香港经历了短暂的光辉后,最终与香港当局决裂。他通过新加坡《海峡时报》这样控诉香港政府,"一家私人广播公司对香港政府的态度感到失望和气馁,因而放弃了一项雄心勃勃的计划……这个公司未能得到政府的赞赏,已迁至澳门,澳门已建成最高效的无线电广播电台之一,并将于本月内建成。"①可以说,奥斯邦在东亚的无线电广播冒险从来都没有淡出过当时富有影响力的报纸的视线。

1924 年 7 月 9 日,香港《士蔑西报》于第六版刊文,预告了香港东方无线电广播公司在澳门建立的广播电台将正式开幕的消息。②《南华早报》也于 1924 年 7 月 9 日和 10 日在第八版和第七版相继刊登《来自澳门的无线电台》③和《澳门无线电台》④两篇文章,介绍该广播电台的传送、播音设施、播出计划,以及澳门政府的支持等。据以上两篇文章介绍,该电台开幕仪式于

---

① 刘书峰."新媒体冒险家"奥斯邦的中国广播创业历程[J].现代传播(中国传媒大学学报),2019,41(10).

② "… Hello,Everybody!" Macao Radio Station Described[N]. *The Hong Kong Telegraph*, July 9, 1924.

③ Radio from Macao, Official Opening of Broadcasting Station [N]. *South China Morning Post*, July 9, 1924.

④ Macao Radio Station, Description of the Installation[N].*South China Morning Post*, July 10, 1924.

周日(13日)举行,计划于工作日每天播出四次,第一次为10:30至10:50,播出汇率与股票市场开盘情况、天气报告;第二次为18:00至18:30,播出中国音乐与新闻;第三次为晚20:00至20:30,播出汇率与股票市场收盘情况、天气报告、新闻;第四次为晚21:00至:21:30(包括周日),播出演讲、世界新闻综述、天气报告等内容。

据刘书峰考证,奥斯邦的无线电广播公司正式向澳门官方递交文件是在1924年3月17日,经过澳门市政府与澳门财政局的一番内部沟通,奥斯邦最终于5月7日才得到澳门总督的正式批准,奥斯邦缴费5600元,自收文起四个月内设立电台。澳门奥斯邦电台是奥斯邦在华创建的第三座私营广播电台,也是唯一一个获得官方正式批准的电台。不过,澳门奥斯邦电台依旧延续了其"昙花一现"的风格——1926年2月18日,澳门总督购买了这座"设于马交石炮台的'东方无线电有限公司'下属广播电台"。[①] 1927年,香港东方无线电有限公司在香港注销,[②]奥斯邦在中国的无线电广播事业宣告结束。

奥斯邦是中国广播史开端的一个关键人物,他将广播电台带到了中国上海、香港和澳门,正式拉开了这三个城市广播播音的帷幕。奥斯邦在这三座城市的商业电台尽管在启播方式、运营模式、播音内容等方面都存在高度的相似性,但结局却有所不同。上海奥斯邦电台最终为投资人之一的华人张君所有,其播音设备最后为新孚洋行台和开洛电台所有,进而为1927年以后中国上海的民营电台兴起奠定了一定基础。香港奥斯邦电台则完全在与港英政府的对峙中,走向了彻底的失败,与后来的香港电台的缘分,除了最初入港时与无线电广播俱乐部和《士蔑西报》等有过合作,似乎再无其他关联。澳门奥斯邦电台则是香港奥斯邦电台的延续,并且最后十分幸运地被官方收编,变成澳门总督管理并为其拥有的电台。从某种层面讲,这也许已经是奥斯邦东亚广播商业冒险的最好归宿了。

---

① [葡]施白蒂,[葡]Silva Beatriz.澳门编年史:二十世纪1900~1949[M].吴志良,汤开建,金国平,译.澳门:澳门基金会,1999:193.

② 刘书峰."新媒体冒险家"奥斯邦的中国广播创业历程[J].现代传播(中国传媒大学学报),2019,41(10).

二、澳葡当局管控下的澳门播音事业发展

澳葡管辖时期,澳门的电台有公私合营的澳门电台,下设澳门电台中文频道和澳门电台葡文频道;另外还有一座私营的绿邨电台。在澳门除了有本地各大电台广播外,也因澳门地势因素,不少周边地区,如香港、广州、台湾等地发射的广播信号澳门也能接收到,加上澳门本地可供选择的电台太少,因此这些外来的电台都很受澳门民众追捧。

(一)澳门无线电广播电台

据《中国广播电视通史》记录,澳门本地人最早开办的广播电台是1933年8月26日开播的澳门无线电广播电台,"是一些专业人士作为业余爱好开办的,呼号为'CON-MACAU',每天21:00至23:00用葡萄牙语播送新闻和音乐,后改为隔天广播一次。"①刚建立的澳门无线电广播台是一个小功率电台,但"这样一个小功率的电台,远至帝汶、整个澳洲、纽西兰(新西兰)亦能收到它的频率"②。据澳门土生葡人、律师、作家飞历奇(Henrique de Senna Fernandes,1923—2010)记述,澳门无线电广播电台开播时,时任"署理总督罗莎·桑托斯(Rocha Santos)、政府众多官员和报界代表参加开幕仪式,邮电司司长路西安诺·达·高斯达·马丁斯(Luciano da Costa Martins)发表讲话:'此举得以实现,标志着澳门又取得了更新的进步,今天,我们可以说,澳门在葡萄牙海外属地无线电业务上处于领先地位,1925年就着手进行了。'电台在试用期表明效果十分理想,可以被无线电爱好者和设于马尼拉及帝力的电台接收,就收信和便利而言,是远东地区最好的电台。"③

澳门无线电广播电台开播之初,以音乐节目为主。首播当日推出的节目既有外国乐队的演出,也有中国乐队的演出。首播节目《荣誉港》是五重奏音

---

①　赵玉明.中国广播电视通史[M].新一版.北京:中国广播影视出版社,2014:459.

②　邓开颂.澳门历史:1840—1949[M].珠海:珠海出版社,1999:318.

③　飞历奇.澳门电影历史:有声影片时期[J].文化杂志(中文版),1995(23).

乐,有小提琴、吉他和曼陀林。"五重奏乐队由恩里克·布拉加(Henrique Braga)、J.卢德里克(J. Rodrigues)、阿尔那多·德·塞克乌斯(Amaldo de Sequeira)、若奥·布拉加(João Braga)和安东尼奥·阿曼德(António Amante)组成。此外,首播式还上演了名为《小布拉卡》(Bragazinho)弦乐小组节目,尚有一个名为'晨星'(Chan Seng)的中国乐队,由马胜德(Ma Seng Tac)指挥,为澳门电台演奏中国音乐,作(做)出了有益的贡献。"① 澳门无线广播电台也播送来源于澳门葡文日报《澳门之声报》新闻节目。据此可以推测,这一时期的新闻播报可能是使用的《澳门之声报》的记者。

澳门无线广播电台尽管在创办之初是由一群业余无线电爱好者经营,却在开播之后得到了澳葡当局的高度重视。"无线电广播台有政府的一部分资金,数额为＄30000元……1934年1月1日,澳督美兰德首次在电台发表讲话,由此开启了历任澳门总督在新年之际向全体市民致辞的先河。"②

不久后,澳门无线电广播电台将呼号改为CRY-9-MACAU,每天广播两小时。抗战时期,澳门无线广播电台1937—1938年停播,这一时间段澳门广播播音处于停滞状态。1938年后,澳门无线电广播电台曾多次更换呼号播音,直到1941年停播。1938年,隶属治安警察厅的警察电台以XX9-RÁDIO POLÍCIA的呼号开播至1941年止,其广播室设在莲峰体育中心旁边的二区警署内。

抗战时期,由于葡萄牙宣布澳门在战争中保持"中立",澳门没有沦陷。当时澳门新闻网络并不发达,刚刚起步的电台时停时播,风雨飘摇,所以"当时的爱国报纸和期刊就成为救亡活动最主要的喉舌"③。这一特殊历史时期,澳门的广播事业以其他形式得以延续。1941年,澳门广播会成立,它继承了CRY-9-MACAU的设施及广播器材,改以葡语、粤语和英语广播。1944年10月16日,一本名为《澳门电台俱乐部》(Rádio Clube de Macau)的双周刊问世,至1946年4月1日停刊,共出版34期。④ 抗战胜利之后,澳门的无

---

① 飞历奇.澳门电影历史:有声影片时期[J].文化杂志(中文版),1995(23).

② 飞历奇.澳门电影历史:有声影片时期[J].文化杂志(中文版),1995(23).

③ 抗战时期的澳门文化界[EB/OL].(2015-08-25)[2024-01-04].http://www.zlb.gov.cn/2015-08/25/c_128163826.htm.

④ 施白蒂(葡),Silva Beatriz(葡).澳门编年史:二十世纪(1900—1949)[M].吴志良,汤开建,金国平,译.澳门:澳门基金会,1999:294.

线电爱好者重新回到空中传声的创业历程中。1945年8月18日,澳督戴思乐就抗战胜利在电台发表致澳门广大市民的文告,"赞颂澳门居民在太平洋战争艰苦的岁月中,忍受着物质短缺和精神痛苦,坚持团结、合作和自信精神,乐观地克服和抵抗几乎无法解决的困难,并且承认政府虽然对民间的援助不足,但澳门居民仍能团结一致,渡过难关。"①终于,该电台1948年被澳葡当局收购和经营管理。此后,该电台"隶属于新闻旅游处,播出内容只有音乐、粤曲和儿童故事等"。②

20世纪50年代以后,澳门无线电广播台又经历了几次改革。1953年3月6日,澳门气象台开始在电台播送气象报告。1954年1月16日,立法建立澳门广播电台。1962年,由指导委员会管理的澳门广播电台取代澳门广播会,并于1973年转交信息暨旅游中心管辖。澳门无线电广播台成为澳门历史上唯一的公营电台。

(二)绿邨电台

葡萄牙殖民时期,澳门出现的第二座电台是1952年由罗保爵士创办的绿邨电台,播音室设在一幢私人楼宇内,并以CR9XL和CR9XM两个呼号广播粤语和葡语节目。绿邨电台得名于其初创时的所在地——俾利喇街与美副将马路交界处的绿色洋房。这座建筑当时被人们称作"绿邨",因而有了"绿邨电台"的称号,一直沿用至今。绿邨电台有过一段辉煌历史,许多名人曾经主持该台的节目,著名编剧家南海十三郎、音乐家卢家炽及著名播音人李我等都曾任电台节目主持人。60年代初,绿邨电台因广播赛狗而风行一时,吸引了许多香港听众。澳门博彩业一向十分发达,六七十年代的时候,澳门风行的博彩业之一是赛狗。赛狗始于1931年11月26日③,五年后停办。1961年印度尼西亚华侨郑君豹向澳葡政府申请恢复赛狗,旋即转让予逸园赛狗有限公司,1963年重新营业,因而被称为逸园赛狗。香港当时没有

---

① 傅玉兰. 抗日战争时期的澳门[M]. 澳门:文化局澳门博物馆出版,2001:175.

② 谭天等. 港澳台广播电视[M]. 广州:暨南大学出版社,2010:104.又见丁淦林.中国新闻图史[M]. 广州:南方日报出版社,2002:245.

③ 澳门赛狗开幕[N]. 工商晚报,1931-11-28(3).

投注站,只能收听绿邨电台的赛狗播音参与博彩。绿邨电台也因播赛狗节目而风靡港澳。1962年,建成电台发射塔后,绿邨电台广播覆盖范围更广。

在澳门历史上一次大规模群众运动"一二·三事件"中,绿邨电台扮演了重要的宣传角色。事件发生后,绿邨电台在1966年12月3日到8日通宵广播时局,后来由"绿邨电台广播组"接管电台,主要是向澳门和香港地区播送与"反英抗暴"和内地"文革"有关的消息。"一二·三事件"以中国人民的全面胜利和澳葡当局的全面屈服宣告结束,大大改变了葡萄牙官员对澳门地位的看法和后来葡萄牙政府对澳门政策的调整。① 此事件以后,"绿邨电台广播组"于1969年解散,绿邨电台确定了"不谈政治"的播音方针。每天从早上6时至午夜,共播音18个小时。主要节目有音乐、粤曲、广播剧、儿童故事、话剧、点唱、赛狗消息等。绿邨电台未能向政府申请到新闻准照,因而在新闻播音方面,"没有自编的新闻节目,只在综合节目中,由主持人根据报纸的报道,插播一些居民感兴趣的社会新闻"②。此外,"每晚深夜再播送一次政府新闻司编发的新闻稿"③。

(三)澳门回归以前的电台播音节目

1980年2月15日,澳葡政府根据1979年12月31日第43/79/M号法令,把澳门广播电台交由葡萄牙广播电视公司管理。1982年1月1日,澳葡政府成立澳门广播电视有限公司(以下简称澳广视)。这是一个由政府出资、行政上独立的公共企业。澳广视成立后接管了澳门电台及其所属的中文、葡文两个频道。1983年1月1日,澳门广播电视公司成立,设立电台部,并接管澳门广播电台。这一时期的澳门电台仍属于公营广播机构。

澳广视成立后,澳门广播电台发展在业务上进入快车道。以澳门电台中文广播频道FM100.7为例,20世纪80年代初,广播除了以音乐节目为主,

---

① 广东省档案馆. 广东澳门档案史料选编[M]. 北京:中国档案出版社,1999.
② 编委会. 台港澳大辞典[M]. 北京:中国广播电视出版社,1992:773.
③ 王晋军. 我的1999[M]. 北京:解放军文艺出版社,1999:350.

还逐渐增大清谈、综艺等节目的比重。1980年时全台主持人①人数只有4至5人,每个节目大多数只有一位节目主持人,只有部分节目由两位主持人合作主持。澳广视接管电台后,澳门电台于1985年实现24小时播音。实现24小时播音后,澳门电台遇到了人员上的困难。当时,"澳门电台只有20位节目主持人,不敷需要……是难以应付24小时全日播音的。而澳门又没有专门培训广播人才的部门和学校。电台往往采取主持人训练班的办法以应急"。②此后,主持人人数逐渐增多,并且经历了多次改组、调配;电台节目进行了多次改革,增加了许多与本澳居民息息相关的消息。到了90年代,电台节目已经"趋向资讯、时事及信息的路线,由'今日脉搏'中增设咨询热线。而'空中剧场'亦是电台最后一个广播剧,可见电台由以广播剧和音乐为主,已逐渐转变到与听众在空中直接沟通及社会信息等方面的节目"③。这一时期广播节目变得更加多元,听众的声音也开始有机会出现在广播当中。听众可以通过烽烟节目讲述自己的心事或问题。电台主持人也会和听众玩游戏赢奖品,还会经常举办一些大大小小的户外节目和活动,例如每逢中秋节、圣诞节和除夕夜都会在议事厅前和市政厅一起合办大型的综合晚会等。有人做过统计,澳门电台广播"约每两年转变节目内容一次,其内容按照新闻及公共事务占6%;音乐占60%;信息占13%;清谈占13%;综艺占8%"④。

澳广视尽管作为公营广播机构,在业务上推动澳门电台取得了较快发展,但是公司连年亏损,平均每年亏损约达9000万至1亿澳门币。1988年8月,澳广视经营状态使澳葡政府不堪负累,于是将49.5%的股份分售予澳门旅游娱乐有限公司(19.5%,后转售给新韵影视事业有限公司)、南光集团有限公司(15%)、何厚铧(15%,后转售给信诚达有限公司),澳葡政府持股50.5%。澳广视从此改名为澳门广播电视股份有限公司,性质上属于公私合

---

① 在澳门,电台广播播音员和主持人有时统称为DJ。

② 方积根,王光明.港澳新闻事业概观[M].北京:新华出版社,1992:199,200.

③ 陈子良.澳门百业续编[EB/OL].[2024-01-04].https://www.macaudata.mo/macaubook/book093/index.html.

④ 陈子良.澳门百业续编[EB/OL].[2024-01-04].https://www.macaudata.mo/macaubook/book093/index.html.

营的广播机构。体制改革后，澳门电台再次进入加速发展时期。以下是澳门电台中文频道 FM100.7MHz 从 1990 年到 1996 年的节目表。① 从中可以看到公私合营后的澳门电台中文频道的节目改革过程。

1990 年 節目表			
AM900 千赫 FM 立體聲 100.7 兆赫	星期一至星期五	期六	星期日
6:00	樂府晨聲	光節奏	晨光節奏
:00	晨彩飛揚 何振明 莊麗晶	家寶	李蕙賢
8:00	詳盡新聞/今日脈搏 時事週響* 咶胸熱線**	詳盡新聞	
	晨彩飛揚	晨光節奏	晨光節奏
9:00	閒話優提 李立勝	星期六約會	知情識趣
10:30	空中劇場	李心怡 黃蓉珍	黃偉業
1:00	城市觸覺 周嘉進 李心怡	流行榜專線 龔惠芬	新地腥門陣 蔡文威 龔惠芬
	詳盡新聞		
13:00	中文歌庫 陳偉成	娛樂 POP SHOP 田紀茹	幾分開心幾分鐘 周嘉進 李立勝
15:00	樂韻激流洗兆榮	青春飛越 鄭志達 李蕙賢	老友記週會 張 添運 李昌康
17:00	開心快活行 鄭志達 李昌康 黃蓉珍	澳門青年	黃昏浪族 李家寶
19:00	詳盡新聞		
19:30	宗教節目		體壇一周
0:00	樂逍遙 蔡文威	搖擺真面目	嫏己篇
2:00	國際音樂精華錄	鄧啟華	田紀茹
23:00	詳盡新聞/今日脈搏 時事週響* 咶胸熱線**	詳盡新聞	
	夜飛行 陳達夫 龔惠芬 張添運		
:00	劃破凌晨 鄭曉薔		夜正深時 黃 偉業
正點新聞簡報：由上午 7:00 至午夜 12:00；普通話新聞：由上午 7:30 及晚上 8:30 播出			
財經速遞：逢星期一至五上午 10:30，中午 12:45，下午 2:30，下午 4:30			
財經一周：逢星期六中午 12:00 新聞簡報後播出			
*逢星期一、三、五播出 **逢星期二、四播出			

1990 年 9 月發出以上節目

图 3-34　澳门电台中文频道 FM100.7MHz1990 年部分节目表

---

① 陈子良.澳门百业续编［EB/OL］.［2024-01-04］.https://www.macaudata.mo/macaubook/book093/index.html.

1993 年 節目表

AM900，FM100.7 廿四小時，全日廣播

	星期日	星期一至星期五	星期六
05:00	共待黎明　陳偉成	樂府晨聲	共待黎明　周嘉進
06:00	晨光節奏	清晨精神莊麗晶	晨光節奏
	伍彩儀		李碧詩
08:00	詳盡新聞	詳盡新聞/今日脈搏	詳盡新聞
	晨光節奏		晨光節奏
	朝早 music show	鄧耀榮	周末開心百二分
09:00	龔惠芬	第一線電台　龔惠芬	李心怡　陳偉成
11:00	濠江茶館	鄭志達　李心怡　伍彩儀	流行榜專線　龔惠芬
	陳達夫　龔惠芬		
13:00	詳盡新聞		
	碧珍時刻		體壇一周
		勝在夠 HIT　李立勝	有事冇事冇關係
	黃碧珍		黃綺綢　許國樑
16:00	新地 JACKPOT	三星多聲道　李碧詩　冼	澳門青年
	周嘉進	兆榮　何振明	
	青少年廣場		張添邇　李蕙賢
18:00	詳盡新聞		
	都市迷情	閒情樂讚　李家寶	搖擺真面目　鄧啓華
	何振明		
21:00	古典精華	樂逍遙　蔡文威	聲越夜　鄧啓華	古典精華
23:00	詳盡新聞		
	空中結緣	相達在晚空	星光伴我心	另類接觸
	龔惠芬	張添邇	陳達夫	李立勝　志輝
02:00	共待黎明　陳偉成	周嘉進　陳偉成	

聽「下」講「下」普通話	星期一、三上午 7:45 播出
正點新聞簡報	由上午 7:00 至午夜 12:00
英語漫談	星期二上午 7:45 播出
普通話新聞	上午 7:30 及晚上 7:30 播出
葡文課程	星期四、五上午 7:45 播出
財經速遞	逢星期一至星期五上午 10:30；星期六、日上午 7:45 重播；中午 12:45
宗教節目	星期一至五晚上 10:45 播出；下午 2:45 及星期日上午 8:30 播出；下午 4:30
春回大地	星期六晚 10:30 播出
財經一周	逢星期六中午 12:00
從城市吹來的微風	星期日晚 10:30 播出及新聞簡報後播出

93 年 1 月發出以上節目

图 3-35　澳门电台中文频道 FM100.7MHz1993 年部分节目表

```
1995 年  節目表
AM 900  ；  FM 100.7 廿四小時，全日廣播
```

	星期一至星期五		星期六	星期日
06:00	樂府晨聲：楊海城		晨光節奏	晨光節奏
07:00	音樂小英傑：何凱傑		王曉冰	伍超文
08:00	詳盡新聞		詳盡新聞	
	澳門講場		晨光節奏	晨光節奏
09:00	音樂小英傑		有情有趣 星期六	青春樂園
	何凱傑		何凱傑、林美寶	何凱傑
10:00	第一線電台：鄧繡榮、龔惠芬、 王曉冰、林美寶、伍超文		流行榜專線 龔惠芬	濠江茶館 陳達夫、龔惠芬
13:00	詳盡新聞			
	碟海縱橫：李家寶		WEEKEND 至大聲 鄭志達	晴朗 SUNDAY 湯朗尼
16:00	通天行動派：陳偉成、李心怡 周嘉雯、冼兆榮、張寶珊		澳門青年 何振明、李蘊賢	奇趣开實 陳偉成、黃綺嫻
18:00	詳盡新聞			
	摩登時代：李立勝		悠然自得 莊麗品	彩色假期 伍彩儀
21:00	深情夜話 湯朗尼	半晚放任 鄭志達	不一樣的天空 伍彩儀	古典精華 李雄燦、譚敏敏
22:00	詳盡新聞			
	深情夜話	半晚放任	不一樣的天空	古典精華
23:00	星光伴我：何振明		聲越夜 鄭啓華	另類接觸 李立勝、志暉
02:00 06:00	共待黎明：勞咢聲、許國權、張寶珊			
正點新聞簡報	由上午 7:00 至午夜 12:00			
普通話新聞	上午 7:30 及晚上 7:30 播出			
財經速遞	逢星期一至星期五上午 10:30 中午；12:45 下午 2:45；下午 4:30			
財經一周	逢星期六中午 12:00 及新聞簡報後播出			

1995 年修訂

图 3-36　澳门电台中文频道 FM100.7MHz1995 年部分节目表

　　1990 年的澳门电台中文频道既有粤语节目，又有普通话节目。节目内容包括新闻资讯、访谈、艺术、文化、教育、旅游、美食、生活及娱乐等方方面面，电台节目风格设计紧贴市民生活，其中《时事回响 咨询热线》节目是为社会各界提供热门话题的讨论平台。从 1993 年起，电台节目开始定型，以后转变也较少。1993 年，增设《第一线电台》节目，由 5 位主持人主持，内容是咨询、专访、杂志式。下午节目一般是比较轻松的综合性节目，而晚上仍以

1996 年 節目表

AM900，FM100.7 廿四小時，全日廣播

	星期日	星期一至星期五	星期六
06:00	少女日記	樂府晨聲 楊海城	天濤光快線
07:00	周嘉雯	音樂小英傑 何凱傑	吳思遠
08:00	詳盡新聞		詳盡新聞
	少女日記	詳盡新聞/澳門廣場	天濤光快線
09:00	青春樂園	音樂小英傑	小倩物語
10:00	勞碧瑩		嚴倩珩
11:00	濠江茶館	第一線電台	勇闖音樂
	陳達夫 龔惠芬	鄧耀榮·龔惠芬·錢偉王 林美寶·伍超文	新世界 葉智勇
13:00	詳盡新聞		
	晴朗 SUNDAY: 湯朗尼	碟海縱橫 李家寶	WEEKEND 至大聲 鄭志遠
16:00	奇趣孖寶：陳偉 成·黃綺嫻	通天行動派 陳偉成·李 心怡·陳國威·余慧敏	澳門青年 何振明·李慧賢
18:00	詳盡新聞		
	古典精華：譚敏敏	摩登獨立時代	摩登時代 古典精華 李雄燦
20:00	彩色假期	李立勝·志輝	李立勝 夜瑤瑤
21:00	伍彩儀 深情夜話 湯朗尼	半晚放任 鄭志遠	不一樣的天空 伍彩儀 鄧嘉瑤
23:00	詳盡新聞		
	第七晚心情：葉智勇	星光伴我心 何振明	解禁夜 陳婉雯
02:00	共待黎明：葉嘉文、許國權、吳思遠、張清宇、彭飛雄、莫兆忠		

1996 年修定

图 3-37 澳门电台中文频道 FM100.7MHz1996 年部分节目表

音乐节目为主,并有不少与听众倾吐心声的环节。

1996 年以后,电台的节目可以说是各式节目具备,十分多元化,如《通天行动派》《奇趣孖宝》均是一些播音员与听众玩游戏拿奖品的较为活泼的节目;《濠江茶馆》《第一线电台》则是一些清谈节目,话题主要围绕时事与社会问题的探讨,逢星期五的《星光伴我心》是很受听众喜爱的诉心声节目,可见电台正走向杂志化路线。

这一时期,电台除了负责电台工作节目外,还常常举办如探访老人活动,以及与市政厅在中秋节、圣诞节和除夕夜在喷水池前合办大型的综合晚会。仅 1996 年,澳门电台中文频道举办的户外活动就有"城市日活动"(6 月23 日,与市政联合举办)、"建筑安全缤纷夜 96"综合晚会(7 月 13 日)、"与

老同乐日""对抗艾滋日""饥馑 30"的闭幕演唱会等。电台主持人除本身的电台工作外,还要不断参与其他活动,工作非常繁忙。

(四) 澳门电视广播概况

澳门电视台起步较晚,直至 1984 年 5 月才启播,"节目主要是粤语和葡萄牙语,也有少数是英语"①。最初只在 18:00—23:00 交叉播放粤语和葡语节目,至 1990 年,才分别以中文和葡文频道来播放粤语和葡语节目。中文台每天播出 11 小时 15 分钟,葡文台每天播出 12 小时。1999 年初,澳广视增设丽音广播服务,多数在直播足球赛事时采用"中文+英文"双声道播出。

1999 年 12 月 20 日,澳门回归。在 21 世纪到来之际,电视广播服务进入激烈竞争时代。2000 年澳门有线电视开播,澳广视增设新字幕机并添置画面处理系统,在制作节目质素与字幕方面有较大进步。2001 年东亚卫视开播,澳广视开始探索将澳门电视推广至东南亚地区,但在激烈的竞争中,东亚卫视于 2008 年 4 月终止广播。2002 年澳门莲花卫视开播。2004 年澳亚卫视的卫星频道澳亚卫视中文台正式开播。2014 年澳门基本电视频道股份有限公司成立,旨在为本地居民接收基本电视频道提供支持服务。

面对媒介发展的日新月异,澳门电台电视广播在业务上不断进步,但却因为市场狭小,在经营上始终存在巨大的亏损。为了解决澳广视常年巨额亏损的问题,2002 年,澳门特区政府重新收购了财团的所有股份,拥有澳广视 99.8% 的股权,其余 0.2% 则为其他公共机构拥有。至此澳广视重回"公营广播机构"的体制。到现在,澳广视艰难地发展为拥有澳视澳门、澳视浦间、澳门体育、澳门咨询、澳门综艺、澳门 MACAU TDM-Macau Satéllite、澳门电台 Rádio Macau 等 7 个自制频道,并转播中央电视台综合频道、中央电视台新闻频道、中央电视台体育频道、中国环球电视网(主频)、中国环球电视网纪录

① David Leffman, Jules Brown. *Rough Guide To Hong Kong & Macau*[M]. London Rough Guides Ltd, 2009. p32.

频道、海峡卫视、湖南广播电视台国际频道、东南卫视等 8 个频道。① 年轻的
澳门电视广播仍将在变革迅速的互联网媒介环境中寻找自己的生存之道。

三、澳门知名播音员梁送风及其播音思想

尽管澳门广播电视在经营上充满坎坷,但澳门播音历史上却也诞生了
一些名主持。澳门绿邨电台创建后,李我、蒋声先后担任播音员讲述伦理小
说,梁送风则讲述谐剧,王德森弹唱南音,李天一讲述民间故事,希中姐姐主
持儿童节目,其后有飘扬、梁天等加入演述戏剧化小说。其中一些播音员常
辗转于港澳之间,于澳门播音而言是绚丽的一笔,但从中国播音史发展历程
上看,不适合直接归入澳门播音部分。例如"播音旷世奇才"李我,于 1950
年在绿邨电台讲古一年,但他大部分播音生涯是在香港,故在本章的香港播
音部分中为读者展开介绍。那么,提到澳门播音,不得不说的便是播音生涯
始终在澳门的红极一时的播音员梁送风先生。

梁送风先生是澳门著名的电台谐剧广播前辈。据梁送风自述,他的名
字取自唐代诗人王勃写《滕王阁序》的典故——"时来送风滕王阁",寓意时
来运到,风生水起。王勃少年得志,十八岁因《滕王阁序》闻名天下,而梁送
风的电台播音生涯也始于十八九岁的青春年华。1952 年,梁送风加入澳门
绿邨电台主持谐剧节目,他一人扮演多角,男、女、老、幼九种不同声调,犹如
群体演出。他将节目内容划分为爱情文艺、武侠侦探、妙趣人生、民间趣剧、
半夜怪谈,以及《西游记》《红楼梦》《三国演义》《雷雨》等中国名著改
编等。②

到 1966 年的黄金时期,梁送风除了在绿邨电台之外,还兼任澳门电台的
节目播音。除了直播,澳门电台每天以不同时间播放四五次由他播音的其

---

① *Macao Country Study Guide Volume 2 Political and Economic Developments*［M］.
Iowa:IBP,2015. p203.

② 梁送风.播音生涯［EB/OL］.［2024-01-05］.http://radiostory.leongsongfong.com/
homepage.htm.

图 3-38 梁送风初次在绿邨电台播音

他节目。梁送风的播音节目还一度远扬海外,在纽约和旧金山的华人电台也有播放。

身怀"口技"绝活的梁送风曾经还凭一己之力制作了澳门广播电台 1982 年的"电台台庆"节目,以一人扮演多角,仿似群体演出,再加上舞狮锣鼓、爆竹声响充满喜庆气氛,在电台中营造出了庆典的氛围。① 梁送风在直播室讲述谐剧时,市民日报社社长何曼公先生一边听讲谐剧,一边执笔记录剧情,翌日刊印在《市民日报》副刊上,使报纸销路大增。② 可见广播电台兴起之初,一直靠报刊宣传节目聚集听众。随着广播电台的普及和兴盛,电台节目对当时的报刊也起到了一定的反哺作用。电视兴起之后,梁送风又增加了电视讲古人的身份,所谓"播音变成影,可见又可闻。屏幕讲故事,表情更逼真"。早期电视讲古的制作过程是"在镜头面前播出一段录音声带,跟着录音声带的情节,做出对话的口形、动作,以及内心表情,讲究眼神手势",相当于给声音配画面,是一个表演的过程,呈现出声情并茂的电视讲古作品。梁送风的电视讲古代表作有《武松打虎》《十三妹》等。以《武松打虎》为例,录

① "电台台庆"节目的广播音频[EB/OL].[2024-01-05].http://radiostory.leong-songfong.com/homepage.htm.

② 梁送风.早期谐剧[EB/OL].[2012-12-21].http://radiostory.leongsongfong.com/early.htm.

音是在 1981 年,而录影则是在 1999 年,两者相距 18 年之久。①

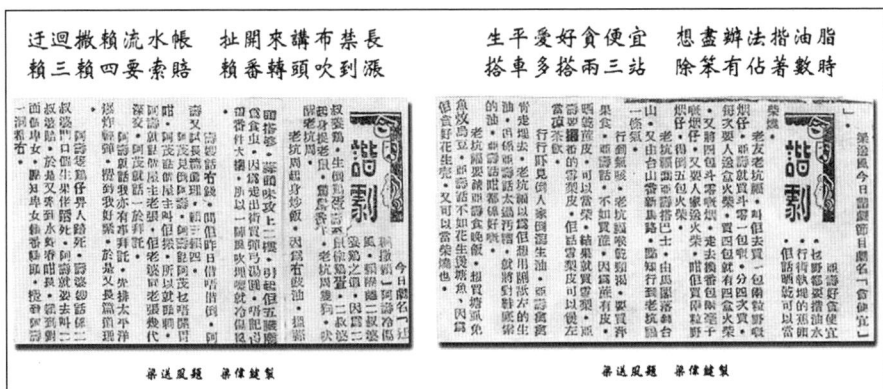

图 3-39　《市民日报》刊登的谐剧《贪便宜》(左)和《迂回撒赖》(右)

1954 年开始,梁送风在澳门绿邨广播电台主持一个两小时早间音乐节目,名叫《清晨漫谈》,节目直播时间为 6:00—8:00。这一节目形式与后来电台中的 DJ 类似,"一会儿播播歌、讲讲笑话、谈谈生活琐事,及新闻趣事、天气报告等,同时还需要每隔十分钟报时一次,提醒上班上学的朋友"②。实际上,清谈节目直播至今仍然是所有电台节目主要形式之一。

到 1979 年,梁送风又在澳门电台主持 18:00 的《流行曲特写》节目,节目时间为半小时。《流行曲特写》以一首流行曲为主题,配合有关笑料交替组合而成,能令听众听完后,对这首流行曲有更深的印象,很受听众欢迎。现摘录其中一期节目的主持稿,方便读者感受当时节目的语言风格,亦可与当下广播主持做比较。③

---

① 　梁送风.武松打虎［EB/OL］.［2012-12-21］.http://radiostory.leongsongfong.com/early.htm.

② 　梁送风.流行曲特写［EB/OL］.(2012-12-21)［2024-01-05］.http://radiostory.leongsongfong.com/homepage.htm.

③ 　主持稿引自"梁送风播音网页",梁送风在网页文章中写道:"现在把稿件整理,重现网上,给网友分享,也可怀旧舒(抒)情。"足见梁先生对播音事业的热爱,乐于分享其成果。网页一共收录了《流行曲特写》节目主持稿 16 篇,供读者查阅。网址见注①。

几页情诗〔甄秀仪〕

〔特写开始〕——"缠绵情歌,缠绵情诗,再续已柔肠尽碎。"

叙:各位朋友,您(你)们大家都听到了"缠绵情歌,缠绵情诗,……"这两句歌词。今次特写的话题就是"情歌、情诗、情话",三种东西,把它们共冶一炉。同时,以甄秀仪所唱的《几页情诗》作为主题曲。好,现在请大家一齐(起)来欣赏主题曲由甄秀仪所唱的《几页情诗》〔掌声中播出〕——

…………

〔歌声唱完,讲笑话开始〕笑话题目:《对牛弹琴》——

男:玲妹呀……

女:唔唔。

男:我爱您!您是世界上唯一的女人,您是我梦想中的对象,是我生命曙光,是我希望中的希望,是我的灵感和鼓舞,我的泉源为了您,我不惜屠龙捕虎,我要战胜全世界,我不惜牺牲生命,玲妹妹,您答应我好吗?

女:我都不懂,不知你到底说什么,究竟你是不是喜欢我?

男:〔啼笑皆非〕……〔哄堂大笑〕

叙:简直是对牛弹琴,白费唇舌。听过了这段情话后,我又想起了一页(首)情诗来,这页情诗只得四句,而且很简浅,但情意深长,甚为缠绵,情诗是这样写——

哪有林里不长树?

哪有海里不装水?

哪有一晚我睡时,

不曾梦中看见您?——〔鼓掌声〕——

叙:听完情诗,再来听首情歌吧。这首情歌是由汪明荃唱的"春残梦断"——

…………

〔歌声唱完,又到讲笑话〕题目:《赴汤蹈火》——

男:亲爱的,我为了你,赴汤蹈火在所不计。

女:那时候,你岂非变成灰烬?〔哄堂大笑〕——

〔引入特写歌词〕——"缠绵情歌,缠绵情诗,却令我柔肠断碎。"

念歌词:蝴蝶思花不思草,

　　　　哥思情妹不思家。

　　　　月亮在前星在后,

　　　　魂儿不离哥左右。——〔引入插曲〕:《离别的叮咛》——

叙:刚才是张伟文唱的《离别的叮咛》,说到情人离别的时候,正是千言万语说不完,最担心的就是别离后变了心。记得《随园诗话》里面有一首诗,记载有一个男人和妻子分别,要去秦淮经商。谁知到了那处,竟然另筑香巢,拥抱新欢,久不思归。于是妻子写了一首诗寄给他,诗是这样写——

新花枝胜旧花枝,

从此无心念别离。

知否秦淮今夜月?

有人相对数归期!——〔鼓掌声〕——

叙:她的丈夫看到这首诗后,大受感动,立即赶回家了。好,现在来听一首情歌,由林静仪唱《相思扣》——〔引入插曲:《相思扣》〕——

〔歌声唱完,又到讲笑话〕题目:《黏邮票》——

男:安娜,我很珍惜你给我的信。

女:怎样珍惜呢?

男:我把你的信放在衣袋里,随时拿出来吻一下信上的邮票。

女:为什么?

男:因为我知道那邮票,必经过你的朱唇香沫,然后黏到信封上。

女:哈哈,你错了,告诉你吧,每当寄信黏邮票,都是命小狗把舌头伸出来黏邮票的。〔哄堂大笑〕——

〔引入特写歌词〕——"缠绵情歌,缠绵情诗,再续已柔肠尽碎。"

念诗:流泉接长河,

　　　长河入东海。

　　　浩浩天风吹,

中有深情在。

天地有至理,

万物自成双。

为何侬与君?

不得同飞翔! ——〔鼓掌声〕——

〔引入特写歌词〕——

" 怀人独看情歌、情诗,心间却怨恨,两下有别离,哀此分飞燕,情分不再叙,天长和地久,难忘往事,郎情尽写诗歌里,念到伤情事,腮边只有泪,缠绵情歌,缠绵情诗,却令我柔肠断碎。"——〔结束〕

〔流行曲特写《几页情诗》1979 年 5 月 4 日下午 6 时在澳门电台播出梁送风主持〕

梁送风的节目非常幽默,念诗朗朗上口,他用的是十分适合电台播音的广播语言。这一类形式的电台播音除了体现在《流行曲特写》节目,还延续至 20 世纪 80 年代以后澳门电台的《歌声笑声齐欢乐》节目。[①] 不同点在于,《歌声笑声齐欢乐》节目以一首歌配搭一至两个笑话,而歌词内容多多少少都与笑话相关,有时甚至天造地设,恰巧成配,可谓歌曲与笑话相得益彰。

除了在演播厅直播,梁送风在澳门播音历史上贡献了十分精彩的广播现场报道——1954 年 1 月,轰动港澳的"吴陈比武"的现场直播报道。

"吴陈比武"缘起于港澳武林的一场"隔江骂战"。香港太极掌门吴公仪与澳门白鹤派的陈克夫都认为自己"由南至北(由北至南),未逢敌手",于是在报纸上展开了持续半年的笔战。后来,二人立下生死状,相约 1954 年 1 月 17 号在澳门花园游泳池比武,借以募款救济香港火灾的难民,引来万人围观。绿邨电台派梁送风到现场讲述,"电台转播站贴近比武台,视野清楚,距

---

① 有关《歌声笑声齐欢笑》的电台主持稿同样由梁送风先生整理了 11 期,可供读者阅览和收听,访问时间 2024 年 1 月 5 日,详见 http://radiostory.leongsongfong.com/homepage.htm.

离比武前十五分钟,我已经对着咪高风报导(道)现况,那时我心情十分紧张,因为我知道这时候,港澳有千万听众守候在收音机旁听我道来。"①"吴陈比武"总共进行了两个回合,第一回合打得吴公仪"须发直竖",第二回合打得陈克夫"血染线衫"。千钧一发之际,裁判何贤当机立断,紧急敲钟,停止第二回合。经过裁判会议裁定后,大会宣布比赛结束,比赛双方平分秋色,不分胜负。两拳师握手言欢,达到了比武义演筹募善款和提倡武术的目的。梁送风也成为港澳罕有的擂台赛"讲述人",他是港澳电台有史以来,现场讲述比武实况的第一个人。

《空中传声卅三载:播音艺术家梁送风访谈录》记录了 1932—1985 年间澳门播音艺术家梁送风的人生经历、播音技巧、在绿邨电台和澳门电台的广播生涯,以及"吴陈比武"等精彩的历史回忆。前后共计 30 余年的播音生涯凝聚了一位澳门播音界前辈的播音经验,对文艺工作者有着重要启发和借鉴作用。

澳门辖区狭小,人口不到 70 万(截至 2023 年),仅有一个很小的广播市场,因而很难在本地的广播产生过多的经济利益。尽管如此,澳门却一直有着现代化与高度自由的新闻环境。作为百年中国播音史发展历程中的重要一环,澳门播音界始终对本地产生着重要影响,与周边播音界有深入的交流。澳门广播经过了"公私合营"的曲折探索阶段,最终走向了由特区政府支持的公营广播体制,这符合历史发展的必然方向。与此同时,延续商业广播路线的绿邨广播也在新的媒介环境下继续探索发展之路。总体而言,澳门播音事业的发展和香港有许多相似之处——在双轨并行的道路上,形成了自身独特的发展方向。澳门播音历史上经历的大事件,培养的一代代明星播音员已经成为无法抹去的澳门记忆,在澳门历史中熠熠生辉。

---

① 梁送风.吴陈比武话当年[EB/OL].(2003-06-28)[2024-01-15].http://radiostory.leongsongfong.com/homepage.htm.

第三节　中国台湾播音事业和学术发展

一、日据时期的台湾广播

自1895年《中日马关条约》之后,中国台湾进入了长达五十年的日据时期。1921—1925年,当世界各地的广播事业纷纷起步时,台湾也开始酝酿本地广播事业的发展。这一时期,台湾本地能收听到来自上海、香港、东京等地的广播信号。基隆青年协会积极协调台湾总督府交通局发展无线电事业,但最终未实现台湾社会民间创办广播的设想。① 1928年12月22日,台北放送局正式开台。台湾广播从起步时就成为假借"满足本岛需求"与"对促进内台②融合"之名,"播放日本音乐宣传日本文化嗜好"的殖民统治的教化工具。

由于广播电台当时属于价格昂贵的消费品,台北放送局广播的受众最终主要是在台日本人和极少数台湾人,节目内容也极少符合台湾本地人的需求,这在一定程度上限制了早期台湾广播电台的发展。直至1929年,台湾总督府着手兴建广播电台,并实行收音机购买的优惠政策,广播电台才得到了推广。1931年1月15日,台北放送局的广播功率增大到10千瓦时,"从上午10:30起一直到晚上9:20连续播音,各种各样的《演奏》娱乐节目占据了绝大部分时间,《正午时报》《时报》等新闻次之,《讲座》《演讲》等教育节

---

① 张晓锋.扶持与统制:日本殖民统治时期台湾地区广播事业的历史考察[J].新闻与传播研究,2014,21(12).

② 内台,日据时期所谓"内"指的是日本本岛,"台"指当时的台湾岛。有关台北放送局被纳入殖民统治的教化系统的内容见深川繁治.诸外国のラヂオ施设と台湾[J].台湾递信协会杂志第88号,1929(2).又见张晓锋.扶持与统制:日本殖民统治时期台湾地区广播事业的历史考察[J].新闻与传播研究,2014,21(12).

番北放送局演奏所外觀

图 3-40　日据时期的台北放送局演奏所,今为台北"二二八纪念馆"

目第三,此外还有《日用品小壳值段》《天气预报》等节目。"①九一八事变以后,台北放送局电台通过新闻速报、演讲、讲座等各种形式为日本辩护,彻底成为侵略者的帮凶。此后,1932 年台南放送局、1934 年台中放送局相继开播,都同属于殖民当局宣扬"国威"的喉舌。1937 年 7 月 7 日"卢沟桥事变"之后,日本发动了全面侵华战争,殖民政府进一步强化和扩张电台的宣传作用,提出"二重放送实施计划",以台北、台南、台中为第一放送,另于 1940 年9 月 28 日在台北建立民雄放送所为第二放送,达到日本在台北对中国大陆及南洋地区对外广播的军事目的。② 1942 年 8 月,嘉义放送局启播,转播日本 NHK 及台北放送局的节目;1944 年台东花莲放送局启播。至此,日本殖民政府完成了对台湾殖民广播的全覆盖,"基本满足了殖民当局依托广播实施思想教化乃至战争动员的需求"。③

1945 年 8 月 15 日《朝日新闻》号外,预告当日中午 12 时的"重大广

①　放送文化研究所 20 世纪放送史编集室编. 放送史料集·台湾放送协会[M]. 东京:放送文化研究所,1998:18-19.

②　鹤丸生. 民雄放送所开所式[J]. 台湾递信协会杂志.1940(10).

③　张晓锋. 扶持与统制:日本殖民统治时期台湾地区广播事业的历史考察[J].新闻与传播研究,2014,21(12).

播"——昭和天皇通过广播宣读终战诏书,宣布无
条件投降,日本战败。10 月 25 日,南京国民政府
在台北中山堂举行受降典礼,台湾光复。11 月 1
日,国民政府特派员林中等接收台湾放送协会所
属各台,并将台湾放送协会改名为台湾广播电台,
从此台湾广播进入转型期,属于中国台湾的播音
历史从此正式开始拉开序幕。

二、战后台湾播音事业发展与播音学术研究兴起

战后台湾经历了"戒严"和"解严"两个时
期。1949 年国民党溃败,退到台湾后在台湾宣布
实行"戒严"。1987 年 7 月 15 日,在蒋经国主持
下台湾当局宣布解除"解严"。两个时期,台湾广
播观念出现了许多变化,虽然"政治环境变了,但
台湾传播观念源于中国传统文化的本质并未改
变。台湾广播观念始终是在自由与责任间谋和,
总体上说,崇尚自由但更强调责任,以责任为中

图 3-41　1945 年 8 月 15
日《朝日新闻》号外预告当
日中午 12 时的"重大广播"

心和目标,主张从传媒对社会责任的履行结果来评价自由的价值和度,以及
政府在传播中的功能"。① 战后台湾本地播音事业逐渐繁荣了起来。

1928 年 8 月 1 日,国民党中央广播电台成立,台湾简称其为"中广"。
1949 年国民党退居台湾,"中广"也随着南京国民政府来到台湾。来台之后,
国民党中央广播电台改为"中国广播公司电台",经历了初创期(1950—1964
年)、企业化经营时期(1965—1978 年)、全面革新时期(1979—1986 年)、创
新发展时期(1987—1998 年)②。这一时期台湾有关播音的学术性讨论逐步

---

① 夏倩芳.解严前后台湾广播观念之变迁[J].新闻与传播研究,1998(02).
② 廖远泰,吴疏潭."中广"七十年大事记[M].台北:广播月刊出版社,1998:1-3.

兴起。

20世纪50年代,台湾的广播中有许多娱乐节目,如剧团表演、西乐、歌仔戏等。"我们没有电视,听收音机就成为家庭里最好的娱乐。"①这一时期,广播在台湾是新兴的电子媒体,不仅集资讯、教育、娱乐等功能于一身,甚至还将一般只存在于书面印刷文化中的文学,也带到广播声音的领域。"摊开当时的广播节目表,名为'长篇小说''小说朗读''小说选播''文艺选播'等的节目借由播音员朗诵现成的文艺小说,使原本只供阅读的文学作品从此有声可闻,其他节目诸如'广播剧''诗歌朗诵'等,同样也开拓着文学在收音机广播世界中的版图。"②此外,广播也成为社会教育的利器,"除了五花八门的教育节目不谈,即娱乐本身,也已不限于唱唱而已还有诗歌朗诵与广播小说等等,这些节目不仅加配气氛与诗歌意境或小说内容相近的音乐使之美化,在表现方面,似乎人们的听觉生来比视觉更容易接受感情的力量,曾经不止一次,我为诗歌朗诵与小说广播而下泪"③。这段评论已经触及了中国播音学的经典理论。这种运用声音的力量在广播媒介中进行有稿播读的过程被张颂先生及后来的中国播音学理论家们称为"有声语言创作",并形成一套独具特色,理论与实践并重的学术体系。只不过当时的台湾,并不具备使广播播音脱离文学艺术走向独立发展的条件,因而,至今许多有声广播研究分散在文学、艺术、传播等领域。

台湾研究者所谓的50—70年代的广播文学实际上等同于大陆所说的播音中的文艺演播。从内容上来看,以诗歌朗诵、散文、小说演播等为主要形式,诞生了一大批有影响力的文艺演播。政治大学台湾文学研究所博士张毓如在博士论文中"就《联合报》、《'中央日报'》、《征信新闻报》、《台湾之声》、《广播周刊》、《广播杂志》、《空中杂志》、《'中广'通讯》、《正声周刊》、《复兴广播月刊》等报刊进行地毯式的考察,搜罗小说广播节目的相关消息,

① 何凡. 听广播[N]. 联合报·联合副刊,1955-05-26(6).

② 张毓如. 打开台湾文学的耳朵:五〇、六〇年代的广播小说及其文学文化网络[J]. 台湾文学研究学报,2015(10). 该文研究了有关20世纪中期台湾广播小说的文学史和文化史意义,以及当时小说广播节目的具体发展流变。

③ 钟梅音. 必须购置的东西[J]. 广播杂志, 1957(03).

并参考图书馆典藏的'中广'公司小说广播节目资料",综合整理出1950—1973年,可考的基于台湾创作、出版,或流通的中文原创小说制作的广播小说篇目共236篇①,演播者有李灵达(1950年,"中广"电台;1952年,民本电台),蓝明(1952—1953年,正声电台),杜兆楠(1952—1957年,民声、"中广"、民本、警广、左营军中电台),刘塞云(1952—1953年,民本电台),尹怀青(1957年,正声电台),李宝途(1956年,正声电台),崔小萍(1956—1968年,"中广"、正声、高雄正言、警广电台),汲溪竹(1958—1959年,中华二台、"中广"、华声一台),谢道鑫(1959—1960年,华声一台、警察、"中广"、"中央"、空军、复兴电台),赵敏(1960年,复兴、"中广"电台),白银、白茜如(1960—1962年,"中广"电台),孟君(1960—1961年,复兴电台),宏毅(1960—1961年,"中广"电台),赵雅君(1961年,"中广"电台),陈振中(1961年,复兴、"中广"电台),张语凡(1961年,复兴、"中广"电台),毛威(1961年,警广电台),于茜(1961—1965年,警广、民防电台),姜薇(1961年,警广电台),孙凌(1962年,警广电台),田敏媛(1962年,警广、复兴电台),王玫(1962—1968年,"中广"电台),赵刚(1962—1970年,"中广"电台),王筠(1962—1965年,"中广"、民防、军中电台),于西清(1963年,胜利之盛、警广电台),白茜(1963—1969年,"中广"、民防、警广电台),尹建中(1963年,警广电台),王友娴(1963年,警广电台),范守义(1963年,警广、世新电台),赵雅君(1963—1971年,"中广"、警广电台),鄢兰(1963—1971年,"中广"、复兴电台),陶晓清(1964—1969年,世新电台),孙鹏万、徐明(1964年,"中广"电台),张凡(1964—1968年,"中广"电台),雪梅(1964年,"建国"、军中电台),王棣(1966年,"中广"电台),王蒂(1966年,"中广"电台),张凡(1966—1972年,"中广"电台),徐谦(1966—1970年,"中广"电台),田树英(1967—1969年,"中广"电台),胡静(1968年,"中广"电台),陈笏(1968年,"中广"电台),张莉(1969年,"中广"电台),李堂仪(1969年,"中广"电台)李季准(1970—1973年,"中广"电台),贺德敏(1970年,"中

---

① 张毓如.广播小说:二十世纪中期台湾听觉文化与声音叙事[D].台北:政治大学台湾文学研究所,2018.

广"电台)、赵媛(1970 年,"中广"电台)、李志成(1970—1971 年,"中广"电台)、武莉(1970—1971 年,"中广"电台)、侯颖(1970 年,"中广"电台)、杨先治(1970 年,"中广"电台)、戴爱华(1970 年,"中广"电台)、冯沄钟(1971—1973 年,"中广"电台)、尹傅兴(1971 年,"中广"电台)、董淑贞(1973 年,"中广"电台)等。其中,许多人在自己或其他播音员演播的时候兼任导播,有的还要改写、创作剧本,可谓是"一专多能"。

这些播音员的广播小说推动了台湾当代文学的发展与推广,建构了台湾的听觉文化空间,形成了影响深远的听觉审美。台湾研究者张毓如认为,20 世纪 50 年代初期台湾的小说广播节目仍然凭借有限的图书资源,以及播音者过人的讲述技巧,缔造了战后广播小说发展的第一波高峰,并且通过广播听众刊物的专栏报道形成了"播音员群像",甚至提出随着广播美声演绎而沐浴在名播音员光晕之中的,除了收音机前的广大听众之外,还包括小说本身——播音员的声音竟然具备点铁成金之效,能够将"平凡的字句",转变为"使人倾服神往的动听言语"。① 张毓如的《听觉写实:台湾广播小说叙事美学初探》归纳了《广播周刊》等对同时期播音员的评价。如评价著名播音员蓝明时说道:"女播音员蓝明的声音是位处这片小说声浪核心而风靡万千听众的,她无与伦比的诵读功力,不只为刻正积极求取成长的广播新媒介招徕更多爱好者,更将原本无声的书面小说,成功推向有声可闻的新型(形)态和新境界。"②蓝明,本名何艺文,1926 年生于福建闽侯,其外祖父为清末名臣陈宝琛。蓝明在广播界的成绩卓著,曾任军中播音总队编辑、民声电台《小说选播》节目主播、民本电台节目部主任、正声电台播音员与记者。50 年代末到 60 年代初的几年里,蓝明在正声电台自编自播的《夜深沉》节目中"播送极幽美的曲子,谈谈人生的问题,分析感情的烦恼,读一首抒情的小诗,缠绵的古词,带给你(指广播听众)睡梦前恬静的心情",因此深受听众倾

---

①　张毓如. 听觉写实:台湾广播小说叙事美学初探[J]. 台湾文学学报, 2018(06).
②　张毓如. 听觉写实:台湾广播小说叙事美学初探[J]. 台湾文学学报, 2018(06).

慕,走红多时。① 对民声电台播音员杜兆楠的评价是拥有"甜美而流利的音色"②,因长期主讲《名著选播》而大受欢迎,听众们"有的向她要签名照片,有的打电话来请她接听,有的要求定时间到电台来看她"③。张毓如认为,小说广播节目中的播音员,与音乐、戏曲、新闻、讲座节目中的播音员承担的工作任务不同,"唯有广播小说、广播剧等虚构叙事(fictionalnarratives)的节目类型,才让播音员专精的各种'麦克风说话'技巧,获得更为充分的表现空间,如此也才能顺利激发听众对于播音员美声的爱慕和想象,从而催生了一种以收音机广播为根据地的偶像文化。"④可见,台湾广播文学和播音员明星形象的建构的确是互为表里且相辅相成的。

台湾同期发行的报纸、杂志等出版物记录了同时期台湾广播播音的概况,有的甚至较为完整地保留了广播播音节目的形式和内容介绍、播音时间、主创人员信息,以及受众反馈等珍贵的资料,为台湾广播播音研究留下了突破口。政治大学台湾文学研究所博士张毓如谈道:"想要了解台湾广播黄金时代的盛况,并探究何谓'广播小说',我尝试寻求《台湾之声》、《广播周刊》、《广播杂志》、《空中杂志》这些以广播听众为对象的收听指南杂志。"⑤可见,出版物与广播播音天然存在融合关系——报刊是早期广播播音的重要图文载体。

这些刊物中的文章形成了借助于媒介和传播方式,将文学作品传递给社会大众的"广播文学"活动,深刻影响着台湾的文艺事业。"广播文学"是无线电广播技术发展下的产物,结合了文学之美、音乐与艺术之美,并通过白话修饰过的广播语言,达到雅俗共赏的通俗性,贴近民众。"广播文学从

---

① 正声广播公司.正声十年[M].台北:正声广播公司,1960:31-32.

② 伊梦兰.我们的主任——杜兆楠女士[J].广播周刊,1952(06).

③ 智.选介各广播电台的优良节目:名著选播(民声电台)[J].广播杂志,1956(03).

④ 张毓如.听觉写实:台湾广播小说叙事美学初探[J].台湾文学学报,2018(06).

⑤ 张毓如.广播小说:二十世纪中期台湾听觉文化与声音叙事[D].台北:政治大学台湾文学研究所,2018.

抗日广播剧的书写中诞生,在 1949 年之前作为国家民族发声,时代批判的工具。"①台湾广播文学经过 70 多年的发展,形成了"亲近台湾各族群,贴近人民生活型(形)态"的特点,反映了许多台湾本地的多元风貌,同时培育了许多优秀的广播人才。"中广"电台更通过广播文学来训练播音员,形成"明星制度";节目从自制自播,到原著作品的播放;发行《广播月刊》,"提供广播文学的书写园地,借以提升社会大众的文学素养等,让台湾的广播文学兼备'文以载道''雅俗共赏''文学教育''审美艺术'的时代价值"②。《广播月刊》从 1982 年 3 月创刊到 1998 年共 200 期。

通过历时性对比可以发现,相比日据时期的台湾广播播音,"解严"前的台湾本地播音已经走上了自主发展的路径,具备娱乐大众、传递新闻、教育社会的重要社会功能。有关广播播音的学术性研究逐渐见于同期刊发的杂志报纸。日据时期,台湾新闻出版被殖民政府管控,沦为殖民思想文化的宣传机器,因而,极少有讲述台湾人民自己的广播播音事业的内容,致力于播音学术思考的则几乎没有。战后台湾在国民党的统治下,虽然经历了很长一段时间的"戒严"时期,但此时的台湾社会至少是能掌握在中国人自己手里了。在中国人自主管理阶段,真正属于本民族的文化才能得以生长。

20 世纪 80 年代,广播播音作为重要的现代社会文化研究对象就已进入台湾学术研究视野。台湾《师友月刊》刊登过多篇探讨播音的文章。其中,陈玉婕的《"发音"的艺术——你知道如何正确发音吗?》较为明确地提出了说话、唱歌等需要考虑"科学化的'发音'",并指出对于教师、播音员而言,运用发音器官进行正确发音的重要性。这一期《师友月刊》特别制作"发音教育"专辑,"希望对读者们有所裨益,人人都能说一口悦耳的声音,使人际的沟通更加顺畅。"③这与徐桓老师 1985 年出版的《播音发声学》第一版仅隔六年,说明同一时期广播播音技巧和播音发声是两岸同期的研究内容。尚华

①　江晓彦. 台湾广播文学的发展及时代意义:以《"中广"七十年大事记》《广播月刊》为例［D］. 屏东:屏东大学,2017.

②　江晓彦,台湾广播文学的发展及时代意义:以《"中广"七十年大事记》《广播月刊》为例［D］. 屏东:屏东大学,2017(06).

③　陈玉婕."发音"的艺术:你知道如何正确发音吗?［J］.师友月刊.1991(9).

图 3-42 《师友月刊》刊发《"发音"的艺术——你知道如何正确发音吗?》

的《撒播音乐的种子——谈"儿童音乐欣赏广播节目"的制作》则基于台湾当时著名广播节目主持人陈玲如和黄世雄多年的主持经验,讨论了儿童音乐赏析节目播音员"字斟句酌力求精致"的节目制作要求,以及"彻夜录音常年午休"的职业奉献精神,生动还原了当时广播节目的制作流程和台湾老一辈播音员的精神风貌。① 这与大陆提出的"少儿广播节目以服务少年儿童为宗旨"的理念不谋而合。此外,《师友月刊》十分注重广播电台的社会教育功能,先后发表过袁礼达《我的英语播音教学经验》(1983)、苏国荣《中小学教育广播电台刍议》(1983)、吴淑玲《教育专业广播电台——依畔荷田 服务杏

---

① 尚华. 撒播音乐的种子:谈"儿童音乐欣赏广播节目"的制作[J]. 师友月刊,1993(5).

第一年錄音工作均於中廣臺中臺由半夜錄至天亮，左為黃世雄老師，
右為陳玲如老師。

图 3-43　台湾老一辈播音员播音工作照

坛》(1987)、曾文昌《教育之声再蜕变——教育广播电台花、东两台开播》
(1988)、叶兴华《教育广播节目——教育大家谈》(1992)、成志雄《听广播·
学法律·保权益》(1993)、李永烈《社会变迁中的教育广播》(1994)等文章，
聚焦于研究教育广播节目或广播的社会教育作用。同一时期，在大陆，1986
年 7 月 1 日，中国教育电视开始试播，1986 年 10 月 1 日正式开播，其成为隶
属于中华人民共和国教育部的，中华人民共和国唯一的国家级教育电视台，
为广播事业服务于教育事业发展提供平台。两岸广播播音在学术和实践上
有着"同期共轨"的发展步调。这一方面与基于广播技术全球化的时代背景
带来媒介社会的巨大变迁有关；另一方面，广播播音作为社会文化的反映，
在学术和实践领域走向共同的发展方向，这进一步从文化根源上证明两岸
文化同宗同源，是不可分割的一部分。

三、台湾"国语正音运动"对播音界的影响

播音属于有声语言艺术。有声语言艺术得以传播，并为人们所接受，必
然需要以该区域的"共同语"为载体。区域"共同语"的规范就是播音研究的
重要方面。无论是在大陆、港澳还是台湾。"正音"都在一种"官方推广，大

众急需"的形势下受到高度重视。大陆、香港和台湾对"共同语"的理解和诠释有所差异——大陆指普通话,香港的正音运动主要是发动于学术界的粤语正音运动,台湾的"国语正音运动"①原则上是延续其于大陆所推行的以北京话为基础所制定的语音标准。可以说,海峡两岸暨香港的"共同语"同宗同源,推广"共同语"都属于中国话的规范化过程。

在台湾,以播音员、主持人为代表的新闻媒体从业人员成为"标准口音"的示范者,成为推广标准共同语的重要力量。"华语在台湾也的确发展出一种台湾民众普遍认为是标准口音的华语,因为一般认为需要标准口音的使用者,如新闻播报员、非娱乐性节目主持人等,大多使用这种口音。"② 1945年以后,国民党为了形成台湾地区的"共同语",成立了台湾省国语推行委员会,由魏建功任委员会主任委员,提出"台湾省国语运动纲领",开始使用广播向民众——尤其是教育、广播媒体界的学习者播送标准读音。"省国语会成立不久,随即以赵元任博士发音的国语留声片开设《国语发音示范》广播节目。而后又开设广播节目《国语读音示范》,请来国语发音的专门学者专家齐铁恨担任讲者,该节目一共做了8年。"③随后于5月4日拟定《教育处国语读音示范播音办法》(教4字第2500号),规定教授国语者,包括中小学国语教师、民众教育人员以及国语推行人员都应收听《国语读音示范》节目。齐铁恨主讲的《国语读音示范》节目首先播讲省教育处编印的四册《民众国语读本》,并由读本编者林绍贤担任该节目的闽南语翻译。第二部广播的是《国民学校暂用国语读本》,由国语推行委员会干事林良担任节目翻译。④ 至今,仍旧可以看到齐铁恨先生《国语读音示范》节目产生的影响。他示范的"和"字发音不准确,读如"汉"或"嗨",但他的影响实在久远,时至今日,这

---

① 许慧如. 后"国语运动"的语言态度:台湾年轻人对五种华语口音的态度调查[J].台湾语文研究, 2019(02).

② 许慧如. 后"国语运动"的语言态度:台湾年轻人对五种华语口音的态度调查[J].台湾语文研究, 2019(02).

③ 林育辰. 战后初期台湾推行"国语运动"之探讨:1945—1949[J]. 环球科技人文学刊, 2021(02).

④ 何容,齐铁恨,王炬. 台湾之"国语运动"[M]. 台北:台湾书店, 1948:49-52.

一读音仍在台湾媒体和大众生活中广泛应用。

台湾省国语会通过编印"台湾国语比较练习用书"指导国语学习者,有《台湾省适用注音符号十八课》(1946)、《民众国语读本(加注国音及方音注音符号)》(1946)、《从台湾话学习国语》(1946)、《怎样从台湾话学习国语》(1946)、《国台字音对照录》(1947)、《厦语方言符号传习小册》(1947)、《台湾方音符号》(1948)等。为配合推动"国语运动",1950年,台湾广播电台通过其听众读物《台湾之声》月刊《听众信箱》栏目的答复函说明:"在本省光复时,本台为配合政府政策,推行'国语'普及教育,每一种节目都用二种语言广播,即先用'国语'播,接着用闽南语播。"①

为配合光复初期台湾的国语运动,台湾省旅平同乡会的刊物《新台湾》的创刊宗旨包括"从事推行国语运动"。该刊几乎每期都有讨论国语推行问题的文章,如《燕京台湾国语普及会创办意见书》《北平台湾国语普及会成立大会纪述》《漫谈国语与台湾推行国语》《对于从事台湾省国语普及运动应有的认识》《台湾国语的推行与注音符号》等。为了推行国语,台湾国语推行委员会与大陆有深入的文化交流。1948年4月12日,台湾省旅平同乡会在北平市社会服务处餐厅接待台湾省教育工作人员参访团。席上,梁永禄会长做《台湾人学国语的简便方法》的演讲。

1949年后,台湾"国语正音运动"延续发展,主要措施是恢复"中央国语会"、开办"国语"高级班或研究班、增加"国语"教学课时,以及在公教机关禁止使用其他语言文字等。到了20世纪70年代,"国语运动"进入贯彻加强期,增加了"中华文化复兴运动"。此外,又制定"台湾省加强推行'国语'实施计划",从公教机关、本地民众、社会、"国语"推行员,以及"国语"会经费等方面加强"国语"推行;在广播电视节目中,将方言节目播出时间限制在10%以内(1993年废除该规定)。到2003年,这一办法被废除。② 该办法废除后,并不代表台湾不需要通行的共同语,反而当代台湾同胞能讲一口流利

---

① 听众信箱[J].台湾之声,1950(01).

② 林育辰,国民政府迁台后台湾推行"国语运动"之探讨(1949—2003年)[D].台北:台北教育大学台湾文化研究所,2014.

的中国话,很大程度上要归功于战后推行的"国语正音运动"和台湾广播播音教育。

台湾本地方言复杂,但推广共同语和保护台湾本地民族语言并不矛盾。"主体多样"是我们语言政策的总体特点①,台湾地区同样如此。推广共同语与使用和发展台湾各民族自己的语言文字是两条并行不悖的语言发展路径。通行共同语的影响还会继续扩大,台湾播音事业将继续发挥在共同语推广方面的媒体影响和示范作用。

台湾的播音发展历史较大陆和港澳虽然晚一些,但发展速度很快。二战以后,台湾在一系列政策推动下产生了许多广播媒体,为播音实践提供了发展土壤。文艺演播、新闻播音、教育播音等各种播音业务实践遍地开花,这些播音活动用声音构建出了台湾的听觉景观社会,深远地影响着台湾本地的社会文化生活。台湾文化教育界对台湾播音也给予了广泛的关注。这一时期台湾的各类刊物广泛关注到了广播播音的政策宣传功能、大众教育功能、社会整合功能,也有许多研究性文章探讨播音思想、业务实践,对播音活动具有指导意义。台湾"国语正音运动"以后,台湾播音使用规范化语言成为台湾播音界的共识。随着广播人才的需求量不断扩大,台湾播音人才培养先后经历职业教育(1967—1981年)、传播教育(1981—1998年)、广播电视教育(1998年至今)三个阶段。台湾辅仁大学、玄奘大学、世新大学、艺术大学、文化大学、铭传学院、淡江大学、政治大学、中正大学、交通大学、台湾大学等高等教育院校均设置了广播电视与新闻传播相关院系,开设了播音主持有关的专业课程。如台湾政治大学广播电视学系开设基础广播实务、广电新闻深度报道、音响学等课程;文化大学新闻学系开设广播新闻编辑与播报、广播新闻深度报道课程;世新大学广播电视电影学系广播组开设语言正音、听觉传播、初级高级广播制作等课程;玄奘大学大众传播学系开设广播实务(一)、广播实务(二)和广播节目制作(一)、广播节目制作(二)课程;长荣学院大众传播学系开设国语正音与读稿、口语传播与演说课程;

---

① 周庆生. 中国"主体多样"语言政策的发展[J]. 新疆师范大学学报(哲学社会科学版), 2013, 34 (02).

义守大学开设播音训练(一)、播音训练(二)、闽南话正音、客语正音、广播新闻实务课程;辅仁大学影像传播学系开设声音训练、播音技巧与实务课程;慈济大学传播学系开设口语传播、视听传播课程;台湾艺术大学开设播音训练、节目企划、广播英语、节目主持课程。随着媒体技术加速影响全球社会,台湾播音从业务实践、人才培养到学术研究,都不断朝着新技术、融媒体方向蓬勃发展。

第四章　百年中国播音学术发展史的
回望、展望与价值

　　黄坤明同志2019年8月26日在学习习近平总书记关于历史科学重要论述理论研讨会上的讲话中指出:"强调历史是一个民族、一个国家形成、发展及其盛衰兴亡的真实记录,是前人各种知识、经验和智慧的总汇;强调当代中国是历史中国的延续和发展,当代中国思想文化也是中国传统思想文化的传承和发展,只有坚持从历史中走向未来,从延续民族文化血脉中开拓前进,才能做好今天的事业;强调历史研究是一切社会科学的基础,承担着'究天人之际、通古今之变'的使命。这些论述,深刻揭示了历史和历史研究对国家发展、民族兴盛、文明传承的重大意义。"

　　学术史是关于学术研究的学术研究,研究学术发展的历程、学者的研究活动、成果和研究经验,甚至学者的生平。学术史就是对学术自身的发展历程进行反思、分析和研究,从而寻找出学术发展的规律性东西。资料是一切研究活动的基础。在百年播音学术资料的基础上,构建媒体融合特质的中国播音学术理论,以及围绕这个中心进行学科的人才培养是主要问题,涉及观念与思想、教材与资料、机构与人物,反思等。聚焦核心一是学术观念和研究方法,二是人才培养的方法,涉及学科的建制、课程设置、划分专业,是学科建设的根本问题,也是一个深层次的问题,更是一个迫切的问题。在当下,播音学面临新的挑战。

第一节　百年中国播音学术发展史的回望、展望

研究学术史,就是为了求得系统知识和道理,进而对某种对象和问题进行专门研究和探求。20 世纪后半叶,广播电视的高度普及,播音研究范围不断扩大,研究内容不断深化,涉及各个领域与众多学科交叉,使得播音学成为人文社会学科中一门重要的带有一定边缘性质的学科。从学术史的角度对播音学进行客观而准确的梳理,有很强的学术意义和现实意义。播音学术史是以播音理论、播音学术发展为主线,以学者为主体,以学派、学著、学刊、学会为具体内容的。播音学术离不开政治,其本身也是政治;播音学术离不开教育,播音本身也是教育。播音学术既受外部环境的制约,也受内在理论和路径的影响。

一、播音学术发展史研究的回望

学术发展史研究的前提是有了一定数量和深度基础理论研究,然后才能对其条分缕析,系统地总结并发现规律性的东西。学术发展史研究不是点金术,也不会提供答案,这只是为学术研究重新寻找立足点的过程。百年播音学术的发展,尤其是近 20 年,播音发展进入快车道,面对表面的一派繁荣的学术研究,要站在学术的角度,从实践的发展、学科的建设维度,思考该领域的学者到底做了哪些研究,这个领域知识积累了多少,提出了哪些创新的观点,而不能是学术热衷于新名词的提出、学业热衷于新理论的介绍、学校热衷于新专业的建立,应站在学术发展史的角度回望一百年的播音学的卷帙浩繁,从而获致理性的通明。

播音学术发展史是我国文化事业的一部分,属于上层建筑中的意识形态,受政治气候、宣传导向和科学文化的影响,且播音与政治作为一条明显的线索贯穿于整个播音学术发展和播音实践中。播音学术与播音事业(实践)紧密相连,播音事业与我国政治发展,尤其是政治体制密切相关。党历

来就十分重视播音事业,从不讳言必须加强对其的领导。在革命战争时期,党正确领导播音工作,研究了战争时期播音创作的规律,对夺取革命胜利发挥了巨大作用,这已为历史所证明。进入社会主义建设时期,播音事业同样需要党的领导,并在此基础上进一步探求在新的历史阶段播音创作规律。建立体系完备的播音学术体系是当下播音事业的战略任务,从发展的角度而言,播音事业与政治发展是播音学术研究的重要维度。

百年播音学术发展已经勾勒出了中国播音学自身建设的大致轮廓,沿着播音技术—播音艺术—播音学术的路径,遵循播音实践—播音理论—播音学科的建构道路,可以从以下几个方面阐释百年播音学术发展的思考。

1.国家意志、倡导和支持,文化科学知识的普及,国民素质的提高,是播音学术创新发展的重要条件。

2.坚持马克思列宁主义、毛泽东思想、邓小平理论、"三个代表"重要思想、科学发展观、习近平新时代中国特色社会主义思想是播音学术研究繁荣和发展的指导。

3.严谨的学风和创造性思维,长期潜心研究,充分利用和发挥学术团队的智慧,是播音学术研究持续发展的必要条件。

4.播音学术是播音学科安身立命之根本,播音学术又是播音实践革新的先导。播音教育使播音学术事业薪火相传,今天的播音教育与播音学术,决定明天的播音事业。

5.播音实践是播音学术的源泉和动力,播音学术随着播音实践的发展而发展。

6.播音学术在思想激辩中提升、在学术争鸣中发展。

7.播音学术在分化、整合中发展,在联系中整合,在结合中创新,如播音与主持的一体、播与说的共融等。

8.播音实践与技术的相互渗透、交叉、融合是科学领域最高层次的结合与整合,技术与播音呈现一体化趋势,吸收和借鉴自然科学的研究成果及研究方法,与自然科学结合,推动播音学术研究的多维空间的构建。

二、播音学术发展史研究的展望

播音学术发展史是对播音学学术思想理论发展所做的概括和总结，重在"辨章学术，考镜源流"，具有"史"的特点。作为一种文化现象，有其产生、形成、发展和演变的过程，并随着社会历史的变迁而不断改变自身的内容和形式。

在百年播音学术发展史的基础上，回望过去的历程，结合当下的现实，在构建具有媒体融合特质的中国播音学术体系、学科体系、话语体系的框架下，需要从以下范畴去建构。

1.建构播音学术评价体系：学术史，非事业史，学术史研究以学者为主，以学术为根本，目的是阐述播音学术思想的演变。播音学术评价，是根据一定的标准，采用一定的方法，对学术机构或人员的学术目的、学术过程、学术成果、学术媒体展开的价值判断活动，包括学术成果、思潮与观念、理论与方法、学者、进程等。

2.建构播音学术观念和研究方法体系：中国播音学是一门独立的学科，任何一门独立的学科，原则上应包括方法论和本体论两个方面；而一门学科建立后，方法论，以及方法的探索、选择、借鉴、更新，则既是学科发展的重要保证，又是学科独立和日趋完善的标志。

3.建构播音教育体系：播音教育体系是通过人才培养来实现的，涉及学科的建制与课程设置、专业划分等，是学科建设的根本问题，也是一个深层次的问题，更是一个迫切问题。

4.建构播音研究新范畴：拓展播音学术研究范畴，是播音学术富有旺盛生命力的体现，播音社会学、播音心理学、播音政治学、播音经济学、播音文化学、播音语言学、播音伦理学、播音法治学、播音统计学、播音管理学、播音广告学、播音美学、播音传播学、播音舆论学、播音宣传学、播音教育学、播音人才学、播音受众学、播音哲学、播音逻辑学都应纳入播音学研究范畴。

5.建构播音学术国家课题研究团队：播音学是有自身特点的研究对象和知识体系的学科，推动播音学术高层次研究，不但需要有一套特定的研究方法,更需要一支专家队伍,要从较低层次理论知识的再现上升到推动文化繁荣、文化传播、构建国家声音形象的高度去研究播音学术,申报国家层次的重大课题,研究水准代表国家标准。

三、播音学术发展史研究应遵循学术史研究的基本方法

1.播音学与学术史学相结合。播音学史具有双重性质,它是一门既属于播音学又属于学术史的交叉学科。从播音学的角度来讲,播音学史属于播音学的分支学科,但又是涵盖播音学各个分支学科的分支学科,因而,播音学史跟播音学的各个分支学科密切相关。从学术史的角度来讲,播音学史重在对播音研究做学术判断,如学术价值、学术地位、学术影响等。而要进行学术价值判断首先必须具有播音研究的能力,熟悉播音研究本身的理论方法以及史实材料等。播音学史研究者首先必须是播音研究者,或者至少是某相关专题的研究专家。可见,播音学史研究必须遵循播音学与学术史相结合的方法。

2.史实与史论相结合。作为学术史,播音学史必须遵循史实与史论相结合的原则。播音学史的学术判断必须以史实为基础,而有价值引领的播音学史又必须有高屋建瓴的学术评价,将两者有机地结合起来才是好的播音学史。播音学史研究首先必须重视史实,何九盈说:"要对材料进行穷尽性的研究,要熟读原始材料,苦读原始材料,精读原始材料,这还不够,还要研究其学术背景、学术环境,一时的风尚、潮流,只有做到了这些,才可进行褒贬。"①其次,要站在播音学研究的前沿对播音学研究的成果进行客观、公正、科学和前瞻性的评价。

3.播音学史实研究与播音学思想总结相结合。过去的研究者多认为,中国播音学研究学风务实,少有播音学思想,而学者鲁国尧认为,几千年的中国语言学研究中,饱含丰富的语言学思想,不过这些有独特价值的汉语

---

① 陈昌来.中国语言学史研究的现状和思考[J].上海师范大学学报(哲学社会科学版),2018(3).

语言学思想亟待总结。语言学史应把语言学史实研究与语言学思想总结结合起来，发掘隐含在语言研究史料中独特的语言学思想。

4. 播音学史研究与中国学术大背景及世界播音学发展相结合。播音学及其分支学科的产生、发展和演变不是孤立的，不仅跟中国文化社会相关，而且跟世界播音学的发展演变紧密联系。中国播音学史必须把中国播音学放在中国文化社会大背景下进行考察，同时必须具有"全球史观"，将中国播音学作为世界语言学的一部分进行研究，只有这样才能真正全面、公正、客观地评价中国播音学，揭示其独特的学术价值。

5.纵向的历史发展与重大播音学事件相结合。作为学术史的播音学史，不管是通史还是专题史、断代史，都应该反映播音学的纵向发展历史，但学术史更应该关注重大学术事件，如第一部著作、第一个观点、第一篇论文、首次……等，反映有重大学术影响的论著、观点、学者、理论、方法、手段等，只有这样，播音学史才能具体、丰满，有血有肉。

6.各个专题史的特点与各个专题史之间的共性相结合。由于播音学各个分支学科是在不同历史时期、不同学术背景下产生的，因而不同分支学科的产生、发展、演变的路径各不相同，各有特点。但各个分支学科又是在中国社会文化大背景和中国学术大背景下产生的，因而各个分支学科之间必定存在相对共性。所以，播音学史既要充分反映各个分支学科的特点，同时更要关注各个分支学科之间的相对共性，把个性张扬与共性提炼科学地结合起来。

第二节　开展中国播音学科史研究的意义

任何一门学科的发展都会经历从无到有、从小到大，从涓涓细流到江河奔腾的过程。这一过程既是艰难曲折的，也是丰富多彩的；既蕴含着学科自身发展的必然规律，也反映出在学科发展过程中，由于社会历史的发展、科学技术的进步、相关学科的理论融入、各种思潮的影响，以及学科发展中一些重要人物在理论和实践上的杰出贡献，对学科发展的进程带来影响。

要想深入、准确地了解和把握一门学科,就必须要了解这个学科的发展历史,了解历史中的人和事,理顺这些元素之间的关系和发展逻辑,才能为进一步的学习和研究打下坚实的基础。换句话说,任何一门学科,如果缺少对于自身学科史的研究,缺少回顾和反思,就不能从根本上认识本学科及其发展的历史轨迹,那么这门学科就欠缺历史的根基和对自身本质规律的根本认识,缺少历史的厚重和未来发展的动力。因此,学科历史的研究必然成为本学科研究的重要基础。

中国播音学是一个具有鲜明的时代性和强烈的社会功能的人文学科,播音学科发展和沿革的每一步都与中国社会发展相契合。在政治自觉和学术自觉的指导下,秉承责任感和使命感的学术担当,以"理论研究要言之有据,实践探索要行之有效"为学术宗旨,继承基础与创新并重,通过对播音学科史的研究与阐释,彰显中国播音学的中国特色、中国风格、中国气派。

一、开展中国播音学科史研究,夯实学科发展基础

"凡一学科之成立,必先有事实,然后有学理。以无事实,则无经验可研;无经验可研,则学理亦无由发生。"①中国的第一座广播电台于 1923 年 1 月开始播音,到 2023 年,中国播音走过整整一百年的发展历程。在近一个世纪的岁月中,播音实现了从一项工作到一个职业,从一种理论到一个专业进而发展成一个学科的历史性转变。中国播音学的发展经历了艰难的探索,经历了借鉴学习,经历了色彩斑斓的实践发展,也经历了不同理论的激烈交锋。中国播音学科理论在丰富多彩的实践中总结提高,在各抒己见的学术激辩中发展进步。这些颇具时代特色的历史印记,这些学术交流的历史场景,这些风格迥异的理论和实践的代表人物以及他们的观点,构成了中国播音学研究的丰厚史料。

"凡事皆先有术而后有学。"中国播音学科的发展史就证明了这一点:学科史是任何学科研究的基础和重点,而史料又是任何历史研究中最基础又

---

① 高平叔.蔡元培全集:第 3 卷[M].北京:中华书局,1984:348.

最重要的前提。胡适认为"有几分证据,说几分话。有七分证据,不能说八分话",可见史料对研究、对结论的重要性,甚至有学者指出,判断一个学科是否成熟,先看其学科史料建设是否已完成。播音学科的研究同样存在史料收集、整理、研究的问题。从研究的角度来说,要想有好的研究效果,研究资料是至关重要的。任何一项研究要想获得预期的成果,要想总结出扎实的结论,没有丰富的相关资料做研究基础,恐怕是难以达到的。研究资料包括当下现实的资料和过往的历史资料两个方面。那么,对于研究资料的收集整理,特别是对过往的历史资料的收集整理,就成为一项重要而有意义的工作,不仅对于研究者个人,而且对于整个学科都是至关重要的。对于历史研究来说,对史料的搜寻、发掘、整理和拥有就更是取得研究成果的关键。因此,对于学科的研究来说,学科史的研究是重要的基础。

中国播音学是随着广播电视播音业务的诞生和发展而诞生并逐渐发展起来的,对播音学科进行研究,遴选出有代表性的研究和学术观点,阐释其内容,归纳整理理论根源,结合学术背景,评点学术观点,分析对播音实践的指导意义,较全面地勾勒出中国播音学科的发展脉络,意义重大。通过对中国播音学科发展历程的研究,以回望历史的维度观照当下的播音学研究,以面向未来的视野展望播音学科发展前景,以问题为纲,梳理播音学术发展脉络与走向,是提出和解决具有重大意义的播音学科问题的关键所在。

1.如何提升中国播音学的学科层级

"学科既是指科学知识创造过程中某个专门的研究领域,同时也是一种学科规划,代表了知识的某个门类。一方面学科是科学研究发展成熟的产物,另一方面学科是教育的源头。"①通过对百年中国播音学科发展史的研究,明确了播音学科的独立性,为播音与主持工作和广播电视事业的繁荣发展提供了学理支撑。一方面,中国播音学与传媒行业的具体实践活动相关;另一方面,它与国家意识形态密切相连,因此需要在国家层面和全球化的高度确定播音学的学科层次定位。在学科史基础研究之中构建学科建设的理

---

① 王孜丹,杜鹏.新中国成立以来学科体系的形成、发展与展望[N].科技导报,
2019-09-28.

论框架,从基本内涵、研究范式、话语体系、研究对象、研究手段与研究路径、建设目标、学科特征等方面全面提升播音学学科层级,通过对播音学科的梳理与研究,努力使"中国播音学"成为一级学科,完成推进学科建设的研究的使命。

2.如何完善中国播音学的学术体系

学术体系研究范畴包括思想、理念、原理、观点,以及理论、学说、知识、学术、学者、著述、方法、规范、评价标准等要素。以学术史的视野对百年中国播音学研究进行全面总结、整体梳理和分析可以发现,中国播音学术史研究尚需深入,尚有基本概念需要厘清,诸多空白点尚待完善,研究领域仍须拓展,研究视角尚需挖掘,目标是最大限度地发挥播音学术传承及现实启示价值,系统地完善中国播音学的学术体系。

3.如何构建中国播音学的话语体系

话语体系是由术语、概念、范畴、命题、判断、语言等构成的学术表达,是学科体系构建的基础,是学术体系反映、表达、传播的方式。通过百年中国播音学术发展史的研究,用中国播音学理论阐释中国播音实践,用中国播音实践升华中国播音学理论。作为以语言表达为核心的播音学,其话语体系的构建,不但可以解读播音学自身的研究,而且可以为其他学科的话语诠释系统提供遵循,创新对外话语表达方式,提升国际学术话语权。

二、张颂及其学术贡献

张颂作为中国播音学理论重要的奠基人、中国播音主持艺术教育重要的创始人之一、著名播音主持艺术教育家、国家级教学名师,在中国播音学科史上,占有重要地位。张颂生活的年代,正是广播电视大发展的年代,而且也是广播电视作为先进的大众传播工具各项功能得到充分发挥的年代,因此,对于张颂播音学术成果系统梳理与研究,在中国播音学科史上都具有十分重要的现实意义和历史意义。通过对张颂的播音学术成果的归纳、整理与研究,基本可以勾勒出近半个世纪广播电视播音实践和播音理论研究的发展轮廓及脉络,可以充实整个播音学科史上的重要的阶段。"他一边突破'播音无学'的观念局限,和同行携手创建具有中国特色的播音学学科体系和教育格局。一边以'为人师表'而自豪,以'塑造灵魂'而自律,为日后家喻户晓的'名人'们培根养心。"①

张颂(1936—2012 年)河北易县人,中国传媒大学(原北京广播学院)教授,博士生导师。1959 年 8 月毕业于北京师范大学中文系,分配到中央人民广播电台工作,先后任播音员、编辑,主要播送《新闻和报纸摘要》《各地人民广播电台联播》等新闻性节目,编辑过《国际时事》《世界各地》等节目。1963 年 8 月调入北京广播学院新闻系,参与中文播音专业的创建工作,并主讲《播音语言表达》课;1973 年,担任播音基础教研室主任;1984 年担任播音系主任;1996 年担任播音主持艺术学院党总支书记、首任院长等职。1998 年担任博士研究生导师,成为播音学界第一位博导。2006 年被评为国家级教学名师。曾任中国广播电视学会特邀理事、北京市语言学会理事、北京市新闻工作者协会理事、北京市朗诵研究会副会长、全国汉语口语研究会常务理事、中国广播电视学会播音学研究委员会常务副会长、中国艺术语言研究会理事、《中国广播电视学刊》编委、《播音界》副主编、广播电视研究中心语言传播研究所所长等职。

主要著作有《朗读学》《播音创作基础》《播音语言通论——危机与对策》《朗读美学》;论文集有《论播音艺术》(合著)、《语言传播文论》《语言传播文论》续集、《语言传播文论》第三集、《情声和谐启蒙录——张颂自选集》《播音主持艺术论》《语言和谐艺术论》;主编有《中国播音学》《广播电视语言文字规范化文集》《广播电视语言艺术——中国广播电视语言传播研究》(国家社科基金项目研究成果);另有《浅谈播音中情、声、气的关系》《研究播音理论是一项紧迫的任务》《试论中国播音学的建立》《研究播音理论仍是一项紧迫的任务》《普通话播音的基本要求——兼评苏、美、英、日的普通话播音》《广播电视与语言文字规范化——兼谈克服"口语至上"倾向》《努力为广播电视事业培养更多更好的播音人才》《坚持规范化 走向多样化——

---

① 曾致.以全新的哲学范式观照当代中国播音学:读张颂教授系列论述随笔[J].现代传播,2010(2).

节目主持艺术中的语言态势》《"口语至上"批判》《话语权力简论》《话语样式简论》《话语心态简论》《论语言传播的三重空间》《关于信息共享的思考》《关于认知共识的思考》《关于愉悦共鸣的思考》《传媒与教育散论》《电视节目主持人不该演艺化!》《传媒语言文化身份的当下识别》《电视综艺节目的审美走向及媒体责任》《传媒语言与儒释道文化精神的追求》《播音主持专业教育的人文内涵》《教学思想的统一与理论教学的加强》《播音专业教育40年启示录》等论文100多篇。"张颂的播音研究,逻辑起点是播音是有声语言艺术,重点是播音创作基础理论,核心是播音创作的整体和谐,目标是建立具有中国气派的播音学理论。"①

张颂主要学术贡献就是用一系列科学概念和规律性概述使播音形成了系统化的学科理论体系。1994年,在经历了几十年艰苦探索、几代人不懈努力的基础上,由张颂主编的《中国播音学》出版,这部66万字的专著,是他带领16位来自教学和实践一线的作者组成团队编著而成,全书分为"导论""发声""创作""表达"和"业务"五编共40章,全面、系统地总结了我国广播电视播音主持工作的经验,明确了播音主持的学科定位,标志着中国播音学研究的理论框架基本构成,成为这门学科的奠基之作。"但张颂却认为播音体系目前只能用'成型'这两个字来形容,初步成了一个型,有了一定的基础,有了阶段性的成果,还需要更科学的发展,更坚实的理论,更完备的体系。张颂希望未来播音学能够跟文学、艺术并列成为一个门类,下面再设一级学科、二级学科。"②

从中国播音学科的历史沿革来分析,从诞生到不断发展,从实践到理论研究,直至以哲学和美学、新闻学与传播学、语言学及应用语言学、文学艺术为学科支撑的中国播音学科的创立,都离不开人在其中发挥的能动性和主导作用。"一个学科的诞生和发展,既有其社会历史发展的必然性,也离不开人为推动的必要性。在播音主持专业的发展过程中,就极为鲜明地体现出了这一特色。一方面,广播电视事业的发展呼唤高水平、高质量的播音主

---

① 杨小锋.张颂:一个播音学者的文化自觉[J].中国电视,2013(3).
② 郑伟.张颂谈播音学术发展源流[J].现代传播,2013(2).

持实践;另一方面,又需要从实践中总结、研究相关理论来指导实践的更好发展。张颂教授就是其中杰出的代表。因此,研究总结张颂教授的播音主持理论研究发展历程,对于更好地研究认识播音主持专业、更好地研究认识中国特色的语言传播理论,进而对于中国播音史的研究,对于学科建设都具有积极的意义。"①

三、拓展、深化中国播音学科史研究

经过近百年的不断探索,"中国播音学"的概念逐渐明确化和科学化,中国播音学科逐渐成熟并完善起来。从历史的维度回顾百年中国播音,中国播音学科的建立、形成和发展,都是以播音学文献的搜集、发掘、整理和研究工作作为前提和基础的。

如前文所述,中国播音学科发展史是对播音学学术思想理论发展所做的概括和总结,重在"辨章学术,考镜源流",具有"史"的特点。作为一种文化现象,自有其产生、形成、发展和演变的过程,并随着社会历史的变迁而不断改变自己的内容和形式。在百年播音史的基础上,回望过去的历程,结合当下的现实,在构建具有媒体融合特质的中国播音学术体系、学科体系、话语体系的框架下,开展中国播音学科史研究,无论从历史的角度还是从现实的需要看,当代播音学研究人员都有责任和担当来完成对这段历史的梳理、记录并给出历史的总结。近百年来中国播音学术理论发展脉络如何演进,有什么特征与特质,在广播电视学体系中的定位如何,与社会发展的关系如何,代表人物学术思想的内涵有哪些,从业者可以从中学习什么、铭记什么,又有哪些警示和借鉴,如何面对媒体融合发展,都需在历史的坐标、启发、参考中寻找法则、定位和方向。以文献、史料、口述历史、史论等为依据,只有翔实地记录、梳理、反刍、总结与理析中国播音学科百年的发展历史,从历史的发展变化中寻找播音学术理论规律性的东西,才能为擘画中国播音学科的未来提供历史参考和现实服务。

---

① 马玉坤,高国庆.张颂学术年谱[M].北京:九州出版社,2018:1.

参考文献

一、电子及数据库资料

1.晚清期刊全文数据库(1833—1910)

2.民国时期期刊全文数据库(1911—1949)

3.《申报》数据库

4.CADAL 民国书刊数据库

5.中国近代报刊数据库

6.瀚海堂报刊数据库

7.大成老旧全文数据库

二、报刊资料

1.申报[Z].影印本.上海:上海书店,1983.

2.汇报[Z].北京:国家图书馆缩微胶卷.

3.陆定一.延安广播电台一周岁[N].解放日报,1946-9-5.

三、文　献

1.中央人民广播电台研究室,北京广播学院新闻系.解放区广播历史资料选编(1940—1949)[M].北京:中国广播电视出版社,1985.

2.北京广播学院新闻系.延安(陕北)新华广播电台广播稿选[M].北京:中国广播电视出版社,1985.

3.杨兆麟,赵玉明.人民大众的号角:延安(陕北)广播史话[M].北京:中国广播电视出版社,2000.

4.赵玉明.中国现代广播史料选编[M].汕头:汕头大学出版社,2007.

5.赵玉明.日本侵华广播史料选编[M].北京:中国广播影视出版社,2015.

6.中央广播事业局办公室.全国广播工作会议文件选编[M].出版单位不详,1982.

7.赵玉明,艾红红,刘书峰.新修地方志早期广播史料汇编[M].北京:中国广播影视出版社,2016.

8.赵玉明.中国广播电视史文集:续集[M].北京:北京广播学院出版社,2000.

9.北京广播学院新闻系.中国报刊广播文集:(1—6)[M].北京:北京广播学院出版社,1980.

10.北京广播学院新闻传播学院新闻系.延安(陕北)新华广播电台回忆录新编[M].北京:中国广播电视出版社,2000.

11.北京广播学院新闻系.中国人民广播回忆录:4辑[M].北京:中国广播电视出版社,1983.

12.张之华.中国新闻事业史文选:公元724年—1995年[M].北京:中国人民大学出版社,1999.

13.中央执行委员会.中央广播无线电台年刊[M].中央执行委员会,1929.

14.北京广播学院新闻系.中国人民广播史资料:上册[M].北京:北京广播学院,1961.

15.北京广播学院新闻系.中国广播史料选辑:5辑[M].北京:北京广播学院,1979.

16.上海市档案馆等.旧中国的上海广播事业[M].北京:档案出版社,1985.

17.赵玉明.中国广播电视史文集[M].北京:中国广播电视出版社,1993.

18.中央人民广播电台台史编写组.中央人民广播电台台史资料汇编

[G].北京:中央人民广播电台,1985.

19.杨波.中央人民广播电台简史[M].北京:中国广播电视出版社,2010.

20.陈尔泰.中国广播史考[M]北京:中国广播电视出版社,2008.

21.陈尔泰.中国广播发轫史稿[M].北京:中国广播电视出版社,2008.

22.陈尔泰.延安台开端史实[M].北京:中国广播电视出版社,2013.

23.中国广播电视协会播音主持委员会.陈醇播音文集[M].北京:中国广播电视出版社,2007.

24.中国社会科学院新闻研究所.新闻研究资料[M].北京:中国社会科学出版社,1983.

25.中国社会科学院新闻研究所.中国新闻年鉴[M].北京:中国社会科学出版社,1989.

26.中国广播电视年鉴编辑委员会.中国广播电视年鉴[M].北京:北京广播学院出版社,1998.

27.《中国教育年鉴》编辑部.中国教育年鉴[M].长沙:湖南教育出版社,1986.

28.董树人.语言学论文索引(1991)[M].北京:北京语言学院出版社,1993.

29.方汉奇.民国时期新闻史料汇编[G].北京:国家图书馆出版社,2011.

30.方汉奇,王润泽.中国人民大学新闻学院藏希见新闻史料汇编[G].北京:国家图书馆出版社,2012.

31.冯翊歧.民国时期社会调查资料汇编:第十六、十七册[G].北京:国家图书馆出版社,2013.

32.复旦大学新闻系新闻史教研室.中国新闻史文集[M].上海:上海人民出版社,1987.

33.姜亚沙,经莉,陈湛绮.民国漫画期刊集萃[Z].北京:全国图书馆文献缩微复制中心,2004.

34.姜亚沙.民国新闻期刊汇编[G].北京:全国图书馆文献缩微复制中心,2011.

35.李强.五四时期重要期刊汇编[G].北京:国家图书馆出版社,2012.

36.全国图书馆文献缩微复制中心.中国共产党早期期刊汇编[G].北京：全国图书馆文献缩微复制中心,2005.

37.舒新城.中国近代教育史资料[M].北京：人民教育出版社,1961.

38.上海日报公会.上海之报界[M].上海：上海日报公会,1929.

39.上海通社.上海研究资料[M].上海：上海书店出版社,1992.

40.上海通社.上海研究资料续集[M].上海：上海书店出版社,2002.

41.上海图书馆.中国近代期刊编目汇录[M].上海：上海人民出版社,1979.

42.上海图书馆.上海图书馆馆藏近现代中文期刊总目[M].上海：上海科学技术文献出版社,2004.

43.申报馆编.最近之五十年[M].台北：文海出版社,2001.

44.申报馆编.申报年鉴(1932)[M].上海：申报年鉴社,1933.

45.申报馆编.申报年鉴(1933)[M].上海：申报年鉴社,1934.

46.申报馆编.申报年鉴(1934)[M].上海：申报年鉴社,1935.

47.《申报索引》编辑委员会.申报索引：1919—1949[M].上海：上海书店出版社,2008.

48.张研,孙燕京.民国史料丛刊[M].郑州：大象出版社,2009.

49.中央档案馆.中国共产党八十年珍贵档案[M].北京：中国档案出版社,2001.

50.庄建平.近代史资料文库[M].上海：上海书店出版社,2009.

51.《民国丛书》编辑委员会.民国丛书：第1编第25册[M].上海：上海书店,1989.

四、全集、文集

1.陶行知.陶行知全集[M].成都：四川教育出版社,2005.

2.叶圣陶.叶圣陶全集[M].广州：花城出版社,2006.

3.赵元任.赵元任全集[M].上海：商务印书馆,2002.

4.朱自清.朱自清全集[M].南京：江苏教育出版社,1998.

五、自述、传记、回忆录

1.姚喜双,郎小平.方明谈播音[M].北京:中国广播电视出版社,2000.

2.姚喜双,苏海珍.话筒前的人生:著名播音艺术家林如和她的播音生涯[M].北京:中国广播电视出版社,2000.

3.刘淮.齐越和他的播音生涯[M].北京:中国国际广播出版社,1994.

4.齐越.寄语青年播音员[M].北京:北京广播学院出版社,1986.

5.齐越.献给祖国的声音[M].北京:中国广播电视出版社,1991.

6.杨沙林.用生命播音的人:忆齐越[M].北京:中国广播电视出版社,1999.

7.中央电视台研究室,主持人节目研究委员会.中国荧屏第一人:沈力[M].北京:中国广播电视出版社,1999.

8.周迅.大海的一朵浪花:孟启予的广播电视生涯[M].北京:中国广播电视出版社,2008.

9.金城,刘杰.播坛双璧:记新中国第一代播音员夏青、葛兰夫妇[J].新闻界,1994(5).

六、年　谱

1.马玉坤,高国庆.张颂学术年谱[M].北京:九州出版社,2018.

2.姜建,吴为公.朱自清年谱[M].北京:光明日报出版社,2010.

3.李剑亮.夏承焘年谱[M].北京:光明日报出版社,2012.

4.商金林.叶圣陶年谱长编[M].北京:人民教育出版社,2004.

5.赵新娜,黄培云.赵元任年谱[M].北京:商务印书馆,1998.

七、著　作

1.张颂.中国播音学[M].修订版.北京:北京广播学院出版社,2003.

2.吴郁.当代广播电视播音主持[M].上海:复旦大学出版社,2008.

3.张颂.播音基础[M].北京:北京广播学院出版社,1985.

4.张颂.播音创作基础[M].北京:北京广播学院出版社,1990.

5.吴郁.播音学简明教程[M].北京:北京广播学院出版社,1988.

6.张颂.诗歌朗诵[M].北京:中国传媒大学出版社,2008.

7.张颂.语言传播文论[M].北京:北京广播学院出版社,1999.

8.张颂.语言传播文论:续集[M].北京:北京广播学院出版社,2002.

9.张颂.语言传播文论:第3集[M].北京:中国传媒大学出版社,2006.

10.张颂.朗读美学[M].北京:北京广播学院出版社,2002.

11.张颂.朗读学[M].北京:北京广播学院出版社,1999.

12.张颂.情声和谐启蒙录:张颂自选集[M].北京:北京广播学院出版社,2004.

13.张颂.语言和谐艺术论:广播电视语言传播的品位与导向[M].北京:中国传媒大学出版社,2009.

14.姚喜双.播音学概论[M].北京:中国传媒大学出版社,1998.

15.姚喜双.播音导论教程[M].北京:中国广播电视出版社,2001.

16.姚喜双.播音主持概论[M].北京:高等教育出版社,2012.

17.陈玳玮.民国时期播音教育简史[M].天津:天津人民出版社,2015.

18.(苏联)符·阿克肖诺夫.朗诵艺术[M].齐越,崔玉陵,译.北京:广播出版社,1984.

19.上海广播电视台播音主持业务指导委员会.播音员主持人语言文字规范手册:分类篇[M].上海:上海人民出版社,2015.

20.上海广播电视台播音主持业务指导委员会.播音员主持人语言文字规范手册:语音篇[M].上海:上海人民出版社,2018.

21.付程.播音创作观念论[M].北京:北京广播学院出版社,2000.

22.付程.播音主持教学法十二讲[M].北京:中国传媒大学出版社,2005.

23.北京广播学院学报编辑部.播音创作漫谈:第三期[M].北京:北京广播学院出版社,1983.

24.徐朝晖.播音风格与艺术丛谈[M].北京:北京广播学院出版社,1989.

25.姚喜双.播音风格探[M].北京:中国文联出版社,1992.

26.祁芃.播音心理学[M].北京:北京广播学院出版社,1993.

27.马玉坤,高峰强.播音主持心理学教程[M].北京:北京大学出版社,2008.

28.李钢.播音发声[M].北京:北京广播学院出版社,1980.

29.施旗,曼叶平.播音表达和语法规则[M].北京:中国广播电视出版社,1997.

30.罗莉.文艺作品演播技巧[M].北京:中国广播电视出版社,2003.

31.吴郁.节目主持能力训练路径[M].北京:中国广播电视出版社,2004.

32.吴郁.主持人思维与语言能力训练路径[M].北京:中国广播电视出版社, 2005.

33.高蕴英.教你播新闻[M].北京:中国广播电视出版社,2005.

34.郭锦桴.汉语声调语调阐要与探索[M].北京:北京语言学院出版社,1993.

35.黎锦熙,倪海曙.国语运动史纲[M].上海:上海书店,1990.

36.姚喜双.中国解放区新闻播音语言规范[M].北京:语文出版社,2007.

37.吴信训.新编广播电视新闻学[M].上海:复旦大学出版社,2018.

38.哈艳秋.当代中国广播电视史[M].北京:中国国际广播出版社,2018.

39.高国庆.中国播音学史研究[M].北京:九州出版社,2016.

40.周兵.新文化史:历史学的"文化转向"[M].上海:复旦大学出版社,2012.

41.中国传媒大学出版社编委会.中国广播电影电视事业发展改革理论与实践[M].北京:中国传媒大学出版社,2008.

42.李宏图,王加丰.表象的叙述:新社会文化史[M].上海:上海三联书店,2003.

43.杨波,王春燕.中央人民广播电台简史[M].北京:北京广播学院出版社,2000.

44.温世光.中国广播电视发展史[M].台北:三民书局股份有限公司,1983.

45.赵玉明.中国现代广播简史(1923—1949)[M].北京:中国广播电视出版社,1987.

46.赵玉明.中国解放区广播史[M].北京:中国广播电视出版社,1992.

47.赵玉明.中国广播电视通史[M].北京:中国广播影视出版社,2014.

48.赵玉明.中国广播电视图史[M].广州:南方日报出版社,2008.

49.哈艳秋.当代中国广播电视史[M].北京:中国国际广播出版社,2018.

50.当代中国丛书编辑部.当代中国的广播电视[M].北京:中国社会科学出版社,1987.

51.郭镇之.中国电视史[M].北京:文化艺术出版社,1997.

52.《当代中国的广播电视》编辑部.中国广播电视大事记[M].北京:北京广播学院出版社,1987.

53.于广华.中央电视台简史[M].北京:人民出版社,1993.

54.杨伟光.中央电视台发展史[M].北京:北京出版社,1998.

55.徐光春.中华人民共和国广播电视简史(1949—2000)[M].北京:中国广播电视出版社,2003.

56.郭镇之.中外广播电视史[M].2版.上海:复旦大学出版社,2008.

57.刘习良.中国电视史[M].北京:中国广播影视出版社,2007.

58.乔云霞.中国广播电视史[M].北京:中国广播影视出版社,2007.

59.赵玉明,艾红红.中国广播电视史教程[M].北京:中国广播影视出版社,2009.

60.张敬民,罗庆东,康维佳,徐文胜.划破夜空的灯塔:旷世奇绝的广播史话[M].北京:中国广播影视出版社,2012.

61.袁军,庞亮.中外广播电视史[M].北京:高等教育出版社,2012.

62.艾红红.中国广播电视史初论[M].济南:山东大学出版社,2002.

63.艾红红.新时期电视新闻改革研究[M].北京:中国广播电视出版社,2003.

64.艾红红.《新闻联播》研究[M].北京:中国广播影视出版社,2008.

66.陈伯熙.上海轶事大观[M].上海:上海书店出版社,2000.

67.邓毅,李祖勃.岭南近代报刊史[M].广州:广东人民出版社,1998.

68.丁淦林.中国新闻事业史[M].北京:高等教育出版社,2002.

69.丁淦林.中国新闻事业史新编[M].成都:四川人民出版社,1998.

70.樊亚平.中国新闻从业者职业认同研究[M].北京:人民出版社,2011.

71.方汉奇.中国近代报刊史[M].太原:山西人民出版社,1981.

72.方汉奇.中国新闻事业通史:第2卷[M].北京:中国人民大学出版社,2000.

73.方汉奇.《大公报》百年史[M].北京:中国人民大学出版社,2004.

74.戈公振.中国报学史[M].长沙:岳麓书社,2008.

75.管翼贤.新闻学集成[M].北京:中华新闻学院,1943.

76.红风.阅读书报杂志的经验[M].上海:上海博文出版社,1989.

77.胡道静.上海新闻事业之史的发展[M].上海:上海市通志馆,1935.

78.胡道静.报坛逸话[M].上海:世界书局,1940.

79.胡道静.新闻史上的新时代[M].上海:世界书局,1946.

80.洪九来.宽容与理性:《东方杂志》公共舆论研究(1904—1932)[M].上海:上海人民出版社,2006.

81.洪煜.近代上海小报与市民文化研究(1897—1937)[M].上海:上海书店出版社,2007.

82.胡仲持.关于报纸的基本知识[M].上海:生活书店,1937.

83.黄瑚.中国新闻事业发展史[M].上海:复旦大学出版社,2001.

84.黄天鹏.中国新闻事业[M].上海:上海联合书店,1930.

85.季达,毅生.宣传学与记者[M].上海:中南文化协会,1935.

86.蒋国珍.中国新闻发达史[M].上海:世界书局,1927.

87.蒋梦麟.过渡时代之思想与教育[M].上海:商务印书馆,1932.

88.金林祥.中国教育制度通史[M].济南:山东教育出版社,2000.

89.赖光临.七十年中国报业史[M].台北:"中央日报"社,1981.

90.赖光临.中国新闻传播史[M].台北:三民书局,1999.

91.李彬.中国新闻社会史:1815—2005[M].北京:清华大学出版社,2007.

92.李长莉.中国人的生活方式:从传统到现代[M].成都:四川人民出版社,2008.

93.李金铨.报人报国:中国新闻史的另一种读法[M].香港:香港中文大学出版社,2013.

94.李楠.晚清民国时期上海小报[M].北京:人民文学出版社,2006.

95.李仁渊.晚清的新式传播媒体与知识分子:以报刊出版为中心的探讨[M].台北:稻乡出版社, 2005.

96.李孝悌.清末的下层社会启蒙运动:1901—1911[M].石家庄:河北教育出版社,2001.

97.林语堂.中国新闻舆论史[M].北京:中国人民大学出版社,2008.

98.马光仁.上海新闻史(1850—1949)[M].修订版.上海:复旦大学出版社,2014.

99.倪延年.民国新闻史研究(2015)[M].南京:南京师范大学出版社,2015.

100.唐惠虎,朱英.武汉近代新闻史[M].武汉:武汉出版社,2012.

101.王敏.上海报人生活(1872—1949)[M].上海:上海辞书出版社,2008.

102.王润泽.北洋政府时期的新闻业及其现代化:1916—1928[M].北京:中国人民大学出版社,2010.

103.王润泽.中国新闻媒介史[M].北京:北京大学出版社,2011.

104.王新常.抗战与新闻事业[M].长沙:长沙商务印书馆,1937.

105.吴廷俊.中国新闻史新修[M].上海:复旦大学出版社,2008.

106.闾小波.中国早期现代化中的传播媒介[M].上海:三联书店,1995.

107.杨早.清末民初北京舆论环境与新文化的登场[M].北京:北京大学出版社,2008.

108.姚公鹤.上海闲话[M].上海:商务印书馆,1927.

109.叶中强.上海社会与文人生活[M].上海:上海辞书出版社,2010.

110.尹全智.民众教育概论初稿[M].天津:河北省民众教育实验学校,1931.

111.张海鹏,李细珠.中国近代通史[M].南京:江苏人民出版社,2006.

112.胡阿祥,颜岸青.历史学学术规范与方法论研究[M].南京:南京大学出版社,2018.

113.顾黔.语言学学术规范与方法论研究[M].南京:南京大学出版社,

2018.

114.钱穆.中国历史研究法[M].北京:生活·读书·新知三联书店,2001.

115.梁启超.中国历史法研究[M].北京:人民出版社,2008.

116.张国刚,乔治忠.中国学术史[M].北京:东方出版社,2002.

117.林久贵,周春健.中国学术史研究[M].武汉:崇文书局,2009.

118.邝士元.中国学术思想史[M].上海:上海辞书出版社,2014.

119.刘学智.中国学术思想编年:隋唐五代卷[M].西安:陕西师范大学出版社,2006.

120.傅斯年.傅斯年史学方法导论[M].吉林:吉林人民出版社,2013.

121.卢钟峰.中国传统学术史[M].郑州:河南人民出版社,1998.

122.杨念群.中层理论:东西方思想会通下的中国史学研究[M].北京:北京师范大学出版社,2019.

123.王明珂.反思史学与史学反思[M].上海:上海人民出版社,2016.

124.余三定.当代学术史研究[M].北京:人民出版社,2008.

125.王汎森.中国近代思想与学术的系谱[M].上海:上海辞书出版社,2018.

126.陈平原.中国现代学术之建立[M].北京:北京大学出版社,1998.

127.董京泉.社科研究与理论创新[M].北京:社科文献出版社,2003.

128.吕新雨.学术、传媒与公共性[M].上海:华东师范大学出版社,2015.

129.王东杰.历史 声音 学问[M].北京:东方出版社,2018.

130.杜书瀛,钱竞.中国20世纪文艺学学术史[M].北京:中国社会科学出版社,2000.

131.黄人.中国文学史[M].苏州:苏州大学出版社,2015.

132.林传甲.中国文学史[M].长春:吉林人民出版社,2013.

133.钱基博.中国现代文学史[M].武汉:华中师范大学出版社,2011.

134.陈青之.中国教育史[M].北京:中国社会科学出版社,2009.

135.王迅.中国美术史[M].上海:上海美术出版社,1989.

136.曾繁仁.中国文艺美学学术史[M].长春:长春出版社,2010.

137.刘席诚.二十世纪中国民间文学学术史[M].北京:中国文联出版社,2014.

138.李建新.中国新闻教育史论[M].北京:新华出版社,2003.

139.徐培汀,裘正义.中国新闻传播学说史[M].重庆:重庆出版社,1998.

140.戴元光,童兵,金冠军.20世纪中国新闻学与传播学:理论新闻学卷[M].上海:复旦大学出版社,2001.

141.童兵.中西新闻比较论纲[M].北京:新华出版社,1999.

142.赵凯,丁法章,黄芝晓.二十世纪中国社会科学:新闻学卷[M].上海:上海人民出版社,2005.

143.中国社会科学院新闻与传播研究所.纪念中国社会科学院三十周年学术论文集:新闻与传播研究所卷[M].北京:方志出版社,2007.

144.丁淦林,商娜红.20世纪中国新闻学与传播学研究[M].北京:新华出版社,2005.

145.张振亭.中国新时期新闻传播学术史研究[M].南昌:江西人民出版社,2009.

146.吴廷俊.中国新闻传播史(1978—2008)[M].上海:复旦大学出版社,2011.

147.叶咏梅.中国长篇连播历史档案[M].北京:中国广播电视出版社,2010.

148.郑保卫.中国共产党新闻思想史[M].福州:福建人民出版社,2004.

149.赵玉明.赵玉明文集[M].北京:中国广播电视出版社,2014.

150.方汉奇.方汉奇自选集[M].北京:中国人民大学出版社,2007.

151.方汉奇.新闻史的奇情壮彩[M].北京:华文出版社,2000.

152.倪延年.民国新闻史研究(2014)[M].南京:南京师范大学出版社,2014.

153.倪延年.民国新闻史研究(2015)[M].南京:南京师范大学出版社,2015.

154.倪延年.民国新闻史研究(2016)[M].南京:南京师范大学出版社,2016.

155.龙伟.民国新闻教育史料选辑［M］.北京:北京大学出版社,2010.

156.白润生.中国少数民族新闻传播通史［M］.北京:中央民族大学出版社,2008.

157.许焕隆.中国现代新闻史简编［M］.郑州:河南人民出版社,1988.

158.金林祥.20世纪中国教育学科的发展与反思［M］.上海:上海教育出版社,2000.

159.陈昌凤.中美新闻教育传承与流变［M］.北京:中国广播电视出版社,2006.

160.单波.20世纪中国新闻学和传播学［M］.上海:复旦大学出版社,2001.

161.刘家林.中国新闻通史［M］.武汉:武汉大学出版社,2005.

162.张之华.中国新闻事业史文选［M］.北京:中国人民大学出版社,1999.

163.李秀云.中国新闻学术史(1834—1949)［M］.北京:新华出版社,2004.

164.周星.中国电影艺术理论研究［M］.北京:中国电影出版社,2000.

165.菲利普·肯普.电影通史［M］.王扬,译.北京:中央编译出版社,2013.

166.沙健孙.中国共产党史稿:1921—1949(全五卷)［M］.北京:中央文献出版社,2006.

167.高永中.中国共产党口述史料丛书［M］.北京:中共党史出版社,2013.

168.出路半月刊社.红藏:进步期刊总汇(1915—1949)［M］.湘潭:湘潭大学出版社,2014.

169.范志忠.百年中国影视的历史影像［M］.杭州:浙江大学出版社,2006.

170.喻国明.传媒影响力［M］.广州:南方日报出版社,2003.

171.张国良.新闻媒介与社会［M］.上海:上海人民出版社,2001.

172.郭庆光.传播学教程［M］.北京:中国人民大学出版社,1999.

173.陈力丹.舆论学:舆论导向研究［M］.北京:中国广播电视出版社,

1999.

174.陆扬,王毅.大众文化与传媒[M].上海:上海三联书店,2000.

175.骆小所.语言伦理学[M].昆明:云南人民出版社,2015.

176.沈阳.艺术语言学[M].北京:北京大学出版社,2005.

177.刘昕远,王娜.汉语魅力探索[M].北京:中国社会科学出版社,2015.

178.庄晓东.文化传播:历史、理论与现实[M].北京:人民出版社,2003.

179.周宪.超越文学:文学的文化哲学思考[M].上海:上海三联书店,1997.

180.梁漱溟.中国文化要义[M].上海:上海世纪出版集团,2005.

181.邵培仁.传播学导论[M].杭州:浙江大学出版社,1997.

182.申小龙.汉语与中国文化[M].上海:复旦大学出版社,2003.

183.李艺.语言权势与社会和谐[M].天津:南开大学出版社,2016.

184.朱跃.语言与社会[M].北京:北京大学出版社,2015.

185.肖翠云.中国语言学批判的发生与演进[M].北京:人民出版社,2016.

186.[日]市川勘,小松岚.百年华语[M].上海:上海教育出版社,2008.

187.卢政.中国古典美学的生态智慧研究[M].北京:人民出版社,2016.

188.范文澜.文心雕龙注[M].北京:人民文学出版社,1958.

189.郭绍虞.中国历代文论选[M].上海:上海古籍出版社,1979.

190.萧统.文选[M].上海:上海古籍出版社,1986.

191.王振复.中国美学范畴史(第一、二、三卷)[M].太原:山西教育出版社,2006.

192.骆小所.语言美学论稿[M].昆明:云南人民出版社,1996.

193.寇效信.文心雕龙美学范畴研究[M].西安:陕西人民出版社,1997.

194.涂光社.中国古代美学范畴发生论[M].北京:人民教育出版社,1999.

195.第环宁.中国古典文艺美学范畴辑论[M].北京:民族出版社,2009.

196.徐学铠.广播常识[M].南京:国民图书出版社,1946.

197.西本三十二.学校播音的理论与实际[M].金溟若.译.北京:商务印

书馆,1936.

198.汪学起,是翰生.第四战线:国民党中央广播电台掇实[M].北京:中国文史出版社,1988.

199.黄仲苏.朗诵法[M].上海:开明书店,1936.

200.徐卓呆.无线电播音[M].上海:商务印书馆,1937.

八、论 文

1.张颂.回眸播音主持专业30年[J].现代传播,2009(1).

2.刘书锋.试论专业志与新史学的关系:以广播电视志为例[J].中国地方志,2008(7).

3.刘书锋.中国早期民营广播期刊《无线电问答汇刊》研究[J].现代传播,2013(2).

4.高贵武,王彪.从宣传鼓动到服务引领:人民广播播音主持近80年之嬗变[J].中国广播,2019(12).

5.梅慧.新中国成立前播音理论与实践的四个历史成就[J].现代传播,2016(6).

6.陈虹,张宏.弱冠之年:金话筒奖还能火多久?——金话筒奖二十年发展述评[J].新闻界,2013(10).

7.龙伟.新的"明星":民国广播播音员的职业生态与社会生活[J].新闻与传播研究,2013(4).

8.王文利.民国时期的广播播音研究[J].青年记者,2011(11).

9.贾际.于专业中深刻,在创新中发展:2011年广播"金话筒奖"评选中的几点思考[J].中国广播电视学刊,2011(10).

10.中国广播电视播音主持类三大奖项[J].新闻传播,2001(8).

11.中国广播电视学会播音学研究委员会.中国广播电视学会播音学会1995年年会纪要[J].现代传播,1995(12).

12.孙家正.在"首届金话筒奖观摩研讨会"上的讲话[J].中国广播电视学刊,1994(10).

13.温济泽.回忆延安和陕北新华广播电台[J].新闻研究资料,1985(4).

14.林田.开展业务研究,总结播音经验[J].现代传播,1979(2).

15.吴道一.我国之广播事业[J].中央广播无线电年刊,1929(12).

16.吴保丰.十五年来我国广播事业之鸟瞰[J].广播通讯,1944(10).

九、学位论文

1.田炳锡.徐卓呆与中国现代文化[D].北京:北京大学,2000.

2.赵欣.中央人民广播电台"新闻和报纸摘要"节目播音风格探析[D].北京:中国传媒大学,2004.

3.仲梓源.听君细陈,如饮甘醇:陈醇播音艺术研究[D].北京:中国传媒大学,2006.

4.段知.雅坤播音艺术研究[D].北京:中国传媒大学,2007.

5.韩静.建国前中国播音研究史论[D].郑州:河南大学,2009.

6.李岳峰.葛兰播音主持艺术创作研究[D].北京:中国传媒大学,2008.

7.刘宇.费寄平的播音风格及其现实意义[D].北京:中国传媒大学,2008.

8.孙琳.铁城播音艺术初论[D].北京:中国传媒大学,2012.

9.郑伟.中国播音学术发展史[D].北京:中国传媒大学,2012.

十、译　著

1.[美]费正清.剑桥中国晚清史[M].中国社会科学院历史研究所,译.北京:中国社会科学出版社,1985.

2.[美]亨特.旧中国杂记[M].沈正邦,译.广州:广东人民出版社,1992.

十一、外文文献

1.Bell, E.*Theories of Performance*[M].London：Sage, 2008.

2.Burke, K.*Language as Symbolic Action：Essays on Life, Literature and Method*[M].Berkley and Los Angeles：University of California Press, 1966.

3.Downs, H.*On Camera：My 10000 Hours on Television*[M].New York：Putnam's, 1986.

4.Himmelstein，H.*Television Myth and the American Mind*［M］.New York：Praeger，1995.

5.Holland，T. & Kilpatrick，C.*Using Narrative Techniques to Enhance Multi-cultural Practice*［M］.Journal of Social Work Education，1993（3）.

6.Sun，Yixue.*The Culture Gathering with an Unhappy Endingtagore's Speeches and Arguments During the Tour of Visiting China*［M］.Anhui Education Publishing House，2007.

十二、影像资料

1.党史研究室.大型党史文献纪录片:中国共产党历史（1921—2006）［Z］.北京:东方音像电子出版社,2006.

2.建党90年:党史国史影视珍藏大系［Z］.北京:中央新影音像出版社,2011.

3.继往开来:红色经典党史纪录片合集［Z］.北京:中国国际广播电视总公司,2012.